**Durch technisches Versehen wurde auf der letzten Seite in der Anzeige für LEVIATHAN das Titel-Klischee nicht mitgedruckt.**

Peter Lösche

# Industriegewerkschaften im organisierten Kapitalismus

## *Der CIO in der Roosevelt-Ära*

Westdeutscher Verlag

Umschlaggestaltung: studio für visuelle kommunikation, Düsseldorf
Satz: Margit Seifert, Erkrath



ISBN 978-3-531-11260-2 ISBN 978-3-322-85735-4 (eBook)
DOI 10.1007/978-3-322-85735-4

Peter Lösche · Industriegewerkschaften im organisierten Kapitalismus

Studien zur Sozialwissenschaft

Band 29

*Schriften zur politischen Wirtschafts- und Gesellschaftslehre*

Herausgegeben von

Carl Böhret
Gert von Eynern
Dieter Grosser
Hans-Hermann Hartwich
Werner Skuhr

Westdeutscher Verlag

# Inhalt

# Abkürzungsverzeichnis

| | |
|---|---|
| ACTU | Association of Catholic Trade Unionists |
| ACWA | Amalgamated Clothing Workers of America |
| AFL | American Federation of Labor |
| ALP | American Labor Party |
| CIO | Committee for Industrial Organization, seit November 1938 Congress for Industrial Organization |
| COPE | Committee on Political Education |
| GM | General Motors |
| HUAC | House Committee on Un-American Activities |
| IBEW | International Brotherhood of Electrical Workers |
| ILGWU | International Ladies' Garment Workers' Union |
| IUE | International Union of Electrical, Radio and Machine Workers |
| LNPL | Labor's Non-Partisan League |
| NAACP | National Association for the Advancement of Colored People |
| NAM | National Association of Manufacturers |
| NCF | National Civic Federation |
| NC-PAC | National Citizens' Political Action Committee |
| NIRA | National Industrial Recovery Act |
| NLB | National Labor Board |
| NLRB | National Labor Relations Board |
| NRA | National Recovery Adminstration |
| NWLB | National War Labor Board |
| OPM | Office of Production Management |
| PAC | Political Action Committee |
| SWOC | Steel Workers Organizing Committee |
| TUEL | Trade Union Educational League |

| | |
|---|---|
| TUUL | Trade Union Unity League |
| UAW | United Automobile, Aerospace and Agricultural Implement Workers of America |
| UE | United Electrical, Radio and Machine Workers of America |
| UMW | United Mine Workers of America |
| USA | United States of America |
| WPB | War Production Board |

# Vorwort

Politik und Geschichte der amerikanischen Gewerkschaften gelten in Deutschland als ein Buch mit sieben Siegeln. Häufig weiß man bei uns über die Arbeiterbewegung auf der anderen Seite des Atlantiks nicht viel mehr, als daß es dort keine sozialistische Massenbewegung und keine Arbeiterbewegung gibt. Gerüchte und Meldungen, daß Korruption und die Maffia auch heute noch die Gewerkschaften beherrschten, und die Vorstellung, die Arbeiterorganisationen der Vereinigten Staaten seien schlichtweg „reaktionär", fließen gerade in den letzten Jahren in Europa in den anschwellenden Strom eines unreflektierten und moralisierenden Anti-Amerikanismus.

In der vorliegenden Untersuchung wird der Versuch unternommen, jenseits derartiger Ressentiments Funktion und Stellung der amerikanischen Gewerkschaften in der Gegenwart zu bestimmen. Die zeitliche Begrenzung des Themas auf New Deal und Zweiten Weltkrieg, also auf ungefähr ein Jahrzehnt amerikanischer Geschichte, mag dabei zunächst überraschen. Der Grund hierfür ist jedoch leicht zu nennen: In diesem Zeitraum ist nicht nur der amerikanische Kapitalismus reorganisiert worden, sondern es hat sich – u. a. durch den Eingriff des Staates – ein enges Geflecht von Beziehungen zwischen Gewerkschaften und Unternehmern herausgebildet, ein System der Arbeitsbeziehungen, dessen Strukturen bis heute im wesentlichen gleich geblieben sind. Auch der umstrittene Taft-Hartley Act von 1947, der die relativ starke Stellung der Gewerkschaften, wie sie nach dem Wagner Act von 1935 möglich geworden war, einschränkte, hat daran im Prinzip nichts geändert. In der Weltwirtschaftskrise schienen die amerikanische Wirtschaft, Gesellschaft und Politik so erschüttert, daß viele Zeitgenossen fest davon überzeugt waren, eine gesellschaftspolitische Alternative zum kapitalistischen System werde in unmittelbarer Zukunft verwirklicht. In ihren Augen galt die wie ein Phönix aus den Fabrikhallen der Massengüterindustrien aufsteigende Industriegewerkschaftsbewegung des Congress of Industrial Organisations als möglicher Träger sozialer Veränderungen. Der CIO ist jedoch fest in den Kapitalismus eingebunden worden, den er weder theoretisch noch praktisch in Frage stellte. Durch die Hinwendung des CIO zur Politik wurde das amerikanische politische System zwar modifiziert (oft übertrieben als Auftritt von "big labor" auf der politischen Szene bezeichnet), doch die Strukturen des kapitalistischen Systems nicht angetastet. Die Frage nach der Integration der amerikanischen Industriegewerkschaften während des New Deal und im Zweiten Weltkrieg ist daher zugleich die Frage nach der systemstabilisierenden und konservativen Funktion der amerikanischen Gewerkschaften in unserer Gegenwart.

Die Rolle der amerikanischen Gewerkschaften wird im folgenden sowohl im Kontext des kapitalistischen Systems wie exemplarisch an den politischen Organisationen und Fraktionen des CIO bestimmt werden. Mit dem New Deal trat die amerikanische

Gesellschaft endgültig in die Periode des organisierten Kapitalismus ein. Die Wirtschaft des freien Spiels, weitgehend auf Einzelunternehmen basierend und relativ frei vom Staatseingriff, wurde u. a. auf Grund technologischer Entwicklungen durch eine organisierte Wirtschaft abgelöst, für die horizontale und vertikale Konzentration und Zentralisierung, Monopolisierung, Kartell- und Trustbildung im nationalen, zunehmend aber auch im internationalen Rahmen charakteristisch waren. Effizienz und Profit konnten auf Dauer innerhalb der Großunternehmen nur durch planend-wissenschaftliche Produktionsmethoden und zweckrational-bürokratisches Management, gesamtwirtschaftlich allein durch den ordnenden Eingriff des Staates garantiert werden. In dieser allgemeinen Begriffsbestimmung trifft der Ausdruck „organisierter Kapitalismus" die soziale und wirtschaftliche Entwicklung in Europa und in den Vereinigten Staaten. Der in dieser Arbeit im Anschluß an den amerikanischen Historiker William Appleman Williams verwendete Begriff des "corporate capitalism“, des „Kapitalismus der Großkorporationen", weist auf die Besonderheiten der amerikanischen Entwicklung hin. Zwar fällt auch in den USA – um die Formulierung von Friedrich Engels aufzunehmen – dem Staat die Funktion des „ideellen Gesamtkapitalisten" zu, doch ist mit "corporate capitalism“ gemeint, daß der amerikanische organisierte Kapitalismus im Unterschied zu Europa und namentlich zu Deutschland 1. stärker an den vorgegebenen Strukturen der Großkorporationen orientiert ist und daß 2. die Staatsintervention sich häufig auf Rahmenregelungen beschränkt, so daß – und zwar gerade im System der Arbeitsbeziehungen – ein staatsfreier, gleichsam „privater" Bereich ausgespart wird, den Gewerkschaften und Unternehmer im gegenseitigen Einverständnis durch gewohnheitsrechtliche Regelungen ausfüllen. Im übrigen werden Begriff und Geschichte des amerikanischen organisierten Kapitalismus im Teil I der Untersuchung entwickelt.

Der Verfasser hat darauf verzichtet, einen einleitenden theoretischen Teil von einem historisch-deskriptiven Teil abzusondern. Vielmehr ist versucht worden, Methode und Darstellung, Geschichte und Sozialwissenschaft interdisziplinär zu vermitteln. Eine systematisch-theoretische Problemstellung wird mit historisch-spezifischer Untersuchungsart verbunden: Wie und warum ist der amerikanische Kapitalismus in einer tiefgehenden wirtschaftlichen, sozialen und politischen Krise und trotz potentieller Herausforderung durch eine militante Industriegewerkschaftsbewegung – in modifizierter Form – erhalten geblieben? Worin bestanden seine Integrationskräfte? Entgegen der eurozentrisch-sozialistischen Tradition wird also primär nicht nach Zersetzung oder Zusammenbruch eines kapitalistischen Systems, sondern umgekehrt nach den Ursachen für sein Überleben gefragt.

Die Gliederung der vorliegenden Untersuchung ergibt sich aus dieser Fragerichtung. Im I. Teil wird der Bedingungskontext analysiert, in dem der CIO entstanden ist: Die Auswirkungen der Weltwirtschaftskrise in den Vereinigten Staaten, die spezifisch amerikanische Gewerkschaftstradition und die Herausbildung des organisierten Kapitalismus amerikanischer Spielart. Im II. und III. Teil wird exemplarisch an den politischen Organisationen des CIO und am Beispiel der politischen Fraktionen in den Industriegewerkschaften entwickelt, wie der CIO die im Vergleich zu den Fachgewerkschaften der AFL adäquatere Gewerkschaftsform im organisierten Kapitalismus darstellt. Schließlich werden im IV. Teil die Ergebnisse der Arbeit zusammengefaßt und mit der von Sombart gestellten Frage nach dem Fehlen einer sozialistischen Massenbewegung verbunden. Hier wird versucht, jene lang- und kurzfristig wirkenden Faktoren zu analysieren, die dem Erfolg einer amerikanischen Arbeiterpartei, die nach britischem Vorbild u. U. auf der Grundlage des CIO hätte gebildet werden können, entgegenstanden.

Da die Geschichte der amerikanischen Arbeiterbewegung dem deutschen Leser weitgehend unbekannt sein dürfte, ist versucht worden, Darstellung und Analyse in angemessener Weise miteinander zu verbinden. Passagen, in denen – oft stark gedrängt – über Entwicklung, Organisation, Verhalten und Politik der amerikanischen Gewerkschaften informiert wird, wechseln mit Abschnitten, in denen diese interpretiert werden. Die Kenntnis der Grundelemente des amerikanischen Regierungssystems wird allerdings vorausgesetzt.

Die von mir benutzten Archivalien und sonstigen Quellen stammen – neben einschlägigen Materialien zum CIO – vornehmlich aus vier Gewerkschaften, die für das Spektrum des Industriegewerkschaftsbundes als typisch angesehen werden können:

1. Die ACWA, die 1914 gegründet worden sind, immer eine starke sozialistische Fraktion hatten, erst 1933 der AFL beitraten und zu den Gründergewerkschaften des CIO gehörten.
2. Die UMW, die ebenfalls eine der Gründergewerkschaften des CIO waren. Sie haben sich 1890 national konstituiert, gehörten zur AFL und können – besonders unter der Diktatur ihres Vorsitzenden John L. Lewis – als typische amerikanische „Brot- und Butter"-Gewerkschaft gelten.
3. Die UAW, die in der AFL unbedeutende Vorläufer hatten und erst im CIO einen schnellen Aufschwung nahmen. Bis 1947 ist die Gewerkschaft durch fraktionelle Kämpfe zwischen Sozialisten, Kommunisten, Trotzkisten u. a. zerrissen gewesen.
4. Die UE, die mit Hilfe des CIO gegründet worden sind. In dieser Gewerkschaft hatten zunächst die jungen Militanten, später die Kommunisten eine Mehrheit.

Die Presse, Broschüren, Flugblätter und Tagungsprotokolle dieser Gewerkschaften sind von mir intensiv ausgewertet worden. Um den Anmerkungsapparat nicht unnötig aufzuschwemmen, sind jene Stellen, bei denen offenkundig ist, auf welches Quellenmaterial sie sich stützen, nicht immer vollständig belegt. Da diese Arbeit als Habilitationsschrift an den Fachbereichen „Politische Wissenschaft" und „Geschichtswissenschaften" der Freien Universität Berlin vorliegt, ist es dem Spezialisten möglich, dort u. U. fehlende Belege einzusehen.

Jenen möchte ich danken, ohne deren Hilfe meine Forschungen unmöglich gewesen wären. Vom Otto-Suhr-Institut der Freien Universität Berlin war ich für drei Semester beurlaubt, um vom Oktober 1969 bis Februar 1971 an der Harvard University, Cambridge, Mass., ohne Lehrverpflichtungen als John F. Kennedy Memorial Fellow arbeiten zu können. Im "Collective Bargaining"-Seminar von John T. Dunlop und "Labor Relations"-Seminar von Thomas Kennedy in Harvard gewann ich Einblicke in Struktur und Politik amerikanischer Gewerkschaften, die mich (zunächst noch in den Kategorien der europäisch-deutschen Arbeiterbewegung denkend) oft verblüfften, die aber gerade auf diese Weise wesentlich dazu beitrugen, das spezifisch Amerikanisch zu erkennen. Von Harvard aus konnte ich die notwendigen Archivreisen unternehmen. Ich hatte Gelegenheit, in den verschiedensten Stadien meiner Arbeit mit amerikanischen Kollegen und Freunden zu diskutieren und von ihnen Anregungen aufzunehmen: William S. Allen, Jack Barbash, David Brody, Milton Derber, Peter Doeringer, Frank

Freidel, Frank McCallister, Ronald Radosh, Joel Seidman, William S. Simkin, Adolf Sturmthal und Philip Taft. Dies gilt auch für viele meiner deutschen Freunde und Kollegen. Besonders für die hilfreiche Kritik von Wolf-Dieter Narr bin ich dankbar. Die Diskussion, die an ein von mir vorgelegtes Referat vor der Deutschen Gesellschaft für Amerikastudien im Mai 1971 anschloß, hat noch einmal zu einer Reflektion meiner Thesen geführt.

Mein Freund Helmut Kern, Direktor des Department of Education der Amalgamated Meat Cutters and Butcher Workmen of North America und selbst aus der deutschen Arbeiterbewegung hervorgegangen, hat mir den Weg in Archive und zu amerikanischen Gewerkschaftsführern geebnet, die in den dreißiger und vierziger Jahren eine wichtige Rolle gespielt haben. Unterhaltungen mit ihm waren für mich immer ein Gewinn. Schließlich möchte ich den Mitarbeitern aller Archive und Bibliotheken danken, die bei der Literatur- und Quellenbeschaffung behilflich waren. Besonders die Ausstattung der Widener Library und der Labor Relations Library in Harvard machten mir deutlich, wie entwicklungsbedürftig unsere Bibliotheken in Deutschland sind.

Berlin-Britz im September 1973 *Peter Lösche*

# I. Organisierter Kapitalismus und amerikanische Gewerkschaften: Der Kapitalismus der Großkorporationen

Die Ausformung des organisierten Kapitalismus ist in den Vereinigten Staaten das Ergebnis einer längeren historischen Entwicklung gewesen, die bereits mit der fortschreitenden Monopolisierung in einigen Bereichen der amerikanischen Wirtschaft im vorigen Jahrhundert einsetzte. Letzter Anlaß und entscheidender Anstoß zur Reorganisation des amerikanischen Kapitalismus war die Weltwirtschaftskrise, die auch der Öffentlichkeit z. T. real längst vollzogene Veränderungen der Wirtschafts- und Gesellschaftsstruktur bewußt machte und die Notwendigkeit zu Reformen des bestehenden Systems offenbarte. Wir beginnen unsere Untersuchung daher mit einer knappen Skizze der wirtschaftlichen, sozialen und politischen Auswirkungen der Weltwirtschaftskrise in den Vereinigten Staaten (Kapitel 1), um jene Bedingungen zu verdeutlichen, unter denen der CIO entstand, und um Erwartungen zu erklären, die von verschiedenen gesellschaftlichen Gruppen in den neuen Industriegewerkschaftsbund gesetzt wurden (Kapitel 2). Im 3. Kapitel des I. Teils werden wir dann die spezifisch amerikanische Version des organisierten Kapitalismus einschließlich des ihm immanenten Systems der Arbeitsbeziehungen und der Funktion der Gewerkschaften, namentlich der des CIO, analysieren.

## 1. Prolog: Die „Große Depression"

Der New Yorker Börsenkrach vom Oktober 1929 signalisierte den Beginn der schwersten Wirtschaftskrise in der Geschichte der Vereinigten Staaten und in der des Kapitalismus überhaupt. Sie erreichte im Frühjahr 1933 ihren Tiefpunkt und wurde – trotz aller New-Deal-Programme – endgültig erst überwunden, als die USA für den Zweiten Weltkrieg aufrüsteten[1]. In den vier Jahren von 1929 bis 1933 verloren die amerikanischen Aktien fünf Sechstel ihres Wertes.[2] Die Industrieproduktion sank vom August 1929 bis zum März 1933 um mehr als die Hälfte, der Produktionsindex fiel in dieser Zeit von 114 auf 54.[3] Der amerikanische Außenhandel brach faktisch zusammen: Der Wert der Exporte sank von 1929 bis 1932 von 5,2 Milliarden Dollar auf 1,6 Milliarden Dollar, der der Importe von 4,4 Milliarden Dollar auf 1,3 Milliarden Dollar.[4] Das Nationaleinkommen verminderte sich um fast die Hälfte.[5]

Noch ein Jahr vor diesem Zusammenbruch hatte der inzwischen zum Präsidenten gewählte Herbert Hoover das amerikanische System des Wohlfahrtskapitalismus überschwenglich gelobt: „Wir sind heute dem Ideal der Verbannung von Armut und Furcht aus dem Leben von Männern und Frauen näher gekommen als je zuvor in irgend einem Land."[6] Die in der Presse, von den Politikern und den Großunternehmern so gepriesene Neue Ära der sozialen und wirtschaftlichen Sicherheit nach dem Ersten Weltkrieg erwies sich jetzt für den „kleinen Mann", den Arbeiter und Büroangestellten, aber auch für viele Akademiker als Trugbild. Vom Herbst 1929 bis zum Sommer 1933 stieg die Zahl der Arbeitslosen schnell und kontinuierlich. Genaue Daten über das Ausmaß der Arbeitslosigkeit gibt es nicht, da erst seit 1940 das Bureau of Labor Statistics monatliche Berichte über Beschäftigungsstand und Arbeitslosigkeit veröffentlichte. Eine Erhebung, die zusammen mit der Volkszählung von 1930 erfolgte, war ungenau und unterbewertete die Zahl der Arbeitslosen. Eine Postkartenumfrage der Regierung im Jahre 1937 unterschlug mindestens 30 Prozent der tatsächlichen Arbeitslosigkeit. Wir sind daher auf Schätzungen verschiedener Institute und auf regionale und lokale Erhebungen angewiesen.[7] Danach wurde der höchste Stand der Arbeitslosigkeit 1933/34 erreicht. Die verschiedenen Schätzungen klaffen weit auseinander: Für 1933 liegen sie zwischen 11,8 Millionen (National Industrial Conference Board) und 16,8 Millionen (National Research League) Arbeitslosen, für 1934 zwischen 9,8 Millionen (National Industrial Conference Board) und 16,8 Millionen (Labor Research Association) Arbeitslosen.[8] Lebergott hat die heute bekannten Daten und die angewandten Erhebungsmethoden am genauesten untersucht, einer Kritik unterworfen und den Höhepunkt der Arbeitslosigkeit für 1933 mit 12,830 Millionen angesetzt. Dies bedeutete, daß 25,2 % aller zivilen Arbeitskräfte oder 37,6 % der nicht in der Landwirtschaft Beschäftigten arbeitslos gewesen sind. Die Zahl der Arbeitslosen nahm nach 1934 allmählich ab und sank 1937 auf 7,7 Millionen (14,3 % der zivilen Arbeitskräfte), stieg dann aber sprunghaft innerhalb eines Jahres in einer neuen Wirtschaftskrise wieder auf 10,4 Millionen (19,1 % der zivilen Arbeitskräfte oder 27,9 % der nicht in der Landwirtschaft Beschäftigten). 1940 gab es noch immer 8,1 Millionen (14,6 bzw. 21,3 %) Arbeitslose, und erst 1941 sank ihre Zahl auf 5,6 Millionen (9,9 bzw. 14,4 %).[9]

Arbeitslosigkeit war jedoch nicht gleichmäßig verteilt, sondern je nach Industrie, Beruf, Alter, ethnischer und rassischer Zugehörigkeit verschieden. Am schwersten betroffen wurden die Textil-, Bau- und Schwerindustrie und der Bergbau, während die Zahl der Beschäftigten in den Dienstleistungsindustrien nur geringfügig zurückging. In der Werkzeugmaschinen-Industrie fiel zwischen 1929 und 1932 der Beschäftigten-Index von 167.2 auf 42.1. General Motors hatte 1929 im Durchschnitt 233.286 Arbeiter beschäftigt, 1932 nur noch 116.152; Ford 101.069 im Jahre 1929 und 1932 nur 56.277. In der Stahlstadt Donora, Pennsylvania, arbeiteten im März 1932 von 13.900 Einwohnern nur 277. In den Kohlenfeldern des Staates Illinois und der Appalachen war die Situation nicht viel besser. Im Jahr 1932 gab der Vorsitzende der Textilgewerkschaft Amalgamated Clothing Workers of America, Sidney Hillman, bekannt, daß nur 10 Prozent der New Yorker Mitglieder seiner Gewerkschaft Arbeit hätten.[10] Extreme Arbeitslosigkeit in einigen Industrien bedeutete zugleich regionale und lokale Arbeitslosigkeit: Detroit und Toledo leben von der Autoindustrie, Teile West-Virginias und Pennsylvanias vom Kohlebergbau.

Die Arbeitslosigkeit traf ungelernte und angelernte Arbeiter am heftigsten, Angestellte mit Managerfunktionen am wenigsten. So lag 1930 die Arbeitslosenquote bei ungelernten und angelernten Arbeitern fast dreimal so hoch wie bei Angestellten. 1937 waren 42 % aller männlichen Arbeitslosen ungelernte Arbeiter, ihr Anteil an allen Arbeitskräften betrug hingegen nur 27 %. Im März 1940 suchten bei einer durchschnittlichen Arbeitslosigkeit von 11 % mehr als ein Drittel aller Hilfsarbeiter einen Arbeitsplatz, aber nur 15,1 % der Facharbeiter und 2,7 % bis 6 % der Akademiker und höheren Angestellten.[11]

Die Arbeitslosigkeit unter Jugendlichen war besonders hoch, nämlich doppelt so hoch wie der aller anderen Altersgruppen. 1940 hatte etwa ein Drittel aller Jugendlichen zwischen 16 und 20 Jahren keine Arbeit. Ebenso lag die Arbeitslosigkeit bei Arbeitskräften über 55 Jahren ca. ein Drittel höher als bei den Fünfundzwanzig- bis Fünfundfünzigjähren.[12] Am schwersten von der Wirtschaftskrise waren jedoch die Neger betroffen. Ihre Arbeitslosenquote stieg fast doppelt so hoch wie die unter vergleichbaren weißen Arbeitern. Das lag neben allgemeiner Diskriminierung vor allem daran, daß nur relativ wenige Schwarze Facharbeiter, viele jedoch ungelernte Arbeiter gewesen sind.[13]

Zu den weiteren Folgen der Wirtschaftskrise gehörte versteckte Arbeitslosigkeit, so die Unterbeschäftigung von Arbeitnehmern. Die Daten über Kurzarbeit sind nur schwer erhältlich und noch ungenauer als die Arbeitslosenziffern. Nach einer im März 1933 veranstalteten Umfrage waren in 6.000 Industriebetrieben mit über 3 Millionen Beschäftigten 63 % Kurzarbeiter, im November 1937 war ihr Anteil auf 20 % gesunken. Die starke Abnahme der Zahl der Farmer und der Einzelhändler von 1940 bis 1943, also in der Zeit rapiden Wirtschaftsaufschwungs, zeigte das Ausmaß der versteckten Arbeitslosigkeit in der Weltwirtschaftskrise. Auch das Sinken der durchschnittlichen wöchentlichen Arbeitszeit von 48 Stunden pro Beschäftigtem im Jahre 1929 auf unter 32 Stunden auf dem Tiefpunkt der Krise weist ebenfalls auf versteckte Arbeitslosigkeit hin. Industrien mit großer Arbeitslosigkeit haben auch einen relativ hohen Anteil an Kurzarbeitern gehabt: so 1932 in der Maschinenindustrie 84,9 % und in der Gummi-, Eisen- und Stahlindustrie 79,3 %. Im Kohlenbergbau sank die Zahl der durchschnittlichen Arbeitstage eines Bergmannes von 219 im Jahre 1929 auf 146 (1932). Ein anderer Prozeß lief parallel zu Arbeitslosigkeit und Kurzarbeit: Qualifizierte Ingenieure wurden als Facharbeiter, Facharbeiter als Hilfsarbeiter eingesetzt. Auch diese berufliche Degradierung war eine Variante versteckter Arbeitslosigkeit.[14]

Die Entwicklung der Löhne spiegelte zunächst nicht die Schwere der Wirtschaftskrise wider. Kurz nach ihrem Einsetzen hatte Präsident Hoover in Absprache mit Unternehmern und Gewerkschaften durchgesetzt, daß die Stundenlöhne nicht gesenkt wurden. Diese Politik war insofern erfolgreich, als bis 1931 die Nominalstundenlöhne konstant blieben und wegen des Sinkens der Preise die Realstundenlöhne sogar stiegen. Als nach 1931 die Stundenlöhne gekürzt wurden, sank der Realstundenlohn gleichwohl nicht unter das Niveau von 1929. Durch Kurzarbeit verminderte sich jedoch der Wochenlohn des Arbeiters, der Nominalwochenlohn um 40 %, der Realwochenlohn um 30 %. Durch die hohe Arbeitslosigkeit sank das jährliche durchschnittliche Realeinkommen eines Arbeitnehmers von 793 (1914-)Dollar im Jahre 1929 auf 526 im Jahre 1933.[15] In anderen Worten: Nicht Lohnkürzungen, sondern Arbeitslosigkeit und Kurzarbeit trafen den Arbeiter am stärksten.

Die Große Depression endete erst mit der Rüstung der Vereinigten Staaten für den

Zweiten Weltkrieg. Wie wenig gefestigt die Wirtschaft im New Deal blieb, zeigte die kurze, aber heftige Rezession 1937/38. Erst 1939 vollzog sich ein grundlegender Wandel. In den fünf Jahren von 1939 bis 1944 verdoppelten die USA Nationaleinkommen und Industrieproduktion. Die Arbeitslosigkeit verschwand in kürzester Zeit, und neue Arbeitskräfte betragen den Arbeitsmarkt[16], Überstunden waren an der Tagesordnung.[17]

Nach dem Ausbruch der Großen Depression machte sich in der amerikanischen Öffentlichkeit das Gefühl breit, daß das Land in eine tiefgehende gesellschaftliche Krise geraten sei. Das soziale Elend war an jeder Straßenecke, in jedem Wohnblock einer Großstadt und selbst auf den Überlandstraßen offenkundig. Verwirrung, Unsicherheit und Furcht vor dem allgemeinen Chaos bestimmten das tägliche Leben. Die Auswirkungen der Wirtschaftskrise wurden weder durch eine allgemeine Arbeitslosenunterstützung noch durch eine nationale Sozialversicherung gemildert; entsprechende Gesetze gab es nur in wenigen Einzelstaaten. Lange Menschenschlangen standen, oft mehrere Blöcke lang, vor den Suppenküchen der Wohlfahrtsorganisationen. Auf den Straßen verkauften Arbeitslose Äpfel für 5 Cent das Stück: ein Symbol für die Wirtschaftskrise. In die Krankenhäuser wurden Menschen eingeliefert, die kurz vor dem Verhungern waren. Schulkinder zogen von Tür zu Tür und bettelten um Brot. Ein großer Teil der Bevölkerung war unterernährt.[18] 1935 kam es zum ersten großen Negeraufstand in Harlem, Arbeitslosigkeit und Hunger hatten die Diskriminierung unerträglich gemacht.[19] Arbeitslose konnten die Miete für ihre Wohnungen und die Hypotheken für ihre Häuser nicht mehr zahlen. Die Exmittierten zogen an den Rand der Städte und bauten sich aus Blech und Holzkisten Hütten, oft nicht weit entfernt von den Müllhalden, auf denen sie nach Nahrungsmitteln suchen konnten. Fast jede amerikanische Großstadt hatte ihr "Hooverville", wie diese Siedlungen genannt wurden, die größte davon in St. Louis mit über 1200 Bewohnern.[20] Viele blieben nicht in den Städten, sondern zogen ziellos im Lande herum. Nach vorsichtigen Schätzungen waren 1933 etwa 1 Million Menschen unterwegs auf den Straßen, darunter ca. 200.000 Jugendliche, aber auch Frauen, arbeitslose Ärzte, Rechtsanwälte und Lehrer.[21] Die Sozialfürsorge brach in vielen Gemeinden zusammen, einige Städte waren faktisch bankrott. In Chikago wurden Polizisten und Feuerwehrleute entlassen, Lehrer erhielten kein Gehalt, die städtischen Krankenhäuser konnten schon 1929 ihre Rechnungen nicht mehr bezahlen.[22] Andere Anzeichen deuteten auf die Schwere der sozialen Krise hin. Diejenigen, die überhaupt noch Arbeit fanden, mußten unter verschlechterten Arbeitsbedingungen ihr Geld verdienen. In der Textilindustrie Neu-Englands und der Südstaaten tauchten wieder "sweatshops" auf, enge, ungelüftete Fabrikhallen, in denen nach einem mörderischen Akkordsystem geschuftet wurde, von dem man angenommen hatte, daß es der Vergangenheit angehören würde. Eine in Pennsylvania vom Gouverneur eingesetzte Untersuchungskommission fand heraus, daß Anfang 1933 über 200.000 Kinder und Frauen unter gesetzwidrigen Arbeitsbedingungen für einen Wochenlohn von unter 14 Dollar beschäftigt waren. Adamic hat geschätzt, daß auf dem Höhepunkt der Wirtschaftskrise und Arbeitslosigkeit etwa 3 Millionen Kinder im Alter zwischen 12 und 16 Jahren in Industrie und Landwirtschaft zu so niedrigen Wochenlöhnen arbeiteten, daß davon ein Erwachsener keine Familie ernähren konnte. Die Arbeitszeit für diese Kinder betrug oft zehn Stunden am Tag, sechs oder sieben Tage in der Woche.[23] Familien zerbrachen, Väter verließen Mütter und Kinder.[24] Die Zahl der Eheschließungen ging zurück, ebenso sank die Geburtenrate von 20 Geburten pro 1.000 Einwohner 1929 auf 16,6 im Jahr 1933.[25] Zur gleichen Zeit stieg die Selbstmordrate von 14 Selbstmorden unter 100.000 Einwohnern im Jahr 1929 auf 17,4 im Jahr 1932.[26] Die bis zur Großen Depression anhaltende Bevölkerungswanderung aus den landwirtschaftlichen Gebieten in die Industriestädte wurde vorübergehend unterbrochen, und 1931 stieg zum ersten Mal seit 1922 wieder die Zahl der Landbevölkerung. Eine „Zurück-aufs-Land"-Bewegung wurde vorübergehend von der Regierung unterstützt.[27]

Zu einem Symbol sozialer Unruhe in Amerika wurde die sogenannte Bonus-Armee. Im Sommer 1932 waren etwa 20.000 Veteranen des Ersten Weltkrieges nach Washington gezogen, um auf den Präsidenten und den Kongreß Druck auszuüben, ein den Veteranen für ihre Dienste gegebenes Bonus-Zertifikat, das 1945 fällig wurde, schon früher auszuzahlen. Hoover bezeichnete die Demonstranten als Kommunisten und Kriminelle, rief die Armee und ließ die Notquartiere der Veteranen niederbrennen. Wohl kein anderes einzelnes Ereignis während der Großen Depression hat die öffentliche Meinung so gegen den Präsidenten aufgebracht wie diese Behandlung der Bonus-Armee.[28]

Zu den Gebieten, die von der Wirtschaftskrise am meisten betoffen wurden, gehörten die Kohlenfelder der Appalachen. Hier lag nicht nur die Arbeitslosigkeit extrem hoch, sondern die Bergleute waren zudem wirtschaftlich völlig abhängig von den Bergwerksgesellschaften, sie waren z. B. gezwungen, in den Kaufläden der Unternehmen einzukaufen. Hatten sie überhaupt Arbeit, dann erhielten sie ihren Lohn oft in Papiergeld, das die Unternehmer für ihre Beschäftigten gedruckt hatten und das weniger als der Dollar wert war. Unterernährung und Tuberkulose gehörten zum Alltag der Bergarbeiterfamilien. Mit Erfolg hatten die Unternehmer verhindert, daß die Gewerkschaft ihre Arbeiter organisierte. Oft waren die lokalen Polizeibehörden und Gemeindeverwaltungen in der Hand von Strohmännern der Bergwerkgesellschaften, die halfen, die Bürgerrechte der Bergleute zu unterdrücken. Gewaltanwendung zwischen Arbeitern, Unternehmern und Polizei war nicht ungewöhnlich. Schon bald sollte "Bloody Harlan", ein Landkreis in Kentucky, zum Kennwort für die Schlachten werden, die zwischen dem Bergarbeiterverband, den United Mine Workers of America, und den Eigentümern der Bergwerke geschlagen wurden. An vielen Stellen griffen die Bergleute zur Selbsthilfe. Kaufläden der Bergwerksgesellschaften wurden gestürmt. Arbeitslose Bergleute begannen, auf dem Grund und Boden der Bergwerkgesellschaften „schwarz" nach Kohle zu graben ("coal bootlegging"), Lastwagen zu mieten und die Kohle in der näheren Umgebung, später aber auch in Philadelphia und New York unter dem von den Unternehmern festgesetzten Preis zu verkaufen. 1934 gab es in den Anthrazit-Gebieten der Appalachen etwa 5.000 dieser illegalen Kohlenminen, in denen jeweils zwei bis fünf Bergleute arbeiteten. Insgesamt waren etwa 20.000 Männer in dieser „schwarzen" Industrie beschäftigt, außerdem fuhren etwa 4.000 Lastwagen zwischen Appalachen und Stadt als Kohlentransporter.[29]

Mit Wirtschaftskrise und sozialem Elend wuchs auch die politische Unzufriedenheit in den Vereinigten Staaten. Viele Amerikaner zweifelten mehr und mehr an der Funktionsfähigkeit des überkommenen politischen Systems. Die Verachtung für den Kongreß, der zwischen der Wahl vom November 1932 und der Amtseinführung Roosevelts steuerlos dahintrieb, sowie für den alten Präsidenten und die politischen Parteien wuchs.[30] Die Behandlung der Bonus-Armee durch Hoover zeigte, daß die Revolutionsfurcht eine Realität im politischen Leben wurde. Die American Legion, eine eher konservative Veteranen-Organisation, erklärte öffentlich, daß sie kein Vertrauen mehr in die bisherige Politik habe. Verschiedentlich wurde der Ruf nach einer Übergangsdiktatur laut, die die USA aus der Wirtschaftskrise führen sollte: Die einen wollten dem Präsidenten volle diktatorische Macht geben, andere schlugen vor, einen Wirtschaftsrat von 12 Mitgliedern einzusetzen, der auch gegen den Kongreß Entscheidungen durchsetzen sollte.[31] Selbst das kapitalistische Wirtschaftssystem wurde in Frage gestellt. In den zwanziger Jahren hatte man die Prosperität lauthals dem Genius der Unternehmer zugeschrieben. Jetzt war es der Unternehmer, dem die öffentliche Meinung die Schuld an der Krise zuschob. Der Zynismus der Wirtschaftskapitäne bestärkte den emotionalen Protest gegen sie: In Detroit, einer der Städte, die von der Arbeitslosigkeit am schwersten getroffen waren, lehnte es Henry Ford ab, Geld für die Wohlfahrtsunterstützung der Hungernden an die Banken auszuleihen. Der Präsident der National Association of Manufacturers gab den Arbeitslosen die Verantwortung für ihre Armut und ihr Elend. Dagegen erklärte eine nationale Konferenz der Methodisten, daß das kapitalistische Wirtschaftssystem unchristlich, unmoralisch und unsozial sei, weil es auf dem Profitmotiv basiere und damit direkt an die Habgier appelliere. Katholische Bischöfe verurteilten das „System", weil Millionen hungerten und wenige den Reichtum der Nation kontrollierten. Eine Konferenz der amerikanischen Rabbiner erklärte, daß der Kapitalismus weder wirtschaftlich vernünftig, noch moralisch annehmbar sei. Leuchtenberg schreibt, der amerikanische Unternehmer im Winter 1932 "had lost his magic and was discredited as a Hopi rainmaker in a prolonged drought".[32]

Arbeitslose schlossen sich spontan zusammen. Eine der ersten dieser Organisationen war die "Unemployed Citizens' League" im Staat Washington. Ihr Ziel galt zunächst nur der Selbsthilfe und Arbeitsbeschaffung, doch wurde sie sehr bald auch politisch aktiv. Bei den lokalen Wahlen im März 1932 gehörten etwa ein Drittel der 144.000 Wähler Seattles dieser Organisation an, der es gelang, ihren Kandidaten zum Bürgermeister zu wählen. In vielen amerikanischen Städten sprangen ähnliche Organisationen aus dem Boden. Die Kommunisten versuchten, in den Vereinigungen der Arbeitslosen Fuß zu fassen und waren dabei relativ erfolgreich. Im Februar 1930 stürmten unter kommunistischer Führung 3.000 Arbeitslose das Rathaus von Cleveland. Am 6. Mai 1930, der zum Internationalen Tag des Arbeitslosen erklärt worden war, führten die Kommunisten in New York, Detroit, Milwaukee, Youngstown (Ohio), Pittsburgh und Buffalo Massendemonstrationen durch die Straßen.[33] Die Sowjetunion, von der Wirtschaftskrise nicht berührt, war plötzlich für viele Amerikaner attraktiv geworden: Im Herbst 1931 bewarben sich in einem New Yorker Vermittlungsbüro 100.000 Arbeitslose um Arbeitsplätze in der Sowjetunion.[34] Viele Amerikaner glaubten auf dem Tiefpunkt der Großen Depression, daß die Lage in den Vereinigten Staaten objektiv revolutionär sei. Die einen fürchteten, daß eine sozialistische oder kommunistische Arbeiterbewegung jetzt sehr schnell Erfolge erzielen werde; andere, die seit Jahrzehnten diese Entwicklung erhofft hatten, sehnten das Aufflammen der

Revolution herbei. Die Versicherungsgesellschaft Lloyd in London gab bekannt, daß sie zum ersten Mal in ihrer Geschichte in großer Zahl Versicherungen gegen Aufstand und zivile Unruhen in die USA verkaufen würde. Im Namen der American Federation of Labor versicherte im Mai 1932 Edward F. McGrady vor einem Ausschuß des Senats, daß eine Revolte der Arbeiterschaft möglich sei, wenn sich ihre augenblickliche wirtschaftliche Situation nicht verbessere: „Ich sage Ihnen, meine Herren, daß wenn nicht etwas unternommen wird und die Hungersnot anhält, in diesem Land bald die Türen zum Aufstand aufgerissen werden."[35] Donald Richberg, später einer der Architekten des National Industrial Recovery Act, bestätigte Anfang 1933 vor einem anderen Senatsausschuß diese Beobachtung: Wenn nicht möglichst schnell grundlegende Reformen realisiert würden, könnten sich die Arbeitslosen organisieren und revolutionäre Forderungen stellen.[36] Im Mai 1932 schrieb Leo Trotzki, aufmerksamer Beobachter der Weltwirtschaftskrise und ihrer sozialen und politischen Folgen, daß die amerikanische Politik demnächst so verändert werde, "that the inevitable and imminent development of a party of the working class will totally change the political face in the United States". Er spielte bereits die taktischen Möglichkeiten durch, die der Kommunistischen Partei der USA dann offen ständen.[37] Die Weltwirtschaftskrise hatte Wirtschaft, Gesellschaft und Politik der Vereinigten Staaten in ihren Grundfesten erschüttert: So jedenfalls schien es den Zeitgenossen. Die größten menschlichen Lasten – Arbeitslosigkeit, Hunger, Krankheit, Elendsquartiere – hatten diejenigen zu tragen, die als Empfänger von Löhnen und Gehältern die Auswirkungen der Großen Depression als erste zu spüren bekommen hatten und am längsten unter ihr litten. Sie waren potentielle Mitglieder einer alle Bereiche von Wirtschaft und Industrie organisierenden Gewerkschaftsbewegung.

## 2. Der Congress of Industrial Organization entsteht

Die Gründe für den Aufschwung der amerikanischen Gewerkschaften in den dreißiger Jahren und für die Gründung eines gegen die traditionellen Berufsverbände gerichteten Industriegewerkschaftsbundes sind ohne die direkten und indirekten Auswirkungen der Wirtschaftskrise, deren Ausmaß knapp skizziert wurde, nicht zu verstehen. Die Große Depression hatte das öffentliche Bewußtsein in den Vereinigten Staaten grundlegend verändert: An die Stelle zufriedener Selbstgefälligkeit war die scharfe, sehr oft spontane und emotionale Kritik am bisherigen Gesellschafts- und Wirtschaftssystem getreten. Diese Kritik war in der Regel weder theoretisch fundiert, noch in einer nationalen Massenbewegung organisiert; eine starke kommunistische oder sozialistische Partei gab es nicht. Dennoch wurde die Furcht vor Aufstand und Revolution zu einer politischen Realität. Dies lag u. a. daran, daß die ungelernten und angelernten Arbeiter in den Massengüterindustrien unter der Wirtschaftskrise am meisten gelitten hatten und daher – in scheinbarer Übereinstimmung mit kommunistischen Revolutionsprognosen soziale und politische Unruhen in den Industriezentren Amerikas am vehementesten aufbrachen. Die Arbeiter dieser Industrien waren bis zu diesem Zeitpunkt nur schlecht oder überhaupt nicht gewerkschaftlich organisiert, und unter dem Eindruck der Wirtschaftskrise erscholl der Ruf nach einer neuen radikalen Gewerkschaft immer lauter.[38] Viele waren nicht nur bereit, in dem Augenblick, in dem sie wieder Arbeit fanden, einer Gewerkschaft beizutreten, sondern gerade in den Massengüterindustrien bildeten sich nach Überwindung des Tiefpunktes der Großen Depression spontan Betriebsgewerkschaftsorganisationen. Diese Veränderung des Arbeiterbewußtseins durch die Wirtschaftskrise erklärt zu einem Teil die Organisationserfolge der Gewerkschaften im folgenden Jahrzehnt. Neben diesem subjektiven Faktor muß jedoch ein anderer, objektiver Faktor berücksichtigt werden: Das fundamentale Versagen des Kapitalismus machte seine Reorganisation notwendig. Dies geschah durch verstärkte Staatsintervention im New Deal – weniger geplant, als durch tastendes und zaghaftes, in der konkreten politischen und wirtschaftlichen Situation aufgezwungenes Experimentieren. Die Arbeitsgesetzgebung des New Deal wurde zu einer der Grundlagen für den Aufschwung der Gewerkschaften und besonders des CIO. Weiter unten werden wir den reorganisierten Kapitalismus und die in ihm übernommene Funktion der Gewerkschaften, vor allem der Industriegewerkschaften, analysieren. Zuvor wird jedoch zur Information für den deutschen Leser die Entstehungsgeschichte des CIO in wenigen Strichen nachgezeichnet werden.

Die zwanziger Jahre waren für die amerikanischen Gewerkschaften eine Zeit des Niedergangs. Unmittelbar nach dem Ersten Weltkrieg gab es in den Vereinigten Staaten über 5 Millionen Gewerkschaftsmitglieder, darunter über 4 Millionen, die in der AFL organisiert waren, überwiegend einem Bund von Facharbeitergewerkschaften, der sich vor der Jahrhundertwende gegen die Knights of Labor (ein Verband, der alle Arbeiter ohne Rücksicht auf Beruf, Rasse, Religion oder Nationalität umschloß) durchgesetzt hatte. 1930 war die Zahl der Gewerkschaftsmitglieder auf 3,4 Millionen gesunken. Die Ursachen für diesen Niedergang waren vielfältig: Die Unternehmer hatten sowohl mit offener Gewalt Gewerkschaften aus ihren Betrieben gedrängt als auch durch geschickte Behandlung ihrer Beschäftigten (personnel managment) ein derartiges Bild von einem funktionierenden Wohlfahrtskapitalismus vermittelt, daß vielen eine Gewerkschaft als überflüssig erschien. Hatte sich in der Kriegsverwaltungswirtschaft während des Ersten Weltkrieges die Regierung den Gewerkschaften gegenüber relativ positiv verhalten, so schlug diese Politik in den zwanziger Jahren in offene Gewerkschaftsfeindlichkeit, im besten Fall in abwartende Neutralität um. Die Gewerkschaftsverbände, namentlich die der AFL, waren überaltert und politisch phantasielos; in den Bahnen ihrer eigenen Bürokratie eingerastete Funktionäre führten das Zepter. Am schwersten wog jedoch, daß die Gewerkschaften in den relativ langsam wachsenden Bereichen der Wirtschaft ihren höchsten Organisationsstand hatten, in den ökonomisch expandierenden Industrien hingegen kaum vertreten waren. Angestellte, Techniker, Arbeiter in den Dienstleistungsgewerben und vor allem in den Massengüterindustrien blieben unorganisiert. Der technischen Umstellung von traditionellen Produktionsmethoden auf das Fließband folgten die Gewerkschaften nicht.[39] Nur 20 % der Industriearbeiter gehörten einer Gewerkschaft an. Alle Versuche besonders einiger jüngerer Gewerkschaftsführer, die AFL vom Industriegewerkschaftsprinzip zu überzeugen oder wenigstens in einigen Massengüterindustrien Organisationskampagnen zu beginnen, scheiterten am Widerstand der „alten Garde".

Als 1933/34 Tausende von Arbeitern in die Gewerkschaften strömten, waren es die alten Industriegewerkschaften der AFL, die innerhalb weniger Monate ihre Mitgliederzahlen verdoppelten und verdreifachten. Dadurch spitzte sich der schon lange schwelende Konflikt zwischen den Vertretern des Industriegewerkschaftsprinzips und denen des Berufsgewerkschaftsprinzips zu. In den Industrien, in denen häufig zehn und mehr Berufsgewerkschaften die Arbeiter organisierten, wurden jetzt sogenannte "Federal Unions" gebildet, lokale Betriebsgewerkschaftsorganisationen für die Beschäftigten eines Betriebes oder Unternehmens, die für die kurze Zeit der Werbekampagne direkt der AFL unterstanden. Hatte sich eine "Federal Union" gerade konsolidiert, so wurden ihre Mitglieder den einzelnen Berufsgewerkschaften zugewiesen und – häufig gegen den Widerstand der betroffenen Arbeiter – die industriell gebildete lokale Gewerkschaft zerstückelt. Als 1935 auf dem Kongreß der AFL die Vertreter des Industriegewerkschaftsprinzips mit ihren Forderungen wiederum nicht durchdringen konnten, gründeten sie das "Committee for Industrial Organization". Zum Vorsitzenden wurde der Präsident der Bergarbeitergewerkschaft United Mine Workers of America (UMW), John L. Lewis, bestimmt. Zu den anderen bekannten Gewerkschaftsführern, die sich dem Komitee anschlossen, gehörten Sidney Hillman von den Amalgamated Clothing Workers of America (ACWA) und David Dubinsky von der International Ladies' Garment Workers' Union (ILGWU). Die erste öffentliche Erklärung des CIO klang zurückhaltend und noch vermittelnd:

> "The purpose of the Committee is to be encouragement and promotion of organization of the unorganized workers in mass production and other industries upon an industrial basis . . .; to counsel and advise unorganized and newly organized groups of workers; to bring them under the banner and in affiliation with the American Federation of Labor."[40]

Schon nach kurzer Zeit wurde aber klar, daß der CIO nicht gewillt war, innerhalb des traditionellen Gewerkschaftsverbandes zu arbeiten, sondern die AFL offen herausforderte. Wenige Tage nach dem AFL-Kongreß trat John L. Lewis als Vizepräsident des Gewerkschaftsbundes zurück. Im August 1936 suspendierte das Exekutiv-Komitee der AFL die Mitgliederschaft der Gewerkschaften, die im CIO mitarbeiteten. Schließlich trat im Oktober 1937 eine nationale Konferenz der CIO-Funktionäre und im November 1938 ein Satzungskongreß des CIO zusammen. Dieser beschloß, den bisherigen Namen "Committee for Industrial Organization" zu ändern in "Congress of Industrial Organization". Die Spaltung der amerikanischen Gewerkschaftsbewegung in zwei Föderationen war damit auch formell vollzogen, der Industriegewerkschaftsbund inzwischen auf mehrere Millionen Mitglieder angewachsen. Alle Versuche, das endgültige Auseinanderbrechen der AFL zu verhindern und – noch während des Zweiten Weltkrieges – AFL und CIO wieder zu vereinigen, scheiterten allein schon wegen prinzipieller Meinungsverschiedenheiten über das Organisationsprinzip und infolge persönlicher Gegensätze zwischen den Gewerkschaftsführern.[41]

Die CIO-Gewerkschaften erweiterten den Organisationsgrad der Arbeiterschaft in den Industrien, in denen die Gründergewerkschaften bereits seit Jahren gearbeitet hatten, so im Bergbau und in der Damen- und Herrenoberbekleidungsindustrie. Die größten Erfolge konnte der CIO in den Massengüterindustrien verbuchen, in denen bis dahin keine oder nur schwache Organisationen bestanden hatten. Die United Automobile

Workers (UAW) drangen in die Automobil-, Farmmaschinen- und Flugzeugindustrie ein; die United Electrical, Radio and Machine Workers (UE) in die Elektroindustrie und das Steel Workers Organizing Committee (SWOC), die späteren United Steel Workers of America, in die Stahlindustrie. Dies waren die spektakulärsten Erfolge des CIO. Im Oktober 1937 gehörten dem Verband 32 Gewerkschaften und Organisationskomitees an. Nach den vorsichtigen Schätzungen von Galenson zählten die CIO-Gewerkschaften 1936 800.000 Mitglieder, 1941 2.850.000.[42] Die Angaben des CIO gingen weit darüber hinaus, was einen propagandistischen Effekt haben sollte, zugleich aber auch den Enthusiasmus des neuen Gewerkschaftsbundes spiegelt.[43] Getragen von der Begeisterung neuer oder potentieller Mitglieder gingen die CIO-Gewerkschaften mit großer Militanz und oft völlig neuen Methoden wie den Sit-Down-Streiks oder sogenannten Quickies (Arbeitsniederlegung für wenige Stunden) vor. 1937 erreichte die Streikwelle ihren Höhepunkt.[44] Die alten Fachgewerkschaften der AFL waren schließlich gezwungen, die Herausforderung durch den CIO anzunehmen, und sie gaben ihr dogmatisches Festhalten am Berufsgewerkschaftsprinzip auf. 1941 organisierten die Maschinisten, die Zimmerleute, die Elektrofacharbeiter u. a. – sie hatten 1935 zu den schärfsten Opponenten von John L. Lewis gehört – ebenfalls auf industrieller Basis.[45] Im Unterschied zum CIO, der in mehreren Industrien von oben her zentrale Organisationskomitees gegründet und finanziert hatte, blieb die AFL weiterhin eine stark dezentralisierte Gewerkschaftsföderation, in der die eigentliche Macht – etwa abzulesen an der Aufteilung der Mitgliedsbeiträge – bei den lokalen Betriebsgewerkschaftsorganisationen, zuweilen bei den nationalen Gewerkschaftsvorständen, auf keinen Fall aber bei der Föderation lag. Im CIO hingegen gab es sowohl zentralisierte Gewerkschaften wie das SWOC, das direkt vom Exekutiv-Komitee des Bundes und von John L. Lewis abhing, als auch dezentralisierte Organisationen wie die UAW. Es muß dabei aber betont werden, daß im Vergleich zu deutschen Gewerkschaften auch der CIO und seine Einzelgewerkschaften relativ dezentralisiert gewesen sind. In einem Punkt unterschieden sich AFL und CIO in ihrem Aufbau überhaupt nicht: Nach dem Vorbild der AFL wurden auch im CIO zur Koordination auf Stadt-, Landkreis- und Einzelstaatsebene Gewerkschaftsräte (Industrial Union Councils) gebildet, in denen die im jeweiligen Gebiet bestehenden Industriegewerkschaften entsprechend ihrer Mitgliederstärke vertreten waren.

*

Sieht man einmal von der organisatorischen Differenz zwischen der AFL als im wesentlichen einem Bund von Berufsgewerkschaften und dem CIO als einem Verband von Industriegewerkschaften ab[46], so unterschieden sich beide vor allem in ihrem politischen Engagement. Während der CIO bewußt und gezielt in Wahlkämpfe eingriff, die Gesetzgebung zu beeinflussen suchte und eigene politische Organe gründete, blieb die AFL politisch weitgehend abstinent. Vielen Zeitgenossen erschien der CIO nicht bloß als eine innergewerkschaftliche Opposition und später als rivalisierender Gewerkschaftsbund, sondern als radikaler politischer Neubeginn der amerikanischen Arbeiterbewegung, als Basis für eine Arbeiterpartei nach britischem Vorbild oder als Ausgangspunkt für eine amerikanische Sozialdemokratie. Auch die rückblickende Interpretation der Geschichte der amerikanischen Arbeiterbewegung ergibt, daß durch das Auftreten des

CIO auf der Bühne des New Deal eine veränderte Rolle der amerikanischen Gewerkschaften in Politik, Wirtschaft und Gesellschaft signalisiert wurde: Gesellschaftlich rückte die Gewerkschaftsbewegung vom Rande in das Zentrum konkurrierender Interessen und Gruppen. Ökonomisch vollzog sich die Anpassung an ein System des reorganisierten Kapitalismus. Und politisch brach der CIO mit einer Tradition, die von Gewerkschaftlern wie Politik- und Wirtschaftswissenschaftlern als „Voluntarismus" bezeichnet worden ist.

Das Dogma vom „*Voluntarismus*" reflektierte die ökonomischen Interessen und die Tradition der in der AFL verbundenen Gewerkschaften in einer bestimmten Phase der Entwicklung des amerikanischen Kapitalismus. Es spiegelt gleichsam die Laissez-faire-Ideologie der Unternehmer durch die organisierte Arbeiterschaft. Unter „Voluntarismus" wird der vor der Weltwirtschaftskrise ausformulierte Grundsatz der AFL und anderer Arbeiterorganisationen verstanden, allein mit Mitteln ökonomischen Drucks wie Streik, Boykott und ohne Staatsintervention sowie ohne selbst die staatlichen und politischen Institutionen zu beeinflussen, die eigenen Ziele durchzusetzen und aus freien Stücken (= „freiwillig", = „voluntaristisch") mit den Unternehmern Tarifverträge abzuschließen, in denen Höhe des Lohnes, Arbeitsbedingungen und innerbetriebliche Sozialbestimmungen geregelt werden. „Voluntarismus" war Ausdruck für eine Gewerkschaftsbewegung von solchen Facharbeitern, die auf Grund ihrer Spezialkenntnisse und Handfertigkeiten und wegen Arbeitskräftemangels in ihrem Beruf nicht oder nur unter hohen Kosten austauschbar waren; die durch Arbeitsverweigerung (Streik) einen größeren und zusammenhängenden Produktionsprozeß ohne großen organisatorischen und finanziellen Aufwand unterbrechen konnten; und die daher bei Tarifverhandlungen eine strategische Position einnahmen. Wir vermuten, daß sich dieses selbstbewußte Verhalten der amerikanischen Facharbeitergewerkschaften historisch in die take-off-Phase der Industrialisierung zurückverfolgen läßt, in der die ersten Arbeiterorganisationen entstanden und in der im Gegensatz zu Europa in den Vereinigten Staaten Arbeitskräfteknappheit herrschte. Ganz konsequent ergab es sich dann, daß später in Zeiten des Arbeitskräfteüberschusses die Gewerkschaften aus ureignen materiellen Interessen bestrebt waren, den Zugang zu Facharbeiterberufen (etwa durch in Tarifverträgen festgelegten niedrigen Lehrlingsquoten) selbst zu kontrollieren oder den Eintritt in ihre Organisationen durch extrem hohe Aufnahmegebühren sowie den Ausschluß von rassischen und ethnischen Minoritäten zu beschränken und insgesamt die Zahl der Einwanderer in die USA möglichst zu begrenzen. Erst mit der Änderung der Produktionsweise, mit der Einführung der rationalisierten Massenproduktion und dem damit verbundenen größeren Bedarf an ungelernten und angelernten Arbeitern und dem geringeren Bedarf an Facharbeitern – kurz: mit der größeren Austauschbarkeit des einzelnen Beschäftigten im Produktionsprozeß – wurden die relativ starke Stellung der Berufsgewerkschaften und damit ihr „Voluntarismus" fundamental erschüttert. Die sinkende Zahl der Gewerkschaftsmitglieder in den zwanziger Jahren ist u. a. auf diese strukturelle Veränderung zurückzuführen. Jedoch erst in der Großen Depression drang dieser industrielle Wandel in das öffentliche Bewußtsein ein. Die Industriegewerkschaftsbewegung des CIO und ihre Absage an den „Voluntarismus" der AFL war eine Antwort auf die veränderten Produktionsbedingungen.

Der „Voluntarismus" der AFL-Gewerkschaften reflektierte zudem ein anderes Element in der Geschichte der amerikanischen Arbeiterbewegung. Im Gegensatz zu Europa haben sich die amerikanischen Arbeiterorganisationen nicht auf den Staat, sondern auf den einzelnen Betrieb hin orientiert und organisiert. Die Ursachen für die unterschiedliche Weichenstellung schon in der ersten Phase der europäischen und nordamerikanischen organisierten Arbeiterbewegung können hier nicht untersucht werden. Eine Analyse dieser Divergenz müßte aber u. a. folgende Faktoren in Betracht ziehen: Das Fehlen feudalistischer Gesellschaftsstrukturen in den Vereinigten Staaten, ihr Fortbestehen und Nachwirken in Europa; die Bedeutung einer aus dem Absolutismus hervorgehenden staatlichen Bürokratie für die take-off-Periode der Industrialisierung, das Fehlen einer derartigen zentralen Bürokratie in den USA; die oben schon erwähnte Arbeitskräfteknappheit in Amerika, der Arbeitskräfteüberschuß in Europa zur Zeit, in der die ersten Arbeiterorganisationen entstanden; die im Vergleich zu Europa bereits vollzogene politische Emanzipation des Bürgertums in Amerika, als die ersten Gewerkschaften gegründet wurden; die Stärke des politischen Föderalismus und der kommunalen Selbstverwaltung in den USA, deren relative Schwäche in Europa. Gleich welches Ergebnis eine derartige Ursachenanalyse hätte, so ist es eine Tatsache in der Geschichte der amerikanischen Gewerkschaften, daß auch nach Herausbildung nationaler Gewerkschaftsorganisationen die Beziehungen zwischen Unternehmern und Arbeitern zu einem nicht geringen Teil auf der Ebene des einzelnen Betriebes geregelt werden. Dazu gehört vor allem das Aushandeln der Arbeitsbedingungen ("local issues") durch die Betriebsgewerkschaftsorganisation (local). Es überrascht daher nicht, daß einige nationale Gewerkschaften – besonders vor der Jahrhundertwende, aber z. T. bis in unsere Gegenwart – nichts anderes waren als eine lockere Föderation von Betriebsgewerkschaftsorganisationen. Ebenso war die AFL ein dezentralisierter Verband von Einzelgewerkschaften, deren Hauptaufgabe in der freiwilligen (= „voluntaristischen") Koordination und Beratung ihrer Mitglieder lag. Auch gab es bis zum New Deal keine nationale und nur in wenigen Ausnahmefällen (etwa in Wisconsin) eine einzelstaatliche Sozialpolitik: Soziale Regelungen wie Renten, Krankenversicherung wurden – wenn überhaupt – zwischen Betriebsleitung und Gewerkschaft innerhalb des Unternehmens tarifvertraglich festgelegt.

„Voluntarismus" war schließlich auch ein Ergebnis der konkreten politischen Erfahrungen der AFL-Gewerkschaften. Die Intervention von Staatsorganen in die Angelegenheiten der Gewerkschaften hatte sich nämlich in der Regel gegen deren Interessen ausgewirkt. Dazu gehörte vor allem der gerichtliche Erlaß von Einstweiligen Verfügungen (injunctions) gegen Streiks und andere gewerkschaftliche Kampfmaßnahmen und die Verwässerung von Gesetzen, die ursprünglich der Arbeiterschaft zugute kommen sollten, durch Gerichtsentscheidungen. Die Anwendung des Sherman – Anti-Trustgesetzes auf die Gewerkschaften durch die Gerichte tat ein übriges, um die prinzipielle Ablehnung jedes Staatseingriffes in gewerkschaftliche und tarifliche Angelegenheiten durch die AFL zu bekräftigen. In der konkreten historischen Situation hatte „Voluntarismus" – trotz dieser prinzipiellen Festlegung – gleichwohl eine jeweils verschiedene Bedeutung.[47]

Theoretisch wurde das AFL-Dogma vom „Voluntarismus" in dem 1928 erschienenen Buch von Selig Perlman, A Theory of the Labor Movement, überhöht. Der aus der John R. Commons-Schule, Wisconsin, hervorgegangene Autor argumentierte, daß allein die Gewerkschaften die Sicherheit der Arbeitsplätze, die Erhöhung der Löhne und die Verbesserung der Arbeitsbedingungen zu garantieren vermochten. Das ökonomische Verhalten des Arbeiters werde dadurch bestimmt, daß er sich der Knappheit an Arbeitsmöglichkeiten (work opportunity) bewußt sei. Nur dadurch, daß die Arbeiter sich in Gewerkschaften vereinigen, könnten sie die Arbeitsplätze gleichsam rationieren, unter sich verteilen und dann von ihnen Besitz ergreifen (ownership of work opportunity).[48] Erst mit der AFL sei die amerikanische Gewerkschaftsbewegung zu ihrer vollen Reife gelangt, da vorher die Frontier im Westen die Illusion von den unbegrenzten Möglichkeiten habe bestehen lassen und die Arbeiter den Mangel an Arbeitsmöglichkeiten nicht hätten realisieren, nicht zum „Arbeits(platz)-Bewußtsein" (job consciousness) hätten gelangen können.[49] Im Gegensatz zu dem an Arbeitsplatz und Betrieb sich orientierenden Arbeiterbewußtsein sei das Klassenbewußtsein eine reine Fiktion, die von Intellektuellen von außen in die Organisationen der Arbeiter hineingetragen und ihnen künstlich aufgepropft werde. Es sei für den Intellektuellen charakteristisch, daß er die Arbeiter als abstrakte Masse verstehe und sie entgegen ihren eigenen Interessen durch politische Aktion und Organisation zum Vollender der bisherigen Geschichte bestimme.[50] Tatsächlich gab es in den zwanziger Jahren in den gewerkschaftlichen Führungsgremien fast keinen Akademiker und nur wenige, die einen Oberschulabschluß hatten. In der Regel waren die Gewerkschaftsfunktionäre Arbeiter mit Volksschulabschluß. Sie entstammten mittelständischen und Arbeiterfamilien.[51] Dies änderte sich später in den CIO-Gewerkschaften, in denen auch Akademiker als hauptamtliche Organisatoren und – wenn auch nur in Ausnahmefällen – als gewählte Gewerkschaftsführer akzeptiert wurden. Betrachten wir die "Theory of the Labor Movement" in ihrem Zusammenhang, so wird deutlich, daß Perlman von der konkreten Geschichte der AFL und den sie bedingenden ökonomischen, gesellschaftlichen und politischen Faktoren abstrahiert und zu einer allgemeinen Gewerkschaftstheorie systematisiert hat. Von dieser Position aus wurde die sozialistische Arbeiterbewegung zu einer Abweichung vom Idealtypus, von der Norm „reife und stabile (mature and stable) Gewerkschaftsbewegung". Wie sehr die Perlmansche Theorie auch in den Traditionen der amerikanischen Geistesgeschichte steht, läßt sich an der unbewußten Übertragung des Lockeschen Konzepts vom Privateigentum auf die Arbeitswelt durch den von Perlman erstmals benutzten Begriff der "ownership of work opportunity" ablesen.[52] Die Perlmansche Gewerkschaftstheorie reflektierte die tatsächliche und ideologische Integration der Gewerkschaften in den amerikanischen Kapitalismus vor 1929. Die bewußte Akzeptierung der bestehenden Wirtschafts- und Gesellschaftsordnung ist wohl am prägnantesten in einer Debatte zwischen Samuel Gompers, dem Präsidenten der AFL, und dem Sozialisten Morris Hillquit 1914 formuliert worden, in der es um die Ziele der Arbeiterbewegung ging:

"Mr. Gompers: ... the best possible conditions obtainable for the workers is the aim ...
Mr. Hillquit: Yes; and when these conditions are obtained –
Mr. Gompers (interrupting): Why, then we want better ....
Mr. Gompers: It is the effort to obtain a better life every day.
Mr. Hillquit: Every day and always –
Mr. Gompers: Every day. That does not limit it.
Mr. Hillquit: Until such time –
Mr. Gompers: Not until any time.

Mr. Hillquit: In other words –
Mr. Gompers (interrupting): In other words, we go further than you. You have an end; we have not."[53]

Der „Voluntarismus" der amerikanischen Gewerkschaften schlug sich auf zweifache Weise im politischen Verhalten der AFL nieder: Der Gewerkschaftsbund lehnte – wenigstens im Prinzip – die Bindung an eine politische Partei ab (non-partisan policy), und er opponierte gegen jede Arbeits- und Sozialgesetzgebung. Gewerkschaftsführer wie Samuel Gompers und der AFL-Vizepräsident Matthew Woll wandten gegen die gesetzliche Festlegung eines Mindestlohnes und die Begrenzung der täglich zulässigen Arbeitsstunden ein, daß der Minimallohn dann zum Maximallohn werde und die Arbeiter gezwungen würden, die Höchstzahl der gesetzlichen Arbeitsstunden tatsächlich abzuleisten, so daß Arbeitszeitverkürzungen verhindert würden. Zudem würde die Abhängigkeit der Arbeiter von der Gesetzgebung ihre Loyalität gegenüber der Gewerkschaft schwächen und staatlichen Paternalismus fördern. Arbeitszeit und Lohn ließen sich viel besser mit den gediegenen und handfesten (pure and simple) Mitteln gewerkschaftlichen Drucks in Tarifverhandlungen bestimmen. Erst 1938 hat die AFL bei der Verabschiedung des "Fair Labor Standards Act" ihren Widerstand gegen die gesetzliche Absicherung von Mindestlohn und Höchstarbeitszeit offiziell und endgültig aufgegeben. Mit ähnlichen Argumenten lehnte der Gewerkschaftsbund die gesetzliche Arbeitslosen- und Sozialversicherung in den Einzelstaaten und im Bund ab. Die Arbeiter, so hieß es, könnten aus ihren hohen Löhnen für Krisenzeiten und das Alter sparen, während Arbeitslosenunterstützung und Renten nur Almosen seien, die die freien Bürger der Staatsintervention und -kontrolle unterwerfen würden. Noch 1931 – als die Wirtschaftskrise ihrem Höhepunkt zutrieb – lehnte der Gewerkschaftskongreß der AFL die Einführung einer nationalen Sozial- und Arbeitslosenversicherung ab. 1933 schließlich revidierten die AFL-Funktionäre ihre Politik und forderten den Kongreß auf, umgehend Sozialgesetze zu beschließen.[54] Die Ablehnung jeglicher Sozialgesetzgebung durch die AFL-Gewerkschaften bis in die Große Depression hinein ist wiederum nur verständlich, wenn berücksichtigt wird, daß in ihnen hochqualifizierte Facharbeiter organisiert waren, die eben wegen ihrer strategischen Position im Produktionsprozeß durch tarifvertragliche Vereinbarungen jene soziale Absicherung erlangen konnten, die für die ungelernten und angelernten Arbeiter in den Massengüterindustrien, besonders in Zeiten großer Arbeitslosigkeit, nur durch Staatseingriff, d. h. durch gesetzliche Regelungen, erreichbar war. Versucht man, die menschlichen Kosten des amerikanischen Wohlfahrtskapitalismus in den zwanziger Jahren zu ermitteln, so schlägt auf der Seite gesellschaftlicher Kosten zweifellos die soziale und wirtschaftliche Unsicherheit der nicht in den exklusiven AFL-Gewerkschaften organisierten Arbeiterschaft – der Ungelernten und Angelernten in den Großindustrien, der rassischen und ethnischen Minoritäten und der Einwanderer – zu Buche. Es waren diese Gruppen, die am meisten unter Arbeitslosigkeit, Betriebsunfällen, Krankheit, Willkür der Unternehmer litten und die dagegen weder durch Gesetz noch Tarifvertrag geschützt waren. Die eindeutig positive Haltung der CIO-Industriegewerkschaften gegenüber staatlicher Arbeitslosenunterstützung, Sozialversicherung und Arbeitsgesetzgebung basierte folglich auf den unmittelbaren materiellen Bedürfnissen ihrer in den Massengüterindustrien beschäftigten Mitglieder.

Der Opposition gegen staatliche Sozial- und Arbeitspolitik durch die AFL-Gewerkschaften entsprach ihr Verhalten in Wahlkämpfen. Die AFL lehnte prinzipiell jede Einmischung in die Parteipolitik ab und war bestrebt, parteiungebunden ihre eigenen Interessen zu verfolgen ("non-partisan policy"). So hieß es in der Verbandssatzung, daß Parteipolitik, gleich mit welcher Partei verbunden, keinen Platz auf den AFL-Kongressen habe.[55] Die eingängige Handformel Samuel Gompers' des "Reward your friends, punish your enemies" wurde zum Maßstab dafür, ob bestimmte Kandidaten für öffentliche Ämter mit gewerkschaftlicher Wahlunterstützung rechnen konnten oder nicht. Die AFL überprüfte dabei, wie ein Kandidat in Fragen, die die Gewerkschaften tangierten, im einzelstaatlichen Parlament oder im Kongreß abgestimmt oder welche Urteile ein Richter gefällt hatte, der zur Wiederwahl anstand. Die Entscheidungen und Abstimmungen eines Kandidaten wurden gleichsam protokolliert, dieses Protokoll (bei einem Parlamentarier der "voting record") den Gewerkschaftsmitgliedern bekanntgegeben und ihnen dann überlassen, wen sie wählten. In der Regel griffen Gewerkschaftsfunktionäre weder aktiv durch Reden noch indirekt durch finanzielle Zuwendungen in den Wahlkampf ein. Man beschränkte sich bei nationalen Wahlen zumeist darauf, beiden großen Parteien die eigenen Vorstellungen zu bestimmten Fragen vorzutragen und anzuregen, sie in die Wahlkampfplattform aufzunehmen. Ganz strikt wurde diese partei-neutrale Politik der AFL gleichwohl nur bis 1906 eingehalten. Von diesem Zeitpunkt an kooperierten namentlich die lokalen und regionalen Gewerkschaftsorganisationen informell mit der Demokratischen Partei und unterstützten deren Kandidaten häufiger als die der Republikaner. Dabei spielte die ethnische und religiöse Zusammensetzung der Mitglieder eine relativ große Rolle: Irische und katholische Gewerkschaften verbanden sich in einigen Großstädten mit der Demokratischen Parteimaschine, deutsche und jüdische Gewerkschaften tendierten zu den Sozialisten. Wie stark dennoch die traditionelle parteipolitische Neutralität war, zeigte sich 1924, als die AFL keine ihrer Forderungen in den Wahlplattformen der beiden großen Parteien unterbringen konnte, und sie daher zögernd und mehr auf Druck aus der Mitgliedschaft denn aus politisch-strategischen Überlegungen der Gewerkschaftsführer den progressiven Präsidentschaftskandidaten Robert M. La Follette offiziell unterstützte. Unmittelbar nach dem Wahltag zerbrach die La Follette-Koalition, in der einige Beobachter den Ansatz zu einer Dritten Partei gesehen hatten, die sich auf Farmer und Arbeiterschaft hätte stützen können. Doch es waren gerade die Gewerkschaften, die La Follette nur lauwarm gefördert hatten und die sich der Bildung einer Farmer-Arbeiterpartei widersetzten. 1928 und 1932 verhielt sich die AFL offiziell wiederum parteipolitisch neutral, wenn 1928 auch die Anziehungskraft des Demokratischen Kandidaten Alfred E. Smith, eines Katholiken, auf die Gewerkschaftsmitglieder beträchtlich gewesen ist. Von den größeren Gewerkschaften unterstützten 1928 nur die Bergarbeiter unter John L. Lewis den Kandidaten der Republikaner, Herbert Hoover, während Daniel Tobin, der Vorsitzende der Transportarbeiter, das Gewerkschafts-Wahlkampfkomitee der Demokraten leitete. Auch 1932 trat die AFL, trotz der in der Gewerkschaftsöffentlichkeit oft vollzogenen Identifizierung von Wirtschaftskrise und Präsident Hoover, offiziell nicht für Franklin D. Roosevelt ein. Vielmehr war der Gewerkschaftsbund politisch so schwach, daß es ihm nicht einmal gelang, einige seiner Vorschläge in die Demokratische Wahlplattform aufnehmen zu lassen. Insgesamt waren auch die mittleren Gewerkschaftsfunktionäre in den zwanziger Jahren parteipolitisch so ungebunden und letztlich desinteressiert, daß bei einer Meinungsumfrage mehr als die Hälfte von ihnen sich weigerte, sich mit einer der bestehenden Parteien zu identifizieren. Dies zeigt, daß die "non-partisan policy" als Teil des gewerkschaftlichen „Voluntarismus" nicht etwa bloße Taktik der Gewerkschaftsführung gewesen ist, sondern in der Mitgliederschaft verankert war.[56]

Bei der Analyse der parteipolitisch neutralen Taktik der AFL müssen wir einen Faktor berücksichtigen, der in den zwanziger Jahren ebenso Bedeutung hatte wie er in die Zeit des New Deal und bis in unsere Gegenwart nachwirkte: Die Fehlschläge, die in der amerikanischen Geschichte Arbeiterparteien und „Dritte" Parteien erlitten haben. Daraus ist gleichsam eine negative Tradition erwachsen, die in der konkreten politischen Situation, wenn es um die Gründung oder Unterstützung von Arbeiterparteien oder anderen Dritten Parteien oder die Anlehnung an eine der beiden großen Parteien ging, für das Verhalten der Gewerkschaften jeweils reale Auswirkungen gehabt hat, nämlich vor jeder festen politischen Bindung zurückzuschrecken. Zwar ist in den Handbüchern zur Geschichte der amerikanischen Arbeiterbewegung nachzulesen, daß mit der "Working Men's Party" in Philadelphia 1828 die erste Arbeiterpartei der Welt gegründet worden ist, doch ist die Geschichte selbständiger Arbeiterpolitik in Amerika – etwa durch die Knights of Labor, die Industrial Workers of the World, aber auch die Sozialisten und Kommunisten – letztlich immer eine Geschichte des Scheiterns und Versagens gewesen. Die "non-partisan policy" der AFL ist zweifellos durch diese Kette von Enttäuschungen und Mißerfolgen mitbestimmt worden.

*

Der Frage, ob und inwiefern der CIO tatsächlich mit dem „Voluntarismus" der AFL, deren Opposition gegen Arbeits- und Sozialgesetzgebung und der "non-partisan policy" gebrochen hat, werden wir nachgehen, wenn wir die politischen Organe und die politischen Fraktionen im CIO untersuchen. Auf jeden Fall wurde in der amerikanischen Öffentlichkeit der CIO nicht nur als gewerkschaftlicher, sondern auch als *politischer Neubeginn* angesehen, als bewußter Bruch mit dem AFL – „Voluntarismus". Dies lag u. a. daran, daß der neue Industriegewerkschafts-Verband aus der Wirtschaftskrise hervorging, die wir in ihren sozialen Auswirkungen oben beschrieben haben, und er so auch ein Produkt der allgemeinen politischen Unruhe war. Wir haben die allgemeine Radikalisierung erwähnt, die – so unartikuliert und wenig organisiert sie war – doch Revolutionsfurcht auslöste. Dieser unmittelbare und naive Radikalismus wurde aus der Unzufriedenheit jenes so oft zitierten „kleinen Mannes" geboren, der in der Weltwirtschaftskrise arbeitslos und ohne Unterstützung hungernd auf der Straße saß. In einem zeitgenössischen Bericht hieß es, daß viermal mehr Arbeitslose für revolutionäre Veränderungen einträten als der Durchschnitt der amerikanischen Bürger.[57] Die Vermutung eines Wirtschaftswissenschaftlers war typisch für die Voraussagen in der zeitgenössischen sozialwissenschaftlichen Literatur und in der Presse, daß nämlich die amerikanische Arbeiterbewegung jetzt einen Klassencharakter annehmen werde ähnlich dem der Lohnarbeiter in den westeuropäischen Industrienationen.[58] Es überrascht daher nicht, daß fast jeder politischen Massenbewegung in der Großen Depression und im New Deal das Etikett „sozialistisch" angeheftet wurde, gleich ob es die Huey Longs in Louisiana war, die des Arztes Dr. Francis Townsend mit seinen Rentenplänen, die des Radiopriesters Charles E. Coughlin oder die EPIC-Bewegung ("End Poverty in California") Upton Sinclairs. Der Verbalradikalismus der Kommunisten und Sozialisten tat ein übriges, um die proletarische Revolution als Gewißheit erscheinen zu lassen. Der Titel eines populären, von einem Kommunisten geschriebenen Theaterstücks hing über der amerikanischen Szene: "Waiting for Lefty".[59] Die Entstehungsgeschichte des CIO und die Erwartungen und Befürchtungen, die in die Industriegewerkschaften gesetzt wurden, sind in diesem Zusammenhang zu sehen. Es handelte sich hier nicht etwa um allgemeine politische Hysterie, die auf den CIO übertragen wurde, vielmehr erreichte die Militanz der im CIO organisierten Arbeiter eine neue Qualität, die auch politische Folgen vermuten ließ. Es ist Greenstone[60] und anderen Autoren zuzustimmen, daß es in diesen Jahren eine Klassensolidarität unter der Arbeiterschaft gab, die aus der Empörung über das Versagen und über die hohen menschlichen Kosten des Kapitalismus genährt wurde und die die bis dahin oft unüberwindlichen rassischen und ethnischen Barrieren übersprang. Die Streikbereitschaft der Arbeiter, Ausdruck der neugewonnenen Solidarität und Militanz, war schon vor Gründung des CIO vorhanden. So beobachtete der Journalist Benjamin Stolberg im Dezember 1933: „Das Land ist voll von spontanen Streiks. Wo immer man geht, sieht man Streikposten".[61] Die Gewerkschaften des CIO wurden von der Spontaneität der Arbeiter oft überrollt. Ein unerwarteter Sit-Down-Streik von 14.000 Arbeitern in den Gummiwerken von Goodyear in Akron, Ohio, löste die erste große Auseinandersetzung mit den Unternehmern, die der CIO überhaupt führte, aus: Strategie und Taktik der Streiks waren von der Gewerkschaftsführung nicht geplant, sie wurde von den Arbeitern in den Kampf hineingerissen.[62] Von Akron aus sprangen die Sit-Down-Streiks auf andere Industrien über und erreichten schließlich in der Automobilindustrie ihren Höhepunkt. Solidarität wurde so für jeden Arbeiter konkret erfahren, der an seiner Maschine oder seinem Fließband mit den Kollegen zusammen Tag und Nacht in einer Fabrikhalle ausharrte, oft angegriffen von Streikbrechern, der Werkspolizei oder der kommunalen Polizei. In den Großbetrieben waren die Arbeiter leichter organisierbar, und gemeinsames Handeln war einfacher als in den mittleren und kleinen Betrieben, in denen die AFL bis dahin Facharbeiter vertreten hatte. Die Militanz der Arbeiter in den Massengüterindustrien richtete sich auch gegen die alten AFL-Gewerkschaften, die als Streikbrecher und diejenigen verschrieen waren, die die industrielle Solidarität der Arbeiter eines Betriebes durch die Spaltung in Berufsgewerkschaften wieder aufhoben.[63] Es war vor allem dieses solidarische Handeln im Streik oder in der Fabrikbesetzung, das dem CIO in der Öffentlichkeit den Ruf des politischen Radikalismus eintrug. Durch den Sit-Down-Streik wurde zumal eines der „geheiligten Güter" der amerikanischen Vorstellungswelt verletzt, die Unantastbarkeit des privaten (Fabrik-)Eigentums.

Oben wurde betont, daß die AFL in ihrer Organisationspraxis und in ihrer gewerkschaftlichen Arbeit auf die Unternehmen bezogen war, sich an ihnen und nicht am Staat orientierte und prinzipiell jeden staatlichen Eingriff ablehnte. Dieses Verhältnis von Gewerkschaft und Staat veränderte sich mit dem CIO fundamental. Der CIO war schon insofern eine „politische", nämlich auf den Staat bezogene Gründung, als die

Organisationskampagnen des neuen Gewerkschaftsbundes überhaupt erst durch ihre arbeitsrechtliche Absicherung – im Norris-La Guardia Act, im National Industrial Recovery Act und Wagner Act – möglich und erfolgreich waren und der CIO wegen der leichten Austauschbarkeit der von ihm organisierten Ungelernten und Angelernten im Produktionsprozeß und der daraus resultierenden Schwäche in Tarifverhandlungen an der staatlichen Regelung der Arbeitsbeziehungen interessiert sein mußte, schließlich auch aktiv an der Sozialgesetzgebung mitarbeitete. Dieser Wandel gewerkschaftlichen Verhaltens gegenüber den staatlichen Instanzen hatte vor allem drei Ursachen:

1. Die Große Depression hatte das Versagen des Kapitalismus, der nur allzu oft in den zwanziger Jahren noch mit dem Adjektiv „laissez-faire" versehen wurde, demonstriert und den Staatseingriff provoziert. Unter der Wirtschaftskrise litten besonders die Arbeiter der Massengüterindustrien, während im Vergleich dazu die in der AFL organisierten Facharbeiter durch Tarifverträge besser vor Arbeitslosigkeit und Lohnkürzungen geschützt waren. Staatliche Arbeits- und Sozialpolitik betraf daher die am unmittelbarsten, die sich in den CIO-Gewerkschaften zusammenschlossen.
2. Die ungelernten und angelernten Arbeiter der Massengüterindustrien waren im Produktionsprozeß leicht ersetzbar. Sie hatten – anders als spezialisierte Facharbeiter – bei Tarifverhandlungen eine relativ schwache Position, da der Unternehmer ihre Arbeitsverweigerung durch Streikbrecher leicht unterlaufen konnte. Die im New Deal erlassene Arbeits- und Sozialgesetzgebung sicherte, wie im einzelnen noch gezeigt wird, die Tarifverhandlungen von CIO-Gewerkschaften formell und materiell ab.
3. Die AFL-Gewerkschaften waren in der Regel in Betrieben mittlerer Größe und in sozial relativ homogenen Klein- und Mittelstädten am stärksten. Der CIO hingegen organisierte oft die Arbeiter jener Großunternehmen, deren Fabriken nicht nur in einem Einzelstaat lagen, sondern die gleichsam „nationale" und oft auch internationale Unternehmen waren. Die CIO-Gewerkschaften hatten so ihre Schwerpunkte in den großstädtischen Industriegebieten des Nordostens, Mittelwestens und zum Teil an der Pazifikküste. Die Beziehungen von Gewerkschaft und Unternehmen blieben so nicht – wie oft bei der AFL – auf die Kommune und den Einzelstaat beschränkt, sondern waren ein nationales Problem, auf das die "interstate commerce clause" der Verfassung bald angewandt wurde. Orientierung der CIO-Gewerkschaften an den nationalen und internationalen Großkorporationen brachte so fast automatisch ein bundespolitisches Element mit sich.

Innerhalb dieses Bezugsrahmens galten die CIO-Gewerkschaften in der amerikanischen Öffentlichkeit als „politische" Gewerkschaften, die in den Traditionen der Knights of Labor und der Industrial Workers of the World zu stehen schienen. Dieser Eindruck wurde dadurch verstärkt, daß aus dem CIO heraus die Forderung nach der Konstituierung einer auf Gewerkschaften beruhenden amerikanischen Arbeiterpartei, einer „Dritten Partei", oft lautstark erhoben wurde. Bereits 1935 waren auf dem Kongreß der AFL 5.000 Stimmen, die 500.000 Mitglieder repräsentierten, für die sofortige Bildung einer "Labor Party" abgegeben worden. In allen CIO-Gewerkschaften gab es unterschiedlich starke Gruppierungen und Fraktionen, die dieses Ziel anstrebten. Am stärksten war diese Strömung in den Gewerkschaften der Oberbekleidungsindustrie, bei der ILGWU und den ACWA, die beide auf eine sozialdemokratische Tradition zurückblickten und deren Mitglieder häufig jüdische, zentral- und osteuropäische Emigranten waren. Doch auch bei den Automobilarbeitern UAW, bei den Elektroarbeitern UE und selbst bei dem zentralistisch aus dem Hauptquartier des CIO heraus aufgebauten SWOC der Stahlarbeiter gab es sozialdemokratische, kommunistische, trotzkistische und andere Fraktionen, deren Agitation dem Aufbau einer amerikanischen Arbeiterpartei galt. Die Gewerkschaftspresse der damaligen Zeit spiegelte in ihren Kommentaren und in der Berichterstattung die zahlenmäßige Stärke dieser Bewegung. Allgemein hielt man die Zeit reif für eine qualitative Veränderung des Parteiensystems. Typisch für viele gewerkschaftliche Veröffentlichungen der Jahre 1935/36 war eine Broschüre von Joel Seidman, in der der Autor mit folgenden Argumenten für eine Dritte Partei der Arbeiterschaft, die die links-sektiererische Verengungen überwinden sollte, eintrat[64] : Die Gewerkschaften hätten auf das Programm und die Personenauswahl der beiden großen Parteien keinen Einfluß. Der bisherigen parteiunabhängigen Politik der AFL fehle die Militanz, um die Arbeiter zu inspirieren. Eine Arbeiterpartei dagegen würde die Arbeiterschaft an der politischen und der industriellen Front vereinigen. Nur diese neue Partei könne fundamentale gesellschaftliche Reformen durchsetzen, die zur Überwindung der Krise des Kapitalismus notwendig seien. Selbst bevor Wahlerfolge einer solchen Labor Party errungen werden könnten, würde diese die beiden großen Parteien zu wesentlichen politischen Konzessionen zwingen.

Der CIO erschien nicht nur in der Öffentlichkeit als radikaler politischer Gewerkschaftsbund, sondern er war auch tatsächlich Sammelbecken für die verschiedenartigsten linksradikalen Gruppen. Leider müssen wir uns hier auf einige Hinweise beschränken, da statistische Angaben über die politische Zusammensetzung der Mitgliedschaft und des Funktionärkörpers des CIO und seiner Einzelgewerkschaften fehlen. Dies liegt hauptsächlich daran, daß in der Entstehungsphase des CIO vieles improvisiert wurde, Mitglieder- und Funktionärlisten nicht existierten oder verloren gegangen sind. Gleichwohl läßt sich so viel sagen: Es bestand eine teilweise personelle Kontinuität zwischen den Organisationen der Arbeitslosen, die auf dem Tiefpunkt der Großen Depression gebildet worden waren, und den späteren CIO-Gewerkschaften. In der Regel rekrutierte sich die Mehrheit der Mitglieder dieser Vereinigungen aus arbeitslosen ungelernten und angelernten Arbeitern. Die Arbeitslosen absolvierten in diesen Organisationen, die oft von kommunistischen, sozialistischen und anderen radikalen Führern kontrolliert wurden, gleichsam ihre Vorschule für spätere Gewerkschaftsmitgliedschaft: Mit Militanz und Solidarität wurde die wirtschaftlich und sozial niederschmetternde Situation eines jeden einzelnen überspielt, die Bedeutung der Arbeiterorganisationen zur Interessendurchsetzung vermittelt, und es wurden bestimmte Verhaltensweisen wie Respektierung von Streikposten, Durchführung von Streik und Boykott eingeübt.[65] In den CIO-Gewerkschaften gab es – neben einer Majorität politisch ungebundener Mitglieder – drei größere Gruppen, die auf eine Tradition des antikapitalistischen Radikalismus zurückblickten und die selbst in sich wiederum äußerst heterogen waren: Die Sozialisten dominierten Gewerkschaften der Bekleidungsindustrie ILGWU und ACWA, regional hatten sie ihren Schwerpunkt in New York City und Chikago. Die Kommunisten kontrollierten auf dem Höhepunkt ihres Einflusses etwa 20 % der Mitglieder des CIO, darunter als größte Gewerkschaft die UE. Und schließlich strömten die "Wobblies", die Mitglieder und Nachfahren der 1905 gegründeten syndikalistischen, innerhalb der amerikanischen Arbeiterbewegung erfolglosen "Industrial Workers of the World", in den neuen Gewerkschaftsbund. Die später kommunistischen Mine, Mill and Smelter Workers kamen aus dieser Tradition des originär amerikanischen Radikalismus. Anders als in den AFL-Gewerkschaften gelang es einigen Intellektuellen und in der Wirtschaftskrise depravierten höheren Angestellten, Funktionen im CIO zu besetzen, was zu seiner Radikalisierung beitrug.[66] Offensichtlichster Ausdruck für die allgemeine Politisierung der Gewerkschaftsbewegung waren die militanten Fraktionskämpfe in den vom CIO gegründeten, im Gegensatz zu den ACWA oder den UMW traditionslosen und politisch offenen Industriegewerkschaften. Die ersten zehn Jahre der Automobilarbeiter-Gewerkschaft waren z. B. eine Geschichte von Flügelkämpfen und politischen Intrigen. John L. Lewis und auch Sidney Hillman, in der Gründungsphase die beiden beherrschenden Gestalten im CIO, bedienten sich bewußt des Organisationstalentes und der politischen Erfahrung der Sozialisten, Kommunisten und Wobblies und stellten sie als hauptamtliche Funktionäre in den Dienst der CIO-Werbekampagnen. Lewis ging dabei so weit, daß er seine innergewerkschaftlichen Gegner aus den zwanziger Jahren, mit denen er aggressiv bis hin zu Mord und Bombenlegen um den Vorsitz bei den Bergarbeitern gekämpft hatte, zu seinen engsten Mitarbeitern ernannte. So kamen aus dieser früheren Oppositionsgruppe, den Progressive Mine Workers, die Sozialisten Powers Hapgood, Adolf Germer und John Brophy, der CIO-Direktor für Organisationsfragen wurde. Leo Krzycki, der Vorsitzende der Sozialistischen Partei, war von den ACWA abgeordnet worden, um im Stab von John L. Lewis zu arbeiten, ebenso die ehemalige Anarchistin Rose Pesotta von der ILGWU. Andere Funktionäre im CIO-Hauptquartier gehörten der Kommunistischen Partei an oder folgten zumindest ihrer Politik, darunter Lee Pressman, Syndikus des CIO, und Len De Caux, Chefredakteur der "CIO News" und ein ehemaliger Wobbly. Zu denen, die in den Industriegewerkschaften der kommunistischen Parteilinie folgten, gehörten die Führer der Hafen- und Seeleute an der Ostküste bzw. Westküste, John Curran und Harry Bridges; Wyndam Mortimer, Robert Travis und Maurice Sugar bei den Automobilarbeitern. Diese Liste ließe sich leicht fortsetzen. Die heute in Deutschland bekanntesten Sozialisten im CIO waren bei den UAW die Brüder Roy, Victor und Walter Reuther.[67] Der Einfluß der hier erwähnten politischen Gruppen ist im mittleren und höheren Funktionärapparat des CIO nicht unerheblich gewesen, wenn wir ihn statistisch auch nicht bestimmen können.[68] Zumindest im Personellen ist der Bruch mit der „voluntaristischen" Tradition der AFL nicht zu übersehen. Eine Befragung von Gewerkschaftlern, die C. Wright Mills zehn Jahre nach Gründung des CIO vorgenommen hat, reflektiert noch diese Differenz. Danach war der CIO-Funktionär stärker programmatisch und gesellschaftspolitisch orientiert als der AFL-Funktionär und trat über tarifliche Interessen hinaus für sozialreformerische Ziele ein. Mehr als die Hälfte der befragten CIO-Funktionäre (im Gegensatz zu nur einem knappen Viertel der befragten AFL-Funktionäre) erhoffte langfristig die Erfüllung dieser Ziele eher von einer Arbeiterpartei als von einer der beiden großen Parteien.[69] Betrachten wir das politische Potential im CIO, so können wir im Anschluß an Karsh und Garman immerhin so viel sagen, daß linke Gruppen seit Gründung der AFL 1886 niemals zuvor einen so großen Einfluß in der Gewerkschaftsbewegung gehabt haben, wie am Ende des New Deal.[70]

Der neue Radikalismus in der amerikanischen Arbeiterbewegung in den dreißiger Jahren ist auch daran ablesbar, daß – im Ansatz nicht unähnlich, wenn auch viel weniger intensiv als in der deutschen Sozialdemokratie vor 1914 – sich eine Art CIO-Subkultur entwickelte. Damit ist gemeint, daß die CIO-Industriegewerkschaften sich bis zu einem gewissen Grad gegenüber der übrigen Gesellschaft abschlossen, ein intensives innerorganisatorisches Leben führten und diese Abkapselung durch einen Kanon von Verbalradikalismus verstärkten. Dies festigte die Solidarität der Gewerkschaftsmitglieder, war zugleich aber auch Ausdruck für eine soziale Protestbewegung. Konkreter formuliert: Die Presse der CIO-Gewerkschaften hallte in den dreißiger Jahren wider von antikapitalistischen Tönen, die sich nicht zu einer Kritik des bestehenden Systems verdichteten, wohl aber relativ militant in Karikaturen und Artikeln Emotionen personalistisch gegen „die Millionäre" wie Henry Ford oder die Rockefeller-Familie zu wecken vermochten. Zwar wurde nur in Ausnahmefällen von Klassenkampf geschrieben, und sozialistische und kommunistische Topoi unterblieben in der Regel, dennoch unterschied die Gewerkschaftspresse sehr deutlich zwischen denen, die in den Fabriken für wenig Lohn bei schlechten Arbeitsbedingungen schuften müßten und denen, die – dicke Zigarren im Ledersessel paffend – die Dividenden einstrichen. Positiv gewendet erhoben die CIO-Führer, allen voran John L. Lewis (1928 noch konservativer Republikaner), die Forderung nach sofortiger Einführung der Wirtschaftsdemokratie (industrial democracy): Damit politische Demokratie überhaupt erst funktionieren könne, müsse sie in die Wirtschaft ausgedehnt werden. „... Die große Mehrheit der Industriearbeiter ist heute der Meinung, daß politische Freiheit ohne Industriedemokratie bedeutungslos ist." Träger „industrieller Demokratie" seien die Gewerkschaften, eine „von Grund auf demokratische und humanistische Bewegung."[71] Was unter „Wirtschaftsdemokratie" zu verstehen sei, wie sie mit Inhalt zu füllen wäre, ist von den Gewerkschaftsführern theoretisch nie ausgeführt worden. Zunächst ging es ganz offensichtlich nur darum, durch bestimmte Forderungen die eigenen Mitglieder zu solidarisieren. Eine ganz ähnliche Wirkung hatte die CIO-Volksmusik, die in dieser Zeit entstand, von hunderten von Gewerkschaftskapellen verbreitet wurde, und in der das Hohe Lied vom Streik, von der Fabrik-Besetzung, von der Organisation, kurz von der Solidarität verkündet wurde. Das Lied von Joe Hill, dem Wobbly, den man in Salt Lake City hinrichten konnte und der doch weiter für die Gewerkschaft arbeitete und organisierte, war in aller Munde. Der Blues von der "Talking Union" machte die Runde. Man sang "Join the CIO, Come join the CIO" und "When the boss won't talk don't take a walk, Sit down! Sit down!" In und neben den CIO-Industriegewerkschaften wucherte auf der lokalen Ebene, in den Betriebsgewerkschaftsorganisationen, ein Geflecht von kulturellen, sportlichen und anderen Organisationen und Veranstaltungen: Man traf sich zu Sportwettkämpfen, war Zuschauer bei den Basketball-, Baseball- und Footballspielen zwischen verschiedenen CIO-Gewerkschaften, amüsierte sich auf gewerkschaftlichen Tanz- und Theaterabenden, brachte die Kinder in den CIO-Kindergarten. Der CIO war nicht auf den Arbeitsplatz allein beschränkt, sondern ging mit der Forderung nach Wirtschaftsdemokratie, der ihm eigenen Folklore und seinen Neben- und Unterorganisationen über die einzelne Fabrikhalle hinaus.

Fassen wir zusammen: Der CIO brach zumindest an der Oberfläche mit der „voluntaristischen", d. h. der a-politischen, sich im wesentlichen auf die Beziehung von Gewerkschaft und Unternehmer im Betrieb beschränkenden Tradition der AFL.

1. Der CIO war organisatorischer Ausdruck für die allgemeine Politisierung und Radikalisierung der amerikanischen Gesellschaft in der Großen Depression und im New Deal. Arbeitslosigkeit und soziales Elend wurden auch im New Deal nicht überwunden, in der Rezession von 1937/38 schwoll vielmehr eine neue Welle sozialer Enttäuschung und Hoffnungslosigkeit an. Diese sozialökonomischen Bedingungen waren die reale Basis für die auch und gerade in den CIO-Gewerkschaften geübte Kritik am bestehenden politischen System, an den beiden großen Parteien und an dem in den zwanziger Jahren so gepriesenen Wohlfahrtskapitalismus. 1937/38, im Jahr der sogenannten Roosevelt-Rezession, erreichte die Militanz der in Gründung begriffenen Industriegewerkschaften ihren Höhepunkt und zur gleichen Zeit wurde die Bildung einer selbständigen Arbeiterpartei, die aus den Gewerkschaften hervorgehen sollte, am vehementesten gefordert.
2. Anders als die AFL orientierte der CIO seine Organisation und seine Praxis nicht an mittelgroßen Betrieben, sondern an den Großkorporationen der Massengüterindustrien und am Staat. Der CIO verdankte u. a. der Staatsintervention seinen Aufschwung. Die politische Fixierung des Gewerkschaftsbundes auf den Staat kam nicht zuletzt in der Gründung politischer Instrumente, mit denen dieser beeinflußt werden sollte, zum Ausdruck, ebenso wie in den ernsthaften Überlegungen vieler Gewerkschaftsfunktionäre, eine amerikanische Arbeiterpartei ins Leben zu rufen.
3. Der CIO wurde zur organisatorischen Basis für die bis dahin nicht in Gewerkschaften organisierten, wirtschaftlich unzufriedenen, bei schlechten Löhnen und unter oft unzumutbaren Bedingungen arbeitenden Beschäftigten in den Massengüterindustrien. Die relativ schwache Position dieser ungelernten und angelernten Arbeiter bei Tarifverhandlungen, ihre im Gegensatz zu spezialisierten Facharbeitern leichte Austauschbarkeit im Produktionsprozeß bedingte, daß der CIO an der sozialpolitischen und arbeitsrechtlichen Absicherung dieser Arbeitergruppe interessiert sein mußte und verstärkte die Staatsorientierung des Gewerkschaftsbundes. Arbeits- und Sozialpolitik waren für den CIO ein kompensatorisches Mittel, um die Schwäche der durch ihn vertretenen Arbeiter bei Tarifverhandlungen auszugleichen.
4. In die CIO-Gewerkschaften strömten (oft als hauptamtliche Funktionäre) Kommunisten, Sozialisten, Wobblies und andere Radikale, die bis dahin außerhalb oder am Rande der Gewerkschaftsbewegung gestanden hatten. Von der personellen Besetzung namentlich der mittleren Funktionärsränge her war im CIO ein politisches Potential zusammengefaßt, das im krassen Gegensatz zur politischen Abstinenz der AFL-Gewerkschaften stand. Diese Politisierung fand u. a. ihren Ausdruck darin, daß eine „CIO-Subkultur" entstand.
5. Schließlich eigneten sich Industriegewerkschaften weitaus besser als die die Arbeiterschaft eines Betriebes fragmentierenden Berufsgewerkschaften zur Politisierung und politischen Organisierung ihrer Mitglieder am Arbeitsplatz und über die Werk-

halle hinaus. Der CIO war allein schon wegen der innerbetrieblichen Struktur und der ökonomischen Konzentration der Industrien, in denen er die Interessen der Arbeiterschaft vertrat, zentralistischer organisiert als es bei den AFL-Gewerkschaften die Regel war.[72] Hier soll keineswegs behauptet werden, daß Industriegewerkschaften gleichsam funktional bedingt immer politisch seien. Vielmehr sagen wir nur, daß die Voraussetzungen zur Politisierung in Industriegewerkschaften besser sind als in Fachgewerkschaften.

Betrachten wir das politische Potential im CIO insgesamt, so überrascht es nicht, daß sowohl zeitgenössische Betrachter wie Historiker der amerikanischen Arbeiterbewegung die Chancen für das Entstehen einer amerikanischen Sozialdemokratie oder einer auf den CIO-Gewerkschaften beruhenden Arbeiterpartei nie so günstig beurteilt haben wie für die Zeit 1936/37.[73] Die Geschichte der amerikanischen Gewerkschaftsbewegung ist bekannt: Es ist nicht nur keine "American Labor Party" entstanden, sondern der Gegensatz von AFL und CIO ist innerhalb weniger Jahre so minimal geworden, daß die Wiedervereinigung beider Gewerkschaftsbünde nach dem Zweiten Weltkrieg nur eine Frage der Zeit und kein prinzipielles Problem gewesen ist. Die AFL-CIO gehört heute zu den konservativen Säulen der Vereinigten Staaten und ist in den gesellschaftlichen status quo völlig eingepaßt. Die Frage, die uns im weiteren interessiert, ist nicht so sehr die, warum aus den sozialen und politischen Bedingungen der Großen Depression und des New Deal heraus keine Arbeiterpartei entstanden ist, sondern vielmehr die, ob durch die Gründung des CIO die amerikanische Arbeiterbewegung tatsächlich qualitativ verändert worden ist oder nicht. Dies ist also letztlich die Frage nach der Kontinuität in der amerikanischen Geschichte. Wir werden diesem Problem exemplarisch nachgehen, indem wir jenen Bereich zu durchleuchten suchen, in dem der CIO am offensichtlichsten von den Traditionen der amerikanischen Gewerkschaftsbewegung abzuweichen schien: Seinem Engagement im Politischen, wie es in der Gründung politischer Gewerkschaftsorgane, der Labor's Non-Partisan League (LNPL), dem Political Action Committee (PAC) und der New Yorker American Labor Party (ALP) zum Ausdruck kam. Allgemeiner formuliert: Wir stellen nicht die – in einer spezifisch europäisch-gesellschaftskritischen Tradition stehende – Frage nach den Grenzen des kapitalistischen Systems und nach dem sozialen und agitatorischen Träger fundamentaler Gesellschaftsreform oder Revolution, sondern fragen umgekehrt nach dem Integrationspotential des Kapitalismus, die Herausforderung zumindest potentiell radikaler, Systemüberwindung anzielender Gesellschaftsgruppen zu beantworten. Bevor wir uns mit den politischen Organen und Fraktionen im CIO beschäftigen, muß daher die Rolle der Industriegewerkschaften im amerikanischen organisierten Kapitalismus untersucht werden.

## 3. Kapitalismus der Großkorporationen, System der Arbeitsbeziehungen und CIO

Eine der Thesen unserer Untersuchung lautet: Das im New Deal staatlich legalisierte, formalisierte und äußerst differenzierte System der Arbeitsbeziehungen (labor relations system) ist eine der entscheidenden Ursachen dafür gewesen, daß der CIO in das im New Deal reorganisierte wirtschaftliche, gesellschaftliche und politische System der Vereinigten Staaten voll integriert worden ist und die – zumindest dem äußeren Anschein nach – einheitliche nationale Industriegewerkschaftsbewegung fragmentiert und dezentralisiert wurde. Hier liegt auch einer der Gründe für das Scheitern aller Ansätze zu einer amerikanischen Arbeiterpartei oder zu einer auf den CIO-Gewerkschaften basierenden gesellschaftskritischen Massenbewegung im New Deal und Zweiten Weltkrieg. Das System der Arbeitsbeziehungen ist wesentlicher Bestandteil des amerikanischen organisierten Kapitalismus. Es wird in der amerikanischen Literatur als gegeben vorausgesetzt, seine Entwicklung deskriptiv nachgezeichnet, nicht aber seine Funktion für die gesellschaftliche und politische Rolle der Gewerkschaften reflektiert. Wir werden in diesem Kapitel sehen, daß dieser – zunächst institutionelle – Faktor eine überragende Bedeutung für das ökonomische, gesellschaftliche und politische Verhalten amerikanischer Gewerkschaften gehabt hat. Die Historiker der „Neuen Linken" haben in ihren Forschungen die integrative Funktion des Systems der Arbeitsbeziehungen zwar erahnt, in seiner ganzen Dimension aber bisher nicht analysiert.

*

Für die amerikanische Version des organisierten Kapitalismus wird im folgenden im Anschluß an William Appleman Williams[74] der Begriff "corporate capitalism", *Kapitalismus der Großkorporationen* benutzt. Kapitalismus der Großkorporationen wird hier als amerikanische Spielart des organisierten Kapitalismus begriffen. Im Unterschied zum Kapitalismus der freien Konkurrenz ist der organisierte Kapitalismus durch wesentliche, miteinander verflochtene ökonomische, soziale und politische Veränderungen gekennzeichnet, zu denen gehören:

1. Die zunehmende horizontale, vertikale, u. U. auch diagonale (dies hängt von der Kartellgesetzgebung der einzelnen Länder ab) Konzentration und Zentralisation in wichtigen Industrien und im Bankwesen, also Monopolisierung, Kartell- und Trustbildung im nationalen, dann aber auch im internationalen Rahmen. Industrie- und Bankkapital wachsen zum Finanzkapital zusammen.
2. Effizienz und Profit können auf Dauer in den Großunternehmen nur durch planend-wissenschaftliche Produktionsmethoden und zweckrational-bürokratisches Management erreicht werden. Anders formuliert: Bürokratisierung und wachsende Bedeutung der Produktivkraft Wissenschaft laufen parallel, die Zahl der Angestellten und der Angehörigen einer neuen Managerschicht nimmt rapide zu. An der Spitze der Großunternehmen treten Kapitalbesitz und Verwaltung auseinander.
3. Bei Aufrechterhaltung kapitalistischer Produktionsprinzipien werden sozialökonomische und staatliche Sphäre zunehmend enger miteinander verschränkt. Die Profite der Großkorporationen werden durch den ordnenden Eingriff des Staates mittels Konjunktur-, Struktur- und Sozialpolitik auf Dauer erst ermöglicht.
4. Durch internationale Monopolisierung, Kartell- und Trustbildung bildet sich allmählich ein Weltmarkt heraus. Die Industrieländer treten auf Grund ökonomischer Wachstumsprobleme und interner sozialer Konflikte als imperialistische auf.

5. Wegen der zunehmend engeren Verschränkung von Staat, Wirtschaft und Gesellschaft verändert sich das Parteien- und Verbandssystem, im amerikanischen Fall werden die Gewerkschaften enger an eine Partei und an die Bundesregierung gebunden.
6. Der Arbeitsmarkt wird immer stärker kollektiv organisiert und der Klassenkonflikt kanalisiert, so daß schließlich ein System der Arbeitsbeziehungen, das schon erwähnte "labor relations system", institutionalisiert wird.

Im Unterschied zu Europa und namentlich zu Deutschland ist der amerikanische organisierte Kapitalismus, wie er sich im New Deal endgültig herausbildete, jedoch dadurch gekennzeichnet, daß er 1. stärker an den vorgegebenen Strukturen der Großkorporation orientiert ist und 2. die Staatsintervention sich häufig auf Rahmenregelungen beschränkt, so daß – gerade im System der Arbeitsbeziehungen – ein staatsfreier, gleichsam „privater" Bereich ausgespart bleibt, den Gewerkschaften und Unternehmer im gegenseitigen Einverständnis durch gewohnheitsrechtliche Regelungen ausfüllen.[75]

Kapitalismus der Großkorporationen bedeutet also vor allem, daß die amerikanische politische Ökonomie von den Großkorporationen beherrscht wird und an ihnen letztlich orientiert ist. Die Entstehungsphase der Großunternehmen fiel in die Zeit nach dem Bürgerkrieg und erlebte in den 1880er Jahren einen ersten Höhepunkt, symbolisiert etwa in den Namen Carnegie und Rockefeller und in der Gründung der American Telephone and Telegraph Company sowie einiger Versicherungskonzerne. Die wirtschaftliche Macht einer Großkorporation war und ist so groß, daß sie als einzelne industrielle Einheit die gesamte nationale Ökonomie beeinflussen kann. Verbunden mit dem ökonomischen Konzentrationsprozeß, der sich im rapiden Wachstum der Großunternehmen manifestierte, war die Abkehr von der Laissez-faire-Ideologie des 19. Jahrhunderts. Die Produktion eines Industriezweiges wurde jetzt so geplant und koordiniert, daß sie in einem Höchstmaß rational, kostensparend und profitbringend war. An die Stelle des Laissez-faire, von dessen Willkür und Zufälligkeit viele Unternehmer ökonomisches Chaos, Zusammenbruch und schließlich soziale Revolution befürchteten, trat der „Dirigismus" der Großkorporationen, die besonders in Zeiten ökonomischer Depression beschleunigte Monopolisierung. Großunternehmen bildeten sich als industrielle Einheiten heraus, in denen Kapital, Produktionsmittel, Rohstoffe und Arbeit konzentriert waren und in denen bürokratisch geplant und arbeitsteilig produziert wurde. „Effizienz" wurde zum Schlagwort des Kapitalismus der Großkorporationen, was nur ideologischer Ausdruck für die im kapitalistischen System angelegte Profitmaximierung ist. Im Kapitalismus der Großkorporationen orientierten Gewerkschaften und Staat sich in der Regel an den Großkorporationen, stellten ihr Handeln und Verhalten auf sie ein. Dies ging in einigen Wirtschaftsbereichen so weit, daß Staat und selbst Gewerkschaften die Großunternehmen überhaupt erst schufen: Der National Industrial Recovery Act förderte Kartellbildung, Monopolisierung, Produktions- und Preisabsprachen. In der Bekleidungsindustrie und im Kohlebergbau waren es Industriegewerkschaften, die wesentlich dazu beitrugen, daß die konkurrierenden Kleinunternehmer sich in Unternehmerverbänden zusammenschlossen. Die Krise der AFL-Gewerkschaften in den zwanziger Jahren und bis zum Ausgang der dreißiger Jahre lag u. a. darin begründet, daß sie mit dem Berufsgewerkschaftsprinzip und ihrer Orientierung an Betrieben mittlerer Größe dem Kapitalismus der Großkorporationen inadäquat waren, während die Industriegewerkschaften des CIO diesem genau entsprachen.

Dem wirtschaftlichen Wandel von Laissez-faire Kapitalismus zum Kapitalismus der Großkorporationen entsprach eine Veränderung des öffentlichen Bewußtseins: An die Stelle einer Gesellschaft von Individuen und geographischen Regionen trat jetzt eine von ökonomischen Gruppen (Farmer, Industrielle, Arbeiter) in einem Nationalstaat. Dieser Vorgang ist als „Syndikalisierung" der amerikanischen Gesellschaft beschrieben worden: Der Kapitalismus wurde gleichsam „syndikalistisch" so formiert, daß die verschiedenen funktionalen, in der Wirtschaft tätigen Gruppen organisiert, koordiniert und gegenseitig ausbalanciert wurden. „Syndikalismus" wird also weder in dem Sinn des revolutionären Arbeitersyndikalismus noch in dem des italienischen Faschismus gebraucht. Vielmehr werden Gesellschaft und Wirtschaft in die drei großen Syndikate Kapital, Arbeit und Staat – und in weitere kleinere, etwa Farminteressen – organisiert.[76] Diese Syndikalisierung spiegelte sich z. B. darin, daß seit den zwanziger Jahren verschiedentlich Vorschläge veröffentlicht wurden, die an korporativständestaatliche Konzepte erinnerten: Neben die beiden Häuser des Kongresses solle ein „Wirtschaftsparlament" (mit dem Recht zur Beratung der Regierung und zu Gesetzesinitiativen) treten, in dem die wirtschaftlichen Gruppen vertreten seien.[77] Die Dreisäuligkeit von Kapital – Arbeit – Staat darf nicht darüber hinwegtäuschen, daß diese drei Faktoren im sozialökonomischen Entscheidungsprozeß ungleichgewichtig waren und sind, daß durch prinzipiellen Privatbesitz an Produktionsmitteln und daraus sich ergebenden Zwang zur Profitmaximierung die Interessen der Großunternehmen sich letztlich immer wieder durchsetzten. Die syndikalistische Organisation des Kapitalismus ergibt sich aus dem Lösungsversuch, den kapitalistischen Grundwiderspruch zwischen fortschreitender Vergesellschaftung der Produktion und profitorientierter privater Disposition über das Produktionsergebnis zu überbrücken. Kapitalismus der Großkorporationen kann dann allgemein definiert werden als in der Arbeitsteilung begründete, funktionale, an effizienter Produktion orientierte, langfristig auf Profitmaximierung gerichtete großunternehmerische Organisierung gesellschaftlicher und ökonomischer Interessen. Die Großkorporationen streben dabei unter Intervention des Staates als des ideellen Gesamtkapitalisten und bei Verständigung mit den Organisationen der Arbeiterbewegung Stabilität, ökonomische Planbarkeit und Sicherheit an.[78] Es bedeuten: Stabilität den prinzipiellen Ausschluß eines auf die Vernichtung des Konkurrenten angelegten wirtschaftlichen Wettbewerbs und Abschirmung vor Wirtschaftskrisen; ökonomische Planbarkeit die Möglichkeit, unbeschadet außerökonomischer Faktoren mittel- und langfristig Produktion und Investition zu planen und Profite zu garantieren; Sicherheit den Schutz vor solchen politischen Eingriffen in das Wirtschaftssystem, die dieses fundamental ändern oder überhaupt aufheben würde wie etwa die Vergesellschaftung profitbringenden Privateigentums. Es ist selbstverständlich, daß dem Kapitalismus der Großkorporationen nicht eine Verschwörung „aufgeklärter" Großunternehmer zugrunde liegt, die die syndikalistische Organisierung des Kapitalismus gleichsam „gewollt" hätten, um so die Gewerkschaften besser integrieren zu können: Vielmehr ist er im Profitinteresse der Kapitaleigner selbst begründet. Konkret: General Motors und Ford haben die gewerkschaftliche Organisierung ihrer Fabriken durch die UAW zunächst mit allen Mitteln – durch Spionage, Betriebspolizei, Aussperrung, physische und psychische Verfolgung von Gewerkschaftern – bekämpft und die Gewerkschaft nur widerstrebend akzeptiert. Als nach dem Zweiten Weltkrieg die öffentliche Meining sich gegen die Gewerkschaften wandte, hat es weder in der Autoindustrie noch in anderen Industrien eine 'roll back"-Strategie der Unternehmer gegeben, um Gewerkschaften wie die UAW wieder aus den Betrieben zu verdrängen, wie es nach dem Ersten Weltkrieg oft mit AFL-Gewerkschaften geschehen war. Der Taft-Hartley Act von 1947 schränkte zwar die Macht der Gewerkschaften ein, anerkannte aber zugleich ihre Funktion im Kapitalismus. Allgemeiner formuliert: Die Industriegewerkschaften des CIO wurden – trotz anfänglich vehementen Widerstandes der Unternehmer – schließlich allein schon deswegen akzeptiert, weil die Profitmaximierung durch sie nicht in Frage gestellt wurde, sie die ökonomischen und gesellschaftlichen Herrschaftspositionen der Großunternehmen unangetastet ließen, und sie sich gerade durch Bewahrung des Arbeits- und Betriebsfriedens in die Maxime des Kapitalismus der Großkorporationen, nämlich effizienter Produktion, einfügten, ja zu ihrer Realisierung erheblich beitrugen.

Dabei hat es allerdings in den Vereinigten Staaten immer den Typ des „aufgeklärten" Unternehmers gegeben, der die integrative Funktion von Industriegewerkschaften erkannt hatte und sie deshalb – wie Gerald Swope von General Electric – einlud, seine Arbeiter zu organisieren. Wir werden darauf noch zurückkommen. Uns scheint, daß die Schwäche einiger amerikanischer Historiker der „Neuen Linken" darin liegt, daß sie zu personalistisch ihr Konzept vom organisierten Kapitalismus auf solche „aufgeklärten" Unternehmer wie Swope, Young und Mark Hanna abstellen und damit den Vorwurf provozieren, sie würden von einer Verschwörungstheorie her argumentieren. Die Syndikalisierung der Ökonomie, Staatsintervention und Gewerkschaftsanerkennung widersprechen hingegen dem Kapitalismus nicht, sondern sind ihm in einer bestimmten Phase seiner Entwicklung immanent. Die Analyse dieser Reorganisation des Kapitalismus erweist dessen – oft unterschätztes – Potential, seine Grenzen gleichsam selbstadaptiv so zu verschieben, daß die Herausforderung bislang Unterprivilegierter (konkret: der in den CIO-Gewerkschaften zusammengeschlossenen Arbeiter) durch Integration beantwortet wird. Im voll entwickelten Kapitalismus der Großkorporationen ist gerade das System der Arbeitsbeziehungen, also die Regelung und gesetzliche sowie tarifvertragliche Formalisierung der Beziehungen zwischen Unternehmen und Gewerkschaften, wesentlicher Bestandteil des gesellschaftlichen status quo. "Corporate Capitalism" wurde auch und gerade durch die differenzierte Ausformung des Systems der Arbeitsbeziehungen zu einer spezifisch amerikanischen Version des organisierten Kapitalismus.[79]

Im Gegensatz zu unserer Definition des Kapitalismus der Großkorporationen erscheinen andere Theorien des organisierten Kapitalismus entweder als zu eurozentrisch (aus der europäisch-sozialistischen Tradition kommend), um sie auf den New Deal anwenden zu können, oder als harmonistisch. Rudolf Hilferding hat in seiner bekannten Rede über „Die Aufgaben der Sozialdemokratie in der Republik" auf dem Kieler SPD-Parteitag 1927 den organisierten Kapitalismus dadurch charakterisiert, daß neben Dampf und Elektrizität die synthetische Chemie immer mehr in den Vordergrund rücke; daß die kapitalistische Industrie bestrebt sei, wissenschaftliche Verfahrensweisen in organisierter Weise auszunutzen; daß sie durch das Bestreben internationalisiert werde, die nationalen Monopole, Kartelle und Truste international zusammenzufassen; und daß schließlich tendenziell das kapitalistische Prinzip der freien Konkurrenz durch das sozialistische Prinzip planmäßiger Produktion ersetzt werde. Aus dieser Entwicklung zog Hilferding die Summe: „Diese planmäßige, mit Bewußtsein geleitete Wirtschaft unterliegt in viel höherem Maße der Möglichkeit der *bewußten Einwirkung der Gesellschaft,* das heißt nichts anderes, als der Einwirkung durch die einzige bewußte und mit Zwangsgewalt ausgestattete Organisation der Gesellschaft, der Einwirkung durch den *Staat.*" Aufgabe der Sozialdemokratie sei daher, die von den Kapitalisten organisierte und geleitete Wirtschaft in eine durch den demokratischen Staat geleitete Wirtschaft umzuwandeln, das Problem des Sozialismus stelle sich unmittelbar.[80] Sehen wir einmal von dem politischen Optimismus des Referenten ab, so springt seine Staatsorientierung ins Auge. Hier argumentierte Hilferding nicht nur innerhalb der Tradition der deutschen Sozialdemokratie, die sich die Einführung des Sozialismus gleichsam staatsinterventionistisch – und zwar nach dem Wahlsieg, in dem die Partei mehr als die Hälfte der gültigen Stimmen erhalten hatte – vorstellte, sondern seine Argumentation ist auch von der geschichtlichen Erfahrung bestimmt, daß in Deutschland die Industrialisierung durch zentrale – wenn auch anfänglich noch einzelstaatliche – öffentliche Bürokratien (die selbst aus dem aufgeklärten Absolutismus hervorgegangen waren) wesentlich gefördert worden ist. Verglichen mit den Vereinigten Staaten läßt sich der Staatseingriff in die Wirtschaft in Deutschland zeitlich weiter zurückverfolgen, und er war quantitativ und qualitativ von anderer Art. Überspitzt formuliert: In den USA entstand – abgesehen vom Ersten Weltkrieg – im New Deal überhaupt erst ein nationaler Staat mit zentraler Bundesbürokratie. Bis dahin lag das politische Schwergewicht bei den Einzelstaaten und den Kommunen, Washington D. C. war nur ein Dorf auf der Landkarte amerikanischer Wirtschafts- und Gesellschaftspolitik. Dagegen erschienen die Großunternehmen auf dieser Landkarte schon relativ früh als Ansiedlungen, die die Topographie entscheidend prägten. Besonders die rapide Entwicklung des "military-industrial complex" in den USA, dessen Wurzeln sich bis in den New Deal zurückverfolgen lassen, hat Deutschland und Amerika – betrachtet man das Ausmaß der Staatsintervention – einander angeglichen. Es würde jedoch den spezifisch amerikanischen Bedingungen nicht gerecht, den Hilferdingschen Begriff des organisierten Kapitalismus mechanisch auf den New Deal zu übertragen: Die Rolle des Staates würde überbetont, die Bedeutung der Großkorporationen unterschätzt.[81]

John K. Galbraith' Theorie von der "Countervailing Power", der Gegenmacht[82], und das daraus abgeleitete Konzept Ellis W. Hawleys von der "Counterorganization", der (Gewerkschaft als) Gegenorganisation[83], erscheinen uns hingegen als harmonistisch. Sie verdecken Ungleichgewichte sowie ökonomische und gesellschaftliche Widersprüche im organisierten Kapitalismus. Galbraith beschreibt das Entstehen von organisierter Gegenmacht als Folge des ökonomischen Konzentrationsprozesses: Nach der Herausbildung von Monopolen werde private ökonomische Macht nicht mehr durch Wettbewerb auf der Unternehmerseite eingeschränkt, sondern auf der anderen Seite des Marktes durch die Organisierung der Zulieferer oder Abnehmer, in unserem Fall: Zusammenschluß des Angebots „Arbeitskraft" in Gewerkschaften. Trotz verschiedener vorsichtiger und zurückhaltender Formulierungen überbewertet Galbraith den politischen und ökonomischen Einfluß der Gewerkschaften. Dies ließe sich exemplarisch an den wirtschaftspolitischen Regierungsentscheidungen im New Deal und während des Zweiten Weltkrieges ebenso zeigen wie an der personellen Zusammensetzung angeblich paritätisch besetzter Regierungsgremien (Boards) im Krieg. Die partnerschaftliche Gleichsetzung von "big business" und "big labor" übersieht, daß der Kapitalismus auf Profitmaximierung angelegt ist und von hier aus die Wirtschaft und damit auch die Gewerkschaften strukturiert werden. Galbraith hat Recht, daß der Staat die Organisierung der Gegenmacht etwa durch die Arbeitsgesetze förderte. Doch darf dann nicht übersehen werden, daß der Staat eben auch auf Gewerkschaftsseite als „ideeller Gesamtkapitalist" auftrat, indem bestimmte Integrationsprozesse durch die Arbeits- und Sozialgesetzgebung so gefördert wurden, daß das kapitalistische System prinzipiell unangetastet blieb, ja sogar stabilisiert wurde.

Mit der Abgrenzung des Kapitalismus der Großkorporationen von anderen Theorien des organisierten Kapitalismus, die exemplarisch an den Positionen Hilferdings und Galbraith' versucht wurde, intendieren wir zweierlei: 1. "corporate capitalism" geht nicht von einer Harmonievorstellung, etwa korporativ-ständischem Denken, aus, sondern davon, daß es sich im New Deal weiterhin um eine kapitalistische Gesellschaft handelt, die durch Profitmaximierung strukturiert ist und der damit auch die Widersprüche kapitalistischer Systeme immanent sind. 2. Kapitalismus der Großkorporationen beschreibt eine konkrete Phase der amerikanischen Gesellschaftsgeschichte, in der der Staat eine kleinere Rolle spielt, als im organisierten Kapitalismus in Deutschland, die Großkorporationen hingegen eine größere. Dies wird auch bei der Analyse des Systems der Arbeitsbeziehungen deutlich werden.

*

Die Syndikalisierung der amerikanischen Ökonomie ist das Ergebnis eines längeren Prozesses gewesen, der schon mit der Gründung der ersten Großunternehmen begann und im New Deal und Zweiten Weltkrieg seinen Höhepunkt und Abschluß fand. Kapitalismus der Großkorporationen ist also kein statischer Begriff, sondern historischer Veränderung unterworfene ökonomische und gesellschaftliche Realität. Es soll daher knapp und skizzenhaft auf seine Geschichte und dabei besonders auf die Beziehungen von Unternehmern und Gewerkschaften eingegangen werden.

Amerikanische Historiker der „Neuen Linken"[84] haben in den letzten Jahren die These aufgestellt und empirisch zu belegen versucht, daß die Strukturen des Kapitalismus der Großkorporationen vor dem Ersten Weltkrieg in der politisch-sozialen Reformbewegung des Progressive Movement weitgehend ausgebildet waren. Auch Historiker der traditionellen Schule[85] haben dies indirekt bestätigt, indem sie etwa die Einführung des Tarifvertrags als Institut, das die Beziehungen zwischen Gewerkschaft und Unternehmer regelt, sowie die Entstehung der verschiedenen Interessen, die im New Deal in der Auseinandersetzung um die Monopolisierung eine Rolle spielten, in diese Zeit zurückverlegten. Dies ist richtig und doch zugleich einseitig. Zwei Faktoren werden dabei nämlich unterbewertet, die für die Konsolidierung und Formalisierung des Kapitalismus der Großkorporationen und des ihm immanenten Systems der Arbeitsbeziehungen im New Deal eine überragende Rolle gespielt haben: Einmal wurden die in der Vorkriegszeit angelegten Strukturen erst in der Kriegsverwaltungswirtschaft des Weltkrieges, im sogenannten state socialism, voll ausgebildet; zum anderen wurde das Eisenbahnwesen, also einer der gesamtwirtschaftlich wichtigsten Bereiche, eine von ihrer Funktion her „nationalisierte" Industrie, gerade in den zwanziger Jahren zum Experimentierfeld für das Verhältnis von Großunternehmer, Gewerkschaft und Staat.[86] Anders gewendet: Das System der Arbeitsbeziehungen im New Deal kann nicht ohne Rückgriff auf die Entwicklung im Ersten Weltkrieg und in der Eisenbahnindustrie verstanden werden. Hier besteht sowohl eine strukturelle wie rechtliche und personelle Kontinuität, deren Bedeutung bisher in der Literatur unterschätzt worden ist.

Wenden wir uns kurz der Progressive Era zu. Sozialökonomisch war diese Phase der amerikanischen Geschichte durch weitere Industrialisierung, durch wirtschaftliche Konzentration besonders in den Massengüterindustrien, durch Verstädterung und Bevölkerungswachstum (u. a. durch Einwanderung) charakterisiert. Gabriel Kolko hat gezeigt, daß sich trotz allgemeiner Monopolisierungstendenzen die Großkorporationen – zuerst und relativ früh bei den Eisenbahnen – einem verschärften Wettbewerb gegenübersahen, der langfristig ihre Profiterwartungen gefährdete. Versuche, Profite durch gegenseitige Absprachen über Produktionsbeschränkungen, Marktverteilung u. a. zu garantieren, schlugen fehl. Hilfe versprach man sich – und erhielt sie dann auch – von der Staatsintervention. "Ironically, contrary to the consensus of historians, it was not the existence of monopoly that caused the federal government to intervene in the economy, but the lack of it."[87] Während des Ersten Weltkrieges wurde die staatliche Rolle bei der Regulierung des Wettbewerbs zwischen den Großkorporationen äußerst verstärkt. Im ideologischen Bereich entsprach dem neuen Verhältnis von Großkorporationen und Staat das, was James Weinstein den „Neuen Liberalismus"[88] genannt hat: Laissez-faire und Sozialdarwinismus wurden im Bewußtsein der Unternehmer und der Öffentlichkeit allmählich ersetzt durch eine auf Verantwortung gegenüber der Allgemeinheit gegründete Sozialordnung, die jeder Gesellschaftsgruppe ihren Anteil an der expandierenden Wirtschaft versprach. Innerhalb dieses Konzeptes war es dann folgerichtig, daß – wenigstens verbal – auch die Gewerkschaften ihren Platz in Wirtschaft und Gesellschaft zugesprochen bekamen. Exemplarisch für das neue Verhalten der Großunternehmer war die 1900 gemeinsam von dem Industriellen Mark Hanna und dem AFL-Präsidenten Samuel Gompers gegründete und „drittelparitätisch"-syndikalistisch aus Unternehmern, Gewerkschaftern und (Staats-) Vertretern der Öffentlichkeit gebildete "National Civic Federation" (NCF). Als ihr Ziel deklarierte die "Federation" die Erhaltung des Wirtschaftsfriedens und der industriellen Wohlfahrt, gefördert u. a. durch den Abschluß von Tarifverträgen. Gompers hatte sich für die Idee der NCF erwärmt, als die Gewerkschaften in den neunziger Jahren mehrere Arbeitskämpfe gegen die Unternehmer, darunter den Homestead- und den Pullmanstreik, verloren hatten, und er davon überzeugt wurde, daß die Arbeiter jede offene Feldschlacht gegen die Großkorporationen, deren Wachstum er als natürlich und unausweichlich akzeptierte, verlieren müßten. Die soziale Rethorik der NCF wurde nur selten realisiert: So wurden die Gewerkschaften aus der Stahlindustrie im ersten Jahrzehnt unseres Jahrhunderts brutal herausgedrängt. Einen ihrer sichtbarsten Erfolge hatte die NCF allerdings – wegen der hohen Konzentration dieser Industrie nicht ganz zufällig – im Eisenbahnwesen mit der Verabschiedung des von ihr konzipierten Newlands Act von 1913, der einen anstehenden Streik durch Schlichtung verhinderte. So sehr die Ziele der NCF häufig auch Deklamation blieben, so hatte sie doch eine konkrete Auswirkung, nämlich die Einübung syndikalistischer Zusammenarbeit von Vertretern der Großunternehmen (u. a. Mark Hanna; George W. Perkins, Direktor von US Steel und International Harvester Company, Teilhaber von J. P. Morgan and Company; weitere Teilhaber von J. P. Morgan and Company; Samuel Insull, Rentier aus Chikago, später Finanzminister; Andrew Carnegie), der Gewerkschaften (neben Gompers besonders zu nennen John Mitchell, der Präsident der Bergarbeitergewerkschaft) und der Öffentlichkeit (u. a. Grover Cleveland, William H. Taft, Franklin D. Roosevelt, damals Assistant Secretary of the Navy) in einer Organisation. Waren konservative Gewerkschaftsführer und liberale „aufgeklärte" Großunternehmer in einer Vereinigung zusammengeschlossen, so kam die Opposition gegen die NCF vor allem von zwei Seiten: von den Sozialisten, die 1912 auf dem Höhepunkt ihres Einflusses in der AFL waren und ein Drittel der Delegierten zum AFL-Kongreß stellten, und von der National Association of Manufacturers (NAM), einer Vereinigung konservativer „unaufgeklärter" Unternehmer mittlerer und größerer Betriebe.[89] Ganz offensichtlich besteht eine Kontinuität zwischen der Zusammenarbeit von Großunternehmern und Gewerkschaften in der National Civic Federation und der Kooperation beider Gruppen im New Deal. Gleichwohl wird die Bedeutung der NCF von den Autoren der „Neuen Linken" überbetont.[90] Die Einübung der „Partnerschaft" von Großindustriellen und Gewerkschaftern geschah in der Praxis erst während des Weltkrieges, und sie ging in den zwanziger Jahren zum großen Teil wieder verloren.

Im Ersten Weltkrieg erkannten die Gewerkschaften die Priorität effizienter Produktion an, und sie trugen so zum Sieg in den Materialschlachten auf dem europäischen Kontinent bei. Gompers und andere Gewerkschaftsführer arbeiteten mit den Unternehmern sowohl in den Betrieben als auch in den verschiedenen Organen der Kriegsverwaltungswirtschaft (u. a. im War Industries Board, War Labor Policies Board, War Labor Board) eng zusammen. Basis dieser Kooperation war die Arbeitsrechtspolitik Präsident Wilsons, die von dem von der AFL formulierten Prinzip ausging: Die Gewerkschaften haben das Recht, Arbeiter zu organisieren und für sie Tarifverträge abzuschließen.[91] Beispielhaft für diese neue Politik waren die Entscheidungen des War Labor Boards (über 1.000 Fälle, von denen mehr als 700.000 Arbeiter betroffen waren), der – 1918 gegründet – sich aus je fünf Vertretern der Unternehmer und Gewerkschaften und zwei gleichberechtigten, auf Vorschlag der Unternehmer und Gewerkschaften vom Präsidenten der USA ernannten Vorsitzenden zusammensetzte. In der für die Gewerkschaften günstigen Situation extremer Arbeitskräfteknappheit während des Krieges gelang es den AFL-Vertretern im War Labor Board die folgenden Forderungen in den Entscheidungen dieses Gremiums durchzusetzen: Anerkennung des Instituts des Tarifvertrags und des Rechts der Gewerkschaften, Arbeiter zu organisieren; Verkürzung der täglichen Arbeitszeit auf acht Stunden und allgemeine Lohnerhöhungen; gleiche Bezahlung für Frauen, wenn sie Arbeiten leisteten, die bis dahin Männer ausgeführt hatten; Verbesserung der Arbeitsbedingungen in den Betrieben. Die Funktion des War Labor Boards bestand letztlich darin, in Arbeitskämpfen zu vermitteln, also Streiks und Aussperrungen, die die Produktion gefährdet hätten, zu verhindern. Dem Board gelang es während des Krieges weitgehend, seine Aufgaben zu erfüllen. Er zerbrach aber in der Nachkriegsinflation.[92] Der letzte Versuch, Unternehmer, Gewerkschaften und Staat zu einer Kooperation zu bewegen, bestand unmittelbar nach Kriegsende in der Einberufung einer National Industrial Conference, der Präsident Wilson die Aufgabe gestellt hatte, einen Kodex der Beziehungen zwischen Unternehmern und Gewerkschaften zu entwerfen. Keine der auf der Konferenz vorgelegten Resolutionen erhielt eine Mehrheit. Interessant für unseren Zusammenhang ist, daß der von den Gewerkschaftsvertretern gemachte und von der Mehrheit abgelehnte Vorschlag Formulierungen enthielt, wie sie fast wörtlich in den Arbeitsgesetzen des New Deal wieder auftauchten. Die Gewerkschaften hatten gefordert:

"The right of wage earners to organize without discrimination, to bargain collectively, to be represented by representatives of their own choosing in negotiations and adjustments with employers in respect to wages, hours of labor, and relations and conditions of employment is recognized."[93]

In der Progressive Era und namentlich im Ersten Weltkrieg hatten sich drei Entwicklungen abgezeichnet, die im Kapitalismus der Großkorporationen im New Deal voll ausgebildet wurden: 1. Der Tarifvertrag als Abkommen, in dem die Beziehungen zwischen Unternehmern und Gewerkschaft geregelt wurden, war popularisiert worden. Damit hing unmittelbar zusammen, daß auch von Unternehmern das Recht der Gewerkschaft, Arbeiter zu organisieren und zu repräsentieren, zunehmend anerkannt wurde. 2. Es bildete sich (etwa mit dem Eingreifen Theodore Roosevelts in den Streik im Steinkohlenbergbau 1902) eine Tradition des Staatsinterventionismus heraus, die von den Großkorporationen bewußt gefördert wurde und die während des Ersten Weltkrieges – z. B. mit der faktischen Verstaatlichung der Eisenbahnen – eine nie gekannte Qualität erreichte. 3. Die oben bereits besprochene Syndikalisierung von Wirtschaft und Gesellschaft in der dreisäuligen Formierung von Großkorporationen – Gewerkschaften – Staat wurde im Weltkrieg weiter entwickelt.

In den zwanziger Jahren wurde die eben erwähnte syndikalistische Praxis in der wirtschaftlichen und gesellschaftlichen Wirklichkeit weitgehend aufgelöst[94], der Staatseingriff auf ein Minimum beschränkt. Es blieb nur eine Kooperationsideologie der „Industrial Democracy", die besonders von den AFL-Gewerkschaften getragen wurde. Der "open shop drive" der Unternehmer, also die Verdrängung der Gewerkschaften aus den Betrieben, war nach dem Weltkrieg erfolgreich. Innerbetriebliche soziale Einrichtungen – von der Betriebskantine bis zur Betriebspension – entzogen den Gewerkschaften z. T. den Boden für ihre Arbeit. Die AFL-Gewerkschaften versuchten, sich auf die neue Situation dadurch einzustellen, daß sie den Unternehmern ihre Kooperation zur effizienten Produktion anboten und dafür die Anerkennung als Vertreter der Arbeiter und Beteiligung an der wachsenden Produktivität durch höhere Löhne verlangten. Ziel der AFL war also die Anerkennung als syndikalistischer Partner [95], wie sie im Weltkrieg bestanden hatte. Typisch hierfür war der Vorschlag des AFL-Vizepräsidenten Matthew Woll, eine Art Wirtschaftsrat in jeder Industrie zu gründen, "an economic and industrial chamber, in which all factors in industry will be fairly represented, and which will determine the rules and regulations that industries will impose upon themselves".[96] Gompers griff in seinen Reden und Schriften bis zu seinem Tode wiederholt auf die Organisation der Kriegsverwaltungswirtschaft als beispielhaft zurück, er wurde zum prominentesten Vertreter eines funktionalen Syndikalismus.[97] Ein Historiker der

„Neuen Linken" hat Gompers deswegen sogar Sympathien für Mussolinis Ständestaat vorgeworfen.[98] Fest steht, daß AFL-Führer in den zwanziger Jahren die syndikalistische Organisation der Wirtschaft propagiert haben. Hier ist einer der Punkte, an dem die AFL-Gewerkschaften nicht nur in der Praxis, sondern auch im Ideologischen vom Voluntarismus abwichen: Zwar wurde betont, daß Unternehmer und Gewerkschaft sich freiwillig über ihre Beziehungen innerhalb einer Industrie einigen sollten, doch akzeptierte man – gerade durch den häufigen Hinweis auf die positiven Erfahrungen während des Weltkrieges – implicite den Staatseingriff. Sidney Hillman, Präsident der ACWA, ging 1931 – also im Tiefpunkt der Depression, als der Ruf nach dem Staatseingriff lauter wurde – so weit, daß er die Bildung eines nationalen Wirtschaftsrates, in dem Vertreter von Kapital, Arbeit und Staat sitzen sollten, vorschlug, der Empfehlungen auch an den Kongreß geben sollte.[99] Die Kontinuität zwischen diesen gewerkschaftlichen Konzepten und einigen Maßnahmen im New Deal – wie die Abfassung von Industrie-Statuten im Rahmen des National Industrial Recovery Acts – liegt auf der Hand.

In den zwanziger Jahren, der Periode des sogenannten Wohlfahrtskapitalismus, gab es auf Unternehmerseite keine größere Gruppe, die die syndikalistisch-kooperativen Bestrebungen der Gewerkschaftsführer unterstützt hätte. Alle Versuche der Historiker der „Neuen Linken", auch bei den Unternehmern eine ungebrochene Kontinuität zwischen National Civic Federation, Kriegsverwaltungswirtschaft, Wohlfahrtskapitalismus und New Deal zu konstruieren, sind empirisch nicht haltbar: Es liegt an der personalistischen Methodik dieser Historiker, daß Ausnahmeerscheinungen im Eisenbahnwesen und Unternehmer wie Owen Young und Gerard D. Swope von General Electric zum Typ „Unternehmer im Wohlfahrtskapitalismus" stilisiert werden. Dabei soll gar nicht bestritten werden, daß etwa ein Mann wie Swope auf die Gesetzgebung des New Deal u. a. deswegen Einfluß hatte, weil er längst vor der Großen Depression zu den „aufgeklärten" Unternehmern gehörte. Es war aber eben atypisch für das Verhalten der Großunternehmer, daß Swope 1926 den Nachfolger von AFL-Präsident Gompers, William Green, davon zu überzeugen suchte, daß in der Elektroindustrie eine nationale Industriegewerkschaft organisiert und dadurch mehr als ein Dutzend Fachgewerkschaften abgelöst werden sollten. Die Motivation für den Vorschlag von Swope war eindeutig: Der Direktor von General Electric wollte mit nur einer Gewerkschaft verhandeln, den Betriebsfrieden für wenigstens die Laufzeit des Tarifvertrages sichern und häufige Unterbrechungen des Produktionsprozesses vermeiden, die sonst üblich waren, weil eine der vielen Fachgewerkschaften gerade Tarifverhandlungen führte und im Arbeitskampf ihre Facharbeiter zu Streik oder Arbeitsverlangsamung aufrief. Green konnte auf Swopes Vorschlag jedoch nicht eingehen, wollte er nicht seinen Rückhalt bei der von den Fachgewerkschaften dominierten AFL verlieren.[100] Im New Deal und mit dem Erstarken der CIO-Industriegewerkschaften erlangten Swopes Vorstellungen eine neue Bedeutung. Mehr Unterstützung hingegen gewann Swope auf Unternehmerseite, als er 1931 – also unter den Bedingungen der Großen Depression – einen Plan vorlegte, der die Zusammenfassung jeder Industrie in "trade associations", Industrieverbänden, vorsah, nämlich die staatlich geförderte Regulierung von Produktion und Preisen und die institutionalisierte Kooperation von Arbeitern, Gewerkschaften, Managern und Unternehmern. Der Swope-Plan lief auf eine stärkere Kartellierung der Wirtschaft hinaus und antizipierte die National Recovery Administration.[101] Gleichwohl war dieser Plan im Jahr 1931 noch verfrüht.

Es ist in der in den letzten Jahren erschienenen Literatur richtig eingewandt worden, daß Präsident Herbert Hoover nicht der Laissez-faire-Liberale war, als der er bisher charakterisiert worden ist; daß Hoover vielmehr als Technokrat von der syndikalistischen Organisation von Staat und Gesellschaft ausging, dabei von der AFL unterstützt wurde und viele der im New Deal durchgeführten Maßnahmen nicht nur theoretisch entwickelt hat, sondern im Ansatz in die Praxis umzusetzen versucht hat.[102] Doch ist es kein Zufall, daß seine Schritte zur Überwindung der Depression zu zaghaft waren und scheiterten: Hoover fehlte die politische Unterstützung, die Roosevelt später u. a. durch den CIO erhielt; die Opposition der Unternehmer gegen den syndikalistisch-kooperativen Staatseingriff war noch zu groß; und schließlich war der Präsident ideologisch z. T. noch im Laissez-faire Liberalismus des Wohlfahrtskapitalismus befangen.

Der Kapitalismus der Großkorporationen hat sich also nicht geradlinig-kontinuierlich entwickelt, sondern nach dem Höhepunkt syndikalistischer Kooperation im Ersten Weltkrieg wurden sowohl Staatsintervention wie Zusammenarbeit von Unternehmern und Gewerkschaften in den zwanziger Jahren zurückgedrängt und erst durch das Versagen des Wohlfahrtskapitalismus in der Großen Depression wieder verstärkt. Für die AFL-Gewerkschaften war syndikalistische Kooperation zur bloßen Ideologie geworden, die eine vergangene Praxis, nicht aber die Gegenwart reflektierte. Dabei bestand ein gewisser Widerspruch zwischen dieser Ideologie und dem Voluntarismus. Mit weiterer ökonomischer Konzentration und beschleunigtem Wachstum der Massengüterindustrien kristallisierte sich im Produktionsprozeß ein weiterer Widerspruch heraus, der im Vorschlag Swopes, die Elektroindustrie durch eine Industriegewerkschaft zu organisieren, bereits angedeutet war: Das, auch von den AFL-Gewerkschaften akzeptierte, Ziel effizienter Produktion stand dem Berufsgewerkschaftsprinzip, also der Organisationspraxis der AFL, entgegen. Die Reorganisation der amerikanischen Wirtschaft im New Deal, nämlich die endgültige Ausformung des Kapitalismus der Großkorporationen, bildete die Basis für Industriegewerkschaften: Diese wurden schließlich konstitutiver Bestandteil des reorganisierten Kapitalismus.

*

Die Notwendigkeit zur Reorganisation des Kapitalismus wurde unter den Bedingungen der Weltwirtschaftskrise von der amerikanischen Öffentlichkeit und von fast allen gesellschaftlichen Gruppen anerkannt, der Eingriff des Staates zur Überwindung der Krise allgemein gefordert. Gleich wer 1932 zum Präsidenten der Vereinigten Staaten gewählt worden wäre: Staatsinterventionismus als Mittel zur Reorganisierung des ökonomischen Systems hätte in jedem Fall wesentlicher Bestandteil seiner Politik sein müssen. Dies zeichnete sich auf dem Gebiet der Arbeitsbeziehungen beispielhaft dadurch ab, daß schon im März 1932, also noch unter der Präsidentschaft Hoovers, der amerikanische Kongreß mit überwältigender Mehrheit in seinen beiden Häusern den Norris-La Guardia Act verabschiedete, der die Praxis der Bundesgerichte, die Anti-Trust-Gesetze (den Sherman Act von 1890 und den Clayton Act von 1914) auf die Gewerkschaften anzuwenden und einstweilige Verfügungen in Arbeitskonflikten gegen sie zu erlassen, aufhob und das Recht der Gewerkschaften anerkannte, Arbeiter zu organisieren und in Tarifverhandlungen zu vertreten.[103] Die Verabschiedung des Gesetzes wurde als ein erster Schritt zur Konsolidierung der krisenerschütterten Wirtschaft angesehen, da man durch den Schutz der Gewerkschaften eine Verbesserung der Kaufkraft der Arbeiter erhoffte.

Im Gegensatz zu allen anderen Präsidentschaftsaspiranten und -kandidaten verstand es der gewählte Präsident Franklin D. Roosevelt, mit geschickter Rhetorik verloren gegangenes Vertrauen wiederherzustellen und namentlich dem kleinen Mann auf der Straße, dem "forgotten man", wieder Mut einzuflößen. Im Beraterkreis des neuen Präsidenten war man sich, trotz sonst stark divergierender Meinungen, darüber einig, daß die Krise nur durch die Kooperation von Regierung und Unternehmern zu überwinden sei.[104] Die politischen Maßnahmen und Gesetze des New Deal wurden von keinem geschlossenen theoretischen Konzept getragen, vielmehr waren Unbeständigkeit und der Zwang zu ständiger Improvisation gerade eines der Charakteristika der Regierungspolitik. Man konnte sich in der neuen Administration nicht über Irrtum oder Richtigkeit von "deficit spending" einigen[105] und wurde von der neuen Depression 1937/38 völlig überrascht, stand ihr vorübergehend hilflos gegenüber.[106] Durch den gesamten New Deal zog sich ein politischer und ökonomischer Kampf zwischen denen, die Planung, Zentralisierung und stärkere Kartellierung um der größeren technologischen und wirtschaftlichen Effizienz willen anstrebten und denen, die Dezentralisierung und Entflechtung wirtschaftlicher Konzentration zur Rettung von individueller Freiheit und traditionellem Liberalismus verlangten. Hawley hat in seiner materialreichen und differenzierenden, aber letztlich doch relativ geistesgeschichtlich orientierten Untersuchung dies als eine ideologische Auseinandersetzung ("ideological clash") zwischen drei Gruppen bezeichnet: 1. denen, die einen "business commonwealth" anstrebten, in dem in einer mit staatlicher Billigung kartellierten Wirtschaft die Unternehmer planen und dirigieren sollten; 2. denen, die eine "collectivist democracy" vertraten, eine national geplante Wirtschaft, in der die verschiedenen gesellschaftlichen Gruppen kooperativ bestimmen sollten; 3. denen, die dem "competitive ideal" anhingen, einer Wirtschaft ohne Staatseinwirkung, in der allein der Markt entscheiden sollte.[107] Präsident Roosevelt war geschickt darin, im politischen Entscheidungsprozeß rivalisierende Gruppen und Berater gegeneinander auszuspielen. Er wurde damit aber zugleich von verschiedenen Interessen in wechselnden Situationen beeinflußt, was zur Inkonsequenz seiner Politik beitrug. Dies darf jedoch nicht darüber hinwegtäuschen, daß jenseits politischer Tagesentscheidungen sich eine Restrukturierung von Wirtschaft und Gesellschaft innerhalb des kapitalistischen Rahmens vollzog und insofern der New Deal kontinuierlicher war, als es die politische Oberfläche erscheinen läßt. Dieses Element der Kontinuität bestand eben in der vollen Ausbildung des Kapitalismus der Großkorporationen, wie sie sich aus den verschiedenen New-Deal-Reformen ablesen läßt.

Zu ihnen gehörte vor allem – soweit das Verhältnis von Unternehmern und Gewerkschaften betroffen war – der National Industrial Recovery Act (NIRA), der im Juni 1933 von Präsident Roosevelt unterzeichnet wurde und der die einheitliche Unterstützung der Großkorporationen und der in der National Association of Manufacturers zusammengeschlossenen Unternehmer, der Gewerkschaften und fast aller Politiker des

Landes gefunden hatte. In dieses Gesetz flossen jene Vorschläge ein, die auf Unternehmerseite u. a. von Gerard Swope und Henry P. Harriman, dem Präsidenten der Chambers of Commerce, zur Umgehung der Anti-Trust-Gesetze und auf Gewerkschaftsseite von Sidney Hillman, unterstützt von Bergarbeiterführer John L. Lewis, zur Reorganisation der Wirtschaft gemacht worden waren.[108] Der NIRA sah die Einführung von "Codes" vor, d. h. von freiwillig abgeschlossenen, dann aber verbindlichen Statuten für die verschiedenen Industrie- und Handelszweige, in denen Absprachen über Konkurrenz- und Lohnverhältnisse vereinbart wurden.[109] Die staatlich gebilligte und geförderte Kartellierung wurde besonders in den Industrien angestrebt, in denen relativ viele kleine und mittlere Unternehmer in einem Konkurrenzkampf bis zum eigenen Bankrott oder dem des Konkurrenten lagen: Überproduktion, Marktsättigung, instabile Preise und niedrige Löhne waren typisch für diese Industrien. Zu ihnen gehörten Teile der Ölindustrie, der Einzelhandel (der gegen die Kettenläden nicht mehr bestehen konnte), die Bekleidungsindustrie, die Textilindustrie und Teile des Kohlebergbaus, für den schon vor dem New Deal angeregt worden war, die Anti-Trust-Gesetze außer Kraft zu setzen. Auch in den stark konzentrierten Industrien wie der Stahl-, Automobil- und Elektroindustrie hatte man auf eine Regelung, wie sie der NIRA brachte, hingearbeitet, hatten doch diese Industrien am stärksten unter der Wirtschaftskrise gelitten. Mit dem Abschluß von Codes wurde die Planbarkeit der Produktion und damit auch langfristig die Garantie von Profiten verheißen. Im September 1933 war die Festlegung der Codes in den genannten Industrien im wesentlichen abgeschlossen.

Der NIRA enthielt – mit Ausnahme der die Arbeitnehmer betreffenden Artikel 7 und 7 a – keine genauen Bestimmungen darüber, wie die Codes aussehen sollten. Im Gesetz war lediglich die allgemeine Zielrichtung angegeben: Kooperation der an der Wirtschaft Beteiligten; Verbot unfairen Wettbewerbs; Erhöhung der Kaufkraft; Ausweitung der Produktion; Reduzierung der Arbeitslosigkeit. Obwohl bei der Abfassung der Codes für einen Industrie- oder Handelszweig Vertreter der Gewerkschaften, des Staates und der Unternehmer zu beteiligen waren, wurde ihr Inhalt eindeutig von den Interessen der Unternehmer bestimmt, die jeweils der staatlichen Unterstützung sicher sein konnten. In den Selbstverwaltungsgremien, die die Einhaltung der Codes überwachen sollten, hatten die Unternehmer zahlenmäßig eine Mehrheit. In der Regel enthielten die Codes Bestimmungen über Mindestpreise, gegenseitige Information der Unternehmer über die von ihnen verlangten Preise und Produktionsabsprachen.

Für die Gewerkschaften waren die Artikel 7 und 7 a des NIRA von Bedeutung. Artikel 7 sah vor, daß in den Codes die Höchstarbeitszeit festzulegen war, daß ein Mindestlohn gezahlt wurde und daß bestimmte Arbeitsbedingungen eingehalten wurden. Zwar hatte der Norris-La Guardia Act 1932 das Recht auf Tarifverhandlungen schon zum Gesetz des Landes gemacht, doch bestimmte Artikel 7 a noch einmal, "that employees shall have the right to organize and bargain collectively through representatives of their own choosing". Die Artikel 7 und 7 a wurden im allgemeinen in den Codes nicht weiter konkretisiert oder modifiziert, doch verstanden die Gewerkschaften die Bestimmungen über Arbeitsbedingungen und das Recht zu gewerkschaftlicher Vertretung als Aufforderung, die Arbeiter jetzt zu organisieren. John L. Lewis bereiste die Kohlenfelder der Appalachen und rief den Bergleuten zu: „Der Präsident will, daß ihr in die Gewerkschaften eintretet."[110] Die Mitgliederzahlen der Gewerkschaften schnellten in die Höhe: Zwischen Juli und August 1933 gab die AFL 340 neue Mitgliedsurkunden an neugegründete lokale Betriebsgewerkschaftsorganisationen aus. William Green schätzte, daß innerhalb von zwei Monaten die Zahl der Mitglieder der AFL um 1.500.000 gewachsen sei. In dieser Periode des Gewerkschaftswachstums wurde eine Tendenz deutlich: In den Jahren von 1933 bis 1935 wuchsen die Fachgewerkschaften um 13 %, die vier Industriegewerkschaften der AFL – darunter die UMW und die ACWA – aber um 132 %.[111] Die NRA unterstützte zudem – soweit ihr das überhaupt möglich war – die Industriegewerkschaften gegenüber den Fachgewerkschaften. Donald Richberg, zweiter Mann hinter Hugh Johnson in der NRA, befürwortete mehrfach öffentlich die Organisation aller Beschäftigten auf industrieller Basis.[112] Die AFL-Hierarchie, deren Basis und Rückgrat die Berufsgewerkschaften waren, fühlte sich durch das schnelle Wachstum der Industriegewerkschaften bedroht. Hier lag einer der Gründe für die Bildung des Committee for Industrial Organization im Jahre 1935. Die AFL-Gewerkschaftsführer erhoben folglich sehr bald Einwände gegen den NIRA. Etwas anderes kam hinzu: Artikel 7 a schrieb nur vor, daß Beschäftigte eines Betriebes das Recht hätten, sich in Tarifverhandlungen durch Vertreter ihrer Wahl repräsentieren zu lassen; er bestimmte nicht ausdrücklich, daß Gewerkschaften diese Vertreter sein mußten. Unternehmer, vor allem aus der NAM und den US Chambers of Commerce, aber auch Großunternehmen förderten und gründeten sogar betriebseigne „gelbe" Gewerkschaften (company unions), die von ihnen finanziell und organisatorisch abhängig waren. Für die AFL waren also die Auswirkungen des NIRA ambivalent, und die Opposition gegen das Gesetz wuchs. Auch die Einsetzung eines National Labor Relations Boards, der die Einhaltung der Artikel 7 und 7 a des Gesetzes überwachen sollte, brachte keine Abhilfe, da der Board keine Exekutivgewalt besaß.[113]

Auch bei anderen gesellschaftlichen Gruppen wuchs die Opposition gegen den NIRA. So glaubten sich die Verbraucher übervorteilt, da die Massenkaufkraft nicht wesentlich stieg, wohl aber Absprachen der Unternehmer die Preise in die Höhe trieben. Vor allem aber kam es innerhalb der Selbstverwaltungsbehörden der Codes zum offenen Konflikt: Durch die Kodifizierung waren die Klein- und Mittelbetriebe gegenüber den Großunternehmern benachteiligt worden, der erhoffte Schutz der kleinen Unternehmer blieb aus, und die allgemeine Konzentrationstendenz setzte sich nicht nur fort, sondern wurde durch die Codes sogar beschleunigt. Zudem wurden die Codes oft nicht eingehalten, getroffene Absprachen verschieden interpretiert. Ein staatliches Exekutivorgan, das die Einhaltung der Vereinbarungen hätte durchsetzen können, gab es nicht. Als das Bundesverfassungsgericht den NIRA im Schechter-Case am 27. Mai 1935 für verfassungswidrig erklärte, hatte das Gesetz seine ursprünglich große Popularität bereits verloren, die National Recovery Administration und die Selbstverwaltung der Codes waren zu diesem Zeitpunkt faktisch bereits zusammengebrochen. Gleichwohl darf die Bedeutung des NIRA für die Reorganisation der amerikanischen Wirtschaft, für die Ausformung des Kapitalismus der Großkorporationen nicht unterschätzt werden. Vom NIRA ging eine große psychologische Wirkung aus, die als Initialzündung zur Wiederbelebung der Ökonomie wirkte. Außerdem förderte die NIRA die ökonomische Konzentration. Die syndikalistische Kooperation von Kapital, Arbeit und Staat wurde eingeübt, wenn auch keine Balance innerhalb des kapitalistischen Systems erreicht wurde und Unternehmerinteressen sich schon vordergründig – etwa in den Selbstverwaltungsbehörden der Codes durchsetzten und nicht erst in der strukturell begründeten Priorität der Profitmaximierung. Immerhin resultierte aus dem NIRA die staatlich regulierte Formalisierung der Beziehungen zwischen Unternehmern und Gewerkschaften, wie sie im Wagner Act wieder aufgenommen wurde. NIRA und NRA begünstigten das schnelle Wachstum von Industriegewerkschaften, also genau den Verbänden, die der Organisationsform des Kapitalismus der Großkorporationen am adäquatesten waren.[114]

Im New Deal entstanden – diese Entwicklung begann im Juni 1933 mit der Verabschiedung des NIRA – in den Massengüterindustrien starke Industriegewerkschaften, die sich gleichsam als „Gegenorganisationen" zu den Großkorporationen in der Auto-, Stahl-, Elektroindustrie usw. etablierten, die selbst dem „natürlichen" Konzentrationsprozeß des Kapitalismus entsprungen waren. Der NIRA hatte die weitere Monopolisierung der Industrien, in denen die ökonomische Konzentration sowieso schon relativ weit fortgeschritten war, begünstigt. Diese Großunternehmen waren finanziell so unabhängig geworden, daß sie am Kapitalmarkt vorbei ihre Investitionen aus eigenen Gewinnen schöpfen konnten.[115] Am Ende des New Deal und des Zweiten Weltkrieges standen diesen Großkorporationen Industriegewerkschaften gegenüber, deren Anfänge oft in die Zeit der NRA zurückreichten. Dabei hat der Organisationsprozeß in Gewerkschaft und Unternehmer umfassende Industriesyndikate sich im allgemeinen, jedoch nicht immer an den bestehenden Großkorporationen orientiert. Im Braunkohlenbergbau und in der Bekleidungsindustrie war die Situation genau umgekehrt: Hier standen große Industriegewerkschaften (UMW, ACWA, ILGWU) einer Vielzahl mittlerer und kleinerer Unternehmen gegenüber, die durch Überproduktion und selbstmörderischen Wettbewerb am Rande des Bankrotts standen und deshalb gezwungen waren, möglichst niedrige Löhne zu zahlen, um konkurrenzfähig zu bleiben. Hier waren die Industriegewerkschaften die treibende Kraft bei der Kartellierung der Industrie. Sie hatten schon längere Zeit entsprechende Vorschläge gemacht und sahen im NIRA die Chance, durch Produktions- und Preisabsprachen sowie Wettbewerbsbeschränkungen auch höhere Löhne für ihre Arbeiter durchzusetzen. Das beste Beispiel in diesem Zusammenhang bietet der Kohlebergbau. Hier konkurrierten 4.000 Unternehmer, die 6.000 Bergwerke besaßen. Die Codes der NRA brachten eine Stabilisierung der Industrie und zugleich Lohnerhöhungen und Verbesserung der Arbeitsbedingungen für die Bergleute. Als das Bundesverfassungsgericht den NIRA aufhob, gelang es den UMW unter John L. Lewis, den Guffey-Snyder Act durch den Kongreß zu drücken, der die Codes der Braunkohlenindustrie wiederaufnahm und legalisierte. Dieses Gesetz enthielt Bestimmungen über Mindestpreise für Kohle, Absprachen über die Einteilung des Marktes zwischen den Unternehmern, Garantien für Tarifverhandlungen und gewährte der Gewerkschaft eine Mitsprache bei der Festsetzung der Preise. Als das Verfassungsgericht wegen der Artikel, die die Arbeitsbeziehungen betrafen, das Gesetz wiederum aufhob, wurde auf Druck der Bergarbeiter und John L. Lewis' 1937 der Guffey-Vinson Act beschlossen, der alle nicht verbotenen Abschnitte des Guffey-Snyder Acts enthielt. Am Ende des New Deal hatten die UMW gleichsam ihren Tarifpartner, einen kartellierten Unternehmerverband Kohle, geschaffen.[116] Ähnliches geschah in der Bekleidungsindustrie.[117] Die Erdölindustrie war fast atomisiert wie der Braunkohlenbergbau, doch fehlte hier eine wirtschaftlich und politisch einflußreiche Industriegewerkschaft, so daß es nicht zur Kartellierung und Gründung eines Unternehmensverbandes kam. Wir können also zusammenfassend feststellen, daß am Ende des New Deal in den meisten Massengüterindustrien sich Großkorporationen oder Unternehmerverbände und Industriegewerkschaften gegenüberstanden.

Ein weiterer Katalog von Reformmaßnahmen im New Deal, nämlich das Inkrafttreten von Sozial- und Arbeitslosenversicherungsgesetzen im Bund und in den Einzelstaaten, reflektierte in den Beziehungen zwischen Unternehmern und Gewerkschaften ebenfalls die endgültige Herausbildung des Kapitalismus der Großkorporationen. Die Verabschiedung der Sozialgesetze durch den Kongreß und die Parlamente der Einzelstaaten zeigte, daß sowohl die Großunternehmer wie die Gewerkschaften Staatsintervention nicht nur akzeptierten, sondern der Mitwirkung des Staates bedurften. Unternehmer und Gewerkschaften waren sich darin einig, daß es einen Sockelbetrag sozialer Sicherheit geben mußte, u. a. um die hohen menschlichen Kosten, die in der Großen Depression die Mehrheit der amerikanischen Bevölkerung zu tragen gehabt hatte, zu senken. Die Gewerkschaften – und hier besonders die Industriegewerkschaften des CIO – waren daran interessiert, daß durch Festsetzung eines – wenn auch noch so geringen – staatlich garantierten Mindesteinkommens Lohndumping durch Arbeitslose oder alte Arbeiter unmöglich gemacht oder doch wenigstens erschwert werden sollte. Viele Unternehmer hingegen befürchteten, daß Arbeitslosigkeit, wenn sie nicht durch Arbeitslosenunterstützung aufgefangen würde, oder Not im Alter die Basis für politische und soziale Unruhen, wie sie im Ansatz auf dem Tiefpunkt der Großen Depression aufgeflackert waren, abgeben würde und schließlich die eigene Machtposition und das System selbst gefährden könnte. Dieses gemeinsame Interesse von Gewerkschaften und Großunternehmen zeigte sich in ihrer Kooperation bei Verabschiedung des Social Security Acts von 1935 durch den Kongreß und die daran anschließenden Ergänzungen des Gesetzes durch einzelstaatliche Regelungen, die bis 1937 durch die Parlamente gebracht wurden. Zu den Unternehmern, die demonstrativ den Social Security Act unterstützten, gehörten Gerard Swope von General Electric; Walter Teogle von Standard Oil; Winthrop Aldrich von der Chase National Bank; James Rand von Remington Rand, Inc.; F. B. Davis von der US Rubber Company; Charles A. Cannon von Procter and Gamble; Lincoln Filene von William Filene's Sons.[118] Die schärfste Opposition gegen den Social Security Act kam von den kleinen, mittleren und einigen größeren Unternehmen, die in der National Association of Manufacturers und den Chambers of Commerce zusammengeschlossen waren.[119] Dieser Gruppe gelang es, den ursprünglich weitergehenden Gesetzentwurf im Kongreß durch Druck auf die Abgeordneten aus ländlichen sowie klein- und mittelstädtischen Gebieten zu verwässern. Insgesamt jedoch brachte die Verabschiedung des Social Security Acts ein Stück syndikalistischer Kooperation von Unternehmern und Gewerkschaften und die Stabilisierung des kapitalistischen Systems.[120]

Der New Deal ist durch eine allgemeine Tendenz charakterisiert gewesen: Die staatlich gebilligte und oft staatlich geförderte Kartellierung und ökonomische Organisierung in den Bereichen der Wirtschaft, die vorher durch Wettbewerb und fehlende Organisierung gekennzeichnet waren, sowie die weitere Konzentration bereits monopolisierter Industrien. Dabei wurde insgesamt die Unternehmerseite vor allem dadurch begünstigt, daß durch Staatsintervention und mit Hilfe von Tarifverträgen längerfristig geplant und so Profite eher garantiert werden konnten. Doch wurden ebenso die Gewerkschaften gestärkt und die menschlichen Kosten des kapitalistischen Systems (etwa durch die Sozialgesetzgebung und die Verbesserung der Arbeitsbedingungen in den Betrieben) gesenkt. Es wäre eine an der Oberfläche bleibende Vereinfachung, wollte man den Erfolg des New Deal vor allem psychologischen Ursachen wie der geschickten Rhetorik Präsident Roosevelts zuschreiben: Vielmehr brachte der New Deal sowohl eine Stabilisierung der krisengerüttelten Wirtschaft als auch eine fühlbare Verbesserung der sozialen und wirtschaftlichen Lage großer Teile der Bevölkerung. Mitentscheidend für diese Konsolidierung war die Arbeitsgesetzgebung des New Deal, namentlich der Wagner Act und das sich auf dieser juristischen Basis entwickelnde System der Arbeitsbeziehungen.

*

Der *National Labor Relations Act von 1935,* also jenes Gesetz, das den legalen Rahmen für die Beziehungen zwischen Unternehmern und Gewerkschaften absteckte, stand am Endpunkt der Herausbildung des Kapitalismus der Großkorporationen. Einige Phasen in der Geschichte des Systems der Arbeitsbeziehungen wurden weiter oben erwähnt. Der Tarifvertrag kam als Institut des "collective bargaining" zwischen einzelnen Unternehmern und Gewerkschaften in den neunziger Jahren des vorigen Jahrhunderts in Gebrauch. Doch standen um 1900 nur etwa 6 % der nichtlandwirtschaftlichen Arbeitskräfte unter dem Schutz eines Tarifvertrages[121], zu diesem Zeitpunkt opponierten die Großkorporationen noch geschlossen gegen Tarifverhandlungen. Die veränderte Haltung besonders der in der National Civic Federation zusammengeschlossenen Unternehmer und das prinzipielle Tarifverhandlungsgebot im Ersten Weltkrieg sind schon erwähnt worden. Besonders wichtig für die Ausformulierung einzelner Bestimmungen des Wagner Acts war dann die Eisenbahngesetzgebung in den zwanziger Jahren: Der Transportation Act von 1920 schuf einen Railroad Labor Board, durch dessen Entscheidungen in den folgenden Jahren das Koalitionsrecht der Beschäftigten der Eisenbahngesellschaften gesichert wurde. Der Railway Labor Act von 1926 nahm das durch den Railroad Labor Board gesetzte Gewohnheitsrecht einschließlich des Koalitionsrechts auf und bestimmte, daß die Eisenbahngesellschaften (gegenüber den Gewerkschaften) alle Anstrengungen unternehmen müßten, „um zum Abschluß und zur Durchführung einer Vereinbarung zu gelangen, welche Arbeitslohn, Arbeitsregeln und Arbeitsbedingungen zum Gegenstand hat".[122] 1930 bestätigte das Bundesverfassungsgericht den Railway Labor Act als verfassungskonform. Der Bancrupty Act vom 3. März 1933 – also noch vor dem Amtsantritt des neuen Präsidenten verabschiedet – brachte gleichsam eine Besitzstandwahrung für die Eisenbahnergewerkschaften einschließlich der Sicherung des Koalitionsrechtes: Niemand, der Eigentum aus bankrotten Eisenbahngesellschaften erwarb, durfte den Beschäftigten das Recht auf gewerkschaftliche Organisation versagen. Als in der Wirtschaftskrise und am Beginn des New Deal „gelbe" Gewerkschaften in der Eisenbahnindustrie zunehmend an Einfluß gewannen[123], wurde 1934 der Railway Labor Act auf Druck der Eisenbahnergewerkschaften dahingehend ergänzt, daß diese "company unions" als Tarifpartner ausgeschlossen wurden. Der so modifizierte Railway Labor Act von 1934 nahm im wesentlichen die Bestimmungen des National Labor Relation Acts von 1935 vorweg.[124]

Schon bevor Franklin D. Roosevelt sein Amt als Präsident antrat, hatte der amerikanische Kongreß, wie wir gesehen haben, das Koalitionsrecht der Arbeiter in verschiedene Gesetze des Landes geschrieben, zuletzt in den Norris-La Guardia Act von 1932. Der National Industrial Recovery Act bestätigte und erweiterte das Koalitionsrecht. Unter dem NIRA wurde ein National Labor Board (unter dem Vorsitz von Senator Robert F. Wagner) eingerichtet, dessen Entscheidungen einen Kodex an Gewohnheitsrecht setzten, auf den der Gesetzgeber bei der Beratung des National Labor Relations Acts zurückgriff.[125] Neu im Wagner Act war lediglich, daß das Koalitionsrecht eindeutig auf alle in der Industrie beschäftigten Arbeiter (soweit sie unter die "interstate commerce clause" der amerikanischen Verfassung fielen) ausgedehnt und gleichzeitig ein Instrumentarium geschaffen wurde, durch das dieses Recht so durchgesetzt werden konnte, daß unabhängige (und nicht „gelbe") Gewerkschaften die Arbeiter in Tarifverhandlungen repräsentierten.

Der National Labor Relations Act (NLRA) wurde im Kongreß gegen den entschiedenen Widerstand der National Association of Manufacturers, des US Chamber of Commerce und von Teilen der Großindustrie mit Unterstützung der Gewerkschaften durchgesetzt. Erst 1940, also mehrere Jahre nach der Bestätigung des Gesetzes durch das Verfassungsgericht, erklärte die NAM zum ersten Mal, sie lehne Tarifverbeinbarungen nicht prinzipiell ab, wolle aber die bestehenden Gesetze modifizieren: Diese Erklärung ist zu diesem Zeitpunkt offensichtlich u. a. aus der Furcht der in der NAM vereinigten Unternehmer abgegeben worden, daß diejenigen, die das Recht der Gewerkschaften zu Tarifverhandlungen nicht akzeptierten, auch nicht an Rüstungsaufträgen beteiligt würden. Hingegen gehörten Gerard Swope von General Electric and Francis Biddle, ehemaliger Syndikus der Pennsylvania Railroad, zu den wenigen Repräsentanten der Großkorporationen, die den NLRA von Anfang an begrüßten. Lange Zeit jedoch hatte Senator Robert F. Wagner, nur unterstützt von den Gewerkschaften, fast allein für die Verabschiedung des Arbeitsgesetzes gekämpft. Erst nachdem im Schechter-Case der NIRA für verfassungswidrig erklärt worden war, kam Präsident Roosevelt dem Gesetzentwurf Wagners zu Hilfe, der dann zwei Monate später am 5. Juli 1935 vom Kongreß beschlossen wurde.[126]

Der Wagner Act enthielt vier Prinzipien, auf denen das System der Arbeitsbeziehungen (Landarbeiter, öffentlich Bedienstete u. a. fielen nicht unter die Regelungen des Gesetzes) fortan basierte:

1. Arbeitnehmer (employees) haben das Recht, sich zusammenzuschließen und zum Zweck der Tarifverhandlungen Vertreter ihrer eigenen Wahl zu bestimmen.
2. Entsprechend dürfen Arbeitgeber (employers) Arbeitnehmer nicht unter Druck setzen und nicht in ihrem Recht einschränken, sich zusammenzuschließen und Vertreter ihres Vertrauens zu wählen.
3. Vertreter zum Zweck von Tarifverhandlungen werden in geheimer Wahl bestimmt. Diejenigen, die dabei eine absolute Mehrheit erhalten, vertreten alle Arbeitnehmer.
4. Der Arbeitgeber muß die von seinen Arbeitnehmern bestimmten Vertreter als Tarifpartner anerkennen.[127]

Der NLRA sah zugleich die Einsetzung eines National Labor Relations Board (NLRB) vor, der die Einhaltung der Prinzipien des Gesetzes zu überwachen und in Streitfällen durchzusetzen hatte. Der Board bestand aus drei auf fünf Jahre gewählten Mitgliedern, die vom Präsidenten vorgeschlagen und vom Senat bestätigt wurden, nach ihrer Wahl aber an keine Weisungen der Exekutive oder Legislative gebunden werden konnten. In den verschiedenen Landesteilen errichtete der NLRB Regionalbüros. Aus den Entscheidungen des Boards, die in umstrittenen Fällen von den öffentlichen Gerichten einschließlich des Bundesverfassungsgerichts überprüft werden können, entstand wiederum ein Kodex an Gewohnheitsrecht, der das System der Arbeitsbeziehungen mitformte.[128] Um das Gesetz dagegen abzusichern, daß es vom Verfassungsgericht für nichtig erklärt wurde, hatte Senator Wagner bei seiner Abfassung die "inter state commerce"-Klausel der amerikanischen Verfassung in den Vordergrund gerückt.[129] Mit dem Abheben auf diese Klausel wurde zugleich die Intention des Gesetzes deutlich, die sich schlüssig in den Kapitalismus der Großkorporationen einfügte. So hieß es in Artikel 1 des Gesetzes: „Die Verweigerung des Rechts der Arbeitnehmer, sich zu organisieren, durch Arbeitgeber und die Weigerung von Arbeitgebern, Tarifverhandlungen zu führen, bringen Streiks und andere Formen industrieller Auseinandersetzung und Unruhe hervor, deren Absicht oder notwendige Folge es ist, die Wirtschaft zu belasten oder zu stören." Streiks und andere Formen industrieller Auseinandersetzung würden die Effizienz und Sicherheit der Wirtschaft sowie Beschäftigung und Löhne der Arbeiter gefährden. Die Schwäche von Arbeitnehmern, die nicht das Koalitionsrecht genießen, würde letztlich den Warenfluß zwischen den Einzelstaaten hemmen und tendenziell die wiederkehrenden Wirtschaftskrisen dadurch verschärfen, daß die Löhne und damit die Kaufkraft der Lohnempfänger gesenkt werden. Die Erfahrung habe gezeigt, daß das Koalitionsrecht der Arbeitnehmer die Wirtschaft vor Schaden, Beeinträchtigung und Unterbrechung schütze, indem die Ursachen industrieller Auseinandersetzung und Unruhe beseitigt würden. Die Autoren des Wagner Acts gingen davon aus, daß mehr als ein Drittel aller Streiks in den voraufgegangenen Jahren ihre Ursache darin hatten, daß Unternehmer es abgelehnt hatten, mit Gewerkschaften in Tarifverhandlungen einzutreten.[130] Als der NLRA im Jones and Laughlin Case 1937 vor das Bundesverfassungsgericht kam[131], argumentierten die Rechtsanwälte des NLRB mit den eben erwähnten wirtschaftsfriedlichen Zielen, die in der Präambel des Gesetzes angegeben waren, und sie führten Historiker der Arbeiterbewegung als Sachverständige ein, um ihre Thesen empirisch belegen zu lassen. In seiner Entscheidung für den Wagner Act betonte das Verfassungsgericht, daß das Gesetz durch die "interstate commerce" Klausel u. a. deswegen gedeckt sei, weil es darum gehe, durch Bewahrung des Arbeitsfriedens – also durch Vermeidung von Streiks – den Fluß des zwischen(einzel)-staatlichen Handels zu gewährleisten.[132]

Allein aus der Interpretation des Textes der NLRA können wir – was sich in der Analyse des Systems der Arbeitsbeziehungen dann inhaltlich und konkreter bestätigen wird – die Struktur des Kapitalismus der Großkorporationen herausschälen. Der Staat tritt im organisierten Kapitalismus als ideeller Gesamtkapitalist auf, indem durch Staatsintervention das Koalitionsrecht garantiert wird, um damit Arbeits- und Wirtschaftsfrieden sowie Handel zu sichern. Anders formuliert: Ungestörte Produktion, Planbarkeit der dabei entstehenden Kosten (u. a. durch Festsetzung der Löhne) und der notwendigen Investitionen und damit auch Profitsicherung werden durch das Mittel des Tarifvertrages angestrebt. Die Staatsintervention trägt somit letztlich zur Stabilisierung des bestehenden Wirtschafts- und Gesellschaftssystems bei.[133]

*

Oben wurde mehrfach auf die Syndikalisierung von Wirtschaft und Gesellschaft (in die drei großen Syndikate Kapital – Arbeit – Staat) im Kapitalismus der Großkorporationen hingewiesen. Eine weitere funktionale Gliederung der Wirtschaft vollzog sich in der Zeit des New Deal auf Grund des *Systems der Arbeitsbeziehungen* (labor relations system), das auf der Grundlage des NLRA und des aus diesem Gesetz erwachsenden Gewohnheitsrechts die Beziehungen zwischen Unternehmern und Gewerkschaften regelte.

Die Fragmentierung der die Arbeiter der Großunternehmen organisierenden Industriegewerkschaften in kleinere funktionale Einheiten ergab sich aus der im Wagner Act zum Gesetz des Landes erhobenen *"majority rule"*: Durch Wahlen der Arbeitnehmer in einer sogenannten Tarifeinheit (bargaining unit) wurde bestimmt, ob und – im Falle der Zustimmung – welche Gewerkschaft alle Arbeitnehmer (gleich ob sie Mitglied der Gewerkschaft waren oder nicht) als ihr alleiniger Vertreter in Tarifverhandlungen mit dem Unternehmer repräsentieren sollte (exclusive bargaining agent). Artikel 9 des NLRA schrieb vor, daß die Gewerkschaft, die die Mehrheit der Stimmen der Arbeitnehmer in einer Tarifeinheit erhielt, fortan alleiniger Vertreter der Beschäftigten bei Tarifverhandlungen zum Zweck der Festlegung von Lohn, Arbeitszeit und anderen Arbeitsbedingungen sei.[134] Diese so bestimmte Gewerkschaft wurde (und wird) in den USA also nicht (wie in Deutschland) als Repräsentantin ihrer Mitglieder, sondern der Tarifeinheit tätig, einer räumlich (nach Betrieben und Unternehmen) oder funktional (nach Berufen) bestimmten Arbeitergruppe. Es ist also die Tarifeinheit, die zunächst dem Unternehmer als Tarifpartner gegenübertritt und die dann zur Vertretung ihrer Interessen eine Gewerkschaft (in einem Wahlakt) beauftragen kann. Zu Recht ist daher die Tarifeinheit mit einer Selbstverwaltungskörperschaft verglichen worden.[135] Erst durch Tradition und bestimmte Maßnahmen der "union security", auf die wir gleich zu sprechen kommen werden, wird die faktische Identität von Gewerkschaft und Tarifeinheit hergestellt. Die majority rule war bei der Beratung des Wagner Acts schon Bestandteil der amerikanischen arbeitsrechtlichen Tradition: Zum ersten Mal war sie in größerem Ausmaß vom National War Labor Board während des Ersten Weltkrieges, dann vom Railway Labor Board und schließlich von den verschiedenen Boards unter dem NIRA[136] angewendet worden. Bei den Diskussionen um seinen Gesetzentwurf hatte Senator Robert F. Wagner zu Recht darauf hingewiesen – und dies wird bis heute in der amerikanischen Literatur wiederholt –, daß die majority rule als Mehrheitswahlrecht aus dem Politischen, aus der amerikanischen Verfassungswirklichkeit in die Wirtschaft übertragen worden sei.

Hatte eine Gewerkschaft einmal durch Wahlen das Vertretungsrecht gewonnen, so war sie in der betreffenden Tarifeinheit der alleinige Repräsentant aller Arbeitnehmer gegenüber dem Unternehmer und mußte von ihm als solcher anerkannt werden. Keine andere Gewerkschaft hatte dann das Recht, in dieser Tarifeinheit für die Arbeitnehmer zu sprechen oder zu handeln. Nur wenn 30 % der Beschäftigten einer Tarifeinheit mit ihrer Unterschrift den Willen bekundeten, von einer anderen Gewerkschaft als der bisherigen vertreten zu werden, mußte der NLRB – wie er in seinen eigenen Entscheidungen festlegte – Neuwahlen ansetzen. Gewann die oppositionelle Gewerkschaft dabei eine Mehrheit, wurde sie alleiniger Tarifverhandlungsrepräsentant. Derartige Wahlen durften jedoch nicht öfter als einmal im Jahr stattfinden. In der Praxis waren es nur wenige Fälle, in denen eine einmal als Tarifverhandlungsrepräsentant etablierte Gewerkschaft abgewählt wurde. Entscheidend für den Ausgang jeder Wahl war (und ist) natürlich, welche Arbeitnehmer zu einer Tarifeinheit gehören, wie also der „Wahlkreis" bestimmt, wie die "appropriate bargaining unit" definiert wurde. Konnten sich konkurrierende Gewerkschaften untereinander oder Gewerkschaft(en) und Unternehmer darüber nicht einigen, entschied nach Anhörung der Beteiligten der National Labor Relations Board. Die erbittertsten Auseinandersetzungen um die Festlegung der Tarifeinheiten entzündeten sich im New Deal daran, ob diese industriell (CIO-Position) oder fachberuflich (AFL-Position) festgelegt werden sollten. Der NLRB versuchte bei derartigen Entscheidungen, die bisherige Tarifverhandlungspraxis in den betroffenen Unternehmen zu berücksichtigen. Gab die Tarifgeschichte keine Aufschlüsse – etwa weil Tarifverhandlungen in der Industrie oder im Unternehmen bis dahin nicht stattgefunden hatten – so ordnete der NLRB in der Regel getrennte Wahlen der von Fachgewerkschaften für eine Tarifeinheit reklamierten Berufsgruppen an und ließ diese entscheiden, ob die Tarifeinheit industriell oder fachberuflich bestimmt sein sollte. Dieses Verfahren war erstmals in der sogenannten Globe-Entscheidung vom NLRB 1939 angeordnet worden. Als Präzedenzfall wurde diese Entscheidung Bestandteil des Gewohnheitsrechts. Es ist in der Literatur umstritten, ob der NLRB in seinen Entscheidungen den CIO mit seinem Interesse an industriell – und nicht fachberuflich – definierten Tarifeinheiten begünstigte. Einiges scheint für diese Vermutung zu sprechen, so die personelle Zusammensetzung des NLRB (einige Kommunisten und Sozialisten arbeiteten zudem in seiner Verwaltung). Von 1935 bis 1947 gewann AFL-Gewerkschaften 12.353 Repräsentationswahlen, CIO-Gewerkschaften 13.837 Wahlen, während in 3.920 Wahlen unabhängige Gewerkschaften obsiegten und in 6.859 Fällen die Beschäftigten sich gegen jede gewerkschaftliche Repräsentation aussprachen. Diese Zahlen sagen natürlich nichts darüber aus, wie häufig CIO-Gewerkschaften konkurrierende AFL-Gewerkschaften besiegten. Genaue Daten liegen dafür nicht vor. Einen Hinweis erhalten wir lediglich für die Zeit 1937 bis 1946, in der AFL-Gewerkschaften 65,4 % aller Wahlen gewannen, an denen sie beteiligt waren, die CIO-Gewerkschaften hingegen 69,9 % der Wahlen, an denen sie sich beteiligten. Dabei waren die CIO-Gewerkschaften gegenüber ihren Konkurrenten von der AFL in den ersten Jahren der Laufzeit des Wagner Acts sehr erfolgreich, verloren aber während des Zweiten Weltkrieges an Boden, als die AFL dazu überging, auch auf industrieller Basis zu organisieren.[137] Die hier wiedergegebenen Daten sagen auch nichts über die Größe der Tarifeinheiten und die Zahl der in Tarifverhandlungen repräsentierten Beschäftigten aus. Eine Wahl in einem mittelständischen Betrieb wird hier gleichgesetzt mit den Wahlen in einem Großunternehmen. In unserem Zusammenhang muß festgehalten werden, daß die CIO-Gewerkschaften in den Massengüterindustrien dominierten und dort nur in Ausnahmefällen AFL-Gewerkschaften bis 1941 zum Tarifverhandlungsrepräsentanten gewählt wurden. Von 1936 bis 1941 fanden fast 6.000 derartiger Wahlen statt.[138] Auch das Mittel des Streiks wurde weiterhin und entgegen der Absicht der Autoren des Wagner Acts benutzt, um die Anerkennung einer Gewerkschaft durch den Unternehmer als Tarifpartner durchzusetzen. In den ersten Jahren nach Verabschiedung des NLRA stieg die Zahl der Anerkennungsstreiks sogar beträchtlich und machte mehr als die Hälfte aller Streiks in den Jahren 1936 bis 1941 aus.[139] Dazu gehörten die großen Streiks in der Automobil- und Gummiindustrie. Die Presse der CIO-Gewerkschaften spiegelte in diesen Jahren sowohl die Militanz wie die Priorität der Arbeit der Industriegewerkschaften wider: An erster Stelle der Berichterstattung standen die Streiks um Gewerkschaftsanerkennung, der Wahlkampf und die Gewerkschaftswahlen in den Tarifeinheiten.

Neben die Frage, ob eine Tarifeinheit industriell oder fachberuflich definiert werden sollte, trat ein weiteres Problem: Es mußte festgelegt werden, welche Kategorien von Beschäftigten (Arbeiter, Vorarbeiter, Angestellte) einer Tarifeinheit angehören sollten, wer also wahlberechtigt war und wen die Gewerkschaft nach der Wahl gegenüber dem Unternehmer zu vertreten hatte. Abgesehen von Teilen der Bauindustrie und des Druckereigewerbes, in denen durch Gewohnheitsrecht bereits andere Regelungen bestanden, schloß der NLRB in seinen Entscheidungen alle Beschäftigten, die Managerfunktionen wahrnahmen – und dazu wurden in den Massengüterindustrien nicht nur leitende Angestellte, sondern auch Vorarbeiter gerechnet – aus der Tarifeinheit aus. Bis heute ist es den amerikanischen Gewerkschaften nur in wenigen Fällen gelungen, das Vertretungsrecht für die Angestellten in Industriebetrieben zu gewinnen.

Wegen der Bedeutung der majory rule soll noch einmal das Verfahren verdeutlicht werden, nach dem eine Gewerkschaft exklusiver Vertreter einer Tarifeinheit gegenüber dem Unternehmer wurde (und wird). Einigten sich Gewerkschaft und Unternehmer nicht freiwillig darüber, ob die Gewerkschaft Vertreter der Beschäftigten eines Betriebes oder Unternehmers sei oder wie die Tarifeinheit zu bestimmen sei, so wurde das Anerkennungsverfahren (Anerkennung der Gewerkschaft als Tarifverhandlungsrepräsentant) dadurch eingeleitet, daß 30 % der Beschäftigten einer in Aussicht genommenen Tarifeinheit eine entsprechende Petition an den NLRB richteten. Nach Anhörung der Betroffenen und unter Berücksichtigung der Tarifgeschichte bestimmte dann der NLRB sowohl räumlich (Betrieb, Unternehmen) als sachlich (Berufsgruppe) die in Aussicht genommene Tarifeinheit, entschied also über die Wahlberechtigung. Nach einem von der oder den Gewerkschaften und dem Unternehmer (der im allgemeinen gegen jede Gewerkschaft argumentieren wird) geführten Wahlkampf entschieden die Mitglieder einer potentiellen Tarifeinheit, welche Gewerkschaft ihr exklusiver Tarifverhandlungsrepräsentant sein sollte oder ob sie von keiner Gewerkschaft vertreten werden wollten.[140] Der Unternehmer mußte die Gewerkschaft als Tarifpartner anerkennen, die in einer solchen Wahl die absolute Mehrheit der Stimmen erhalten hatte. Erhielt keine der Gewerkschaften oder die Möglichkeit "no union" mehr als die Hälfte der Stimmen, so fand eine Stichwahl statt.

Das Prinzip der majority rule führte in den Massengüterindustrien im New Deal und Zweiten Weltkrieg dazu, daß in einer in der Regel industriell – und nicht fachberuflich – bestimmten Tarifeinheit eine Gewerkschaft (meist dem CIO angeschlossen) und ein Unternehmer gegenüberstanden. Als Tendenz zeichnete sich in den dreißiger Jahren ab, daß der NLRB als Tarifeinheiten einzelne Fabriken oder sogar Teile einzelner Fabriken bestimmte. Trotz einer Vielfalt in der Zusammensetzung der Tarifeinheiten fanden in den Massengüterindustrien – und das wird im Vergleich mit Deutschland besonders deutlich – Tarifverhandlungen äußerst dezentralisiert statt. Konkret formuliert: Tarifeinheiten in den Massengüterindustrien umfaßten nicht ganze Industriesyndikate (etwa Automobil-, Stahl- oder Elektroindustrie) und in der Regel auch nicht einzelne Großunternehmen, sondern Einzelbetriebe (etwa die Fabriken von General Electric in Lynn, Mass., von Ford in Dearborne, Mich.). Auch die großen Streiks in den Massengüterindustrien und die im Anschluß daran zuweilen zentral abgeschlossenen Tarifverträge (wie beim Sit-Down-Streik in den General Motors Werken 1937) dürfen nicht darüber hinwegtäuschen, daß die Verwaltung der Tarifverträge an der Basis, in den einzelnen Betrieben, stattfand und daß dadurch die dezentralistischen Tendenzen verstärkt wurden. Selbst in zentralistisch organisierten Gewerkschaften wie dem SWOC hatten die Betriebsgewerkschaftsorganisationen, die locals, eigenes Gewicht. In föderalistischen und von Fraktionskämpfen dominierten Gewerkschaften wie den UAW waren die locals fast autonom. Dies lag nicht nur daran, daß die Arbeiter am Arbeitsplatz direkt organisiert und von der Betriebsgewerkschaftsorganisation in der Tarifeinheit exklusiv repräsentiert wurden, sondern auch daran, daß "local issues", Probleme, die sich in der einzelnen Fabrik ergaben (von der Bandgeschwindigkeit bis zu den sanitären Anlagen) auch in den dreißiger Jahren – und noch mehr in der Gegenwart – eine große Rolle bei Tarifverhandlungen spielten. Über "local issues" wurde zumeist auf Betriebsebene zwischen lokalen Gewerkschaftsfunktionären und Managern verhandelt und entsprechende (ergänzende lokale) Tarifverträge abgeschlossen. 1939 setzte die Führung der UAW gegen Widerstand in der eigenen Mitgliedschaft durch, daß Tarifverträge für ein ganzes Unternehmen abgeschlossen werden sollten: Doch auch dann verhandelten Gewerkschaftsführung und Leitung der Großkorporation nur einen Rahmenvertrag, der durch lokale Regelungen, die die Betriebsgewerkschaftsorganisationen und das Management in den einzelnen Fabriken aushandelten, ergänzt wurde. Erst nach dem Zweiten Weltkrieg wurden in den Vereinigten Staaten Tarifverhandlungen stärker zentralisiert. Im Vergleich zu Deutschland finden jedoch auch heute in Amerika Tarifverhandlungen dezentralisiert und betriebsnah statt.[141] Eine Untersuchung des Bureau of Labor Statistics von 1950[142], aus der sich die Struktur der Tarifeinheiten des New Deal und Zweiten Weltkrieges noch nachzeichnen läßt, hat ergeben, daß zwei Drittel aller Tarifverträge die Beschäftigten nur einer Fabrik umfaßten. Dies waren allerdings nur ein Drittel der Arbeitnehmer, für die Tarifverträge abgeschlossen worden waren. Ein Achtel aller Tarifverträge hingegen umfaßte Tarifeinheiten, zu denen mehrere Fabriken gehörten und in denen 40 % aller Arbeitnehmer, für die Tarifvertrage bestanden, arbeiteten. Die Dezentralisation des Tarifwesens läßt sich hier also noch deutlich ablesen.

Für unsere Untersuchung gilt es festzuhalten, daß durch die majority rule die Industriegewerkschaften des CIO funktional in Tarifeinheiten fragmentiert wurden. Die makro-syndikalistische Struktur des Kapitalismus der Großkorporationen setzte sich nach unten auf Grund von Staatsintervention (majority rule im Wagner Act und entsprechende Entscheidungen des NLRB) in einer weiteren funktionalen Fragmentierung in Tarifsyndikate, in denen Unternehmer und Gewerkschaft kooperativ aufeinander bezogen waren, fort. Die majority rule bestimmte den äußeren Rahmen dieser Tarifsyndikate, die durch weitere Maßnahmen und Regelungen innerhalb der Tarifeinheiten verfestigt wurden.[143]

Die Bestimmungen über majority rule wurden auch gegen die sich zunächst den Gewerkschaften widersetzenden Unternehmer durchgesetzt, da der NLRB im Unterschied zu seinen Vorgängern Exekutivgewalt besaß und der NLRA ihm dazu verschiedene Möglichkeiten eröffnete. So verbot der Wagner Act den Unternehmern jede Art von *"unfair labor practice"* (unerlaubte Arbeitskampfmaßnahmen): Dazu gehörte die Ausübung von Druck oder Zwang auf Arbeitnehmer, damit sie keiner Gewerkschaft beitraten. Einem Arbeiter durften vom Unternehmer keine Nachteile aus seiner Gewerkschaftszugehörigkeit entstehen. Verletzte ein Unternehmer die Bestimmungen des Gesetzes, so konnte die Gewerkschaft oder ein einzelner Arbeitnehmer ihn beim NLRB verklagen. 1936 bis 1941 befaßte sich der NLRB mit 24.000 derartiger Klagen. Auch im Testfall für den NLRA, im Jones and Laughlin Case, ging es um die „unfaire", nämlich gesetzwidrige Behandlung von Gewerkschaftsmitgliedern durch den Unternehmer: Der NLRB ordnete an – und das Bundesverfassungsgericht bestätigte diese Entscheidung – daß wegen ihrer Gewerkschaftstätigkeit entlassene Arbeiter wieder eingestellt wurden, daß der durch die Entlassung ausgefallene Lohn nachgezahlt wurde und daß der Unternehmer in der betroffenen Fabrik öffentlich bekannt machte, daß er die von ihm angewandte, aber verbotene Arbeitskampfmaßnahme nicht wiederholen würde. Zur "unfair labor practice" gehörte es auch, wenn der Unternehmer (oder auch die Gewerkschaft) es ablehnte, Tarifverhandlungen "in good faith", d. h. mit dem Willen zum Tarifvertragsabschluß, zu führen. Aus den Entscheidungen des NLRB entwickelte sich bald der Grundsatz im common law, daß zum "bargaining in good faith" gehöre, daß ein Tarifvertrag schriftlich niedergelegt und nicht allein mündlich vereinbart wird.[144] Durch Staatsintervention wurden die Unternehmer also nicht nur gezwungen, Gewerkschaften als Tarifpartner anzuerkennen, sondern auch ernsthaft über Tarifverträge zu verhandeln.

Wir wollen uns jetzt den Arbeitsbeziehungen in der einzelnen Tarifeinheit zuwenden, also jenem Verhältnis zwischen Unternehmer und Gewerkschaft, durch das die durch das Prinzip der majority rule und des alleinigen Tarifverhandlungsrepräsentanten (exclusive bargaining agent) angelegte Fragmentierung von innen her, im jeweiligen Tarifsyndikat, stabilisert wurde. Hierzu gehörten Regelungen und Maßnahmen, die nicht durch den NLRA oder die Entscheidungen des NLRB vorgegeben, sondern die in freiwilliger Absprache zwischen Gewerkschaft und Unternehmer im Tarifvertrag ausgehandelt wurden: Dazu gehören Bestimmungen über union security, seniority, ein internes Beschwerde- und Schlichtungsverfahren (grievance procedure) und betriebliche Sozialleistungen (fringe benefits).

Anders als in Deutschland haben die Gewerkschaften in den Vereinigten Staaten nicht allein über Lohn, Arbeitszeit, Urlaub und Arbeitsbedingungen mit den Unternehmern verhandelt, sondern immer versucht, ihre Stellung in der Tarifeinheit über die Vorschriften des NLRA hinaus tarifvertraglich abzusichern. Diese Klauseln – sie erinnern in ihren Auswirkungen an die mittelalterlichen Gilden und die späteren Gesellen- und Handwerkervereinigungen – werden unter dem Oberbegriff *"union security"* zusammengefaßt. In Anlehnung an Biedenkopf[145] kann dies am ehesten als „Sicherung des gewerkschaftlichen Besitzstandes" umschrieben werden.

Im *"closed shop"* verpflichtete sich der Unternehmer, nur Mitglieder der Gewerkschaft – die exklusiver Tarifverhandlungsrepräsentant in einer Tarifeinheit ist – einzustellen und jeden zu entlassen, der aus der Gewerkschaft austritt. Durch den "closed shop" sollten die Position der Gewerkschaft und die Höhe des Lohnes geschützt werden: Der Nichtorganisierte konnte sowohl den gewerkschaftlichen Organisationsgrad einer Industrie oder eines Facharbeiterberufs als auch das jeweils erreichte Lohnniveau und etablierte Arbeitsbedingungen bedrohen, wenn er seine Arbeitskraft unter tariflich gesicherten Normen verkaufte. Closed shop dagegen bedeutete, daß die Gewerkschaft selbst und nicht der Unternehmer den Arbeitsmarkt kontrollierte und jederzeit ein Überangebot an Arbeitskräften verhindern konnte. Gewerkschaften, in denen es eine Tradition des closed shops gab, haben fast immer auch die Lehrlingsausbildung reguliert oder selbst übernommen, um so die Zahl der (Fach)Arbeiter niedrig und den Marktwert der (Fach)Arbeiterschaft möglichst hoch zu halten. Closed shop war eine Maßnahme der union security, die typisch für Facharbeitergewerkschaften – also für traditionelle AFL-Gewerkschaften – war. Die Industriegewerkschaften des CIO strebten zwar auch closed shop – Bestimmungen in Tarifverträgen an, doch waren sie aufgrund ihrer Mitgliederstruktur (in der Mehrzahl ungelernte und angelernte Arbeiter) und der daraus resultierenden relativen Schwäche am Tarifverhandlungstisch nur selten in der Lage, sie durchzusetzen. Der closed shop war unter dem NLRA legal, er wurde erst vom Taft-Hartley Act 1947 für ungesetzlich erklärt.[146]

In diesem Zusammenhang sollte angemerkt werden, daß prominente Vertreter der katholischen Kirche in Amerika sowohl den closed shop wie auch alle anderen Regelungen der union security billigten und ihre Einführung zum Teil sogar aktiv unterstützten: Eine Affinität zwischen union security und korporativen Vorstellungen der katholischen Soziallehre ist unverkennbar und wurde von katholischen Autoren ausdrücklich hervorgehoben.[147]

Verbunden mit dem closed shop war zuweilen in Industrien, die unter saisonbedingten Konjunkturschwankungen litten und in denen häufiger Arbeitsplatzmangel typisch war (wie im Baugewerbe, in der Textilindustrie, in der Schiffahrt und bei Schauerleuten) die *union hiring hall:* Die Gewerkschaft unterhielt ein Anstellungsbüro („Heuer"-Büro), durch das Arbeitskräfte an die Unternehmer vermittelt wurden. Mit der union hiring hall übernahmen die Gewerkschaften nicht nur die Funktion des Arbeitsvermittlers, sondern fast immer auch die des Lehrlingsausbilders. Die Hafenarbeitergewerkschaften des CIO setzten in ihren Tarifverträgen die union hiring hall durch.[148]

Im *union shop* ist es dem Unternehmer überlassen, jeden nach eigener Wahl einzustellen. Doch muß ein Beschäftigter innerhalb einer bestimmten Zeit nach seinem Eintritt in den Betrieb, normalerweise nach dreißig Tagen, in die Gewerkschaft mindestens für die Laufzeit des Tarifvertrags eintreten und regelmäßig Beiträge an sie abführen. Tritt er aus der Gewerkschaft aus oder wird er ausgeschlossen, so verliert er automatisch seinen Arbeitsplatz: Der Unternehmer muß ihn entlassen. Die Industriegewerkschaften strebten zumeist den union shop an, da closed shop und union hiring hall wegen der Heterogenität ihrer Mitglieder in einer Tarifeinheit – die CIO-Gewerkschaften vereinigten neben Ungelernten und Angelernten oft auch eine Vielzahl von Fach arbeiterberufen – für sie unerreichbar, oft auch unpraktikabel waren. Dem CIO gelang es, den union shop in mehreren Großunternehmen durchzusetzen, so in einigen Unternehmen der Stahlindustrie und 1941 bei Ford.[149] Ein weiteres Mittel der union security war der *dues-check-off:* Der Unternehmer verpflichtet sich im Tarifvertrag, die Gewerkschaftsbeiträge vom Lohn einzubehalten und an die Gewerkschaft – je nach Industrie und Gewerkschaft an den nationalen Gewerkschaftsvorstand oder an die Betriebsgewerkschaftsorganisation – abzuführen. CIO-Gewerkschaften setzten diese Klausel in verschiedenen Verträgen mit Großkorporationen durch.

Schließlich gehörte zu den Maßnahmen der union security auch die Sonderstellung der Vertrauensleute der Gewerkschaft im Betrieb, der *shop stewards.* Sie wurden zum Teil – manchmal auf Kosten des Betriebes – für gewerkschaftliche Arbeit freigestellt oder gegen Entlassung besonders abgesichert. Ferner wurde den Gewerkschaften in einigen Tarifverträgen zugestanden, daß sie im Betrieb ihre Literatur verteilen, Anschlagtafeln anbringen oder während der Arbeitszeit in festgelegten Abständen Versammlungen für alle Beschäftigten der Tarifeinheit durchführen durften. Alle diese Vergünstigungen wurden in verschiedenen Tarifverträgen von CIO-Gewerkschaften mit Unternehmern vereinbart.[150]

Betrachten wir die verschiedenen Maßnahmen der union security in ihrem Zusammenhang, so wird deutlich, daß sie ein besonderes Verhältnis zwischen Unternehmer und Gewerkschaften etablierten, das auf einen längeren Zeitraum angelegt war und damit zu einem wichtigen Bestandteil innerhalb der Rationalität des Kapitalismus der Großkorporationen wurde. Union security trug zum Betriebsfrieden dadurch bei, daß alle Mitglieder einer Tarifeinheit gleich behandelt wurden, gleiche Rechte und Pflichten hatten. Die Gewerkschaft war als exklusiver Tarifverhandlungsrepräsentant gegenüber dem Unternehmer verantwortlich, die Gewerkschaftsmitglieder wurden mit den Disziplinierungsmöglichkeiten (Gewerkschaftsausschuß gleich Verlust des Arbeitsplatzes) der union security an ihre Organisation gebunden. Die Gewerkschaft sicherte ihren Mitgliederstand auch dann, wenn in einer Industrie Arbeitsplatzwechsel häufig vorkamen. Damit festigte sie zugleich ihre Mehrheit in der Tarifeinheit gegen oppositionelle Gewerkschaften und trug so wiederum – durch Vermeidung von Petitionen an den NLRB, Untersuchungen des NLRB, Wahlkampf und Wahlen – zum Betriebs- und Wirtschaftsfrieden bei. Die Maßnahmen der union security festigten die Stellung des einmal etablierten Tarifverhandlungsrepräsentanten und schlossen die Tarifeinheit nach außen hin als Syndikat ab. Die Mittel der union security wurden im New Deal und Zweiten Weltkrieg zu einer Waffe in den Auseinandersetzungen zwischen CIO- und AFL-Gewerkschaften: Je besser eine Gewerkschaft ihre Stellung in der Tarifeinheit vertraglich absicherte, um so geringer war die Wahrscheinlichkeit, daß sie von einer Rivalin verdrängt werden konnte. Betrachten wir die Wirkung der union security als eines stabilisierenden Elements im Kapitalismus der Großkorporationen, so überrascht es nicht, daß Großunternehmen entsprechende Klauseln zunächst zögernd, aber schließlich ohne großen Widerstand akzeptierten, während die in der NAM vereinigten kleineren und mittleren Unternehmer, die am Rande des Kapitalismus der Großkorporationen standen, mit Forderungen wie „Freiheit des einzelnen Arbeiters", "right-to-work" und "open shop" dagegen opponierten.[151]

Die Maßnahmen der union security trugen also zur Syndikalisierung der Wirtschaft bei: Die Kooperation von Unternehmer und Gewerkschaft in der Tarifeinheit wurde institutionalisiert, diese gleichsam als Syndikat etabliert und nach außen hin abgeschlossen. Innerhalb jeder Tarifeinheit wurden durch die in Tarifverträgen festgelegte *seniority rule* die Beschäftigten hierarchisch strukturiert: Entlassung und Wiedereinstellung, Zuteilung von Überstunden oder Nachtschichten, Länge des Urlaubs und Beförderung (bei gleicher Qualifikation) hingen von der Länge der Zugehörigkeit des Arbeiters zur Tarifeinheit, von seiner „Seniorität" ab. Die seniority rule war ursprünglich eine gegen die Willkür des Managements gerichtete Maßnahme: Der Günstlingswirtschaft der Vorarbeiter, die über Entlassung und Höhergruppierung allein entscheiden konnten, sollte damit ein Riegel vorgeschoben werden. In den ersten, von CIO-Gewerkschaften abgeschlossenen Tarifverträgen wurde mit der Senioritäts-Klausel zunächst nur die mögliche Entlassung eines Beschäftigten geregelt: Wer auf der niedrigsten Stufe der Seniorität stand, wurde als erster entlassen, wenn nicht genug Arbeit vorhanden war. Zuweilen wurde diese Klausel mit der Bestimmung verbunden, daß jemand erst dann entlassen werden durfte, wenn alle Angehörigen eines Berufes kurzarbeiteten (meist lag die Grenze bei einer 30-Stunden-Woche). Die seniority rule trug dazu bei, Arbeit im Betrieb auf möglichst viele Beschäftigte zu verteilen und so zugleich den Mitgliederstand der Gewerkschaft zu halten. Allmählich wurde die seniority rule jedoch auch auf andere Gebiete wie Beförderung, Zuteilung von Sozialleistungen usw. ausgedehnt. In solchen Fällen wurde im Tarifvertrag die jeweilige "seniority unit" angewandt, durch die festgelegt wurde, ob die Seniorität des einzelnen Beschäftigten für die ganze Tarifeinheit, für Betriebs-Abteilungen oder für das ganze Unternehmen gelten sollte. Die soziale und geographische Mobilität der Arbeitnehmer eines Unternehmens hing mit von der Festsetzung der "seniority unit" ab: Je enger ihre Grenzen gezogen wurden, um so fester wurde der einzelne an seinen Arbeitsplatz gebunden, da er im Fall eines Arbeitsplatzwechsels seiner – Privilegien verbürgenden – Seniorität verlustig ging. Die seniority rule hatte also eine doppelte Auswirkung: 1. Sie band den Betriebsangehörigen an die Tarifeinheit, an Unternehmer und Gewerkschaft gleichermaßen, da dieser bei Arbeitsplatzwechsel seine aus hoher Seniorität resultierenden Rechte verlor und in einer neuen Tarifeinheit an der untersten Sprosse der Seniorität wieder beginnen mußte.[152] 2. Die seniority rule brachte in die innerbetrieblich so wichtigen Probleme wie Entlassung, Beförderung, Zuteilung der besten Arbeitsplätze und der Überstunden ein gewisses Maß von Rationalität, das traditionelle Konflikte unter konkurrierenden Arbeitern vermied. Sie trug damit wiederum zum Betriebsfrieden bei.[153]

Eine weitere tarifvertragliche Regelung verfestigte die Tarifeinheit als ein in sich abgeschlossenes Syndikat: Ein stark formalisiertes Beschwerde- und Schlichtungsverfahren, *grievance procedure,* aus dem durch die Entscheidungen in Präzedenzfällen ein quasi-autonomes (Gewohnheits)Rechtssystem in den einzelnen Tarifeinheiten entwuchs. Sumner H. Slichter hat diese auf common law beruhende Rechtsprechung als „industrielle Gerichtsbarkeit" bezeichnet. Die grievance procedure sieht vor, daß Streitfälle über die Auslegung des Tarifvertrages kooperativ von Unternehmer und Gewerkschaft und u. U. von einem neutralen Dritten geschlichtet werden. Erhebt ein Beschäftigter Einspruch gegen die Auslegung des Tarifvertrages oder Arbeitsbedingungen, so trägt er seine Beschwerde zunächst dem zuständigen shop steward, dem Vertrauensmann der Gewerkschaft vor. Dieser ist dann verpflichtet, den Fall dem Vorarbeiter zu unterbreiten. Kann keine Einigung erzielt werden, so zieht sich das Beschwerdeverfahren über mehrere Stufen, auf denen jeweils Vertreter des Managements und der Gewerkschaft miteinander verhandeln, bis schließlich in letzter Instanz ein Schiedsrichterkollegium oder ein einzelner Schiedsrichter (arbitrator oder umpire) – von Gewerkschaft und Unternehmer in gegenseitigem Einverständnis bestellt – einen bindenden Spruch (binding arbitration) fällt. Diese letzte Stufe des innerbetrieblichen Schlichtungsverfahrens war bereits im New Deal in einigen Tarifverträgen vorgesehen, setzte sich aber allgemein erst während des Zweiten Weltkrieges mit den Entscheidungen des National War Labor Board durch. Die von CIO-Gewerkschaften abgeschlossenen Tarifverträge waren dadurch gekennzeichnet, daß sie – allein wegen der Größe der Tarifeinheiten in Großunternehmen – viele Zwischenstufen im Beschwerdeverfahren enthielten. So bestimmte der erste zwischen General Motors und den UAW abgeschlossene Tarifvertrag von 1937 fünf Stufen im Beschwerdeverfahren mit dem bindenden Schiedsspruch eines Schlichters als letzter Stufe. Der Tarifvertrag zwischen Chrysler und den UAW von 1939 institutionalisierte neun Stufen im Beschwerdeverfahren.[154] Zum Ende der dreißiger Jahre gelang es den UAW, ihre shop stewards als ständige Gewerkschaftsvertreter in der grievance procedure durch die Unternehmer – bei Bezahlung der ausfallenden Arbeitsstunden durch den Arbeitgeber – anerkennen zu lassen. 1940 wurde im Tarifvertrag zwischen General Motors und den UAW zum ersten Mal in der Automobilindustrie ein für ein Jahr angestellter, von beiden Seiten bestimmter und bezahlter hauptamtlicher Schlichter vorgesehen. In den Massengüterindustrien, in denen die CIO-Gewerkschaften organisierten, ging es (neben den Beschwerden einzelner Arbeiter) in Konfliktfällen, die durch die grievance procedure gelöst wurden, zumeist um die Grenzziehung zwischen der Management-Prärogative und gewerkschaftlichen Mitbestimmungsrechten, also um Fragen wie Produktionsmethoden, Geschwindigkeit des Fließbandes, Arbeitsintensität, Zahlung von Überstundenzuschlägen. Funktion der grievance procedure war es, Konflikte am Arbeitsplatz, die früher zu spontanen Arbeitsniederlegungen oder Arbeitsverlangsamungen geführt hatten, im gegenseitigen Einvernehmen von Gewerkschaft und Unternehmer so zu regeln, daß der Produktionsablauf nicht unterbrochen oder gestört wurde. Die Bestimmungen über grievance procedure standen daher in unmittelbarem Zusammenhang mit den Klauseln der Tarifverträge, die den Gewerkschaften direkte Aktionen wie Streiks während der Laufzeit des Vertrages untersagten (no-strike clause). Entsprechend ist die grievance procedure in der amerikanischen Literatur als „Friedensvertrag" im Tarifvertrag bezeichnet worden. Tatsächlich ist auch in den Industrien, die – wie die Automobilindustrie – erstmals gewerkschaftlich organisiert wurden und in denen es eine lange Geschichte militanter Streiks gab, nach einer relativ kurzen Übergangszeit von oft nicht mehr als zwei Jahren (so bei Ford) die tarifvertraglich niedergelegte Friedenspflicht eingehalten worden. Grievance procedure trug also nicht nur zur Integration der Tarifsyndikate bei, sondern fügte sich mit der Sicherung des Betriebsfriedens, dadurch möglich werdende Planbarkeit, größere Produktionseffizienz und damit Profitgarantie in den Kapitalismus der Großkorporationen nahtlos ein.[155]

Schließlich kam ein weiterer Komplex von Regelungen in Tarifverträgen hinzu, der die einzelne Tarifeinheit nach außen abschloß und syndikalistisch etablierte: Die Festsetzung sogenannter *fringe benefits,* tariflicher Sozialleistungen. Zu ihnen gehören Rentenversicherungspläne, die die öffentliche Sozialversicherung ergänzen, Kranken- und Unfallversicherungen, u. U. auch Lebensversicherungen, die für die Beschäftigten einer Tarifeinheit abgeschlossen werden, Bestimmungen über Trennungszulagen, Arbeitskleidung, Waschgeld usw. Im Gegensatz zu Deutschland, wo staatliche Sozial-, Kranken- und Unfallversicherung dem einzelnen Arbeitnehmer einen Sockelbetrag in Krankheit und Alter garantieren, kommt derartigen tariflichen Sozialleistungen in den Vereinigten Staaten wegen der Geringfügigkeit öffentlicher Hilfe größte Bedeutung zu. Diese fringe benefits wurden in Amerika in nennenswertem Umfang am Ende der dreißiger Jahre in Tarifverträge aufgenommen. Während des Zweiten Weltkrieges wurde der faktische Lohnstop durch Erweiterung der fringe benefits umgangen. Zur vollen Ausbildung ist dieses System privater zusätzlicher Sozialleistungen jedoch erst in der Nachkriegszeit gelangt. Wie sehr die tarifliche Sozialpolitik – im Gegensatz zur staatlichen Sozialpolitik europäischer Länder – zum Selbstverständnis amerikanischer Gewerkschaften gehörte (und auch heute noch gehört), zeigte das Beispiel des Automobilarbeiterverbandes, also einer Gewerkschaft, die u. a. wegen ihrer starken sozialistischen und kommunistischen Fraktionen zu den „europäischen" Gewerkschaften der USA gezählt wird. 1943 gründete die UAW ein "Medical Research Institute", das die Aufgabe hatte, Materialien und Argumente für Tarifverhandlungen vorzubereiten, in denen „Gesundheits-Klauseln" durchgesetzt werden sollten. Der Präsident der UAW, R. J. Thomas, gab die Parole aus "Collective Bargaining for Health", und die Gewerkschaft strebte an, gemeinsam mit den Unternehmern einen tariflich abgesicherten Gesundheitsdienst in der Industrie einzurichten.[156] Es ist offenkundig, daß ein derartiges System tarifvertraglicher Sozialleistungen die Bindung des einzelnen Arbeiters an seine Tarifeinheit, an den Betrieb ebenso wie an die Gewerkschaft (bei den Bergarbeitern wurde der Rentenfonds z. B. durch die Gewerkschaft verwaltet), verstärkte, zumal einige fringe benefits entsprechend der seniority rule erst nach einer bestimmten Zeit der Zugehörigkeit zur Tarifeinheit in Anspruch genommen werden konnten und bei Arbeitsplatz- oder Berufswechsel verfielen.

Wir haben versucht, das System der Arbeitsbeziehungen, wie es sich im New Deal herausbildete, dazustellen und seine Auswirkungen für die Konsolidierung des Kapitalismus der Großkorporationen zu analysieren. Ganz kurz soll diese Analyse durch einige Beispiele illustriert werden. Die ungeheure Integrationskraft des Kapitalismus der Großkorporationen läßt sich am besten durch den Fall der gewerkschaftlichen Organisierung der Ford-Arbeiter verdeutlichen. Henry Ford hatte seit der Gründung seines Unternehmens mit allen Mitteln versucht, seine Fabriken gewerkschaftsfrei zu halten. Zu diesem Zweck war das sogenannte Service Department gebildet worden, eine Privatpolizei der Ford-Werke, in der Kriminelle ebenso wie bekannte Schläger angestellt, trainiert und gegen Gewerkschaftler eingesetzt wurden. Ford arbeitete dabei auch mit der öffentlichen Polizei zusammen. Er kontrollierte die Gemeindeverwaltungen mehrerer Städte, in denen seine Fabriken lagen. Verglichen mit anderen Unternehmen der Automobilindustrie waren die Arbeitsbedingungen in den Fordwerken und der Gesundheitszustand der Fordarbeiter am schlechtesten. Auch nach der Verabschiedung des NLRA und seiner Bestätigung durch das Verfassungsgericht widersetzte sich Ford mit aller Brutalität der Organisierung seiner Arbeiter durch die UAW: 1937 fanden in Dearborn, Mich., regelrechte Schlachten zwischen Gewerkschaftern und Fords Privatpolizei statt, bei denen Gewerkschaftsführer wie Richard Frankensteen und Walter Reuther, Reporter und Fotografen brutal zusammengeschlagen wurden. 1941 begannen die UAW – inzwischen waren alle anderen Unternehmen der Automobilindustrie gewerkschaftlich organisiert – einen neuen Organisationsversuch, dem sich Ford in gewohnter Weise widersetzte. Die UAW riefen daraufhin zum Streik im River-Rouge-Werk in Dearborn. Als der NLRB entsprechend des NLRA eine Wahl durchführte, sprachen sich 51.866 Arbeiter für die UAW-CIO aus, 20.364 für eine AFL-Gewerkschaft und nur 1.958 stimmten gegen jede Gewerkschaft. Dadurch wurde Ford gezwungen, mit den UAW als dem alleinigen Tarifverhandlungsrepräsentanten seiner Arbeiter in Tarifverhandlungen einzutreten. Jetzt plötzlich riß Ford das Ruder um 180 Grad herum. Die Gewerkschaft gewann einen Tarifvertrag, der besser war als in allen anderen Unternehmen der Industrie. Die Löhne wurden auf das Lohnniveau in vergleichbaren Betrieben angehoben, Zulagen für Nachtschicht, Überstunden und Sonntagsarbeit gezahlt; Seniorität für Entlassung und Wiedereinstellung anerkannt; notwendige Institutionen für ein innerbetriebliches Beschwerde- und Schlichtungsverfahren eingerichtet; das Service Department – also Fords Privatpolizei – wurde in der bisherigen Form abgeschafft; der union shop, dues-check-off und das union label wurden gewährt. Dies war ein Ausmaß der union security, wie sie in keinem anderen Unternehmen der Automobilindustrie bestand. Was hatte den plötzlichen Sinneswandel Henry Fords veranlaßt? Durch die Literatur geistert als ernsthafte Begründung noch immer die Geschichte – die quellenkritisch kaum mehr Aussagekraft hat als eine Anekdote – daß Mrs. Ford ihrem Mann mit Scheidung gedroht habe, falls er nicht mit dem Blutvergießen aufhöre und einen Tarifvertrag mit den UAW unterschreibe.[157] Die wirklichen Gründe für die veränderte Taktik Fords liegen hingegen ganz woanders, letztlich in der Integrationskraft des Kapitalismus der Großkorporationen, nämlich in der Einsicht Fords, daß durch die Anerkennung der Gewerkschaft nicht nur nichts an der bisherigen Produktionsweise geändert werde, sondern Profite sicherer und kontinuierlicher zu erzielen waren. Zu den Gründen, die Henry Ford veranlaßten, den UAW einen bis dahin in keinem Unternehmen erreichten günstigen Tarifvertrag zu diesem Zeitpunkt zuzugestehen, zählen vor allem diese: 1. Die Ablehnung des Tarifvertrages (einschließlich der Anerkennung der UAW als exklusiven Tarifverhandlungsrepräsentanten) wäre für Ford finanziell ein Verlust gewesen, da alle Entscheidungen des NLRB und der öffentlichen Gerichte darauf hinausliefen, daß den wegen ihrer Gewerkschaftszugehörigkeit entlassenen oder anderweitig benachteiligten Arbeitern der dadurch entstandene Einkommensausfall nachgezahlt werden mußte. 2. Der NLRB war dabei, ein Verfahren wegen "unfair labor practice" gegen Ford vorzubereiten, das u. a. die Machenschaften seiner Privatpolitik an die Öffentlichkeit gebracht und einen Prestigeverlust zur Folge gehabt hätte, der Fords Marktchancen hätte erheblich einschränken können. 3. Fords Anteil am Automobilmarkt war von 1939 bis 1940 von 22,9 % auf 19,8 % gefallen. 4. Gewerkschaftsführer, an ihrer Spitze Sidney Hillman als wichtigster Gewerkschaftsfunktionär in den staatlichen Verteidigungsbehörden, bemühten sich, die Regierung dahin zu beeinflussen, daß Ford, weil er die Gesetze des Landes – den NLRA – mißachtete, keine

Verteidigungsaufträge erhielt. An einem großen Auftrag der Armee für Lastwagen war Ford im Januar 1941 nicht beteiligt worden. 5. Ford erkannte, daß er mit Zugeständnissen in der union security die Gewerkschaft an sich binden und durch die Gewerkschaft u. U. seine Arbeiter disziplinieren konnte. Ging diese Rechnung nicht auf, so hoffte Ford, indem er den UAW „alles gab" wenigstens die die Gewerkschaft integrierende Opposition gegen ihn aufzuheben und sie in Fraktionskämpfe zu stürzen. Zum dues-check-off ist von Ford der Ausspruch überliefert: „Dadurch werden wir zu ihren Bankiers, nicht wahr? Dann können sie nicht ohne uns auskommen. Sie brauchen uns genau so, wie wir sie brauchen."[158]

Wie groß der Erfolg der UAW bei ihrem Tarifvertrag mit Ford 1941 gewesen ist, zeigt zum Vergleich dazu die Tarifgeschichte von General Motors. Hier wurde der erste Tarifvertrag 1937 nach einem mehrwöchigen Sit-Down-Streik abgeschlossen. Die UAW wurde damals jedoch von GM – entgegen den Bestimmungen des NLRA – nur als Tarifverhandlungsrepräsentant ihrer eingeschriebenen Mitglieder und erst 1940 als "exclusive bargaining agent" aller Beschäftigten der Tarifeinheit anerkannt. 1942 wurde in den Tarifvertrag die während des Weltkrieges allgemein übliche maintenance-of-membership Klausel aufgenommen, 1946 eine dues-check-off Regelung und erst 1955 – also vierzehn Jahre nach Ford – konnten die UAW den union shop durchsetzen. Seniority rule und grievance procedure kamen bereits 1937 in den Tarifvertrag. Die erste Bestimmung über fringe benefits erschien 1940 in einem GM-Vertrag: Beschäftigte mit einer Seniorität von mindestens einem Jahre erhielten jährlich 40 Stunden bezahlten Urlaub.[159]

Alle Gewerkschaften des CIO strebten in Tarifverträgen Regelungen an, wie sie oben systematisch und jetzt am Beispiel von Ford und General Motors dargestellt wurden, gleichgültig welche politischen Fraktionen in ihnen dominieren oder ob sie zu den sogenannten unpolitischen Gewerkschaften zählten. Auch die größte von Kommunisten kontrollierte Gewerkschaft im CIO, die United Electrical Workers (UE), machte hiervon keine Ausnahme. Zu den Grundforderungen dieser Gewerkschaft für den Abschluß von Tarifverträgen gehörten während des Krieges und unmittelbar nach Kriegsende, als der folgende Katalog vom UE-Kongreß beschlossen wurde:

1. Union security: mindestens maintenance-of-membership.
2. 5-Tage- und 40-Stundenwoche. Zulagen für Überstunden, Nachtschicht und Arbeit an Sonnabenden und Sonntagen.
3. Bezahlung sämtlicher Feiertage (Holidays).
4. Eine Woche bezahlten Urlaub bei einjähriger Seniorität bis zu zwei Wochen bezahlten Urlaub bei fünfjähriger Seniorität.
5. Einführung eines Senioritäts-Systems.
6. Einrichtung eines innerbetrieblichen Beschwerde- und Schlichtungswesens mit bindendem Schlichtspruch durch einen Schiedsrichter als letzter Stufe.
7. Bezahlung der wegen gewerkschaftlicher und tariflicher Verpflichtungen ausgefallenen Arbeitszeit für die shop stewards.[160]

Fassen wir zusammen: Das System der Arbeitsbeziehungen, wie es sich im New Deal und Zweiten Weltkrieg in den Massengüterindustrien, in denen der CIO seine Organisationsbasis hatte, herausgebildet hat, führte zu einer syndikalistischen Fragmentierung der Gewerkschaften in Tarifeinheiten. Der formelle Rahmen zu diesem Prozeß wurde durch den NLRA und das aus den Entscheidungen des NLRB und der Gerichte wachsende Gewohnheitsrecht gesetzt und in den Tarifeinheiten durch das common law der grievance procedure aufgefüllt. Durch den Abschluß von Tarifverträgen, die von den Gewerkschaften zur Durchsetzung der materiellen Interessen ihrer Mitglieder angestrebt wurden, und durch die in den Tarifverträgen enthaltenen Regelungen über union security, seniority, grievance procedure und fringe benefits schlossen sich die Gewerkschaften gildenmäßig nach außen ab und wurden in den Tarifeinheiten hierarchisch strukturiert. Die Gewerkschaften des CIO wurden so im New Deal und im Zweiten Weltkrieg in die Tarifsyndikate und in den Kapitalismus der Großkorporationen integriert und als nationale Industriegewerkschaften durch die Föderalisierung der Tarifverhandlungen fragmentiert. Indem die Gewerkschaften Tarifverträge anstrebten, unterwarfen sie sich den Integrationsmechanismen des Systems der Arbeitsbeziehungen. Sie trugen damit aktiv zur Rationalisierung des Verhältnisses von Unternehmer und Gewerkschaft, zur Gewährleistung des Betriebs- und Wirtschaftsfriedens und zur Sicherung kontinuierlicher Produktion, die innerhalb des kapitalistischen Systems langfristig an Profitmaximierung orientiert war, bei. Die Fragmentierung der CIO-Gewerkschaften in Tarifsyndikate mußte zugleich Folgen für deren politisches Potential haben: Das im CIO vorhandene politische Potential wurde mit der tariflichen Dezentralisation fragmentiert, atomisiert und absorbiert. Die Politik des CIO kann ohne Berücksichtigung der konkreten gewerkschaftlichen Basis im System der Arbeitsbeziehungen nicht analysiert werden. Die Aktivitäten und Deklarationen der politischen Organe und Fraktionen des CIO überschritten nie jene Grenze, die das System der Arbeitsbeziehungen mit seinen syndikalistischen Integrationsmechanismen setzte. Im zweiten und dritten Teil unserer Untersuchung wird diese These noch ausführlich behandelt und belegt werden. Die syndikalistische Fragmentierung im Kapitalismus der Großkorporationen hatte jedoch eine weitere für das politische Potential im CIO entscheidende Konsequenz, auf die – wenn die Frage nach gesellschaftspolitischen Alternativen im New Deal gestellt wird – an dieser Stelle hingewiesen werden muß: Arbeitskämpfe in den Vereinigten Staaten, oft mit in der Geschichte der deutschen Arbeiterbewegung unbekannter Militanz geführt, spielten sich jeweils in einem Industriesyndikat, in einer Tarifeinheit ab. Auseinandersetzungen zwischen Unternehmer und Gewerkschaften wurden im New Deal mit Einsatz von öffentlicher und privater Polizei, mit Fabrikbesetzungen und anderen direkten Aktionen geführt. Im Kapitalismus der Großkorporationen war größte Militanz – auch der Arbeiter und ihrer Organisationen – möglich, beschränkte sich jedoch auf die jeweilige Tarifeinheit und gefährdete damit in keiner Weise das System selbst oder stellte es auch nur in Frage. Aus der konkreten Situation des Arbeiters und Gewerkschaftsfunktionärs im Betrieb stellte sich in seiner täglichen Erfahrung nie die Frage nach einer gesamtgesellschaftlichen Alternative oder nach einer Alternative zum System der Arbeitsbeziehungen, sondern nur die Frage nach Verbesserungen und Veränderungen innerhalb des Tarifsyndikats. Überspitzt formuliert: Arbeiter und Gewerkschaft wurden auch im militantesten Arbeitskampf auf die Paragraphen des (abzuschließenden) Tarifvertrages verwiesen, nicht auf die Überwindung des gesellschaftlichen status quo. Betriebsnahe Tarifpolitik – was nur ein anderer Ausdruck für die dezentralisierte Struktur des Systems der Arbeitsbeziehungen ist – resultierte in der sozialökonomischen Integration der CIO-Industriegewerkschaften, wirkte systemstabilisierend.

Die starke Dezentralisation der Gewerkschaften in Tarifeinheiten machte diese anfällig für verschiedene Spielarten diktatorischer Organisationspraxis und für Korruption. Dies traf besonders auf die AFL-, weniger auf die CIO-Gewerkschaften zu. Gleichwohl soll dieses Problem hier wenigstens kurz angerissen werden, um das System der Arbeitsbeziehungen in seiner Komplexität zu zeigen. Durch Bestimmungen der union security wie union shop und besonders dem closed shop war es für eine innergewerkschaftliche Opposition so gut wie unmöglich, jemals die regierenden Gewerkschaftsvorstände abzulösen, da diese mit dem Gewerkschaftsausschluß die Oppositionellen zugleich ihres Arbeitsplatzes berauben konnten. Mit Hilfe überhöhter Eintrittsgeldgebühren sowie Mitgliederbeiträgen und anderen Maßnahmen konnte eine Gewerkschaft, die einen closed shop-Tarifvertrag erreicht hatte, sich nach außen so abschließen, daß sie zur closed union, zur geschlossenen Gewerkschaft, wurde und den Zugang zu einem Beruf total kontrollierte: Hier lag eine der Möglichkeiten, rassische und ethnische Minoritäten in Gewerkschaften (bis in unsere Gegenwart im Baugewerbe) zu diskriminieren. Auch Bestimmungen über fringe benefits konnten antidemokratische Tendenzen in einer Gewerkschaft fördern: So etwa lag die Verwaltung des Rentenfonds der Bergarbeiter allein beim Bundesvorstand der UMW, dem damit ein Druckmittel in die Hand gegeben wurde, um die eigenen Mitglieder zu disziplinieren und seine Wiederwahl durch eine rechtzeitige Rentenerhöhung für pensionierte Bergleute, die in der Urwahl des Gewerkschaftspräsidenten stimmberechtigt waren, zu gewährleisten. Weitere Beispiele könnten leicht aufgezählt werden, doch soll hier nur ein Problem gezeigt werden, das in der Fragmentierung der Gewerkschaften in Tarifeinheiten oder in bestimmten Regelungen der Tarifverträge begründet liegt.

Am Schluß unserer Diskussion des Systems der Arbeitsbeziehungen stellt sich schließlich die Frage, warum amerikanische Gewerkschaften im New Deal – in unserem Fall die Gewerkschaften des CIO – die oben analysierten Integrationsmechanismen, wie sie im NLRA vorgegeben worden sind, akzeptiert haben, warum sie nicht Alternativen wie eine umfassende staatliche Sozialpolitik oder die Sozialisierung der Banken und Grundstoffindustrien angestrebt haben. Es ist eine Tatsache in der Geschichte der amerikanischen Arbeiterbewegung, daß der CIO und seine Industriegewerkschaften aus eigenem Entschluß und Willen Tarifverhandlungen die erste Priorität zusprachen, daß sie für eine möglichst detaillierte Kodifizierung von Vertragsbestimmungen eintraten und daß daher die Tarifverträge zum Ende der dreißiger Jahre (gerade auf Betreiben des CIO) immer umfangreicher wurden. Das hier gestellte Problem läuft letztlich auf die Frage hinaus, warum es in den Vereinigten Staaten keinen Sozialismus gibt. Es läßt sich nicht beantworten, ohne in die Frühgeschichte der amerikanischen Arbeiterbewegung zurückzugehen und ohne im Vergleich mit europäischen Staaten, in denen es eine sozialistische Bewegung gegeben hat, eine Bedingungsanalyse anzustellen. Die Entscheidung für eine am Tarifvertrag und nicht an gesellschaftlicher Veränderung orientierte Arbeiterbewegung ist bereits vor der Großen

Depression und dem New Deal gefallen. Diese Frage wird am Schluß unserer Untersuchung noch einmal systematischer und ausführlicher aufgenommen. Durch die Integration der CIO-Gewerkschaften in das System der Arbeitsbeziehungen wurde die amerikanische Arbeiterbewegung letztlich nur quantitativ auf die Massengüterindustrien ausgedehnt, nicht aber qualitativ verändert. Das Scheitern der verschiedenen linksradikalen und reformistischen Gruppen im CIO ist nur von hier aus zu verstehen. Überspitzt formuliert waren Wagner Act und Tarifverträge die Mittel, durch die der amerikanische organisierte Kapitalismus im New Deal seine Grenzen selbstadaptiv verschob und auf die als konkrete Gefahr angesehene gesellschaftliche und politische Herausforderung der Industriegewerkschaften des CIO und seiner Gesellschaftsveränderung intendierenden Mitglieder und Fraktionen antwortete.

*

Die schon in der ersten Phase des New Deal einsetzende und nach Inkrafttreten des NLRA voranschreitende Integration der Organisationen der amerikanischen Arbeiterbewegung in den Kapitalismus der Großkorporationen wurde unter den besonderen ökonomischen und politischen Bedingungen des Zweiten Weltkrieges abgeschlossen. So, wie bestimmte Regelungen und Institutionen zwischen Gewerkschaften und Unternehmen, die ein Ergebnis des Ersten Weltkrieges waren, im New Deal bewußt wieder aufgegriffen worden waren als essentielle Bestandteile des organisierten Kapitalismus, wirkte der Zweite Weltkrieg als Katalysator in der Stabilisierung des Kapitalismus der Großkorporationen und des ihm immanenten Systems der Arbeitsbeziehungen: Die Beziehungen zwischen Gewerkschaften und Unternehmen haben sich in den Vereinigten Staaten seit dem Zweiten Weltkrieg bis in unsere Gegenwart qualitativ nicht (auch nicht durch den Taft-Hartley Act) verändert.

Auf die innenpolitische Entwicklung der USA während des Zweiten Weltkrieges kann hier nicht eingegangen werden. In unserem Zusammenhang ist es nur wichtig zu betonen, daß Kriegspatriotismus und das Bewußtsein, für die Sache der Demokratie und eine neu geordnete freie Welt zu kämpfen, die Integration der Gewerkschaften in Staat und Gesellschaft beschleunigten: Freiwillig legten AFL- wie CIO- und Unabhängige Gewerkschaften vor dem Eintritt Amerikas in den Weltkrieg (also noch in der Aufrüstungsphase) das Versprechen ab, nicht zu streiken (no-strike pledge) – ein Versprechen, das bis 1945 immer wieder bekräftigt und in der Regel auch eingehalten wurde.

Das Verhalten der Gewerkschaften während des Krieges ist ohne einige ökonomische Entwicklungen nicht zu verstehen, auf die kurz eingegangen werden muß. Durch die Rüstung wurde mit Anfang des Jahres 1940 das seit Beginn der Großen Depression und während des ganzen New Deal bestehende Arbeitslosenheer allmählich aufgesogen. Mitte 1943 waren zum ersten Mal seit dem Ersten Weltkrieg Arbeitskräfte knapp. Zwischen April 1940 und Dezember 1941 nahm die Zahl der Arbeitslosen von 8.800.000 auf 3.800.000 ab, in der gleichen Zeit stieg die Zahl der (nicht in der Landwirtschaft) Beschäftigten um 5.700.000. Von 1938 bis 1945 stieg die Zahl der (nicht in der Landwirtschaft) Beschäftigten von 27 Millionen auf 38 Millionen (darunter waren 6 Millionen Frauen). Zur gleichen Zeit wurden dem Arbeitsmarkt durch Einberufung oder freiwilliges Melden zum Militär Arbeitskräfte entzogen: Innerhalb eines Jahres stieg (vom November 1940 an) die Zahl der unter Waffen Stehenden von 882.000 auf 2.071.000, bis schließlich zu Kriegsende 12 Millionen Männer und Frauen bei den Streitkräften dienten. Insgesamt wurden durch kriegsbedingte Produktion und Dienst bei den Streitkräften 30 Millionen Arbeitsplätze geschaffen. Anders formuliert: Die Arbeitslosigkeit der Großen Depression konnte erst im Weltkrieg überwunden werden.[161] Diese Situation auf dem Arbeitsmarkt während des Krieges brachte die Gewerkschaften in eine starke (Tarifverhandlungs)Position, die allerdings durch äußere politische Bedingungen und Inflation wieder relativiert wurde.

In der Zeit von 1939 bis 1945 verdoppelte sich fast die industrielle Produktion. Parallel dazu verlief eine staatlich angeregte und geförderte Monopolisierung und Kartellierung. Wirtschaftlicher Wettbewerb war weitgehend aufgehoben, da Abnehmer – vor allem der kriegführende Staat – für alle Produkte vorhanden waren. Die Profite wurden allerdings zum Teil durch eine besondere Steuer (excess-profit tax) beschnitten. Seit dem Sommer 1941 war die kriegsbedingte Inflation gerade für den Mann auf der Straße spürbar: Der Preis-Index lag im März 1941 nur um 2,6 % über dem vom August 1939, im Dezember 1941 jedoch bereits um 12,1 % darüber. Durch den Mangel an Facharbeitern, später Arbeitskräften überhaupt, begann ein allgemeiner (zuweilen in fringe benefits verdeckter) Lohnanstieg, der wiederum auf die Preise abgewälzt wurde.

Ähnlich wie im Ersten Weltkrieg stand die amerikanische Bundesregierung vor vier Problemen, die die Gewerkschaften und die in ihnen organisierten Arbeiter unmittelbar betrafen:

1. Beilegung von Arbeitskämpfen, die die kontinuierliche Produktion hätten unterbrechen oder gefährden können.
2. Beschaffung von Arbeitskräften in kriegswichtigen Industrien.
3. Steigerung der Arbeitsproduktivität.
4. Kontrolle der Inflation.

Die Antworten, die auf diese Probleme gegeben wurden, schlossen oft an die Erfahrung an, die im Ersten Weltkrieg gewonnen worden waren. Alle Lösungsversuche hatten eines gemeinsam: Die dreisäulig-syndikalistische Kooperation von Kapital, Arbeit und Staat im Kapitalismus der Großkorporationen wurde eingeübt und weiter gefestigt. In allen Kriegsämtern und Regierungsausschüssen, die sich mit den Fragen der Produktion beschäftigten, arbeiteten Vertreter der Großunternehmen, der Gewerkschaften und des Staates zusammen.

Als wichtigste Institution, die den Arbeitsfrieden gewährleisten und damit zu ungestörter Produktion beitragen sollte, ist der im Januar 1942 eingerichtete *National War Labor Board* (NWLB) zu nennen, der aus dem National Defense and Mediation Board hervorgegangen war.[162] Die Arbeit des NWLB basierte auf drei Prinzipien: 1. Unternehmer und Gewerkschaften verzichteten freiwillig und grundsätzlich auf das Mittel von Aussperrung oder Streik für die Zeit des Krieges. Hinter diesem freiwilligen Verzicht standen zwei Druckmittel: Der Kongreß konnte jederzeit ein Gesetz erlassen, durch das für den Fall von Arbeitskämpfen Zwangsschlichtung vorgeschrieben werden konnte[163]; und der Präsident der Vereinigten Staaten hatte aufgrund seiner Rechte im

Krieg die Möglichkeit, eine Fabrik oder ein ganzes Unternehmen in Regierungskontrolle zu übernehmen. Das Prinzip der Freiwilligkeit wurde seit dem Oktober 1942 dadurch durchbrochen, daß der NWLB auch gegen den Willen der Beteiligten in einem Arbeitskampf den Fall an sich ziehen konnte. 2. Im NWLB saßen je vier Vertreter der Unternehmer, der Gewerkschaften und der Regierung. Milton Derber, der Mitarbeiter des NWLB gewesen ist, hat die integrierende Kraft dieser syndikalistischen Kooperation hervorgehoben, als er schrieb, daß in einem Arbeitskampf die beteiligten Parteien eine Regierungsempfehlung oder -anweisung dann eher angenommen hätten, wenn, wie im NWLB, Vertreter ihrer eigenen Organisationen an der Entscheidung beteiligt gewesen wären.[164] 3. Es gab – und hier lag ein Unterschied zum War Labor Board des Ersten Weltkrieges – keine Richtlinien des Präsidenten oder einer anderen Regierungsstelle für die Arbeit des NWLB. Der Board schöpfte gleichsam Recht, indem er mit Präzedenzfällen common law setzte. Dieses Prinzip wurde 1943 allerdings dadurch durchbrochen, daß es dem Präsidenten gelang, Richtlinien für Lohnerhöhungen an den NWLB weiterzugeben.[165]

Die im April 1942 unter Beteiligung von Gewerkschaftsvertretern eingerichtete *War Manpower Commission* hatte zunächst nur eine beratende Funktion, erhielt aber im Oktober 1942 die Befugnis, die Anstellung und Beschäftigung von Arbeitern in bestimmten kriegswichtigen Regionen und Industrien zu regulieren. Der Kommission wurde der US Employment Service, durch den offene Stellen an Arbeitsuchende nachgewiesen wurden, unterstellt.[166]

Größeren Einfluß als die Manpower Commission hatte der *War Production Board* WPB[167] bei der Ausbildung und Einweisung neuer Arbeitskräfte in kriegswichtige Industrien. Aufgabe dieses Boards war es, die Produktion in den kriegswichtigen Industrien zu planen, zu koordinieren und zu steigern. Fast alle Industriezweige wurden von seinen Anweisungen betroffen. Zur Produktionssteigerung propagierte der WPB Akkordarbeit mit entsprechend höherer Entlohnung in verschiedenen Industrien, und er bot ein "training-within-industry-Program" an, durch das Arbeiter innerhalb kürzester Zeit direkt am Arbeitsplatz umgeschult wurden.[168] Als Teil eines "War Production Drive" wurden auf Anregung des WPB in verschiedenen Unternehmen der Massengüterindustrie sogenannte *Plant Labor-Management Production Committees,* Gewerkschafts-Unternehmer-Produktionsausschüsse, in den Fabriken gebildet. Durch sie sollte auf Grund gegenseitiger Konsultationen von Unternehmern und Gewerkschaften die Produktionseffizienz verbessert werden. Man beriet über Fragen wie Gesundheit im Betrieb und Sicherheit am Arbeitsplatz; bessere Ausbildung der Arbeiter; Qualitätsverbesserung der Produkte. Insgesamt existierten 1944 in den USA 4.835 derartiger Ausschüsse, von denen allerdings kaum mehr als 3.000 richtig funktionierten. Ob die Produktion durch sie gesteigert worden ist, ist fraglich. Zunächst überrascht es, daß (neben dem SWOC, den späteren United Steel Workers of America) Gewerkschaften des CIO, in denen politisch linke Fraktionen stark waren, die Einrichtung dieser Ausschüsse häufiger forderten und in ihnen aktiver mitarbeiteten, als die konservativen Gewerkschaften.[169] So forderte die kommunistisch dominierte International Union of Mine, Mill and Smelter Workers zwei Tage nach dem Kriegseintritt der USA die Bildung von Labor-Management Production Committees. Es waren gerade die kommunistischen Gewerkschaften, die die verschiedenen (Regierungs)Institutionen, deren Ziel die Produktionssteigerung war (einschließlich der damit verbundenen integrierenden Folgen), voll unterstützten.

Ein *Fair Employment Practices Committee,* an dem ebenfalls Gewerkschaftsvertreter beteiligt waren und das im Sommer 1941 gebildet worden war (nachdem der schwarze Gewerkschaftsführer A. Philipp Randolph mit einem Protestmarsch von Farbigen nach Washington gedroht hatte), sollte dadurch zum Arbeitsfrieden beitragen, daß es rassische und ethnische Diskriminierungen in der Industrie unterband. Das Committee verfügte jedoch über keine Exekutivgewalt und blieb auf eine beratende Funktion reduziert.[170]

Zur Preiskontrolle – Löhne wurden durch den NWLB kontrolliert – setzte der Präsident (wieder unter Beteiligung der Gewerkschaften) eine *Office of Price Administration* ein, der es zwar gelang, Preisanstiege zuweilen hinauszuziehen, die insgesamt aber erfolglos arbeitete.[171]

Obwohl Gewerkschaftsvertreter an allen Regierungsämtern, in denen es im Kriege um Produktionsplanung, Arbeitskräfte, Preiskontrolle ging, beteiligt wurden, blieb der Einfluß der Gewerkschaften verglichen mit dem der Unternehmer so gering, daß selbst formal – mit Ausnahme des NWLB – nicht von einer gleichgewichtig dreisäuligen Kooperation von Kapital, Arbeit und Staat gesprochen werden kann. Wenn wir überdies die Tatsache unberücksichtigt lassen, daß natürlich auch während des Krieges die Produktion an kapitalistischer Profitmaximierung orientiert war, fällt gleichwohl die zu Gunsten der Unternehmerseite ungleichgewichtige personelle Zusammensetzung der verschiedenen Boards auf. So gehörten der Advisory Commission of the Council of National Defense, einem Vorgänger der WPB, drei Vertreter von Großkorporationen, zwei Regierungsvertreter, ein Vertreter der Verbraucherorganisationen und nur ein Gewerkschaftsvertreter an, nämlich Edward R. Stettinius, Jr. von US Steel; William S. Knudsen von General Motors; Ralph Budd von der Burlington Railroad; Chester C. Davis vom Federal Reserve Board; Leon Henderson als Regierungsfachmann für Wirtschaftsfragen; Harriett Elliott, University of North Carolina, als Sprecherin der Verbraucher; und schließlich Sidney Hillman von den Amalgamated Clothing Workers als einziger Gewerkschafter.[172] In der Office of Production Management (OPM) wurde Sidney Hillman zwar von F. D. Roosevelt zum "Associate Director" ernannt, doch blieb er nur zweiter Mann, da ihm Knudsen von General Motors als "Director General" übergeordnet war. Es gelang Hillman in dieser Position nicht, die erklärte Politik des CIO durchzusetzen, daß nämlich Rüstungsaufträge nicht an solche Unternehmer vergeben werden sollten, die den NLRA verletzten. Der WPB hatte anders als die OPM nur noch einen Vorsitzenden: Donald M. Nelson von Sears, Roebuck and Co. Der WPB hatte neun Mitglieder, darunter wiederum Hillman als einziger Gewerkschaftsfunktionär. Wenige Monate nach Konstituierung des Boards trat Hillman zurück: Aus Gesundheitsrücksichten, wie es offiziell hieß, in Wirklichkeit jedoch hauptsächlich auf Druck des CIO (dessen Vizepräsident Hillman war), weil die Gewerkschaften zu geringen Einfluß auf die Produktionsplanung und Auftragsvergabe erhalten hatten und es ihnen nicht gelungen war, ihre konkreten materiellen Interessen wie Verbesserung der Arbeitsbedingungen, Ausweitung der union security usw. durchzusetzen.[173] Seit dem April 1942 saß im WPB kein Gewerkschafter mehr und auch in seinen beratenden Ausschüssen war der Einfluß der Gewerkschaften minimal. Der CIO kritisierte mehrfach öffentlich seinen (von der Regierung hingenommenen) Ausschluß von den wirtschaftlichen Entscheidungszentren und wies als nachahmenswertes Beispiel auf Großbritannien hin, wo Gewerkschaftsvertreter gleichberechtigt mit Unternehmern in Regierungsgremien entscheiden würden. Die Spaltung der Gewerkschaftsbewegung in zwei Verbände hat natürlich zur Einflußlosigkeit von CIO und AFL während des Krieges beigetragen, doch liegen die eigentlichen Ursachen in einem Wirtschaftssystem, das der Unternehmerseite von vornherein einen strukturellen Vorsprung gewährt. Es hat also auch in der politischen und wirtschaftlichen Ausnahmesituation des Zweiten Weltkrieges keine „Partnerschaft" von Kapital und Arbeit gegeben. Gleichwohl trug die Mitarbeit der Gewerkschaften in den verschiedenen Boards und Kommissionen zur weiteren Integration in das bestehende Wirtschaftssystem bei: Sie hatte namentlich eine ideologische Funktion, indem syndikalistisch-kooperative Beteiligung am Kapitalismus der Großkorporationen von Gewerkschaftsführern wie -mitgliedern akzeptiert, ja ausdrücklich gefordert wurde.

Der CIO bejahte die Kooperation mit Unternehmern und Regierung, verlangte jedoch eine angemessenere Beteiligung in den Clearing-Stellen des Kapitalismus der Großkorporationen. Die von Philip Murray, der als Nachfolger von John L. Lewis Vorsitzender des CIO geworden war[174], und Walter Reuther, damals einer der Vizepräsidenten der UAW, konzipierten Pläne zur industriellen Kooperation und Produktionssteigerung wiesen genau in diese Richtung. 1941 legte Murray seinen "Industry Council Plan" vor, durch den die Gewerkschaften an den wirtschaftlichen Entscheidungen auf allen Ebenen, von der Fabrik an aufwärts gleichberechtigt beteiligt werden sollten: In jeder kriegswichtigen Industrie sollten Wirtschaftsräte (Joint Industry Local Councils in den Betrieben und Industry Councils auf nationaler Ebene) eingerichtet werden, die sich aus einer gleichen Zahl von Unternehmens- und Gewerkschaftsvertretern unter einem neutralen Staatsvertreter als Vorsitzendem zusammensetzten. Zur Koordination der Wirtschaftsräte schlug Murray einen National Defense Board auf Bundesebene unter dem Vorsitz des Präsidenten vor. Murray formulierte die Aufgaben der Wirtschaftsräte wie folgt: 1. Ermittlung des Rohstoff- und Güterbedarfs in jeder Industrie. 2. Wiedereinstellung von Arbeitslosen; 3. Erzielung größter Produktionskapazität in kürzester Zeit dadurch, daß vorhandene Produktionsanlagen in jeder Industrie voll ausgenutzt werden. 4. Beförderung des Wirtschaftsfriedens durch Vervollkommnung und Ausweitung der tariflichen Absprachen zwischen Unternehmern und Gewerkschaften.[175] Der Vorschlag Murrays wurde ebensowenig von der Regierung akzeptiert wie der Reuther-Plan: In beiden Fällen befürchteten die Unternehmer, daß ihre Entscheidungsbefugnis durch Mitbestimmung der Gewerkschaften eingeengt werden könnte. Beide Pläne trugen gleichwohl entscheidend dazu bei, daß die amerikanische Öffentlichkeit die Gewerkschaften – besonders dem CIO war bis dahin vorgeworfen worden, er sei „unamerikanisch" und unpatriotisch – akzeptierte. Dies galt besonders für den Reuther-Plan, der schon ein Jahr vor Pearl Harbor Präsident Roosevelt unterbreitet worden war und durch den der tägliche Produktionsausstoß an Flugzeugen auf 500 gesteigert werden sollte. Walter Reuther schlug im einzelnen vor, daß die nur zu 50 % ihrer Kapazität ausgelastete Automobilindustrie völlig auf Flugzeugbau umgestellt werde. Die Detroiter Facharbeiter wären auch im Flugzeugbau zu verwenden. Die UAW sollten an dieser Umstellung von der Friedens- auf die Kriegsproduktion gleichberechtigt mit den Unternehmern beteiligt werden: Es sei ein Flugzeug-Produktionsausschuß aus je drei Unternehmern, Gewerkschaftern und Regierungsvertretern zu bilden, dem die volle planerische Kompetenz und Exekutive überlassen werden müsse.[176] Beide Pläne sind typisch dafür, wie sehr auch der CIO während des Zweiten Weltkrieges den Kapitalismus der Großkorporationen akzeptiert hat und innerhalb seiner Strukturen Vorschläge zu Produktionssteigerung und größerer Effizienz entwickelte.

Zur gleichen Zeit stabilisierte sich die Basis, auf der die Gewerkschaften arbeiteten, das System der Arbeitsbeziehungen weiter. Da die Gewerkschaften freiwillig für die Kriegsdauer auf den Streik verzichtet hatten, waren sie daran interessiert, durch Maßnahmen der union security diesen Verlust an "bargaining power", an Machtmitteln in Arbeitskonflikten, zu kompensieren. Klauseln zur union security, die während des Krieges in Tarifverträge aufgenommen wurden, hatten eine doppelte Intention: Durch die Institutionalisierung der Solidarität der Mitglieder einer Tarifeinheit konnten sie als Druckmittel gegen den Unternehmer verwandt werden; in einer Zeit, in der zwei Gewerkschaftsverbände, AFL und CIO, gegeneinander konkurrierten, schirmten sie die in einer Tarifeinheit etablierte Gewerkschaft gegen die „Raubzüge" (raids) des anderen Gewerkschaftsverbandes ab. Aus den Entscheidungen des NWLB kristallisierte sich besonders eine Maßnahme der union security heraus, die einen Kompromiß darstellte zwischen dem union shop und dem von den Unternehmern zumeist noch bevorzugten (gewerkschaftsfreien) open shop: die *maintenance of membership* Klausel. Unter dieser Regelung mußten die Beschäftigten einer Tarifeinheit innerhalb von 15 Tagen nach Abschluß des Tarifvertrages oder nach Eintritt in den Betrieb entscheiden, ob sie Gewerkschaftsmitglied werden wollten oder nicht. Entschieden sie sich für die Mitgliedschaft, so konnten sie während der Laufzeit des Tarifvertrages nicht mehr aus der Gewerkschaft austreten und mußten mit ihrem (eventuellen) Austritt bis zur nächsten "escape period", wiederum 15 Tage nach Abschluß des nächsten Tarifvertrages, warten. Maintenance of membership war in der Regel mit Dues-check-off verbunden, also dem Einziehen der Gewerkschaftsbeiträge durch den Unternehmer. Während des Zweiten Weltkrieges fielen über 3 Millionen Arbeitnehmer unter die maintenance of membership Klausel. Zu gleicher Zeit stieg auch die Zahl derjenigen, die unter union shop oder closed shop Verträgen arbeiteten. Die maintenance of membership Regelung kam besonders den CIO-Gewerkschaften zugute: Die Zahl der CIO-Mitglieder stieg von 2,85 Millionen 1941 auf über 6 Millionen 1945, die Zahl aller gewerkschaftlich Organisierten stieg von 10,5 Millionen auf 14,75 Millionen.[177]

Durch die Entscheidungen des NWLB wurde auch die *grievance procedure,* das innerbetriebliche Beschwerdeverfahren, im System der Arbeitsbeziehungen stärker verankert und auf weitere Industrien ausgedehnt. So wurde binding arbitration, also bindende Schlichtung innerbetrieblicher Konflikte zwischen Gewerkschaft und Unternehmer, als letzte Stufe des Beschwerdeverfahrens auf Anregung des NWLB zunehmend in Tarifverträge aufgenommen: Dies zeigte, wie sehr alle Beteiligten – Unternehmer, Gewerkschaften und Regierung – namentlich aus politischen Motiven (Sieg im Weltkrieg) an ungestörter Produktion interessiert waren. Binding arbitration trat an die Stelle offen ausgetragener Arbeitskämpfe. In einer Grundsatzerklärung wies der NWLB

Mitte 1943 auf die positiven Folgen von Tarifverträgen und grievance procedure hin: 1. Diese hätten einen Mißbrauch des freiwilligen Streik- und Aussperrungsverzichts verhindert. 2. Sie hätten Hindernisse beseitigt, die einer maximalen Produktionsleistung im Wege gestanden hätten. 3. Sie hätten Tarifverhandlungen als wahrhaft demokratische Institution auch während des Krieges erhalten. Der NWLB definierte in seinen Entscheidungen jene Dispute, in denen grievance procedure institutionalisierte Lösungen von Arbeitskonflikten ermöglichte; eine zeitliche Limitierung der Behandlung einer Beschwerde auf jeder Stufe wurde eingeführt und damit das Beschwerdeverfahren beschleunigt; und schließlich wurde ein Modus vorgeschlagen, durch den Unternehmer und Gewerkschaft einen Schlichter (arbitrator) auswählten. Die Entscheidungen des NWLB trugen also dazu bei, innerbetriebliche Konflikte zu rationalisieren sowie kontinuierliche und effiziente Produktion zu gewährleisten.[178]

Der NWLB griff mit seinen Entscheidungen auch in die Lohnstruktur ein. Als die ursprüngliche Absicht der Regierung, die *Löhne* einzufrieren, sich wegen der Inflation nicht mehr halten ließ, entschied der NWLB mit der sogenannten "Little Steel Formula", daß die Löhne um 15 % erhöht werden könnten, um den Inflationsverlust wieder wett zu machen.[179] Mit der Anwendung dieser Formel versuchte der NWLB zugleich, das bestehende lokale und regionale Lohngefälle innerhalb einer Industrie auszugleichen. Außerdem empfahl der NWLB mit Billigung der Gewerkschaftsvertreter die Einführung von Akkordsystemen und Akkordlöhnen, um die Produktivität zu steigern.[180] Um die direkten inflationären Auswirkungen von Lohnerhöhungen zu vermeiden, regte der NWLB die Aufnahme von *fringe benefits* in Tarifverträge an, wie Abschluß von Versicherungsplänen, Zahlung von Weihnachtsgeld, Bezahlung von Frühstücks- und Mittagspausen. Zum Ende des Weltkrieges war so ein Geflecht von fringe benefits in Absprache von Unternehmern und Gewerkschaftern aus Tarifverträgen gewachsen.

Fassen wir zusammen: Das System der Arbeitsbeziehungen, wie es sich im New Deal herausgebildet hatte, wurde im Zweiten Weltkrieg als konstitutiver Bestandteil des Kapitalismus der Großkorporationen stabilisert. Am Krankenbett des Kapitalismus wechselten, um eine Formulierung von F. D. Roosevelt aufzunehmen[181], die Ärzte: Dr. Win-the-War löste Dr. New Deal ab und diesem schien ein großer Heilerfolg zu gelingen. Die Gewerkschaften orientierten sich während des Weltkrieges – vor allem politisch motiviert – in ihrem Verhalten an effizienter Produktion.[182] Genau dies aber ist essentielles Element des Kapitalismus der Großkorporationen. Es überrascht daher nicht, daß das Ansehen der Gewerkschaften in der amerikanischen Öffentlichkeit zunehmend stieg und zu Kriegsende nicht nur die Großunternehmen, sondern auch das US Chamber of Commerce und – wenn auch am zögerndsten – die National Association of Manufacturers ihren Widerstand gegen die Gewerkschaften fast völlig aufgaben und ihre Tore für gewerkschaftliche Organisierung öffneten.[183] Letztlich hatte sich bei den Unternehmern die Einsicht durchgesetzt, daß ihre wirtschaftlichen Feldherrenhügel durch die Gewerkschaften (und dies betraf auch die anfangs manchmal verbalradikalen CIO-Gewerkschaften) nicht bedroht wurden. Diese Erkenntnis wurde den Unternehmern durch die Staatsintervention aufgezwungen: In den Kriegsverwaltungsämtern und -kommissionen wurde die Kooperation von Gewerkschaften und Unternehmern eingeübt und institutionalisiert, ohne daß das kapitalistische System in seinem Wesen verändert worden wäre.

*

Im ersten Teil unserer Untersuchung wurde versucht darzustellen, wie aus den ökonomischen und sozialen Bedingungen der Großen Depression heraus für viele Zeitgenossen das kapitalistische System bedroht zu sein schien. Selbst wenn objektiv das bestehende Wirtschafts- und Gesellschaftssystem nie ernsthaft gefährdet gewesen ist, so wurde gleichwohl subjektiv die Bedrohung als eine reale verstanden. Diese Furcht vor dem Umsturz ist oft mit dem Entstehen des CIO deswegen in Verbindung gebracht worden, weil der neue Gewerkschaftsbund die bis dahin nicht organisierten Arbeiter der Massengüterindustrien, die unter der Wirtschaftskrise am meisten gelitten hatten, zusammenfaßte und weil die verschiedenen gesellschaftspolitisch radikalen Gruppen – Kommunisten, Sozialisten, Wobblies – in die neuen Industriegewerkschaften strömten. Wir haben dann die Mittel und Institutionen des im New Deal und Zweiten Weltkrieg voll ausgebildeten Systems der Arbeitsbeziehungen zu analysieren versucht, durch die die CIO-Gewerkschaften in den Kapitalismus der Großkorporationen voll integriert worden sind. Die Frage nach einer möglichen gesellschaftspolitischen Alternative zur tatsächlich vollzogenen Integration wird am Schluß dieser Arbeit in größerem Zusammenhang gestellt, wenn die Politik des CIO und seiner verschiedenen Fraktionen erörtert worden sein wird und das Problem dann allein auf Grund einer breiteren empirischen Basis besser angegangen werden kann. Am Ende des ersten Teils soll lediglich die Frage nach den menschlichen Nutzen und Kosten des Systems der Arbeitsbeziehungen (als konstitutivem Teil des Kapitalismus der Großkorporationen) für jene gesellschaftlichen Gruppen aufgeworfen werden, die bis zum New Deal zu den Unterprivilegierten gehörten.

Auf der Nutzenseite steht an erster Stelle die *größere soziale und wirtschaftliche Sicherheit,* die die zumeist ungelernten und angelernten Arbeiter der Massengüterindustrien mit ihrem Eintritt in eine CIO-Gewerkschaft erlangten. Gewerkschaft und Tarifvertrag boten Schutz vor der Willkür der Unternehmer. Entlassung und Wiedereinstellung, Beförderung, Überstunden und betriebliche Vergünstigungen blieben nicht mehr der Entscheidung des Vorarbeiters (der oft bestechlich gewesen war) überlassen, sondern wurden nach Maßgabe der Seniorität entschieden, einer Regelung, die für jeden Arbeiter transparent war und ein gewisses Maß an Rationalität besaß. Oft sahen Tarifverträge auch vor, daß die Arbeit, bevor jemand entlassen wurde, durch Kurzarbeit „gestreckt" wurde: Auf diese Weise blieb für möglichst viele Angehörige einer Tarifeinheit auch in Zeiten wirtschaftlicher Rezession der Arbeitsplatz erhalten. Die Bestimmungen zur grievance procedure in Tarifverträgen gaben dem einzelnen Arbeiter und der Gewerkschaft eine Waffe in die Hand, mit deren Hilfe sie sich gegen Übergriffe und Vertragsverletzungen des Managements wehren konnten. Die soziale Sicherheit des einzelnen Arbeiters wurde schließlich durch fringe benefits erhöht, die in Tarifverträgen ausgehandelt worden waren. Sie ergänzten die unzulänglichen öffentlichen Sozialleistungen wie Kranken-, Unfall-, Arbeitslosen- und Altersversicherung. Durch das Eindringen der Gewerkschaften in verschiedene Unternehmen wurden diese oft allein dadurch menschenwürdiger, daß der offenen Ausbeutung und brutalen Unterdrückung der Arbeiter – wie etwa in den Ford-Werken durch mörderisches Arbeitstempo und die Schlägertruppen der Privatpolizei – ein Riegel vorgeschoben wurde. Kürzere Arbeitszeit und bessere Arbeitsbedingungen veränderten fühlbar die Lage des einzelnen Beschäftigten an seinem Arbeitsplatz. Durch das Institut der Tarifverhandlungen wurden die Beziehungen zwischen Unternehmer und Gewerkschaft in gewissem Umfang so humanisiert, daß offene Streik-Feldschlachten mit Toten und Schwerverletzten seltener stattfanden, als es vor Durchsetzung des Systems der Arbeitsbeziehungen üblich war. Auch das Ausmaß der offenen Gewaltanwendung zwischen rivalisierenden Gewerkschaften – die blutigsten Beispiele lieferte der „Krieg" zwischen den UMW und den Progressive Mine Workers in den zwanziger Jahren auf den Kohlefeldern von Illinois – nahm ab. Arbeitskämpfe zwischen Unternehmern und Arbeiterorganisationen sowie Konflikte rivalisierender Gewerkschaften (in unserem Zeitraum namentlich zwischen AFL- und CIO-Verbänden) verlagerten sich aus den Fabrikhallen und von den Straßen an die vom NLRB überwachten Wahlurnen in den Tarifeinheiten.

Umstritten ist in der Literatur, ob durch gewerkschaftliche Organisation im New Deal und Zweiten Weltkrieg die Beschäftigten in Tarifeinheiten höhere *Löhne* erhalten haben als die Nichtorganisierten. Wurde zunächst angenommen, daß eine Korrelation zwischen gewerkschaftlicher Organisation und hohem Lohnniveau bestände[184], so haben neuere Untersuchungen ergeben, daß Gewerkschaftsmitglieder in Zeiten ruhiger Konjunkturentwicklung im günstigsten Fall nur kurzfristig höhere Löhne (um nicht mehr als 5 %) erhalten haben. Lediglich in Zeiten des Konjunkturabschwungs, unter den Bedingungen großer Arbeitslosigkeit und Deflation, gelang es den Gewerkschaften, ein relativ hohes (Real)Lohnniveau zu halten und ihre Mitglieder wenigstens mittelfristig vor Lohnkürzungen zu bewahren. Dies zeigte sich ausgeprägt sowohl in der Großen Depression wie in der Rezession von 1937/38.[185] Alle Untersuchungen zeigen, daß höhere Löhne nicht auf Kosten der Profite gezahlt, sondern jeweils über den Preis auf den Verbraucher abgewälzt und damit wiederum vom Arbeitnehmer getragen wurden. Im New Deal hat daher – im Gegensatz zur Annahme vieler Zeitgenossen – keine Einkommenumverteilung (erst recht keine Umverteilung des Produktivvermögens) stattgefunden. Auch der Anteil der gewerkschaftlich organisierten Arbeiter am Bruttosozialprodukt ist relativ nicht größer geworden als der der Nichtorganisierten. Vielmehr ist in diesem Jahrhundert der Anteil der Einkünfte an unselbständiger Arbeit am Bruttosozialprodukt insgesamt gestiegen, was nur ein Ausdruck für die Umstrukturierung der amerikanischen Wirtschaft (Industrialisierung, Konzentration, Abnahme des Agrarsektors) ist, aber nichts über eine Umverteilung des Einkommens aussagt. Erst im Zweiten Weltkrieg wurden durch eine besondere Kriegsprofitsteuer die höchsten Einkommen so begrenzt, daß die nach dem Tiefpunkt der Großen Depression sich im New Deal weiter öffnende Schere[186] zwischen Löhnen und Gehältern sowie Kapitalprofiten nicht noch extremer auseinanderging. Diese Besteuerung kam aber nicht so sehr den niedrigen Einkommen, den Löhnen der ungelernten und angelernten Arbeiter in den Rüstungsindustrien zugute, als vielmehr den mittleren Einkommen. In diesen Zusammenhang gehört auch, daß die staatliche Sozialversicherung nicht aus der Profitsteuer finanziert wurde, sondern durch Beiträge der Betroffenen, sie ging also zu Lasten der niedrigen Einkommen. Lediglich die in den fringe benefits enthaltenen betrieblichen Sozialleistungen trafen die Beschäftigten nicht direkt, sondern wurden über den Preis auf den Verbraucher abgewälzt und dadurch nur zum Teil von dem getragen, der als Gewerkschaftsmitglied in ihren Genuß kam. Als nach dem Zweiten Weltkrieg die Sondersteuer wieder aufgehoben wurde und auch niedrige Einkommen, die bis dahin nicht zur Steuer veranlagt worden waren, versteuert werden mußten, öffnete sich diese Schere zwischen Einkommen aus unselbständiger Arbeit und Profiten erneut. Wir können also festhalten, daß die wirtschaftliche Lage des Arbeiters nicht durch seine Gewerkschaftszugehörigkeit verbessert worden ist. Besonders in Zeiten der Inflation – wie im Weltkrieg – haben auch die mächtigsten Gewerkschaften keinen Einfluß darauf gehabt, daß der Anteil der von ihnen ausgehandelten Löhne am Bruttosozialprodukt gestiegen wäre. Die Höhe des Reallohnes kann also nicht auf der Nutzenseite des Systems der Arbeitsbeziehungen verbucht werden.[187]

Auf der Kostenseite des Kapitalismus der Großkorporationen schlugen in New Deal und Zweitem Weltkrieg an erster Stelle jene gesellschaftlichen Gruppen zu Buche, die *außerhalb des Systems der Arbeitsbeziehungen* blieben und dabei nicht in den Genuß der sozialen und wirtschaftlichen Sicherheit kamen, den die Gewerkschaften boten. Zu ihnen gehörten die Beschäftigten jener Wirtschaftszweige, die nach der "interstate commerce clause" der amerikanischen Verfassung nicht unter das Tarifverhandlungsgebot der NLRA fielen, und jene Arbeitnehmer, die in Industrien (Banken, Handel, Dienstleistungen), Berufen (Angestellte, Techniker) und Regionen (Südstaaten, Rocky-Mountains-Staaten) arbeiteten, in denen die Gewerkschaften aus ökonomischen, politischen und rechtlichen Gründen keine Organisationserfolge erzielen konnten. Auch den Industriegewerkschaften des CIO, die in den Massengüterindustrien am erfolgreichsten waren, gelang es nicht, bestimmte industrielle, berufliche und regionale Barrieren zu überpringen. Dazu gehörten die in der Landwirtschaft Beschäftigten, die nicht unter die Bestimmungen des NLRA fielen. Dem CIO gelang es daher nur, einige Fabriken der Konservenindustrie zu organisieren. Hingegen blieben die Landarbeiter außerhalb der Gewerkschaften. Dies hatte – neben den schon genannten – mehrere Gründe: Landarbeiter bedurften keiner spezifischen beruflichen Ausbildung, sie waren daher leicht ersetzbar und wurden, wenn sie streikten, auch sehr schnell gegen – oft ausländische (mexikanische) – Arbeitskräfte ausgetauscht; große soziale und nationale Heterogenität der Landarbeiter; Farmarbeit war zumeist Saisonarbeit; Überangebot an Arbeitskräften; strikte anti-gewerkschaftliche Haltung der Großfarmer.[188] Auch die Beschäftigten des öffentlichen Dienstes bei Gemeinden, Einzelstaaten und im Bund kamen nicht in den Genuß des Tarifgebots des Wagner Acts. Sowohl die Politiker des New Deal[189] als auch Gerichte bestätigten immer wieder, daß die öffentlich Bediensteten kein Recht zu Tarifverhandlungen – vor allem auch (bis heute) kein Streikrecht – hätten.[190] Regional gesehen gelang es den Gewerkschaften – und hier wiederum namentlich dem CIO – den höchsten Organisationsgrad in den Industriezentren des Nordostens und Mittelwestens zu erzielen. Mehr als die Hälfte aller Gewerkschaftsmitglieder lebten 1939 in den mittleren und nördlichen Staaten der Atlantikküste. Dagegen blieb der Organisationsstand im Süden und in den Rocky-Mountains-Staaten am geringsten. In South Carolina waren nur 4 % der Beschäftigten gewerkschaftlich organisiert; in North Carolina 4,2 %; in Mississippi 6,5 %, in Georgia 7 %. Das Textile Workers Organizing Committee, das die Baumwollindustrie zu organisieren suchte, gab zwar an, 100.000 Mitglieder zu haben, konnte aber nur auf 25 abgeschlossene Tarifverträge verweisen.[191] Eine Organisationskampagne in den Südstaaten, die der CIO-Kongreß 1938 beschlossen hatte[192], blieb erfolglos. Vielmehr erschienen in einigen Fällen Unternehmern in den Südstaaten die AFL-Gewerkschaften als für sie weniger bedrohlich: Sie forderten diese daher auf, ihre Betriebe vor dem CIO zu organisieren. Doch auch die AFL hatte letztlich keinen Erfolg. Das Scheitern von AFL und CIO im Süden hatte u. a. folgende Ursachen: antigewerkschaftliche Haltung der dortigen Demokratischen Partei, der politischen Institutionen und der Mehrheit der zumeist konservativen Bevölkerung; landwirtschaftlicher Charakter der Wirtschaft im Süden; Überangebot an Arbeitskräften; Rassenfrage; starker Wettbewerb zwischen den im Vergleich mit dem Norden relativ kleinen Industrieunternehmen.[193] Am Ende des New Deal und vor Eintritt der USA in den Weltkrieg ergab sich folgender Organisationsgrad in den verschiedenen Industrien, der die gewerkschaftlichen Schwierigkeiten im Süden, im Dienstleistungsgewerbe und bei den Angestellten und die Erfolge des CIO in den Massengüterindustrien spiegelte: Fast vollständig organisiert waren die Automobil- und Herrenoberbekleidungsindustrie sowie die Kohlebergwerke; ein großer Anteil der Beschäftigten war gewerkschaftlich organisiert in der Damenoberbekleidungsindustrie, bei den Hutmachern, in der Gummi- und Radioproduktion; etwa die Hälfte der Arbeitnehmer waren in der Lebensmittel- und Bauindustrie gewerkschaftlich organisiert; nur ein kleiner Teil der Beschäftigten gehörte Gewerkschaften an in der Baumwoll- und holzverarbeitenden Industrie, im Gaststättengewerbe und bei den Friseuren; fast ohne jede gewerkschaftliche Organisation blieben die Landarbeiter, die Büro- und technischen Angestellten, die Dienstmädchen und die Angestellten des Groß- und Einzelhandels.[194] Die Industrien, in denen ein hoher gewerkschaftlicher Organisationsgrad erreicht worden war, hatte der CIO organisiert. Dagegen schlugen sich die Nichtorganisierten – die oft unter die Jurisdiktion der AFL-Gewerkschaften fielen oder um die sich Gewerkschaften überhaupt nicht bemühten – auf der Kostenseite des Kapitalismus der Großkorporationen nieder. Sie blieben wegen der Aufsplitterung dieser Industrien in viele Klein- und Mittelbetriebe außerhalb des Bereichs des Systems der Arbeitsbeziehungen und damit des organisierten Kapitalismus.

Zu denen, die von den Vorteilen des Kapitalismus der Großkorporationen ausgeschlossen waren, gehörten auch die *Verbraucher.* Auf sie wurden über die Preise Lohnerhöhungen abgewälzt, gewerkschaftlich Organisierte und Nichtorganisierte waren gleichermaßen davon betroffen. Alle Versuche während des New Deal, die Verbraucher zu organisieren (in Verbraucherverbänden oder in Konsumgenossenschaften), schlugen ebenso fehl wie Ansätze zur Verbraucheraufklärung. Der Verbraucher blieb im New Deal der eigentliche „vergessene Mann" (forgotten man). Auch die Regierung brauchte auf ihn keine Rücksicht zu nehmen, da er nicht in einer „Gegenorganisation" als wirtschaftliche und politische „Gegenmacht" etabliert war.[195]

Im System der Arbeitsbeziehungen war zudem die Möglichkeit zur Diskriminierung rassischer und ethnischer Minoritäten angelegt: Wurden Maßnahmen der union security wie union hiring hall, closed shop oder union shop mit einer closed union – also einer Gewerkschaft, die durch überhöhte Aufnahmegebühren oder statutarische Regelungen Arbeitnehmergruppen von der Mitgliedschaft ausschloß – verbunden, so konnten z. B. Schwarze von bestimmten Berufen oder Industrien völlig ausgeschlossen werden. Einen diskriminierenden Effekt konnte dabei auch die seniority rule haben: Selbst wenn Schwarze in eine Gewerkschaft und damit in eine Tarifeinheit aufgenommen wurden, waren sie in einer Rezession die ersten, die entlassen werden mußten, da sie häufig auf der untersten Stufe der Senioritätsleiter standen.[196] Die Diskriminierung rassischer und ethnischer Minoritäten war im New Deal und Zweiten Weltkrieg vor allem ein Problem der AFL-Gewerkschaften. In den alten Industriegewerkschaften der AFL, die zu den Gründern des CIO wie die UMW, ACWA und ILGWU gehörten, hatte es im allgemeinen schon in den zwanziger Jahren keine diskriminatorische Praxis gegeben. Im CIO wurde diese Tradition fortgesetzt. Sie lag im Interesse der Gewerkschaften selbst: Öffneten sie sich nicht von vornherein für rassische und ethnische Minoritäten, so bestand die Gefahr, daß diese – berücksichtigt man die leichte Austauschbarkeit ungelernter und angelernter Arbeiter – in Arbeitskämpfen von den Unternehmern als Streikbrecher eingesetzt wurden. Durch diese tolerantere Haltung des CIO wurde auch auf die AFL Druck ausgeübt, ihre diskriminatorische Praxis wenigstens abzumildern. Namentlich während des Zweiten Weltkrieges mußten sich mehrere AFL-Gewerkschaften für Schwarze öffnen, da auf Anweisung Präsident Roosevelts keine Rüstungsaufträge an Unternehmen gegeben werden sollten, in denen Minoritäten diskriminiert wurden.[197] Der CIO verfolgte von seiner Gründung an eine Politik rassischer und ethnischer Gleichheit. In der Realität gab es zwar in dieser Frage einen Unterschied zwischen einzelnen CIO-Gewerkschaften, und einzelne lokale Betriebsgewerkschaftsorganisationen diskriminierten aufgrund der starken Dezentralisation der Gewerkschaften und des Tarifsystems weiter. Gleichwohl muß hervorgehoben werden, daß in den CIO-Gewerkschaften und während des Zweiten Weltkrieges in der Massengüterindustrie schwarze Arbeiter prinzipiell akzeptiert und allmählich integriert wurden. So betrug der Durchschnittslohn schwarzer Lohn- und Gehaltsempfänger 1939 41 % des Durchschnittslohns weißer Arbeiter und Angestellter, 1950 60 %. Der Anteil schwarzer Angestellter und Akademiker stieg von 5,6 % im Jahre 1940 auf 7,2 % im Jahre 1950; in der gleichen Zeit stieg der Anteil schwarzer Facharbeiter von 16,6 % auf 28,8 %. Der quantitativ größte soziale und wirtschaftliche Aufstieg von Schwarzen vollzog sich dabei in den Kriegsjahren. So wurden in der Automobilindustrie Schwarze während des Krieges erstmals nicht nur als Hilfsarbeiter eingestellt, sondern übernahmen – unterstützt von den UAW – Vorarbeiterpositionen. Das System der Arbeitsbeziehungen bot also zumindest unter den besonderen Bedingungen des Weltkrieges auch (system-immanente) Emanzipationschancen für rassische und ethnische Minoritäten, so daß Diskriminierung nicht einfach auf der Kostenseite des Kapitalismus der Großkorporationen verbucht werden kann.[198]

Die Kosten des Kapitalismus der Großkorporationen für diejenigen, die in ihm nicht organisiert waren, wurden schließlich noch dadurch erhöht, daß die Gewerkschaften und ihre Führer (auch die des CIO) mehr an höheren Löhnen, Sicherung der Arbeitsplätze für ihre Mitglieder und Sicherung der Gewerkschaft in der Tarifeinheit interessiert waren als an Vollbeschäftigung. So arbeiteten in einigen Fällen – wie im Kohlebergbau und der Herrenoberbekleidungsindustrie – Gewerkschaften und Unternehmer eng zusammen, um Preise festzusetzen und die Produktion zu beschränken, damit so langfristig Arbeitsplätze gesichert und höhere Löhne durchgesetzt werden konnten.

Der Vollständigkeit halber sei an dieser Stelle noch einmal erwähnt, daß zu den Kosten des Systems der Arbeitsbeziehungen auch die (durch die Dezentralisierung begründete) Anfälligkeit der Gewerkschaften gegen Korruption auf lokaler Ebene ebenso gehörte, wie die Möglichkeit, durch bestimmte Maßnahmen der union security auf nationaler Ebene eine Gewerkschaftsdiktatur zu errichten.[199]

Schließlich gehörte zu den Kosten des Kapitalismus der Großkorporationen auch seine prinzipiell nicht überwundene Krisenanfälligkeit, wie die Steigerung des wirtschaftlichen und sozialen Elends in der Rezession von 1937/38 deutlich machte. Ebenso gelang es im New Deal nicht, die Arbeitslosigkeit zu überwinden: Die Rüstungsindustrie saugte erst während des Weltkrieges die letzten Arbeitslosen und Kurzarbeiter auf.[200]

Die Problematik der Integration des CIO in den organisierten Kapitalismus wird am Schluß unserer Untersuchung in größerem Zusammenhang systematisch erörtert werden. An dieser Stelle schien es uns nur wichtig, die individuellen menschlichen Nutzen und Kosten des Systems der Arbeitsbeziehungen zu analysieren, um der Gefahr undifferenzierter Schwarz-Weiß-Malerei zu entgehen. Es waren die ungelernten und angelernten Arbeiter der Massengüterindustrien, die als zentrale gesellschaftliche Gruppe in den Kapitalismus der Großkorporationen integriert wurden und daraus bestimmte materielle Vorteile zogen, während die Unorganisierten, die gesellschaftlichen Randgruppen, die höchsten Kosten zu tragen hatten.

# II. Die politischen Organe im CIO

Im ersten Teil dieser Untersuchung wurde dargestellt, wie der in der Großen Depression in die Krise geratene amerikanische Kapitalismus im New Deal reorganisiert worden ist; wie Entstehen und Wachstum von Industriegewerkschaften gefördert wurden; und wie der eben gegründete Industriegewerkschaftsbund CIO durch ein differenziertes System der Arbeitsbeziehungen in den Kapitalismus der Großkorporationen integriert worden ist. Es ist deutlich geworden, daß der CIO zumindest äußerlich mit dem Voluntarismus der AFL-Gewerkschaften gebrochen und sich – anders als diese – nicht ausschließlich an den Unternehmen, sondern auch am Staat orientiert hat. Während durch die Staatsintervention, der der CIO letztlich seine Existenz verdankte, die Industriegewerkschaften von vornherein gleichsam politisiert waren, begann sehr bald umgekehrt der CIO, die staatlichen Institutionen politisch zu beeinflussen. Wohl zu keinem Zeitpunkt in diesem Jahrhundert waren die Chancen für die Gründung einer amerikanischen Arbeiterpartei auf der organisatorischen Basis der Industriegewerkschaften größer als jetzt: Darin stimmen Zeitgenossen und Historiker überein. Die Frage, warum diese Möglichkeit nicht realisiert und warum statt dessen auch die politische Integration in den gesellschaftlichen status quo vollzogen worden ist, wird der Gegenstand der folgenden beiden Teile dieses Buches sein. Wir wenden uns im zweiten Teil den Organisationen zu, mit deren Hilfe der CIO die politischen und ökonomischen Entscheidungen der staatlichen Organe und der Parteien zu beeinflussen suchte, und werden im dritten Teil die verschiedenen politischen Fraktionen im CIO analysieren. Das Hauptaugenmerk wird – wie schon im ersten Teil – auf das Integrationspotential des Kapitalismus der Großkorporationen und des amerikanischen Regierungssystems gerichtet sein, potentielle Herausforderungen und Bedrohungen des Systems gleichsam präventiv durch selbstadaptives Verschieben der eigenen Grenzen zu beantworten. Zunächst sollen jene politischen Organe des CIO – die Labor's Non-Partisan League (LNPL), das Political Action Committee (PAC) und die American Labor Party (ALP) – diskutiert werden, durch die innerhalb der Gewerkschaftsbewegung und in der Öffentlichkeit der Eindruck erweckt wurde, als seien sie nach britischem Muster der organisatorische Kern einer zukünftigen Partei, die auf den Gewerkschaften beruhte. Neben der Beschreibung der jeweiligen Organisation wird die Frage nach ihrer Zielsetzung und ihrer objektiven Funktion bei der Integration des CIO in das bestehende sozialökonomische und politische System besonders untersucht.

## 1. Die Labor's Non-Partisan League

Die 1936 von John L. Lewis und Sidney Hillman gegründete Labor's Non-Partisan League war die erste Organisation, mit der die amerikanischen Gewerkschaften nicht nur – wie bis dahin üblich[201] – deklamatorisch, sondern systematisch, gezielt und mit größeren finanziellen und organisatorischen Mitteln in einen Präsidentschaftswahlkampf eingriffen. Noch 1932 hatten die Gewerkschaften bei den Wahlen eine völlig unbedeutende Rolle gespielt: Die meisten Forderungen der AFL waren in den Wahlplattformen der Demokraten und Republikaner nicht berücksichtigt worden, und ein "Non-Partisan Committee" der AFL hatte mit einem Budget von nicht einmal 14.000 Dollar gearbeitet.[202] Inzwischen war während der ersten Jahre der Roosevelt-Regierung bei den Gewerkschaften und als Reaktion auf staatliche Eingriffe in die Wirtschaft wie durch den NIRA sowie andere Gesetze der Ruf nach "political action", nach politischer Aktion und Organisation und nach Bildung einer Arbeiterpartei immer lauter geworden. Dies galt namentlich für die traditionell sozialdemokratischen Gewerkschaften der Oberbekleidungsindustrie ILGWU und ACWA, in denen überwiegend ost- und mitteleuropäische, oft jüdische Einwanderer organisiert waren. Nur mit Mühe und großer taktischer Raffinesse gelang es Sidney Hillman, dem Vorsitzenden der ACWA, seine Gewerkschaft nicht endgültig auf Gründung einer sozialdemokratischen Arbeiterpartei festlegen zu lassen. Der Druck der Mitglieder auf den Gewerkschaftsvorstand war in dieser Frage äußerst stark. Der Druck der gewerkschaftlichen Basis auf Bildung einer Dritten Partei war selbst in der eher konservativen Bergarbeitergewerkschaft zu spüren. Der Generalsekretär der UMW, Thomas Kennedy, mußte alle rhetorischen Fähigkeiten aufbieten, um mit dem Hinweis darauf, daß durch die Gründung einer Arbeiterpartei die Republikaner im nächsten Wahlkampf siegen und die New Deal-Demokraten unterliegen könnten, einen positiven Beschluß über eine Arbeiterpartei auf dem AFL-Kongreß von 1935 zu verhindern.[203] Im gleichen Jahr versuchte Thomas R. Amlie, ein bekannter Reformpolitiker aus Wisconsin, u. a. mit Hilfe von lokalen und regionalen Gewerkschaftsorganisationen und unter Einschluß der Sozialisten eine Farmer-Labor Party zu gründen. Die Erweiterung der in ihrem Staat erfolgreichen Minnesota Farmer-Labor Party zu einer nationalen Partei schlug im Mai 1936 nur deswegen fehl, weil sich im letzten Augenblick Gewerkschaftsführer wie John L. Lewis und David Dubinsky (ILGWU) von ihr distanzierten, um nicht die Wiederwahl F. D. Roosevelts zu gefährden.[204] Als sich der CIO von der AFL trennte, begannen in politischen Zirkeln Washingtons Gerüchte zu kursieren, daß der neue Gewerkschaftsverband die Demokratische Partei unterwandern wolle, um so das insgeheim gesteckte Ziel, eine Labor Party, zu erreichen. Journalisten sagten voraus, daß spätestens 1940 eine starke Dritte Partei kandidieren werde[205], und sie glaubten ihre Spekulationen durch den Aufbau der LNPL bestätigt.[206]

Die Gründung der LNPL im Frühjahr 1936 hatte mehrere unmittelbare Ursachen. Innergewerkschaftlich konnten die spontanen Forderungen nach politischen Aktionen und Bildung einer Arbeiterpartei in dieser Institution aufgenommen und kanalisiert werden. Politisch mußten die Gewerkschaften befürchten, daß durch die Entscheidungen des Bundesverfassungsgerichts, durch die eventuelle Wahl eines konservativen Präsidenten und Kongresses und durch die Propaganda von Unternehmensverbänden wie der NAM und Organisationen wie der Liberty League der New Deal mit seiner die Arbeiterorganisationen begünstigenden Arbeits- und Sozialgesetzgebung gefährdet werden würde. Die LNPL sollte ein Gegengewicht zu den Anti-New-Deal-Tendenzen bilden.[207]

Wann die ersten Besprechungen zwischen Gewerkschaftsführern und Politikern über die Gründung der LNPL stattgefunden haben, läßt sich aus den von mir durchgearbeiteten Quellen nicht erschließen. Es gibt mehrere Anzeichen dafür, daß dies um die Jahreswende 1935/36 geschah. So fand Mitte Januar 1936 im Weißen Haus auf Wunsch des Präsidenten eine Besprechung statt, an der neben Roosevelt u. a. die Arbeitsministerin Frances Perkins, der Vorsitzende des National Democratic Committee und Generalpostmeister James Farley[208] sowie George L. Berry, der Vorsitzende der Printing Pressmen's Union (AFL) teilnahmen.[209] Aus der personellen Zusammensetzung der Konferenz und der Art und Weise, in der ein entsprechendes Memorandum Roosevelts abgefaßt ist, kann mit großer Wahrscheinlichkeit geschlossen werden, daß die Gründung der LNPL zur Debatte stand. Berry wurde der erste Vorsitzende der LNPL. Er kannte den Präsidenten schon aus der Zeit, als dieser 1910 Mitglied des Staatsparlaments von New York gewesen ist, und er hatte als hoher Beamter der NRA für Roosevelt bis zur Annullierung des NIRA durch das Verfassungsgericht gearbeitet.[210] Die Behauptung des Biographen von Sidney Hillman, daß in der Regierung bis zur öffentlichen Bekanntgabe der Gründung der LNPL niemand darüber etwas gewußt habe, ist falsch, bedenkt man allein die engen informellen Kontakte, die es zwischen Roosevelt und Berry seit Jahrzehnten gegeben hat.[211] Unsere These, daß bereits Mitte Januar 1936 mit Regierungsstellen die Gründung der LNPL abgesprochen worden ist, wird auch dadurch gestützt, daß am 31. Januar 1936 anläßlich einer Konferenz von CIO-Führern eine langanhaltende Demonstration für die Wiederwahl Roosevelts stattfand[212] und wenige Tage später der Kongreß der UMW Roosevelt offiziell für eine Wiederwahl unterstützte[213]: Beides geschah – vergleicht man es mit der bis dahin üblichen Taktik der Gewerkschaften – so frühzeitig in einem Präsidentschaftswahljahr und zeitlich so abgestimmt, daß entsprechende Verabredungen zwischen Lewis sowie Hillman und Roosevelt über den Mittelsmann Berry wahrscheinlich sind. Dem widerspricht auch nicht, daß der Vorsitzende der zur AFL gehörenden Transportarbeitergewerkschaft, Daniel Tobin, Anfang Februar von James Farley zum Vorsitzenden des Democratic Labor Committee – eines Wahlkampfkomitees, durch das die Gewerkschaften an die Demokratische Partei gebunden werden sollten – ernannt worden ist: Zum einen lag es gerade im Interesse von Lewis und Hillman, auch die AFL-Gewerkschaften an der LNPL zu beteiligen, zum anderen hat James Farley seine ursprüngliche Opposition gegen die LNPL auf Anweisung des Präsidenten sehr schnell aufgegeben[214], so daß die Ernennung von Tobin nicht ein Schachzug gegen die LNPL war.[215]

Im Laufe des Februar 1936 liefen die organisatorischen Vorbereitungen zur Gründung der Liga bereits auf Hochtouren. Mit dem Datum vom 8. April schickte George Berry dann fast 10.000 Briefe an die lokalen, regionalen und nationalen Gewerkschaftsorganisationen und -funktionäre (darunter 3.400 an AFL-Organisationen) mit der Frage heraus, ob sie bereit seien, an der LNPL teilzunehmen. Berry, selbst Vorsitzender einer AFL-Gewerkschaft, war dabei sichtlich darum bemüht, nicht den Eindruck aufkommen zu lassen, als handele es sich um ein einseitiges CIO-Unternehmen. Die Antwort auf die Anfrage war äußerst positiv, selbst wenn Berrys Mitteilung an Hillman und Lewis, daß 85 % der organisierten Arbeiterschaft für die LNPL votiert hätten, übertrieben sein dürfte.[216] Der Rundbrief Berrys traf genau die Stimmungen und Bestrebungen der Gewerkschaftsmitglieder, die politische Aktionen und Gründung einer Dritten Partei anstrebten. So etwa unterstützte der Kongreß der ACWA die Gründung der LNPL, weil viele Delegierte in ihr die Basis einer zukünftigen Arbeiterpartei sahen.

Die Liga eröffnete im April in Washington ein eigenes Büro, für das die UMW und die ACWA einige hauptamtliche Funktionäre zur Verfügung stellten.[217] Am 9. Mai wurde F. D. Roosevelt offiziell von der Gründung der LNPL unterrichtet: Lewis, Hillman und Berry statteten dem Präsidenten im Weißen Haus einen öffentlichkeitswirksamen Besuch ab und gaben anschließend eine Pressekonferenz.[218] Im Juni wurden dann zentralistisch von Washington aus in den größeren industriellen Einzelstaaten regionale Büros der LNPL eingesetzt. Der Aufbau der Organisation erfolgte von oben nach unten und erinnerte im autoritären Gebaren an den Zentralismus und die Diktatur in John L. Lewis' Bergarbeiterverband. So gab Berry an die Gewerkschaften in den Einzelstaaten Anweisungen heraus, er ernannte die Mitglieder des jeweiligen State Committee. In den State Committees waren Funktionäre der UMW und der ACWA relativ zahlreich vertreten. Ihnen gegenüber hatten Lewis und Hillman als Gewerkschaftsvorsitzende ein direktes Weisungsrecht. Doch achtete Berry darauf, daß auch Mitglieder von AFL-Gewerkschaften und von unabhängigen Gewerkschaften – hierzu gehörten insbesondere die Gewerkschaften der Eisenbahner – vertreten waren. Für das State Committee von Illinois wurden z. B. durch Berry 19 Gewerkschafter ernannt und der – ebenfalls von Washington eingesetzte – Vorsitzende des State Committee angewiesen, innerhalb einer bestimmten Zeit alle Gewerkschaftsorganisationen des Staates zur Gründungskonferenz der LNPL Illinois einzuladen.[219] Ebenso autokratisch setzte Berry nach Absprache mit Lewis und Hillman einen National Executive Board mit 41 Mitgliedern ein, darunter mehrere Vorsitzende nationaler Gewerkschaften. In gleicher Weise verkleinerte Berry dann im Oktober 1936 den National Executive Board auf 31 Mitglieder.[220]

Nach einigen anfänglichen Schwierigkeiten wurde im Frühsommer 1936 die Zusammenarbeit zwischen der LNPL und der Demokratischen Partei auf den verschiedenen Wahlkampfebenen – national, regional, z. T. auch schon lokal – immer enger. Zwischen dem Washingtoner Büro der LNPL und den Mitarbeitern des Präsidenten gab es einen direkten Kontakt.[221] In dieser Zeit entwickelte sich ein ausgesprochen herzliches und informelles Verhältnis zwischen Sidney Hillman und dem Präsidenten, die sich beide durch die Vermittlung von Frances Perkins schon aus der Zeit kannten, als Roosevelt Gouverneur von New York gewesen war. Im Juli hatten sich Gewerkschaftsorganisationen mit zwei Millionen Mitgliedern der LNPL angeschlossen und dadurch bekundet, daß sie für die Wiederwahl Roosevelts eintraten.

Einer der Höhepunkte des Wahlkampfes der LNPL für Roosevelt war ein Kongreß am 10. August 1936, an dem jeder Staat der USA durch den Vorsitzenden des State

Committees und z. T. durch weitere Gewerkschaftsfunktionäre vertreten war. Dieser Kongreß beschloß noch einmal in aller Form die Ziele, die Hillman, Lewis und Berry der LNPL gesetzt hatten: 1. Die Liga soll sich mit aller Kraft und allen zur Verfügung stehenden Mitteln für die Wiederwahl Roosevelts einsetzen. 2. Nach der Wahl wird die LNPL als Organisation zur Beförderung liberaler Politik in den Vereinigten Staaten fest etabliert.[222] In Ansprachen betonten John L. Lewis, Sidney Hillman und Berry die Notwendigkeit industriegewerkschaftlicher Organisation – hierin lag trotz der offiziellen Neutralität der LNPL im innergewerkschaftlichen Konflikt faktisch eine Abgrenzung zur AFL – und besserer Arbeitsschutzgesetzgebung. Immer wieder klang in ihren Reden durch, daß die Gewerkschaftsbewegung sich auf eine Veränderung des amerikanischen Parteiensystems einrichten müsse und daß die LNPL hierfür das nützliche Instrument sei[223]: Auch hierin spiegelte sich der Druck der gewerkschaftlichen Basis auf die Gewerkschaftsführungen, eine amerikanische Arbeiterpartei zu gründen. So heterogen die Gewerkschaftsgruppen auch waren, die an diesem Kongreß teilnahmen, so konnten sie sich immerhin leicht auf den einfachen Nenner der Wiederwahl Roosevelts und der Einrichtung der LNPL als permanenter Organisation und möglicher Ausgangspunkt einer neuen Partei einigen. Der Kongreß bestätigte schließlich den Vorsitzenden, den Generalsekretär, den Kassierer und die anderen nationalen Funktionäre der LNPL in ihren Ämtern. Auch darin zeigte sich erneut der autokratisch-zentralistische Aufbau der Organisation, denn die Funktionäre, die von Berry als Vorsitzende der einzelstaatlichen LNPL ernannt worden waren, bestätigten diesen als Bundesvorsitzenden.[224]

Entsprechend den Beschlüssen des Kongresses begann das Washingtoner Büro der LNPL im September, eine Frauenorganisation aufzubauen. Es wurde versucht, wenigstens in den Wahlkreisen (Congressional Districts), in denen aufgrund der Wirtschaftsstruktur die Gewerkschaften relativ stark waren, eine lokale Gruppe der LNPL zu bilden. Da der National Execituve Board offensichtlich zu groß war, um arbeitsfähig zu sein, und letztlich nur eine repräsentative Funktion hatte, wurde außerdem noch ein Board of Directors, eine Art Exekutivkomitee, eingesetzt, dem nur zehn Personen angehörten.[225] Schließlich schlug Berry vor, daß jede der LNPL angeschlossene Gewerkschaft pro Jahr und Mitglied 50 Cent an die Liga abführen solle, da die Organisation bis dahin ausschließlich durch die UMW, ACWA, ILGWU und durch ihn persönlich finanziert worden sei.[226] Dieser Vorschlag Berrys konnte jedoch nicht verwirklicht werden. Im Oktober war das Organisationsgeflecht der LNPL immerhin schon so ausgebaut, daß 20 Einzelgewerkschaften und die Gewerkschaftsföderation in 13 Einzelstaaten (state federations) den Roosevelt-Wahlkampf durch die Liga aktiv untersützten.[227]

Wie groß der Beitrag der LNPL zur Wiederwahl Roosevelt gewesen ist, läßt sich nur schwer abschätzen. Der Präsident siegte mit Ausnahme von Maine und Vermont in allen Staaten, also in Industrie- wie in Agrargebieten gleichermaßen. Es ist anzunehmen, daß die LNPL Arbeiterstimmen mobilisieren konnte. So etwa fand in Pittsburgh eine Kundgebung der Liga statt, die von 200.000 Personen besucht wurde.[228] Nach der Selbsteinschätzung der LNPL war sie in Ohio, Illinois, Pennsylvania und New York besonders erfolgreich.[229] Dabei hatte die Liga nur die Unterstützung einzelner AFL-Gewerkschaften, nicht aber die des AFL-Bundesvorstandes erhalten. Die AFL sprach sich offiziell für keinen der Präsedentschaftskandidaten aus, und nur ihr Vorsitzender William Green hatte als „Privatmann" Roosevelt zu seinem Favoriten proklamiert.[230] Doch schon im April 1936 hatte Green – mit der Spitze gegen die LNPL – erklärt, daß die AFL konsequent bei ihrer parteiungebundenen (non-partisan) Politik bleiben werde.[231]

In seinem Glückwunschschreiben an den wiedergewählten Präsidenten bat Berry als Vorsitzender der LNPL darum, daß er, Lewis und Hillman von Roosevelt empfangen würden, um mit ihm anstehende Probleme – darunter die Position des Arbeitsministers – zu besprechen. Diese Unterredung fand am 21. November statt. Zur Diskussion stand die geplante Arbeitsgesetzgebung, die Durchsetzung der schon verabschiedeten Arbeitsgesetze, und die drei Besucher baten Roosevelt, die Gewerkschaften in der sich schon damals abzeichnenden Streikwelle zu unterstützen. Über die Besetzung des Arbeitsministeriums wurde dabei dann offensichtlich nicht gesprochen, da der Präsident von vornherein an Frances Perkins festgehalten hatte.[232] Wenige Tage nach dieser Besprechung wurde noch einmal offiziell bekanntgegeben, daß die LNPL als permanente Organisation etabliert worden sei.

*

Die Liga, die zum Präsidentschaftswahlkampf 1936 in wenigen Wochen aus dem Boden gestampft worden war, wurde jetzt auf Bundesebene und in verschiedenen Einzelstaaten organisatorisch und finanziell konsolidiert. Systematischer politischer Aufbau der LNPL in den Jahren 1937 bis 1939 löste in einigen Industrieregionen der USA die erste Phase der Improvisation ab. Gehörten im September 1936 zunächst nur Gewerkschaftsorganisationen der Liga an (nämlich 58 Organisationen mit 2,2 Millionen Mitgliedern)[233], so konnten den einzelstaatlichen LNPLs seit 1937 auch Einzelpersonen beitreten. Im Januar 1937 berichtete Eli L. Oliver, daß in jedem Staat der USA ein State Committee eingerichtet sei und der Liga 25.000 ehrenamtliche Mitarbeiter zur Verfügung ständen.[234] Im Hauptquartier der LNPL in Washington arbeiteten neben den Sekretärinnen fünf hauptamtliche Funktionäre.[235] Ein "National Bulletin" erschien zweimal im Monat als Informationsmittel zwischen den lokalen und regionalen LNPL-Zweigen, ein "Organizing Letter" in unregelmäßigen Abständen. Anfang 1939 unternahmen John L. Lewis und Sidney Hillman einen weiteren Versuch, die Basis der Liga dadurch zu erweitern, daß Wähler in größerem Umfang als Mitglieder gewonnen werden sollten. Für die Jahresmitte wurde ein Kongreß angekündigt[236], der dann aber wegen der sich verschärfenden politischen Gegensätze im CIO nicht stattfand.

In den Einzelstaaten orientierte sich die Organisationsstruktur der Liga an der Wahlkreiseinteilung und am Aufbau der politischen Parteien, was den Spekulationen darüber, daß aus der LNPL eine Arbeiterpartei entstehen könne oder die Liga die Demokratische Partei übernehmen oder doch unterwandern werde, neue Nahrung gab. War in einem Einzelstaat die LNPL voll ausgebaut, so gliederte sie sich auf den verschiedenen Ebenen in die folgenden Unterorganisationen: County (Kreis) – District (Unterbezirk) – Ward (Gruppe) – Precinct (Untergruppe). Die Liga wurde in ihren Basisorganisationen also nicht betrieblich entsprechend der Arbeitsplätze der Gewerkschaftsmitglieder, sondern nach Wohnbezirken gegliedert. Das Hauptgewicht der politischen Aktivität lag dabei in dem engeren Wohnbezirk, dem Ward.[237] Schon im Wahlkampf von 1936 hatte die LNPL in Pennsylvania in 51 von 67 Kreisen ihre Unterorganisationen errichtet, in West Virginia in 50 von 55 und in Ohio in 37 von 88. Dies reflektierte zugleich den großen Einfluß des Bergarbeiterverbandes auf die Liga, denn die drei vorgenannten Staaten gehören zu den Zentren des amerikanischen Kohlebergbaus.[238] In den drei Jahren von 1937 bis 1939 wurden in 41 Staaten Ligen mit einem Netz von Unterorganisationen aufgebaut.[239] Die Gewerkschaftskongresse der größeren CIO-Gewerkschaften empfahlen ihren lokalen Betriebsgewerkschaftsgruppen (locals), sich den kommunalen Ligen kollektiv anzuschließen. Nur in den Südstaaten gab es häufig unüberwindliche Hindernisse beim Aufbau lokaler LNPL-Gruppen, so daß hier das State Committee oft ein Wasserkopf ohne Unterbau blieb.[240] Dies waren Gebiete, in denen von der Wirtschaftsstruktur und den politischen Bedingungen her die Gewerkschaften – und namentlich die des CIO – sowieso schwach waren.

Im Verlauf der Jahre 1938/39 gewannen die regionalen und lokalen Organisationen der LNPL immer mehr Eigenständigkeit von Washington, so daß die zentralistischen Tendenzen der Aufbauphase allmählich überwunden wurden. Die Ursachen für die fortschreitende Dezentralisation der Liga lagen im amerikanischen Regierungssystem selbst. Um die Gleichförmigkeit der Organisation schließlich überhaupt noch erhalten zu können, gab das nationale Büro der Liga Modell-Satzungen für die Unterorganisationen heraus. Danach konnten Mitglied der LNPL in einem Einzelstaat alle dort ansässigen (auch nichtgewerkschaftlichen) Organisationen und Einzelpersonen werden. Der Vorstand bestand aus einem Präsidenten, mehreren Vizepräsidenten, dem Sekretär, dem Schatzmeister und einigen Beisitzern. Er wurde von einer jährlich zusammentretenden Delegiertenversammlung gewählt, zu der die Delegierten je nach Mitgliederstärke der repräsentierten Organisation entsandt wurden. Jede Mitgliedsorganisation mußte wie jedes individuelle Mitglied einen jährlichen Mindestbeitrag entrichten (in der Regel 5 Dollar pro Organisation bzw. 25 Cent pro Person).[241] Der Aufbau der Kreisorganisationen (county) war im Prinzip ähnlich: Ein mehrköpfiger Vorstand wurde von einer Delegiertenversammlung gewählt, die sich entsprechend der Stärke der LNPL im Wohnbezirk (ward) zusammensetzte.[242] Je näher die jeweilige Institution an der Mitgliederbasis lag, um so intensiver sollten nach den Vorstellungen der führenden Liga-Funktionäre, die sich in den Satzungsentwürfen niederschlugen, politische Arbeit und Gruppenleben sein. So wurde vorgeschlagen, daß der Vorstand der County-LNPL und der Ward Club wenigstens einmal monatlich tagten. Die Satzungswirklichkeit ist von dieser Norm häufig abgewichen. Gleichwohl fand in den industriellen CIO-Hochburgen ein reges politisches Vereinsleben statt. So wurde vor den Wahlen von 1938, in denen nur die Mitglieder des Repräsentantenhauses und ein Drittel der Senatoren zu wählen waren, geschätzt, daß die LNPL in Kalifornien 400.000 Wähler hinter sich habe, in Michigan 400.000, in Illinois 350.000, in New Jersey, South Carolina und Maryland je 200.000 und in Vermont 100.000.[243] In den von Washington herausgegebenen Modellsatzungen fehlte ein Element: Es wurde nichts über die politische Zielsetzung der LNPL gesagt. Die einzige Andeutung in diese Richtung fand sich in der Bestimmung, daß die Delegiertenversammlung des Einzelstaates darüber zu entscheiden habe, welche Kandidaten für den Kongreß und für die Wahlämter des Einzelstaates von der LNPL unterstützt würden[244] und daß die Delegiertenversammlung eines Kreises entsprechend über kommunale Kandidaten zu befinden habe.

In der Unterstützung von Kandidaten im Wahlkampf lag eine der wichtigsten Aufgaben der LNPL, besonders ihrer lokalen Gliederungen. Wie die Liga 1936 F. D. Roosevelt unterstützt hatte, gab sie auf allen Ebenen des Regierungssystems organisatorische und finanzielle Hilfe für jene Kandidaten, die im Prinzip die Maßnahmen des New Deal billigten und auf diese Weise mit der Durchsetzung bestimmter Arbeits- und Sozialgesetze indirekt und direkt Bestand und Wachstum der Gewerkschaften sicherten. Die LNPL war die gewerkschaftliche Säule jener New-Deal-Koalition im Kongreß, die in den Industriestädten ihre Wählerbasis hatte und zu der – oft im CIO organisierte – Industriearbeiter und Neger gehörten. Schon 1928 hatte Alfred E. Smith bei seiner vergeblichen Kandidatur um das Präsidentenamt für die Demokraten große Einbrüche in diese städtischen Schichten erzielt.[245] Hatte schon vor 1932 die Mehrheit der Gewerkschaftsmitglieder demokratisch gewählt, so gaben 1936 80 % der Gewerkschaftsmitglieder (85 % der CIO-Mitglieder) und 1940 immerhin noch 72 % (79 % der CIO-Mitglieder) der Demokratischen Partei ihre Stimme.[246] Für die LNPL kam es darauf an, die potentiellen Wähler in der Arbeiterschaft zu mobilisieren. Das hieß konkret, daß die lokalen und einzelstaatlichen Organisationen der Liga in den Wohnbezirken und über die Gewerkschaften im Betrieb Werbekampagnen veranstalteten, damit die Staatsbürger sich als Wähler registrieren ließen (und dadurch entsprechend den Wahlgesetzen in den Einzelstaaten überhaupt erst das Wahlrecht erhielten) und dann schließlich auch zur Wahl gingen. Das Hauptproblem der LNPL und des CIO bestand nicht darin, ihre Mitglieder und die ihnen nahestehenden Arbeiter davon zu überzeugen, wer der richtige Kandidat sei, da diese in der Regel sowieso für Roosevelt und New Deal-Politiker stimmten. Vielmehr mußte die LNPL darauf hinarbeiten, daß das Wahlrecht – dessen Wahrnehmung die bürokratische Hürde der Registrierung als Wähler entgegenstand – auch realisiert wurde. Broschüren, Flugblätter, Radiowerbung und Rundfunkansprachen, Kundgebungen und Hausbesuche ("canvassing") hatten vor allem ein Ziel: Die Arbeiter und ihre Familienangehörigen sollten sich als Wähler registrieren lassen und dann zur Wahl gehen.[247] Soweit dies politisch möglich war, wurde versucht, die Büros, in denen man sich als Wähler registrieren lassen konnte, in die Nähe der Fabriken zu legen.[248] Obwohl die Mobilisierung potentieller Wähler Priorität hatte, hat die Liga natürlich auch bestimmte, mit den Gewerkschaften sympathisierende Kandidaten ihren Mitgliedern und Anhängern empfohlen. Dies geschah vor allem durch die Veröffentlichung von "voting records" derjenigen, die schon öffentliche Ämter bekleidet hatten. Anhand ausgewählter, für die Gewerkschaften wichtiger Gesetzesvorlagen (im allgemeinen Arbeits- und Sozialgesetze) wurde untersucht, ob der jeweilige Kandidat gewerkschaftsfreundlich gestimmt hatte oder nicht. Die Idee, die von der LNPL unterstützten Kandidaten nach ihrer Wahl durch eine von der Liga herausgegebene Tages- oder Wochenzeitung mit einer Auflage von einer Million permanent kontrollieren zu lassen, scheiterte, da die dazu notwendigen Gelder, 100.000 Dollar Anfangskapital, nicht aufzubringen waren.[249] Betrachtet man das vordringliche Interesse der LNPL, potentielle Wähler zu mobilisieren, dann wird es verständlich, daß die Liga nur in Ausnahmefällen – und dann zumeist bei kommunalen und einzelstaatlichen Wahlen – in die "primaries", in die Vorwahlen, eingegriffen hat[250], in denen innerhalb einer Partei entschieden wurde, wer der offizielle Parteikandidat bei den Wahlen war. Die Hauptaufgabe, die die LNPL sich selbst gestellt hatte, bestand also darin, die numerische Basis für den New Deal in den Parlamenten, der Exekutive und auch der Judikative zu erweitern oder wenigstens zu halten, um auf diese Weise gewerkschaftliche Interessen durchsetzen zu können.

In die gleiche Richtung zielten Bemühungen der LNPL, ihre Mitgliederbasis nicht auf die CIO-Gewerkschaften zu beschränken, sondern außer der organisierten Arbeiterschaft auch andere gesellschaftlichen Gruppen für sich zu gewinnen. Zunächst gehörte in diese Politik auch, daß man darauf bedacht war, daß trotz der dominierenden Rolle von John L. Lewis und Sidney Hillman, den beiden treibenden Kräften bei der Gründung des CIO, die regionalen und lokalen LNPLs von CIO- und AFL-Vertretern gleichermaßen besetzt wurden. George Berry, der ja aus einer AFL-Gewerkschaft kam und den Vorsitz der Bundes-LNPL übernommen hatte, schien ein Garant dafür zu sein, daß die Liga nicht zu einem reinen CIO-Organ wurde. Dieses Bemühen um Einschluß der AFL-Gewerkschaften war auch bis zum März 1937 erfolgreich. Zu diesem Zeitpunkt jedoch begann der CIO, dessen Gewerkschaften gerade endgültig aus der AFL ausgeschlossen worden waren, eigene lokale und regionale Organisationen aufzubauen.[251] Von hier griff die Spaltung des Gewerkschaftsbundes auf die Liga über. Hatten sich die größeren AFL-Gewerkschaften wie die Transportarbeiter sowieso immer zurückgehalten, so attackierte William Green als Vorsitzender der AFL die LNPL 1938 mehrfach öffentlich. Im Januar 1939 untersagte der AFL-Bundesvorstand seinen angeschlossenen Verbänden die Mitarbeit in der Liga. Anfang 1940 war die AFL nicht mehr in der Liga repräsentiert. Die Spaltung der Gewerkschaftsbewegung und der Wandel der LNPL zu einer reinen CIO-Institution belastete die New-Deal-Koalition im Kongreß und behinderte die legislativen Pläne des Präsidenten. So war der Fehlschlag Roosevelts, die Konservativen 1938 aus der Demokratischen Partei zu drängen, dadurch mitverursacht, daß die AFL New-Deal-Kandidaten nicht nur nicht unterstützte, sondern sogar Roosevelt-Gegnern zuhilfe kam.[252] Erfolgreicher als in der Zusammenarbeit mit der AFL war die LNPL darin, einige unabhängige Gewerkschaften wie die Eisenbahnerverbände an sich zu binden. So gehörte der Präsident der Brotherhood of Railway Trainmen, A. F. Whitney, der Liga seit ihrer Gründung an und arbeitete auch später beim PAC mit. Dagegen beschloß die Brotherhood of Railway Clerks unter dem Einfluß des AFL-Verhaltens, daß ihre Mitglieder keine Funktionen in der Liga übernehmen dürften.[253]

Eine gesellschaftliche Zielgruppe für die LNPL waren die Farmerorganisationen. Hier schienen politische Absprachen durchaus möglich, da die ersten Maßnahmen des New Deal 1933/34 Bauern ebenso wie Arbeitern geholfen hatten. Doch kam es im Dezember 1937 schließlich nur zu einer Vereinbarung zwischen der LNPL und der Farmer's Educational and Cooperative Union, daß man im Wahlkampf und in der Lobby gemeinsam vorgehen wolle. Diese Farmer-Organisation war insofern atypisch für die amerikanischen Bauernverbände, als in ihr nur die Kleinfarmer aus Oklahoma, Kansas, Nebraska, Colorado und den Dakotas zusammengeschlossen waren und sie – wie die CIO-Gewerkschaften – für Produktionsgenossenschaften eintraten. Das Farm-Bureau und der National Grange hingegen, beides Verbände von Mittel- und

Großbauern, waren konservativ und antigewerkschaftlich, opponierten gegen den New Deal, dessen Sozial- und Arbeitsgesetzgebung sie gegen sich gerichtet empfanden, und gegen das Genossenschaftswesen. Die Kooperation der LNPL mit Farmern beschränkte sich also auf eine gesamtwirtschaftlich relativ unbedeutende Organisation.[254]

Ein natürlicher politischer Koalitionspartner für die LNPL waren verschiedene Negerorganisationen, deren Interessen mit denen von Industriegewerkschaften z. T. parallel liefen. Anders als in den Facharbeitergewerkschaften der AFL, in die Neger überhaupt nicht aufgenommen wurden oder den Status zweitrangiger Mitglieder erhielten, waren Schwarze in den Gewerkschaften des CIO voll gleichberechtigt. Allein wegen der unmittelbaren sozialen und lohnpolitischen Interessen der weißen Arbeiter mußten Industriegewerkschaften voll integriert sein[255], was sich dann auch in Organisation und Arbeitsweise der LNPL reflektierte. Schwarze arbeiteten in den lokalen und regionalen Liga-Institutionen gleichberechtigt mit, und 1938/39 wurden besondere Neger-Wahlkampfkomitees innerhalb der LNPL gebildet, um die hohe Quote der Nichtwähler unter der schwarzen Bevölkerung zu senken. CIO-Führer sprachen vor den Versammlungen der National Association for the Advancement of Colored People (NAACP). Innerhalb der politischen Organe des CIO war gleichsam die New-Deal-Koalition bis an die Wählerbasis hinunter verwirklicht. 1940, als John L. Lewis wegen politischer Differenzen innerhalb des CIO nach ihm ergebenen Bündnispartnern Ausschau hielt, schloß die LNPL mit dem National Negro Congress (einer kommunistisch beeinflußten Organisation) ein förmliches Abkommen über die zukünftige Zusammenarbeit. Eine engere Kooperation zwischen der LNPL und mehreren Negerorganisationen scheiterte kurz darauf aber daran, daß Lewis sich gegen Roosevelts Präsidentschaftskandidadur für eine dritte Amtsperiode aussprach, während die Negerbevölkerung Roosevelt einhellig unterstützte.

Ähnlich wie mit den Negern – und damit gleichsam als Scharnier in der New-Deal-Koalition fungierend – arbeitete die LNPL mit slawischen Einwanderergruppen in den industriellen Großstädten zusammen. Diese Einwanderer hatten in den Großbetrieben der Auto-, Stahl- und Elektroindustrie und in den Kohlebergwerken ihre Arbeitsplätze und waren daher in den Gewerkschaften des CIO organisiert. Entsprechend bemühte sich die LNPL darum, die mit den Gesetzen ihrer neuen Heimat oft wenig vertrauten eingewanderten Staatsbürger in das Registrierungsbüro und Wahllokal zu bringen und zur Stimmabgabe für New-Deal-Kandidaten zu bewegen.[256]

Neben den schon genannten Gruppen bemühte sich die LNPL um eine Zusammenarbeit mit verschiedenen liberalen Organisationen, die die Politik des New Deal und Roosevelt unterstützten. Dazu gehörten die Reste der "Progressiven" um Philip und Robert M. La Follette in Wisconsin und die Farmer-Labor-Party um den Gouverneur Elmer Benson in Minnesota.[257] Anfang 1940 verständigte sich John L. Lewis – wiederum aus den schon erwähnten Gründen – mit den Sprechern des National Youth Congress über eine enge Zusammenarbeit zwischen ihrer Organisation und der NLPL.[258] Vorübergehend wurden einige hauptamtliche Funktionäre dieses Jugendverbandes, in dem eine kommunistische Fraktion relativ stark war, von der Liga finanziert.[259] Der Versuch, einige liberale Unternehmer ebenfalls an die LNPL zu binden und auf diese Weise mit umso größerem Anspruch, für das Gemeinwohl Politik zu betreiben, agieren zu können, schlug bereits im Anfangsstadium fehl.[260]

Trotz aller Versuche, den engen gesellschaftlichen und politischen Rahmen einer reinen Arbeitnehmerorganisation zu sprengen, blieb die LNPL letztlich auf die CIO-Gewerkschaften beschränkt und fungierte als ihr politischer Arm. Dies zeigte sich u. a. in der personellen Zusammensetzung der hauptamtlichen und ehrenamtlichen Mitarbeiter und bei der Finanzierung der Liga. Abgesehen von wenigen Angestellten im Washingtoner Büro und in einigen Staaten, die ihr Gehalt direkt von der LNPL erhielten, lief die Wahlkampfmaschine der Liga nur durch die freiwillige Hilfe mehrerer Tausend Gewerkschaftsfunktionäre und dadurch, daß die UMW, die ACWA und – in wenigen Fällen – die ILGWU hauptamtliche Funktionäre abstellten. Die führenden Köpfe der Liga waren Gewerkschafter, keine Intellektuellen, sie kamen auch nicht aus dem Bürgertum. Als im Mai 1937 George Berry als Vorsitzender der LNPL zurücktrat, um das vakante Amt eines Senators von Tennessee im Kongreß zu übernehmen, wurde John L. Lewis sein Nachfolger. Die Hauptlast der organisatorischen Arbeit im Washingtoner Büro der Liga übernahm Eli L. Oliver, der als Funktionär der ACWA gearbeitet hatte und als Hillmans Vertrauter galt. Er stand vor dem großen Problem, freiwillige Helfer unter den CIO-Funktionären für die Liga zu gewinnen. Dies war insofern schwierig, als die LNPL im Gegensatz zu einer Maschine der Demokratischen oder Republikanischen Partei keine Patronage oder andere materielle Vorteile, die unmittelbar nach einer gewonnenen Wahl auszahlbar gewesen wären, verteilen konnte. Die Mitarbeit in der Liga erbrachte für den einzelnen bestenfalls höheres soziales Ansehen in der Nachbarschaft oder – in wenigen Ausnahmefällen bei Gewerkschaftsführern wie Sidney Hillman – die politisch und finanziell bedeutungslose Wahl zum Wahlmann (elector) des Präsidenten.[261] Sollte der Wahlkampf der LNPL wirklich erfolgreich sein, d. h. sollten potentielle Wähler aus der Arbeiterschaft mobilisert werden, mußten die regionalen und lokalen Unterorganisationen entweder selbst hauptamtliche Funktionäre einstellen[262] oder sich diese von den CIO-Gewerkschaften ausleihen.[263] Die Arbeit ehrenamtlicher Funktionäre reichte nicht aus, war auch zu wenig motiviert.

Ähnlich wie der CIO als Gewerkschaftsbund hing die LNPL finanziell von den großen Industriegewerkschaften ab. Die Büros und Organisationskampagnen des CIO wurden im ersten Jahr seines Bestehens zu 88 % aus den Kassen der UMW bezahlt, zu einem geringen Teil von den ACWA.[264] Die LNPL erhielt 1936 ihre Gelder von den UMW, von den ACWA und der ILGWU. Für den Unterhalt des Washingtoner Büros hatte Berry selbst 1936 7.200 Dollar beigetragen und für 1937 8.000 Dollar in Aussicht gestellt.[265] Auch die einzelstaatlichen LNPLs wurden aus den Etats der Gründergewerkschaften des CIO unterhalten.[266] Zwar hatte Berry im September 1936 vorgeschlagen, daß pro Mitglied jede angeschlossene Organisation 50 Cent jährlich an die Liga entrichten solle und im Frühjahr 1937 der zweite Kongreß der LNPL daraufhin einen entsprechenden Beschluß gefaßt[267], doch wurden diese Empfehlungen nicht verwirklicht. Im März 1937 drängte Berry darauf, daß für das laufende Jahr endlich ein Finanzplan aufgestellt werden müsse[268]: Sein Appell blieb offensichtlich vergeblich, denn nirgendwo findet sich im von mir durchgesehenen Archivmaterial auch nur der Entwurf eines Haushaltsplans. Ähnlich wurde bei den Ligen der Einzelstaaten improvisiert. Soweit sich aus den Akten ersehen läßt, gelang es an keiner Stelle, einen festen Mitgliedsbeitrag zu erheben.[269] Die LNPL-Organe auf Kreisebene (county) mögen in dieser Hinsicht allerdings besser funktioniert haben. Insgesamt läßt sich für die Jahre

1937 bis 1940 nicht sagen, wie hoch die Einnahmen und Ausgaben der LNPL auf den verschiedenen politischen Ebenen gewesen sind.[270]

Die Ausgaben der Gewerkschaften vor allem die des CIO für politische Zwecke sind im Wahljahr 1936 allerdings (verglichen mit denen aller vorherigen Präsidentenwahlen) beträchtlich gewesen. Die AFL hatte in den Jahren 1906 bis 1925 insgesamt nur 95.000 Dollar für Wahlkampfzwecke ausgegeben, in den Jahren danach nichts. 1924, als die AFL sich für die „Progressiven" ausgesprochen hatte, gingen an deren Kandidaten La Follette von allen AFL-Gewerkschaften nicht mehr als 7.500 Dollar.[271] 1936 flossen über die LNPL etwa 800.000 Dollar der (CIO-)Gewerkschaften an die Demokratische Partei und Roosevelt. Dadurch ersetzte die organisierte Arbeiterschaft zum Teil jene Gelder, die Unternehmer und Banken der Demokratischen Partei nicht mehr gaben, weil der New Deal ihnen zu „radikal" war.[272] Von den 800.000 Dollar gewerkschaftlichen Wahlkampfgeldern gingen 250.000 Dollar direkt an das Democratic National Committee, 227.000 Dollar an die verschiedenen Organe der LNPL, 18.000 Dollar an die ALP und der Rest an verschiedene andere Hilfsorganisationen der Demokratischen Partei. Von diesem Geld kamen 80 % aus CIO-Gewerkschaften, darunter von den UMW 470.000 Dollar, den ACWA 82.000 Dollar, der ILGWU 61.000 Dollar. Die Transportarbeiter der AFL zahlten weniger als 8.000 Dollar.[273] Die Gewerkschaften finanzierten 1936 damit 10,2 % der Wahlkampfausgaben der Demokratischen Partei und Roosevelts.[274] Dies war gleichwohl relativ immer noch weniger als drei Privatpersonen an das Republican National Committee im gleichen Jahr zahlten.[275] Ungewöhnlich für die amerikanische politische Tradition bis 1936 war dabei nicht nur, daß die Gewerkschaften einen Teil der finanziellen Lasten einer der beiden etablierten Parteien übernahmen, sondern daß – wie bei europäischen Parteien unseres Jahrhunderts – die Gelder der ALP (und nach 1936 gelegentlich auch der LNPL) z. T. aus Mitgliedsbeiträgen von Individuen stammten.[276] Aus dieser neuen Rolle der Gewerkschaften in der Parteifinanzierung entsprang sofort der Mythos von "big labor", von der Macht der organisierten Arbeiterschaft[277], der wenig später auch einen legislativen Niederschlag fand, um den politischen Einfluß der Gewerkschaften zurückzudrängen. Tatsächlich hat John L. Lewis in einer Zeit, in der sich ein Konflikt zwischen ihm und Roosevelt immer mehr abzeichnete, auch versucht, Druck auf den Präsidenten dadurch auszuüben, daß er einen von den UMW an die Demokratische Partei gegebenen Kredit von 50.000 Dollar kurzfristig zurückforderte.[278] 1940 trugen die Gewerkschaften – überwiegend die des CIO – immer noch 6,2 % der Wahlkampfausgaben des Democratic National Committee, obwohl in diesem Jahr die LNPL praktisch ausgefallen war und die UMW kein Geld gaben.[279] Genaue Ziffern über die Beteiligung der Gewerkschaften an den Wahlkampflasten lassen sich allerdings schon deswegen nicht geben, weil die Spenden der lokalen Betriebsgewerkschaftsgruppen nicht erfaßt worden sind. Ebenso erscheinen das Abstellen von hauptamtlichen Gewerkschaftsfunktionären für den Wahlkampf, das Drucken von gewerkschaftlichen Flugblättern und Broschüren, in denen bestimmte Kandidaten unterstützt wurden, und andere Mittel indirekter Wahlkampffinanzierung in keiner Statistik. Verglichen mit anderen Interessengruppen haben allerdings die Gewerkschaften 1936 und in den folgenden Wahlkämpfen einen relativ geringen Beitrag zur Parteienfinanzierung geleistet. Gleichwohl sind sie im New Deal auch in dieser Hinsicht ein Faktor der politischen Szene der Vereinigten Staaten geworden. Der Mythos von der Macht der Gewerkschaften in Wahlkämpfen reichte jedenfalls aus, um die Öffentlichkeit auch weiterhin glauben zu lassen, daß aus der LNPL eine amerikanische Arbeiterpartei entstehen könne.

*

Die Spekulationen, daß die LNPL die organisatorische Basis für eine in der Zukunft erfolgreiche Dritte Partei sei, wurden dadurch weiter genährt, daß die Liga in den Jahren 1937/38 mehrere Wahlen entscheidend beeinflußte. Zwar hatte es zu Beginn des Jahres 1937 eine ernste Verstimmung zwischen John L. Lewis und Roosevelt gegeben, als der Präsident nicht, wie der CIO-Chef erwartet hatte, in der Streikwelle zugunsten der CIO-Gewerkschaften eingriff, sondern sich im wesentlichen neutral verhielt. Doch setzte der CIO sich weiterhin für liberale Politiker so ein, daß die LNPL bei kommunalen und regionalen Wahlen 1937 in den Staaten New York, Pennsylvania, Ohio, Michigan und Connecticut zum Zünglein an der Waage zwischen Demokraten und Republikanern wurde.[280] Bei den Wahlen zum Kongreß und in einigen Einzelstaaten griff die Liga 1938 erneut auf Seiten der New-Deal-Kandidaten ein. Kriterium für die Unterstützung eines Aspiranten war dabei sein "voting record", sein Verhalten bei Abstimmungen in der Arbeits- und Sozialgesetzgebung. Die Entfremdung zwischen Roosevelt und Lewis konnte bald soweit überwunden werden, daß – als das National Democratic Committee dem Präsidenten keine ausreichende Finanzhilfe gab – der Bergarbeiterverband und die LNPL Wahlkampfgelder zur Verfügung stellten, um dazu beizutragen, in den Vorwahlen (Primaries) die Demokratische Partei von konservativen Politikern zu reinigen.[281] Die LNPL opponierte dabei erfolgreich gegen sieben Mitglieder des Kongresses und gegen einen Gouverneur, und ihr gelang es, die Nominierung von neun Senatoren, elf Kandidaten für das Repräsentantenhaus und drei Gouverneuren sicherzustellen. Nur in den Primaries in New Jersey und Texas unterlagen die von der Liga gestützten Aspiranten für den Senat.[282] Als größte Erfolge wurden gefeiert, daß Gouverneur Martin L. Davey von Ohio, der den Organisationsbemühungen des CIO in seinem Staat große Hindernisse in den Weg gebaut hatte, nicht wieder nominiert wurde und daß John J. O'Connor (New York), der Vorsitzende des House Rules Committee, in dem für die Gewerkschaften wichtige Sozialgesetzgebung blockiert worden war, ebenfalls durchfiel. Bei den Wahlen selbst erlitt die Demokratische Partei große Verluste, obwohl sie in beiden Häusern des Kongresses eine klare Mehrheit behielt.[283] Der LNPL gelang es, auf kommunaler Ebene[284] und auf Bundesebene mehrere der von ihr unterstützten Kandidaten durchzubringen: Offiziell gab man sich mit dem Wahlergebnis zufrieden. Doch fehlte es nicht an Kritik, weil LNPL-Favoriten gerade in Industriestaaten wie New Jersey, Pennsylvania und Michigan unterlegen waren. Bei den ACWA und den Automobilarbeitern wurden Stimmen laut, daß die LNPL sich zu eng an die Demokratische Partei und Roosevelt angelehnt und dadurch Stimmen der Arbeiter verloren habe. Auch innergewerkschaftliche Fraktionskämpfe hätten die Position des CIO politisch geschwächt. Als Alternative wurde daher wiederholt die Gründung einer selbständigen auf den CIO-Gewerkschaften basierenden Arbeiterpartei gefordert.[285]

Das Ende der LNPL kam jedoch bald und für viele überraschend, und damit zerstoben auch alle Hoffnungen auf eine amerikanische Arbeiterpartei, die im Zusammenhang mit der Liga gehegt worden waren. Oberflächlich betrachtet schien die LNPL nur deswegen zusammenzubrechen, weil zwei politische Giganten, Franklin D. Roosevelt und John L. Lewis, in offener Konfrontation im Wahljahr 1940 gegenüberstanden. Tatsächlich ist der persönliche Faktor in der Geschichte der LNPL relativ hoch zu veranschlagen. Gleichwohl wäre es verfehlt, die Geschichte des politischen Arms des CIO auf das Verhältnis zweier Personen oder zwischen wenigen Politikern und Gewerkschaftern zu reduzieren. Vielmehr zeigte sich in der Auseinandersetzung zwischen Lewis und Roosevelt gerade, daß der Persönlichkeit in der Geschichte nur eine bestimmte Bandbreite an Entscheidungsmöglichkeiten gegeben war. Die Rolle von John L. Lewis in diesem Konflikt ist letztlich nur dadurch erklärbar, daß der CIO und die LNPL in das bestehende gesellschaftliche und politische System sehr schnell fest integriert worden sind. Weder entstand in der Krisensituation der Weltwirtschaftskrise eine amerikanische Labor Party, noch hätte die Liga die Demokratische Partei zu irgendeinem Zeitpunkt unterwandern können. Lewis verhielt sich in diesem Konflikt genau so, wie es der Tradition der amerikanischen Gewerkschaftsbewegung entsprach; er verfolgte letztlich eine "non-partisan-policy", eine parteiungebundene Politik, die den Traditionen der AFL näher stand als den europäisch-sozialdemokratischen Parteien. Und Roosevelt beantwortete die Herausforderung durch Lewis wie es seiner Rolle als Präsident und Führer der Demokratischen Partei entsprach. Die Auseinandersetzung zwischen dem Präsidenten und dem Vorsitzenden des Industriegewerkschaftsbundes war fest in den traditionellen, wenn auch im New Deal leicht korrigierten Bezugsrahmen des amerikanischen Regierungs- und Gesellschaftssystems eingeordnet. Was spielte sich ab?

Es ist schon erwähnt worden, daß Lewis und mit ihm andere Führer von CIO-Gewerkschaften darüber enttäuscht waren, daß der Präsident sich in den großen Streiks der Stahl-, Auto- und Gummiindustrie von 1937 neutral verhalten hatte. Roosevelt griff sogar öffentlich Gewerkschaften und Unternehmer wegen ihres Verhaltens an, worauf Lewis in einer Rede zum Labor Day im September 1937 scharf mit dem Hinweis antwortete, daß im Wahlkampf 1936 die CIO-Mitglieder den Präsidenten gewählt hätten und er ihnen jetzt in den Rücken falle.[286] Lewis ging es zuallererst darum – und darin zeigte sich, daß er die traditionelle Rolle der Gewerkschaften fortsetzte und lediglich auf neue Bereiche der Wirtschaft ausdehnte – die Arbeiter der Massengüterindustrien zu organisieren. Gewerkschaftliche Organisation stand in seiner Prioritätenliste an erster Stelle, hier verlangte er die Hilfe des Präsidenten. Roosevelt, der aus Furcht vor einer geschlossenen Opposition von Klein-, Mittel- und Großunternehmern, Farmern und anderen gesellschaftlichen Gruppen in den Streiks nicht deutlicher die Gewerkschaftsseite einnahm, antwortete geschickt und den Traditionen amerikanischer politischer Taktik verhaftet, indem er den Spaltungskeil in den CIO zu treiben suchte: Demonstrativ zog er Hillman gegenüber Lewis vor, lud diesen relativ häufig zum Essen ins Weiße Haus und holte ihn, als sich der Kriegseintritt der USA abzuzeichnen begann, in seine Administration.[287] Hillman blieb mit seinen Anhängern im CIO allen Roosevelt-Regierungen gegenüber im Prinzip positiv eingestellt. Lewis jedoch griff den Präsidenten wiederholt und je näher der Wahltermin 1940 rückte umso vehementer an. Er zeigte sich über den New Deal insgesamt enttäuscht, kritisierte, daß Unternehmer, die sich nicht an die Bestimmungen des NLRA hielten, gleichwohl öffentliche Aufträge erhielten[288], und weigerte sich aus diesem Grund auf dem Bergarbeiterkongreß 1940, Roosevelt für eine Wiederwahl zu unterstützen.[289] Unter der Rezession 1937/1938 hatten die Bergleute besonders gelitten, was Lewis wiederum veranlaßte, dem Präsidenten vorzuwerfen, die Regierung zahle keine Hilfsgelder an seine arbeitslosen Kollegen und sie bemühe sich nicht um eine Gesundung des Kohlebergbaus.[290] Außenpolitisch war Lewis strikter Isolationist und griff – bis zum deutschen Einmarsch in Rußland gemeinsam mit den Kommunisten im CIO – Roosevelt wegen seiner interventionistischen Politik an, ging schließlich sogar so weit, daß er im August 1941 gemeinsam mit 14 prominenten Republikanern, darunter Herbert Hoover, ein isolationistisches Manifest veröffentlichte.[291] Zwar gab es immer wieder kurze Zusammenkünfte zwischen dem Präsidenten und dem CIO-Chef[292], doch brüskierte Lewis die Regierung immer häufiger. Auf dem CIO-Kongreß 1939 ließ er die Grußadresse Roosevelts nicht verlesen, und im Januar 1940 lud er Burton K. Wheeler demonstrativ zum Bergarbeiterkongreß ein, um ihn als Präsidentschaftskandidaten herauszustellen.[293] Der Versuch von Lewis, in den Jahren 1939/40 die Basis der LNPL durch Absprachen mit dem National Youth Congress und Negro Congress zu erweitern und die Gerüchte, daß die Gründung einer vom CIO getragenen Dritten Partei bevorstehe, zu fördern[294], muß ebenfalls in diesem Zusammenhang der Opposition gegen Roosevelt gesehen werden. Dies ist in vielen CIO-Gewerkschaften nur so verstanden worden, daß Lewis – und dies lag genau in der Tradition amerikanischer Gewerkschaftspolitik – die Verhandlungsposition des CIO gegenüber der Demokratischen Partei und dem Präsidenten stärken wollte.

Ein anderes Gerücht kam hinzu, dessen Wahrheitsgehalt bis heute nicht geklärt ist. Es ist nicht bekannt, welche politischen Ambitionen Lewis selbst hatte.[295] Schon 1936 war unter Journalisten in Washington verbreitet worden, Lewis wolle eines Tages Präsident der USA werden.[296] Anfang 1940 soll Lewis dann Roosevelt angedeutet haben, daß er mit einer dritten Amtsperiode des Präsidenten – die der amerikanischen politischen Tradition völlig zuwiderlief – dann einverstanden wäre, wenn er selbst als Vizepräsident nominiert werden würde. Gewerkschaftsführer, die mit Lewis in dieser Zeit zusammengearbeitet haben und die von mir interviewt wurden, äußerten gegensätzliche Versionen zu den Vermutungen einer möglichen Lewis-Kandidatur als Vizepräsident.[297] Fest steht aber, daß Lewis ganz bewußt politischen Druck auf den Präsidenten und die Demokratische Partei ausüben wollte, wenn er auch nicht, wie Bernstein behauptet[298], die Rolle des Königmachers anstrebte. Es ging dem CIO-Chef eher darum, die Interessen seiner Industriegewerkschaften, nämlich Organisierung bisher gewerkschaftsfreier Industrien und Durchsetzung und Erhaltung bestimmter Arbeits- und Sozialgesetze, durchzusetzen. Genau damit aber verhielt er sich systemkonform und innerhalb der amerikanischen Gewerkschaftstradition.

Für alle CIO-Gewerkschaftsführer überraschend trat John L. Lewis am Abend des 25. Oktober 1940 vor die Mikrofone mehrerer nationaler Rundfunkanstalten und appellierte an die Arbeiter Amerikas und ihre Familien, dem Republikanischen Kandidaten Wendell Willkie ihre Stimme zu geben. Nach veröffentlichten Meinungsumfragen lagen zu diesem Zeitpunkt die Präsidentschaftskandidaten der beiden großen Parteien in einem Kopf-an-Kopf-Rennen. Um seiner Aufforderung Nachdruck zu verleihen, kündigte Lewis an, daß er für den Fall, daß Willkie nicht gewählt werde, als Vorsitzender des CIO zurücktreten würde.[299] Diese Rede bedeutete zunächst das Eingeständnis, daß Lewis keine personelle Alternative für Roosevelt gefunden hatte, da Willkie eindeutig als der Kandidat von "big business" galt. Sie zeigte aber auch, daß Lewis die gewerkschaftliche Verhandlungsposition aufrecht erhalten wollte, indem er die Unabhängigkeit des CIO von einer bestimmten Partei, in diesem Fall der Demokratischen, betonte. Lewis fürchtete offenbar, daß der CIO zu einem Anhängsel einer Partei und daß der staatliche Einfluß auf den Industriegewerkschaftsbund zu groß werden könnte. Insofern handelte er genau in den Traditionen der "non-partisan-policy" der AFL.

Die Ablehnung der Rede von Lewis im CIO war fast einhellig, so wie nur wenige Gewerkschaften auch vorher seinem Taktieren zwischen den Fronten gefolgt waren. Schon früh im Jahr hatten die ACWA unter Hillman eine dritte Amtszeit von Roosevelt befürwortet. Der Vorstand der Automobilarbeiter hatte sich im Juli offiziell für Roosevelt ausgesprochen, polemisierte in seiner Zeitung gegen Willkie, unterstützte den Präsidenten finanziell[300] und ihr Vorsitzender, R. J. Thomas, rief mehrfach in Radiosendungen, die in der ganzen Nation ausgestrahlt wurden, zur Wiederwahl Roosevelts auf. Auf den UE-Kongressen lagen seit 1938 Resolutionen vor, in denen Roosevelt gebeten wurde, erneut zu kandidieren. Trotz einer starken kommunistischen Fraktion, die Roosevelt wegen seiner Außenpolitik angriff, nominierte der UE-Gewerkschaftskongreß 1940 nach langer hitziger Debatte den Präsidenten auch offiziell. Im Bergarbeiterverband kam Opposition gegen Lewis aus der sonst von ihm völlig beherrschten Funktionärmaschine: Philip Murray, Thomas Kennedy, Van Bittner und viele lokale und regionale Mitarbeiter sprachen sich für Roosevelt aus.[301] Die sechs CIO-Vizepräsidenten stritten für Roosevelt im Wahlkampf.[302] CIO-Funktionäre gehörten zu den Delegierten des Demokratischen Parteikonvents, der den alten Präsidenten auch für eine dritte Amtsperiode aufstellte.

Die Mitglieder des CIO, die Arbeiter in den Massengüterindustrien und ihre Familien stimmten gegen Lewis. Sie folgten Roosevelt und der Demokratischen Partei, nicht ihrem Gewerkschaftsvorsitzenden. Auch dies war ein Anzeichen dafür, wie sehr die Arbeiterschaft in das bestehende politische System integriert war; daß sie den politischen Empfehlungen des CIO-Chefs nicht blindlings folgte; wie gering die Chance gewesen wäre, daß die Arbeiter auf Empfehlung ihrer Gewerkschaftsführer für eine Arbeiterpartei gestimmt hätten. Wahlanalysen zeigten, daß Roosevelt in Wahlkreisen, in denen CIO-Gewerkschaften stark waren, im Vergleich zu 1936 relativ weniger Stimmen verloren hatte als im Landesdurchschnitt. Selbst in den Bergbaugebieten Pennsylvanias, in denen John L. Lewis' Wort am meisten galt, hatte Roosevelt nur 1,3 % Wählerstimmen mehr verloren als im Durchschnitt des Staates. Allerdings war auffällig, daß in den UMW-Hochburgen die Wahlbeteiligung geringer war als in den Wahlkreisen, in denen andere CIO-Gewerkschaften ihren Schwerpunkt hatten. Gleichwohl läßt sich sagen, daß auch die Bergleute für Roosevelt stimmten und damit ihren Gewerkschaftsvorsitzenden desavouierten.[303]

Die LNPL zerbrach an dem Konflikt zwischen Roosevelt und Lewis und an den daraus resultierenden innergewerkschaftlichen Spannungen. Im Gegensatz zu 1936 spielte die Liga 1940 auf nationaler Ebene im Wahlkampf eine unbedeutende Rolle. Sie hat allerdings in einigen Vorwahlen und in einigen Einzelstaaten bei der Wahl für Mitglieder des Kongresses aufgrund der Selbständigkeit der lokalen und regionalen Organisationen einen gewissen Einfluß gehabt. Auch das Washingtoner Büro der LNPL unterstützte zumindest verbal liberale Kongreßkandidaten.[304] Die Spaltung der Liga zeichnete sich schon im November 1939 ab, als Lewis das Bestreben mehrerer LNPL- und CIO-Organisationen an der Westküste unterdrückte, Roosevelt für eine dritte Amtsperiode zu gewinnen.[305] Seit Januar 1940, als Hillman sich verklausulierte, aber doch deutlich genug für eine erneute Kandidatur des Präsidenten ausgesprochen hatte, wurde der ACWA-Vorsitzende offensichtlich systematisch aus der Leitung der LNPL hinausgedrängt. Hinzu kam, daß Hillman bald in den Regierungsdienst eintrat und damit zeitlich kaum abkömmlich war, um mit Lewis den Kampf um die LNPL aufzunehmen. Am 26. Juni 1940 verließ Eli Oliver die Liga unter Protest, weil sie Roosevelt nicht offiziell förderte und Lewis seine Angriffe auf den Präsidenten fortsetzte. Lewis ernannte daraufhin John T. Jones, einen Funktionär der UMW, zum Nachfolger Olivers.[306] Die Liga wurde dadurch zum gefügigen Werkzeug des Vorsitzenden des Bergarbeiterverbandes. Hillman konnte jetzt nur noch über seine Gewerkschaft und andere CIO-Verbindungen für Roosevelt arbeiten. Nach dem Demokratischen Parteikonvent verließen weitere Mitarbeiter die Liga, weil Lewis sich auch dann weiter widersetzte, Roosevelts Wahlkampf zu unterstützen. Alle Willkie-Gegner wurden nach der Lewis-Rede vom 25. Oktober 1940 fristlos aus der Liga entlassen, darunter der LNPL-Lobbyist beim Kongreß Gardner Jackson.[307] Die LNPL wurde damit zum politischen Instrument von John L. Lewis und der UMW. Lewis war noch zu stark, um ihm diese Waffe aus der Hand zu winden und für den CIO zu bewahren. Obwohl lokale und regionale LNPLs weiterhin für Roosevelt und andere liberale Politiker arbeiteten, mußte diese Zerreißprobe und die folgende allmähliche Austrocknung der Liga für das weitere politische Verhalten des CIO und seiner Mitglieder Konsequenzen haben: Nicht nur waren die Blütenträume von einer Arbeiterpartei, denen einige nachgesonnen hatten, nicht gereift, sondern der Gewerkschaftsbund erwies sich auch als unfähig, eine politische Organisation über längere Zeit funktionsfähig zu erhalten. 1941/42 gehörte die LNPL zwar offiziell noch zum CIO, doch war sie in Wirklichkeit zum politischen Arm des Bergarbeiterverbandes geschrumpft.[308] Während des CIO-Kongresses 1940, der nach den Präsidentenwahlen stattfand, wurde von den durch Lewis dominierten Mitarbeitern der LNPL eine neue Funktionsbestimmung der Liga erarbeitet.[309] Schon ein Jahr später sammelte man im Washingtoner Büro, in dem Hillman einst gearbeitet hatte, Material, das man gegen ihn in der politischen Auseinandersetzung verwenden konnte.[310]

Der CIO überstand die Krise, an der die LNPL zerbrach. Zwar war Lewis noch immer so stark, daß er auf dem CIO-Kongreß von 1940 sämtliche Ausschüsse kontrollierte, doch gelang es Hillman und seinen Freunden, Lewis und die Kommunisten[311] (die versuchten, Lewis wegen seiner isolationistischen Position im Amt zu behalten) zu zwingen, die Konsequenzen aus der negativen Antwort auf die Vertrauensfrage zu ziehen, die der CIO-Vorsitzende mit seiner Bindung an den Republikanischen Präsidentschaftskandidaten Willkie selbst gestellt hatte. Philip Murray wurde Nachfolger von Lewis.[312] Bald darauf verließen die UMW den CIO.

*

Wenn analysiert werden soll, welche objektive Funktion die LNPL in der Geschichte der organisierten Arbeiterbewegung in den Vereinigten Staaten gehabt hat, muß auch die Frage nach ihrer politischen Zielsetzung gestellt werden. Es wurde bereits dargestellt, daß es eines der Ziele der LNPL war, durch Eingreifen in Wahlkämpfe die politische Basis des New Deal zu verbreitern. Betrachten wir die Politik des CIO und der LNPL zwischen den Wahlen, so wird deutlich, daß es den Industriegewerkschaften nicht um fundamentale Gesellschaftsreform ging, sondern um die Durchsetzung traditionell gewerkschaftlicher Ziele: Die Organisierung der Arbeiter der Massengüterindustrien; die Sicherung der gewerkschaftlichen Stellung im Betrieb; die Durchsetzung eines Arbeits- und Sozialrechts, das die Position der Gewerkschaften bei Tarifgesprächen am Verhandlungstisch absicherte. Zunächst war der NLRA davor zu schützen, für verfassungswidrig erklärt oder novelliert zu werden. Ferner strebten CIO und LNPL danach, durch bestimmte gesetzliche sozialpolitische Maßnahmen ein Fundament unter das System der Arbeitsbeziehungen zu bauen, auf dem sich dann ein verzweigtes Gebäude von Tarifverträgen erheben konnte. Letzlich verfolgte der CIO seine Ziele allein von seinen unmittelbaren Interessen als einer wirtschaftlichen Organisation her. Im Unterschied zu den Berufsgewerkschaften der AFL bedurfte der CIO dabei der Staatsintervention, also flankierender gesetzlicher Regelungen, weil die in seinen Gewerkschaften organisierten ungelernten und angelernten Arbeiter im Produktionsprozeß leichter austauschbar waren als die Spezialisten in den AFL-Gewerkschaften und die Industriegewerkschaften folglich vom Unternehmer eher verwundet werden konnten als Fachgewerkschaften. Die CIO-Gewerkschaften und die LNPL wandten andere Methoden als die AFL an, verfolgten aber in letzter Instanz die gleichen sozial- und arbeitspolitischen Ziele. Politische Aktivität und Organisation mußten beim CIO die Schwäche am Tarifverhandlungstisch ausgleichen. Die Wahlkampfunterstützung liberaler New-Deal-Kandidaten diente dazu, später beim Kompromiß und Geschäft in der Lobby, Früchte in die industriegewerkschaftliche Scheuer einfahren zu können. Im Prinzip war die LNPL nicht an Patronage, sondern an der Garantie und Ausnutzung von Tarifverhandlungen interessiert. In der Grundsatzerklärung der LNPL waren die Ziele dieser gewerkschaftlichen Interessengruppe daher so formuliert: "LNPL recognizes that the primary purpose of independent labor political action is to assist, by every legitimate political means, in the improvement of the wages and working and living conditions of American labor."[313]

Der CIO war daran interessiert, daß der NLRA in den Gesetzbüchern des Landes blieb und in den Betrieben und Unternehmen auch praktiziert wurde. Nach den Erfahrungen mit anderen New-Deal-Gesetzen bestand jedoch die Gefahr, daß auch das Arbeitsgesetz für verfassungswidrig erklärt wurde. Roosevelt befürchtete, daß seine gesamte Reformgesetzgebung durch das Verfassungsgericht blockiert werden würde. Die Verfassungsrichter, die alle vor seinem Amtsantritt und zumeist von Republikanischen Präsidenten ernannt worden waren, hatten ihre Entscheidungen bis 1936 so gefällt, als hätte es nie eine tiefgehende Krise des kapitalistischen Systems gegeben. Schon im April 1936 informierte Roosevelt daher Hillman, daß er im Falle seiner Wiederwahl etwas gegen den Supreme Court unternehmen werde, und am 29. Dezember 1936 legte er Hillman dazu einen detaillierten Plan vor.[314] Auch in seinem Begrüßungsschreiben an den LNPL-Kongreß vom August 1936 griff Roosevelt die Verfassungsrichter ungewöhnlich scharf an.[315] Am 5. Februar 1937, also kurz nach Antritt seiner zweiten Amtsperiode, trat der Präsident dann mit seinem "court-packing-plan" an die Öffentlichkeit und ließ einen entsprechenden Gesetzentwurf im Kongreß einbringen. Danach sollte dem Präsidenten das Recht zustehen, die Zahl der Mitglieder des Verfassungsgerichts so zu vergrößern, daß er für jeden Richter, der älter als 70 Jahre alt war und länger als zehn Jahre sein Amt ausübte, einen zusätzlichen, insgesamt aber nicht mehr als sechs Richter ernennen konnte.[316] Das politische Ziel Roosevelts war dabei offensichtlich: Er wollte den Supreme Court durch liberale Richter seiner Wahl ergänzen, im Gericht eine liberale Mehrheit schaffen und damit das größte Hindernis der Verwirklichung der New-Deal-Gesetzgebung aus dem Weg räumen. Der Vorschlag des Präsidenten war verfassungsrechtlich äußerst umstritten und die Opposition im Kongreß entsprechend groß. Der CIO und die LNPL unterstützten Roosevelt in dieser Frage vorbehaltlos und mit allen Mitteln, denn es ging darum, ob das Verfassungsgericht den NLRA anerkennen oder vernichten würde. Die gewerkschaftlichen Interessen waren hier ganz unmittelbar betroffen. Die LNPL veranstaltete daher am 8. März 1937 einen besonderen Kongreß zur Unterstützung des "court-packing"-Plans. Eine Gewerkschafts-Delegation suchte demonstrativ das Weiße Haus auf.[317] Berry holte die Unterstützung aller LNPL-Organisationen in dieser Frage ein.[318] An alle Mitglieder des Kongresses wurden Briefe ausgesandt. Seit Ende Februar lief eine Welle von LNPL-Massenkundgebungen in den verschiedenen Staaten zur Unterstützung des Rooseveltschen Planes. Das Problem löst sich schließlich von selbst, als der Supreme Court am 29. März 1937 seine bisherige Mehrheit von 5 : 4 gegen die New-Deal-Gesetze umkehrte und der NLRA für verfassungskonform erklärt wurde.[319]

Damit war die Verwirklichung des NLRA jedoch noch nicht garantiert, denn starke Kräfte arbeiteten an seiner Novellierung. Die LNPL errichtete daher zur Erhaltung des verabschiedeten Arbeitsrechts im Kongreß eigens eine Lobby.[320] Einige Unternehmer und ihre Verbände strebten eine derartige Änderung des Wagner Acts an, daß Company Unions (gelbe Gewerkschaften) wieder möglich, bestimmte Industrien vom Gesetz ausgenommen und die Entscheidungsbefugnis des NLRB z. T. auf Gerichte übertragen werden sollte. Auch die AFL und ihre Gewerkschaften sahen sich durch das neue Arbeitsgesetz bedroht, da der NLRB in Zweifelsfällen bei der Festlegung von Tarifeinheiten und bei Anerkennungswahlen anfänglich Industriegewerkschaften gegenüber Fachgewerkschaften begünstigte. Auf Drängen der AFL tauschte Roosevelt dann auch die CIO-freundlichen Mitglieder des NLRB 1939/40 aus.[321] Die AFL ließ jedoch mit ihrem Druck, das Gesetz zu novellieren, erst nach, als der NLRB die "Globe doctrine"[322] zur Richtschnur seiner Entscheidungen machte: Dort, wo nicht eindeutig aus der bisherigen Tarifgeschichte oder dem Willen der Arbeiter hervorgeht, ob die Tarifeinheit nach dem industriellen oder beruflichen Organisationsprinzip bestimmt werden soll, muß dem Wunsch der Facharbeiter gefolgt werden. Von 1937 bis 1940 hing über dem CIO das Damokles-Schwert der Änderung des NLRA: 1938 bis 1940 fanden entsprechende Ausschußanhörungen im Kongreß statt, und 1938 sowie 1939/40 wurde der NLRB zweimal parlamentarisch untersucht.[323] Der LNPL und dem CIO gelang es, alle Versuche, den Wagner Act zu novellieren, zurückzuweisen. Systematisch arbeitete die Liga gegen die Gesetzesänderung[324], dabei unterstützt von den CIO-Gewerkschaften und der Gewerkschaftspresse. Allerdings gelang es der LNPL nicht, dem NLRA noch mehr Wirksamkeit zu geben: Alle Zusatzartikel zu Gesetzentwürfen, die vorsahen, daß Regierungsaufträge nur an Unternehmer gegeben werden dürften, die den NLRA strikt einhielten, wurden im House Rules Committee (dem „Ältestenrat" des Repräsentantenhauses) begraben.

Die Verbreiterung der politischen Basis des New Deal, um die die LNPL in den Wahlkämpfen bemüht war, strebte die Liga nicht nur durch die Mobilisierung potentieller Wähler sondern auch dadurch an, daß sie versuchte, Barrieren, die der Wahrnehmung des Wahlrechts im Wege standen, auszuräumen. Wahlkampfarbeit und Lobbying wurden hierbei gekoppelt. Konkret ging es um die Aufhebung der Wahlsteuer (poll tax), die in acht Südstaaten erhoben wurde.[325] Diese Steuer mußte in der Regel jährlich entrichtet werden und betrug zwischen ein und zwei Dollar. Sie war ursprünglich gegen die Neger gerichtet gewesen, wirkte sich aber auch gegen die arme weiße Bevölkerung aus. So mußte ein Landarbeiter in den Südstaaten, wenn er für drei erwachsene Mitglieder seiner Familie die Wahlsteuer aufbringen wollte, eine Woche lang arbeiten. Die poll tax öffnete zudem der Korruption Tür und Tor, indem politische (Partei-)Maschinen die Steuer für eine ausgewählte Gruppe von Wählern zahlte und auf diese Weise ihre Stimmen kaufte. Wie diskriminierend die Wahlsteuer gegen schwarze und mittellose weiße Staatsbürger – alle potentielle und von der LNPL beeinflußbare New-Deal-Wähler – in der Praxis war, zeigte die Beteiligung an den Präsidentenwahlen 1932: In den acht Staaten, in denen die Steuer erhoben wurde, lag sie bei 22,2 %, in den übrigen Staaten bei 70,7 %.[326] Die LNPL und der CIO unterstützten daher alle Gesetzesentwürfe im Kongreß (wie 1939 die Geyer Bill), durch die die poll tax abgeschafft werden sollte. Gemeinsam mit Neger-Organisationen und der von Mrs. Roosevelt mitgegründeten Southern Conference for Human Welfare versuchte man, den liberalen Flügel in der Demokratischen Partei durch Ausdehnung seiner Wählerbasis durch die Abschaffung der Wahlsteuer zu stärken. Kongresse der CIO-Gewerkschaften nahmen entsprechende Resolutionen an. Der Präsident wagte es gleichwohl nicht, selbst in diese Kampagne einzugreifen, da er befürchtete, daß die im Kongreß in zentralen Ausschüssen placierten Abgeordneten und Senatoren der Demokratischen Partei aus den Südstaaten sich noch fester gegen ihn zusammenschließen würden. Das Bemühen der LNPL, die New Deal Arbeits- und Sozialgesetzgebung u. a. dadurch abzusichern, daß auch Neger und mittellose Weiße in den Südstaaten das Wahlrecht wahrnehmen konnten, scheiterten. Erst 1964 wurde mit der Ratifizierung des 24. Zusatzartikels zur Verfassung der Vereinigten Staaten die Erhebung der Wahlsteuer verboten.

Wie wir bisher sahen, diente die Politik des CIO und der LNPL defensiven Zielen, nämlich der Bewahrung der Arbeits- und Sozialgesetzgebung. Es entsprach letztlich auch dieser Defensivtaktik, wenn die Industriegewerkschaften versuchten, das Arbeits- und Sozialrecht auszudehnen: Dies diente nämlich der Absicherung des in Tarifverträgen kodifizierten Systems der Arbeitsbeziehungen. Der CIO mußte daran interessiert sein, gesetzlich einen Mindestlohn festzulegen, Kinderarbeit zu verbieten sowie Frauenarbeit zu limitieren und zu regulieren und die finanzielle Sicherung kranker, arbeitsloser und zu alter Arbeitskräfte zu gewährleisten. Erst wenn dieses Fundament sozialpolitischer Regelungen unter das System der Tarifverhandlungen gezogen war, erst wenn Kinder, Frauen, Arbeitslose und Rentner nicht als Konkurrenten um Arbeitsplätze und als Lohndrücker auftraten, konnten Verhandlungen mit den Unternehmen um höhere Löhne und bessere Arbeitsbedingungen in den Industrien erfolgreich sein, in denen es keiner oder nur einer sehr kurzen Anlernzeit bedurfte, um neue Arbeitskräfte in den

Produktionsprozeß einzuordnen. Aus dieser Überlegung wird es verständlich, warum die LNPL, die meisten Gewerkschaften des CIO, hier besonders die ACWA unter Führung von Hillman[327], mit allen ihnen zur Verfügung stehenden Mitteln bemüht waren, die Wage and Hour Bill (den späteren Fair Labor Standards Act) durch den Kongreß zu drücken, weil sie bestimmte Mindestanforderungen wie Minimalstundenlohn und Arbeitszeitbegrenzung gesetzlich vorsah. Dieser Gesetzentwurf, unterstützt vom Präsidenten, ging 1937 leicht durch den Senat, wurde dann aber im House Rules Committee[328], vergleichbar mit dem Ältestenrat im Bundestag, blockiert. Es war vor allem dem Druck der LNPL und der CIO-Gewerkschaften zu verdanken, daß der Gesetzentwurf aus dem House Rules Committee zweimal in das Plenum des Repräsentantenhauses zurückgeholt wurde, obwohl dies nach der Geschäftsordnung nur dadurch möglich war, daß die Mehrheit der Mitglieder des Hauses eine entsprechende Petition unterzeichnete.[329] Zur Durchsetzung des Gesetzes stellte das Washingtoner Büro der LNPL mehrere hauptamtliche Funktionäre zusätzlich ein, die mit den Lobbyisten der Industriegewerkschaften – der UMW, UE und der Rubber Workers – gemeinsam operierten.[330] Auch vorübergehende taktische Differenzen mit der CIO-Zentrale wurden dabei schnell überwunden.[331] Die LNPL war mit einem klaren Konzept in diese Auseinandersetzung gegangen und hatte gleich zu Beginn der parlamentarischen Beratungen einen eigenen Gesetzentwurf vorgelegt.[332] Weil die Wage and Hour Bill im House Rules Committee blockiert worden war, drohte Eli Oliver im Namen der LNPL sogar damit, daß die Liga und der CIO sich für die Abschaffung des Senioritätsprinzips im Kongreß einsetzen würden, um die Machtstellung der konservativen Südstaatenabgeordneten in den Ausschüssen zu brechen.[333] Schließlich wurde das Gesetz vom Kongreß am 14. Juni 1938 angenommen. Der Fair Labor Standards Act brachte einen Minimum-Stundenlohn von 25 Cent, das Verbot der Kinderarbeit, die Begrenzung der Frauenarbeit und führte eine wöchentliche Höchstarbeitszeit ein. Damit war das Ziel des CIO, die Konkurrenz auf dem Arbeitsmarkt einzudämmen, wenigstens teilweise erreicht.

Andere Schritte der LNPL-Lobby zielten in die gleiche Richtung. Die Liga setzte sich dafür ein, den Social Security Act auch auf Landarbeiter und auf die Beschäftigten jener Dienstleistungsberufe auszudehnen, die durch die "interstate commerce clause" der Verfassung nicht erfaßt wurden.[334] Das Washingtoner Büro der Liga gab an die regionalen Organisationen Modellgesetzentwürfe für einzelstaatliche Sozial- und Arbeitslosenversicherungen heraus, die über die bundeseinheitlichen Regelungen hinausgingen.[335] Dabei lag zwischen den Wahlkämpfen die eigentliche Arbeit der einzelstaatlichen LNPSs in den Lobbys der jeweiligen Landeshauptstädte.

Auf Bundesebene setzte sich die LNPL dafür ein – und dies lag im Rahmen der oben aufgezeigten Zielprojektionen – daß mehr Gelder für öffentliche Arbeitsbeschaffungsprogramme ausgegeben wurden. Betrachtet man das gesamte politische Verhalten der LNPL und des CIO, so ist erkennbar, daß es den Industriegewerkschaften nicht eigentlich um die Beseitigung der Arbeitslosigkeit schlechthin ging, sondern vielmehr um die sozialpolitische Absicherung der Arbeitslosen (evtl. durch Notstandsprogramme), so daß das gröbste soziale Elend und vor allem die Gefahr des Lohndrückens abgemildert wurden.

Dies alles zeigt, wie sehr auch der CIO in der Tradition des "bread-and-butterunionism", seine Politik formulierte, wenn er auch neue Methoden anwandte. Dies wird noch deutlicher, wenn wir sehen, welche spezifischen wirtschaftlichen Interessen einige Industriegewerkschaften verfolgten. So plädierten die United Electrical Workers immer wieder dafür, daß mehr staatliche Gelder für die Elektrifizierung ländlicher Gebiete ausgegeben werden sollten. Die Begründung verriet das unmittelbare materielle Interesse der Elektroarbeiter: Elektrifizierung hätte zur Folge, daß elektrische Geräte von der Landbevölkerung gekauft würden – und damit blieben die Arbeitsplätze in der Elektroindustrie erhalten oder es würden sogar neue geschaffen werden, Lohnerhöhungen wären in der Industrie möglich.[336] Die UMW benutzten die LNPL immer als eine Agentur, durch die Gesetze zur Förderung des Kohlebergbaues durchgesetzt werden sollten. Eine Telegraphenarbeiter-Gewerkschaft, die dem CIO angehörte, opponierte gegen die, auch von der Regierung unterstützte, Zusammenlegung der Postal Telegraph mit der Western Union, weil sie in dem einen Unternehmen gerade exklusiver Tarifverhandlungsrepräsentant geworden war und diese Stellung durch Fusion gefährdet worden wäre. Die LNPL wurde eingespannt, um auch die Interessen dieser Gewerkschaft zu vertreten.[337]

Wird die politische Zielsetzung und die angewandte Taktik der LNPL betrachtet, so läßt sich zusammenfassend sagen, daß die Liga als politischer Arm und als Lobbyinstrument einer wirtschaftlichen Interessengruppe fungierte. Dies trifft im Prinzip ebenfalls die Wahlkampftätigkeit der Liga, wenn hier auch stärker regional differenziert werden muß. Von ihrer politischen Zielsetzung her war die LNPL nicht der Ausgangspunkt für eine amerikanische Arbeiterpartei nach europäischem Vorbild. Dies zeigte sich schließlich namentlich darin, daß die Lobby-Funktion der Liga (wie die Verhinderung von Anti-Streik-Gesetzen in der unmittelbaren Vorkriegszeit und während des Krieges)[338] im Interesse des CIO noch wahrgenommen wurde, als die Wahlkampforganisation schon längst zusammengebrochen war.

*

Nachdem Geschichte, Organisation, Arbeitsweise und politische Zielsetzung der LNPL betrachtet worden sind, soll unsere Fragestellung darauf zugespitzt worden, welche Funktion die Liga bei der Integration des CIO in das bestehende politische, ökonomische und gesellschaftliche System der Vereinigten Staaten gehabt hat. Im ersten Teil dieser Untersuchung wurde gezeigt, wie durch bestimmte Integrationsmechanismen innerhalb des Kapitalismus der Großkorporationen und des Systems der Arbeitsbeziehungen der CIO in relativ kurzer Zeit in die bestehende Ordnung, den durch den New Deal reorganisierten Kapitalismus, eingepaßt worden ist. Gleichwohl war damit die Frage, warum auf der Basis der Industriegewerkschaften nicht nach europäischem Vorbild eine sozialdemokratische Arbeiterpartei entstanden ist, keineswegs beantwortet. Die Analyse der Politik des CIO und seiner politischen Organe kann uns einer Antwort näherbringen.

Die politischen Zielsetzungen der LNPL sind gleichsam im Rahmen der AFL-Tradition formuliert worden. Betrachten wir die Funktion der Liga im Zusammenhang der amerikanischen Arbeiterbewegung in den dreißiger Jahren, so wird dieses Ergebnis bestätigt: Die LNPL ist letztlich ein Instrument gewesen, um die Bildung einer amerikanischen Arbeiterpartei zu verhindern. Hillman und Dubinsky, die beide aus Gewerkschaften mit einer europäisch-sozialdemokratischen Tradition kamen, sowie John L. Lewis und Berry schrieben mit der Gründung der Liga den Gedanken an eine Dritte Partei endgültig ab. Sie versuchten, Wählerstimmen, die normalerweise an die Sozialisten oder eine andere Splittergruppe gegangen wären, an Roosevelt und den New Deal zu binden.[339] Philip Taft, kritischer Beobachter der Gewerkschaftsbewegung in seiner Zeit, erkannte schon 1937, daß die Führer der LNPL die beste Garantie dafür waren, daß die Liga weder revolutionäre noch radikale Politik betrieb.[340] Hillman taktierte in der Öffentlichkeit lediglich mit der Idee von einer Dritten Partei, um die konsequenten Befürworter einer amerikanischen Sozialdemokratie in den CIO-Gewerkschaften an die Liga ketten und ihre Stimmen für Roosevelt einbringen zu können. Je nach Zusammensetzung und Stimmung seines Zuhörerkreises schwenkte er stärker oder schwächer die Fahne einer zukünftigen amerikanischen Sozialdemokratie. So rief er vor den sozialistischen Mitgliedern einer Betriebsorganisation seiner ACWA in New York Anfang April 1936 über die LNPL aus: „Sie verstehen, daß dies nicht eine Liga ist, um die Wiederwahl von Franklin D. Roosevelt zu unterstützen . . . Die Liga wird nicht unparteiisch, sondern parteiisch sein, sie wird ein Arbeitsprogramm haben. Es ist selbstverständlich, daß die Liga 1936 für die Wiederwahl Roosevelts arbeitet. Nach 1936 wird sie ihre eigenen Ziele verfolgen."[341] Berry und Lewis taktierten ganz ähnlich.[342] In Wirklichkeit jedoch, so schrieb Berry ausdrücklich an Hillman und Lewis, bestand der Zweck der LNPL darin, „liberale Gesetze" durchzubringen, die Sozialistische Partei und andere Splittergruppen zu spalten und die „Liberalen" einzubinden.[343] In einem Memorandum an Präsident Roosevelt, in dem bisheriger Erfolg und Ziele der LNPL dargelegt wurden, hieß es denn auch, daß es der Liga gelungen sei, eine Dritte Partei und den Präsidentschaftskandidaten einer Farmer-Labor-Party zu verhindern, daß sie zur Spaltung der Sozialistischen Partei beigetragen habe und sich darum bemühe, noch mehr Sozialisten für Roosevelt zu gewinnen.[344] Zu denen, die die Sozialistische Partei verlassen hatten, um für den Präsidenten einzutreten, gehörte David Dubinsky. Er gab demonstrativ eine entsprechende Erklärung auf dem Kongreß der LNPL im August 1936 ab.[345] Daß die Liga gegenüber dem Präsidenten nicht nur taktierte, sondern ihre Versprechen ernst meinte, zeigt auch der Briefwechsel Hillmans. Bei allen Anfragen, ob er sich an der Gründung einer nationalen amerikanischen Arbeiterpartei beteiligen würde, wich Hillman aus: Er ließ die Briefe von seiner Sekretärin beantworten und sich entschuldigen, daß er zur Zeit nicht in New York sei, um selbst schreiben zu können – am gleichen Tag jedoch diktierte und unterschrieb er andere Briefe.[346] Schon zum Scheitern des Versuchs der Farmer-Labor-Party von Minnesota, ihre Organisation auf die ganze Nation auszudehnen, hatten Gewerkschaftsführer beigetragen. Auch Hillman gehörte zu ihnen.[347]

Der schnelle und zentralistisch von Washington aus gelenkte Aufbau der LNPL ist ein weiteres Indiz dafür, daß es Hillman, Lewis, Berry und anderen Gewerkschaftsführern darum ging, die spontan wachsende Begeisterung vieler Gewerkschaftsmitglieder für eine Arbeiterpartei zu kanalisieren und aufzufangen. Dabei darf der Druck der gewerkschaftlichen Basis auf Errichtung einer Labor Party nicht überbewertet oder mythologisiert werden. Vielmehr waren die Arbeiter in den Betrieben wie ihre Gewerkschaftsführer zu allererst an Organisation der Unorganisierten, an höheren Löhnen und besseren Arbeitsbedingungen interessiert. Doch erscholl unter dem Eindruck der Organisationserfolge des CIO und der Streikwelle 1936/37 von unten immer stärker der Ruf nach "political action", ohne daß dem ein Konzept zur Strategie und Taktik einer Labor Party zugrunde gelegen hätte. Zumindest schuf diese wenig artikulierte, aber eine Organisation anstrebende Tendenz in den in der Gründung begriffenen Industriegewerkschaften Unruhe, die die Gewerkschaftsführungen durch Gründung der Liga unter Kontrolle zu bringen vermochten. Immerhin war dieses Begehren von der Basis so stark, daß durch die Drohung, eine Arbeiterpartei der CIO-Gewerkschaften zu konstituieren, Roosevelt und die Demokratische Partei wiederum unter Druck gesetzt werden konnten, wie es etwa Lewis 1939/40 tat. Das Taktieren mit der möglichen Bildung einer Dritten Partei gegenüber den Demokraten zeigt aber schließlich nur, wie sehr die LNPL am bestehenden Parteiensystem orientiert war und innerhalb etablierter Spielregeln operierte. Die Behauptung von Josephson, Hillman habe die Absicht gehabt, die Demokratische Partei gleichsam durch Unterwanderung in eine Arbeiterpartei umzuwandeln[348], läßt sich aus den Quellen nicht belegen. Die von der LNPL in Wirklichkeit verfolgte Politik schloß eine derartige Strategie aus.

Es wäre simplifiziert und damit falsch, wollte man das eben aufgezeigte Verhalten der CIO-Gewerkschaftsführer in der LNPL als Verrat an der Arbeiterbewegung, als bewußtes Auslassen der Chance, eine amerikanische Arbeiterpartei zu errichten, deklarieren. Dieses Problem wird in den abschließenden Überlegungen in diesem Buch noch einmal aufgenommen werden. Hier sei nur so viel angedeutet: Es gab im amerikanischen Regierungssystem und in der Gesellschaft erhebliche Widerstände gegen die Gründung einer Labor Party. Dazu gehörte, daß Stimmen, die bei Wahlen für Dritte Parteien in dem etablierten Zweiparteiensystem abgegeben wurden, fast immer unter den Tisch fielen. Auch für Sozialisten und Kommunisten waren Roosevelt und andere New-Deal-Kandidaten, verglichen mit konservativen Republikanern, immer noch das „kleinere Übel", für das man im Zweifelsfall stimmte. Die Stärke der Kommunalpolitik und des Föderalismus im amerikanischen Regierungssystem, die auch die zentralistischen Tendenzen im New Deal und Zweiten Weltkrieg überdauerte, hätte eine Arbeiterpartei von vornherein fragmentiert. Schließlich war auch in der amerikanischen Arbeiterschaft der Mythos von der Mittelklasse, an der man sich orientierte und deren Status man erreichen wollte, selbst durch die fundamentale Krise des Kapitalismus in der Großen Depression nicht so erschüttert worden, daß sich ein proletarisches Klassenbewußtsein entwickelt hätte. Und der Antikommunismus war so tief in der Bevölkerung eingewurzelt, daß mit der Parole "Let's Keep Stalin out of the White House" man leicht potentielle Wähler einer Arbeiterpartei hätte zurückschrecken können.

Noch auf andere Weise trug die LNPL dazu bei, daß der CIO in den organisierten Kapitalismus integriert wurde. Wir hatten oben gesehen, daß Kommunisten, Sozialisten und ehemalige Wobblies in die Industriegewerkschaften als Funktionäre strömten und daß in den Organisationskampagnen und in Streiks die Arbeiter wenigstens im Ansatz politisiert worden sind. Dieses politische Potential wurde jetzt in der LNPL einschließlich ihrer Unterorganisationen absorbiert. Politisierte Gewerkschaftsfunktionäre und Arbeiter wurden dadurch in Atem gehalten, daß sie in den Wahlkämpfen auf lokaler, einzelstaatlicher und nationaler Ebene fast permanent damit beschäftigt waren, Wahlkundgebungen zu organisieren, Wähler registrieren zu lassen, agitierend von Haus zu Haus zu ziehen, die Veranstaltungen der Liga vorzubereiten und zu besuchen. Viele Organisationen der LNPL erhielten ein solches Eigenleben, daß sie – wie die Parteimaschinen der Demokraten und Republikaner – Zeit und Kraft ihrer Funktionäre absorbierten, ohne doch eine Partei der Gewerkschaften nach britischem Vorbild zu sein. Die Übernahme von Funktionen in der Liga brachte Selbstbestätigung für den einzelnen. Dem Wunsch nach "political action", den viele erhoben hatten, wurde in der Liga entsprochen. Die von den Gewerkschaftsführern beabsichtigte Kanalisierung politischer Spontaneität wurde in der Wahlkampfpraxis durch die Gewerkschaftsmitglieder akzeptiert. Etwas anderes kam hinzu: Wollte die LNPL in den politischen Prozeß eingreifen, so mußten vom Tag ihrer Gründung an ständig konkrete Beschlüsse gefaßt werden. Damit aber wurde die Liga in das amerikanische Regierungssystem, so wie es bestand, eingebaut.

Die Entscheidung darüber, ob der CIO ein politisch neuer Anfang war oder nicht, fiel allein schon dadurch, daß die Industriegewerkschaften ihre Prioritäten nicht anders setzten als die Berufsgewerkschaften, daß Organisierung der Arbeiterschaft und Abschluß von Tarifverträgen an erster Stelle rangierten. So lag das Hauptinteresse von John L. Lewis darin, alle Bergarbeiter in den UMW zusammenzufassen. Dies konnte nur gelingen, wenn auch die Kohlenbergwerke der Stahlunternehmen organisiert wurden, was wiederum nur möglich war, wenn die gesamte Stahlindustrie dabei erfaßt wurde.[349] Hier lag die eigentliche Motivation für die von den UMW ausgehenden Organisationsanstrengungen durch den CIO. Die LNPL diente genau diesem Ziel. Indem die Liga eine Rolle als politisches Organ einer wirtschaftlichen Interessengruppe übernahm, war implizit die Vorstellung, daß eines Tages aus ihr eine Arbeiterpartei entstehen könne, zur abstrakten Utopie geworden. Dem CIO kam es auf Gesetzgebung, nicht auf Patronage an. Seine Politik war inhaltlich nicht viel anders formuliert als die der alten AFL; sie war eine aggressive Spielart der Parole Gompers': "Reward your friends and punish your enemies." Die LNPL stellte keine eigenen Kandidaten bei Wahlen auf; sie war nicht gezwungen, in den Parlamenten Kompromisse zu schließen; ohne Verbindlichkeit und Verantwortung gegenüber dem Wähler verfolgte sie die unmittelbaren sozialpolitischen und wirtschaftlichen Interessen der Industriegewerkschaften. Von diesen Interessen bestimmt übernahm sie auf der Ebene der Wähler eine Scharnierfunktion[350] in der New-Deal-Koalition: Sie faßte die neu eingewanderten und alteingesessenen Industriearbeiter, Weiße und Schwarze, in den städtischen Industriezentren zusammen und trug dazu bei, daß die sektionale Teilung der USA überwunden wurde und an ihre Stelle eine tendenziell gesellschaftlich bedingte Umstrukturierung der Parteien trat.[351] Die Demokraten galten forthin als Partei der Arbeiter und der unteren Mittelschicht, die Republikaner als die der oberen Mittelschicht und der Reichen. Indem Roosevelt und die Demokratische Partei auf verschiedene sozialpolitische und arbeitsrechtliche Forderungen des CIO eingingen, banden sie die LNPL an sich und bestätigten sie in ihrer Scharnierfunktion.[352] Auch die Dritten Parteien in Minnesota und Wisconsin, denen es gelang, Abgeordnete in den Kongreß zu entsenden, verfolgten keine eigenständige Politik, sondern übernahmen innerhalb der New-Deal-Koalition, darin ähnlich der LNPL, nur eine bestimmte Rolle: Sie brachten die Stimmen der Wähler aus dem Mittelwesten ein, die aus den Traditionen agrarischer Revolte und des Populismus in den dreißiger Jahren in besonderer Weise politisiert worden waren.[353] Die LNPL unterwanderte also nicht, wie es oft in der Republikanischen Wahlpropaganda behauptet worden ist, die Demokratische Partei. Im Vergleich zur AFL neu war beim CIO lediglich, daß er nicht wie die AFL in seiner Gründungsphase einem ihm feindlichen Staat gegenüberstand, sondern der Staatsintervention Gründung und Wachstum verdankte. Die gewerkschaftliche Beeinflussung des politischen Prozesses, die Schaffung des dazu notwendigen Instruments in Form der LNPL, war nur eine Reaktion auf die neue Rolle des Staates im organisierten Kapitalismus der Vereinigten Staaten. Staatsinterventionismus und politische Aktivität des CIO entsprachen sich, waren aufeinander bezogen. Wir stimmen nicht mit der These Rikers überein, daß die Politik des CIO sich inhaltlich von der AFL-Tradition gelöst habe.[354] Nur die Methode hatte sich geändert, sie war den veränderten Bedingungen des reorganisierten Kapitalismus, dem Kapitalismus der Großkorporationen, angepaßt. Mit David Brody[355] sind wir vielmehr der Überzeugung, daß der Gegensatz zwischen AFL und CIO kein ideologischer, theoretischer oder politischer, sondern ein taktisch-organisatorischer gewesen ist, daß der CIO die Arbeiter der Massengüterindustrien organisierte, wozu die Mehrheit der AFL-Gewerkschaften zunächst nicht bereit war. Durch die Industriegewerkschaften wurden die organisierte Arbeiterbewegung auf weitere Bereiche der Wirtschaft ausgedehnt, sie blieb ihren Traditionen aber eng verbunden. Die Politik der LNPL ist ein Beleg für diese These. Sie wird in den nächsten Kapiteln durch die Untersuchung anderer politischer Organe des CIO untermauert werden.

## 2. Das Political Action Committee

Gründung, Aufbau und Arbeitsweise des Political Action Committee PAC machten die Lobby-Funktion der politischen Organe des CIO noch deutlicher, als dies bei der LNPL schon der Fall gewesen war. Die Untersuchung des Komitees wird ergeben, daß die im CIO zusammengeschlossenen Industriegewerkschaften während des Zweiten Weltkrieges voll in den Kapitalismus der Großkorporationen integriert gewesen sind, daß der CIO innerhalb des etablierten politischen Systems operierte und durch das PAC Ziele verfolgte, die nicht über die unmittelbaren sozialen und wirtschaftlichen Interessen der Gewerkschaften hinausgingen.

Mit dem Eintritt der Vereinigten Staaten in den Weltkrieg wurden im Lande die politischen Prioritäten anders gesetzt als vorher: Der New Deal war beendet, alle Kräfte wurden für den militärischen Sieg mobilisiert. Auch die Gewerkschaften ordneten diesem Ziel ihre Interessen teilweise unter. Das in den dreißiger Jahren ausformulierte System der Arbeitsbeziehungen, wesentlicher Bestandteil des Kapitalismus der Großkorporationen, wurde während des Krieges qualitativ nicht verändert, sondern lediglich auf einige weitere Unternehmen ausgeweitet, im übrigen aber verfestigt. In dieser Zeit wuchsen auf Unternehmerseite und in beiden Häusern des Kongresses die Bestrebungen, die Gewerkschaften aus den Positionen wieder zurückzudrängen, die sie vor 1941 in den Massengüterindustrien erobert hatten. Die Gründung des PAC war eine Reaktion auf diese Tendenzen, war nichts anderes als ein Versuch der Industriegewerkschaften, mit politischen Mitteln einen status quo in den Betrieben zu erhalten, der am Tarifverhandlungstisch allein nicht mehr bewahrt werden konnte. Der Staatsinterventionismus der dreißiger Jahre, der das Wachstum besonders der Industriegewerkschaften begünstigt hatte, drohte jetzt in seinem Ergebnis in das Gegenteil umzuschlagen: Es bestand die Gefahr, daß mit Hilfe von Anti-Streikgesetzen, denen Unternehmer und konservative Politiker im Krieg leicht ein patriotisches Mäntelchen umhängen konnten, den CIO-Organisationen in den für die Kriegsproduktion wichtigen Massengüterindustrien das Rückgrat gebrochen wurde. Entsprechende Gesetzesvorlagen waren schon 1941/42 im Kongreß eingebracht worden, hatten jedoch nie die notwendige Unterstützung von zwei Dritteln der Mitglieder beider Häuser gehabt, um das mit Sicherheit zu erwartende Veto des Präsidenten zu überspringen.

Dies war erst nach den Kongreßwahlen 1942 möglich, als die alten New-Deal-Parlamentarier eine empfindliche Niederlage erlitten hatten und an ihrer Stelle Republikaner und konservative Südstaatendemokraten auf dem Hügel des Kapitols Einzug hielten. Im Weißen Haus und in der Demokratischen Partei hatte man ein derartiges Ergebnis u. a. deswegen befürchtet, weil nach dem Auseinanderfallen der LNPL 1940/1941 ein Scharnier der Roosevelt-Koalition ausgefallen war. Auch ein dringender Appell des Präsidenten 1942, daß jeder und vor allem die Arbeiter zur Wahl gehen sollten, konnte das Ruder nicht herumreißen.[356] 1936, 1938 und auch noch 1940 hatte die LNPL die Wähler aus der Arbeiterschaft, die überwiegend demokratisch wählten, mobilisiert; 1942 fiel sie aus. Von 80 Millionen potentiellen Wählern gingen in diesem Jahr nur 28 Millionen an die Wahlurnen. Martin Dies, konservatives Mitglied des Repräsentantenhauses für Texas und Vorsitzender des House Committee of Un-American Activities, war mit nur fünf Prozent der Stimmen aller möglichen Wähler seines Wahlkreises gewählt worden. Schon in den Vorwahlen waren häufig konservative Aspiranten gegenüber den Liberalen vorgezogen worden, so daß am Wahltag keine Alternative gegeben war.[357] Bei den Kongreßwahlen 1942 hatten Arbeiter sogar relativ stärker demokratisch gewählt als bei den vergleichbaren Wahlen 1938. Ihre Wahlbeteiligung war jedoch so gesunken, daß die ländlichen, mittelständischen und sogar städtischen Wahlkreise dem Kongreß einen konservativen Stempel aufprägten.[358]

Die neue Mehrheit im Kongreß drückte im Frühjahr 1943 – unter propagandistischer Ausnutzung eines großen Streiks der UMW im Kohlebergbau, der von CIO und AFL gleichermaßen abgelehnt wurde – den War Labor Disputes Act, den sogenannten Smith-Connally Act, gegen das Veto des Präsidenten durch das Parlament. Das Gesetz sah vor, daß vor einem Streik eine besonderere Abstimmung der betroffenen Beschäftigten stattfinden mußte, Streiks für dreißig Tage ausgesetzt und daß in besonderen Fällen Streikführer bestraft werden konnten. Der Präsident erhielt das Recht, unter genau festgelegten Bedingungen bestreikte Betriebe in Staatskontrolle zu übernehmen. Schließlich engte das Gesetz die Möglichkeit ein, daß Gewerkschaften bei Wahlen auf Bundesebene Kandidaten finanziell und anderweitig materiell unterstützten.[359] Der Smith-Connally Act rief vor allem deswegen bei den Gewerkschaften helle Empörung hervor, weil diese schon vor Kriegsausbruch feierlich erklärt hatten, daß sie auf das Mittel des Streiks für die Dauer des Krieges verzichteten.[360] Dieses Versprechen war auch, abgesehen von wenigen Ausnahmefällen (zu denen der Streik der zu diesem Zeitpunkt nicht dem CIO oder der AFL angehörenden Bergarbeiter zählte) gehalten worden. Der Verdacht lag daher nahe, daß es dem Kongreß nicht darum ging, die kontinuierliche und effiziente Rüstungsproduktion zu garantieren, sondern daß unternehmerische Interessen sich durchgesetzt hatten und das Gesetz den Beginn einer antigewerkschaftlichen "roll back"-Strategie markierte. Zudem befürchteten viele Gewerkschaftsführer, daß ihren Organisationen der Geruch unpatriotischer Gesinnung angeheftet werden sollte, um – wie im Ersten Weltkrieg bei den Sozialistenverfolgungen – oppositionelle Arbeiterführer zu unterdrücken. William Green und Philip Murray protestierten gemeinsam im Namen von AFL und CIO gegen das Gesetz – doch vergeblich.[361] Die Gewerkschaften waren jetzt eindeutig in der Defensive. Mit Zweidrittel-Mehrheit hatten beide Häuser des Kongresses ein antigewerkschaftliches Gesetz gegen das Veto des Präsidenten angenommen.

Die Verabschiedung des Smith-Connally Act war der unmittelbare Anlaß für die Gründung des PAC. Die Defensivfunktion des PAC kam allein schon darin zum Ausdruck, daß das neue politische Organ des CIO zwar als permanente Institution etabliert wurde, daß aber Murray ebenso wie Hillman (als Vorsitzender der PAC) immer wieder betonten, daß das Komitee nicht Ausgangspunkt für eine Dritte Partei sei. Hatten Lewis und Hillman bei Gründung der LNPL immer noch mit den großen Sympathien rechnen und taktieren müssen, die es in den CIO-Gewerkschaften für eine amerikanische Arbeiterpartei gab, so fehlte dieser Druck von unten jetzt völlig. Vielmehr war man sich darin einig, die durch das Arbeitsrecht des New Deal erreichte Stellung zu verteidigen, eine Offensive schien nicht mehr möglich. So betonte Murray, daß eine Dritte Partei – abgesehen von den wahltechnischen Schwierigkeiten, überhaupt auf einen Stimmzettel zu kommen – nur liberale und progressive Kräfte zersplittern müßte.[362] Selbst in der Automobilarbeitergewerkschaft, die vor und während des Weltkrieges von politischen Fraktionskämpfen erschüttert wurde und in der die Stimmung für eine unabhängige Arbeiterpartei sehr stark war, gelang es dem Vorstand immer wieder, eine Mehrheit gegen Gründung einer Dritten Partei zu finden.[363] Bei den Elektroarbeitern, deren Gewerkschaft in dieser Zeit von Kommunisten kontrolliert wurde, war die Tendenz für eine Arbeiterpartei ursprünglich sehr stark, doch entsprechend der kommunistischen Parteilinie wurde das PAC als parteiungebundene politische Interessenvertretung unterstützt und eine Absage an die Gründung einer Partei erteilt.[364] Zwei weitere Faktoren kamen hinzu, die die Gründung einer Dritten Partei 1943/44 als aussichtslos erscheinen lassen mußten: Der im Weltkrieg entfachte Patriotismus, durch den eine Parteigründung als Verrat an den Kriegszielen der Nation diskreditiert werden konnte; und die negative Erfahrung mit der LNPL, die unter günstigeren Bedingungen bereits als politisches Organ einer wirtschaftlichen Interessengruppe gescheitert war.

So wurde am 7. Juli 1943 vom Vorstand des CIO ein Political Action Committee eingesetzt, um mit politischen Mitteln die sozialen und wirtschaftlichen Interessen der Gewerkschaften besser als in den Jahren zuvor zu vertreten. Ihm gehörten an: Sidney Hillman als Vorsitzender; R. J. Thomas von den UAW als Sekretär; Sherman Dalrymple von den Rubber Workers und Albert J. Fitzgerald von den UE. Die Initiative zur Gründung des PAC ging von Philip Murray aus.[365] Auf seine Bitte hin hatten unmittelbar nach den Wahlen 1942 drei seiner engsten Mitarbeiter ein Memorandum ausgearbeitet, in dem in großen Zügen das spätere Komitee vorgezeichnet wurde: Es sollte parallel zur politischen Struktur der Einzelstaaten eine Organisation von unten her mit autonomen Ausschüssen und Vereinen aufgebaut werden, mit deren Hilfe die Gewerkschaften in die Vorwahlen und Wahlen eingreifen konnten. Die nationalen CIO-Gewerkschaften sollten zunächst die Organisation finanzieren, später die lokalen und regionalen Gewerkschaften an ihre Stelle treten.[366] Sidney Hillman, soeben aus dem Regierungsdienst ausgeschieden[367], wurde zur treibenden Kraft des nach Murrays Vorstellungen gebildeten PAC. Die, im Vergleich zur AFL, zentralistische Struktur des CIO machte sich Hillman bei der Einrichtung des PAC als einer nationalen Organisation zunutze. In den Sommermonaten 1943 reiste er durch die Vereinigten Staaten, gab Pressekonferenzen, traf mit lokalen Politikern und Gewerkschaftsführern zusammen und richtete 14 regionale Büros des Komitees ein. An ihre Spitze stellte er erfahrene Gewerkschaftsfunktionäre, die zumeist schon in der LNPL mitgearbeitet hatten. Dabei konnte er zum Teil (so in Ohio) auf noch funktionierende politische Organisationen der lokalen und einzelstaatlichen CIO-Gewerkschaftskartelle zurückgreifen.[368] In New York wurde die Zentrale des PAC eröffnet und in verschiedene Abteilungen – u. a. Presse, Radio, Frauenorganisationen, Negerorganisationen, Rednerbüro – gegliedert. Hillman machte Calvin B. Baldwin, der lange in verschiedenen New Deal- und Kriegsverwaltungen gearbeitet hatte, zu seinem Stellvertreter und zum Leiter des New Yorker Büros.[369] Das Schwergewicht der Arbeit des Komitees lag jedoch von Anfang an im kommunalen Bereich. In den Gemeinden und Einzelstaaten war das Komitee – wie auch schon die LNPL – an die lokale und regionale politische Struktur angepaßt. Die lokalen Komitees wurden von den jeweiligen Betriebsgewerkschaftsorganisationen gebildet und finanziert. Sie oder ihre Delegierten entschieden darüber, welche Kandidaten für den Kongreß und für die kommunalen und einzelstaatlichen Ämter vom PAC im Wahlkampf unterstützt wurden.[370] Für die Wahlen 1944 gab die Bundeszentrale des PAC nur eine offizielle Empfehlung heraus: Die Wiederwahl Roosevelts als Präsident. Im übrigen waren die lokalen und einzelstaatlichen Komitees weitgehend autonom. Am besten war das PAC in Chikago durchstrukturiert. Hier wurden sämtliche CIO-Funktionäre und -Mitglieder auf die 50 Wards (Wahlkreise) und 3.795 Precincts (Stimmbezirke) der Stadt aufgeteilt und für jede Untergliederung ein Verantwortlicher ernannt.[371] Im ganzen Land waren etwa 150 Mitarbeiter hauptberuflich beim PAC beschäftigt, darunter fast 100 in der New Yorker Zentrale[372] und die übrigen in den Regionalbüros. Zusätzlich wurden auf dem Höhepunkt des Wahlkampfes 1944, wie schon vorher bei der LNPL, hauptamtliche Funktionäre von den Gewerkschaftsorganisationen an das PAC (und zwar in den Kommunen und Einzelstaaten) ausgeliehen, darunter z. B. 14 Sekretäre von den Stahlarbeitern.[373]

Hillman versuchte, dem PAC jene Scharnierfunktion wiederzugeben, die die LNPL für die New Deal-Koalition gehabt hatte. Er war daher bestrebt, sowohl die verschiedenen Gewerkschaftsverbände als auch andere gesellschaftliche Gruppen im PAC zusammenzufassen. Zwar lehnte die AFL im August 1943 die Mitarbeit im Komitee offiziell ab, weil der CIO zu eng mit der Demokratischen Partei liiert sei, politische Zielsetzungen jenseits der sozialpolitischen Forderungen der traditionellen Gewerkschaften vertrete und wirtschaftliche Interessen politischen Zielen unterwerfe.[374] Doch in den verschiedenen lokalen und einzelstaatlichen Komitees arbeiteten die AFL und ihre Gewerkschaften vorübergehend, manchmal auch permanent mit. Mehrere „Einheits"-

Komitees" (unity committees) wurden herausgestellt, in elf Einzelstaaten "joint committees" gebildet. Die ILGWU, zu der Zeit wieder zur AFL zurückgekehrt, trat dem PAC bei. Daniel Tobin, Vorsitzender der AFL-Transportarbeiter und des Gewerkschaftsausschusses der Demokratischen Partei, begrüßte die Arbeit des Komitees.[375] Auf allen Ebenen (Kommune, Einzelstaaten und Bund) kooperierte das PAC mit Negerorganisationen, Verbraucherverbänden, kirchlichen Vereinigungen und einigen Farmergruppen.[376] Die verschiedenen, für den CIO koalitionsfähigen gesellschaftlichen Gruppen sollten im National Citizens' – Political Action Committee (NC-PAC) zusammengefaßt werden. Dieses Komitee war im Juni 1944 unter dem Vorsitz Hillmans gegründet worden, um durch die Mitgliedschaft von Einzelpersonen Spenden, die nach dem Smith-Connally Act Gewerkschaften für den Wahlkampf nicht mehr geben durften, zu ermöglichen. Das NC-PAC entwickelte sich jedoch mehr zu einem Honorationenverein als zu einer Massenvereinigung: Im Oktober 1944 hatten 4.205 prominente Amerikaner seinen Wahlaufruf unterschrieben; ihm gehörten zu keiner Zeit mehr als 18.000 Mitglieder an.[377]

Die Demokratische Partei und Roosevelt standen den Bemühungen des PAC zunächst abwartend gegenüber. Erst nachdem das Komitee in den Vorwahlen von 1944 gezeigt hatte, daß es Arbeiterwähler zu mobilisieren vermochte und Scharnier in einer neuen Roosevelt-Koalition für den Kongreß werden könnte, brachte ihm der Präsident größere Sympathien entgegen und zeigte dies öffentlich. Das PAC wurde anfangs aus den Kassen der nationalen CIO-Gewerkschaften mit insgesamt 670.000 Dollar finanziert.[378] Finanzielle Wahlkampfunterstützung gewährte das Komitee strikt innerhalb der geltenden Gesetze[379]: So wurden bis zum 23. Juli 1944, dem Tag, an dem Roosevelt vom Demokratischen Parteikonvent erneut zum Präsidentschaftskandidaten nominiert wurde, 371.000 Dollar für seinen (Vor)Wahlkampf ausgegeben und dann der aus den Gewerkschaftskassen kommende Wahlfonds eingefroren, da der Smith-Connally Act zwar nicht die gewerkschaftliche Finanzierung von Vorwahlen, wohl aber die von Wahlen verbot. Das vor der Nominierung Roosevelts gespendete Geld wurde zudem als Ausgabe für „Politische Bildungsarbeit" deklariert ("eductional work").[380] Nach dem 23. Juli nahm das PAC Spenden von Einzelpersonen entgegen, die je zur Hälfte (insgesamt 400.000 Dollar) auf die lokalen sowie regionalen Komitees und auf das nationale Komitee verteilt wurden.[381] Insgesamt gaben die CIO-Gewerkschaften über das PAC im Wahljahr 1944 1.475.000 Dollar an die Demokratische Partei. Der gesamte Wahlkampfetat der Demokraten betrug 7.441.000 Dollar. In keinem Wahljahr hatten in relativen und absoluten Zahlen Gewerkschaften so viel zu den Wahlkampfkosten einer Partei beigetragen wie 1944.[382]

*

Der Grund für die intensive, in dieser Weise vorher unbekannte Beteiligung von Gewerkschaften an den Wahlen 1944 lag auf der Hand: Es galt, die in beiden Häusern des Kongresses seit 1942 bestehende antigewerkschaftliche Mehrheit zu brechen und die Wahl eines Präsidenten sicherzustellen, der den Gewerkschaften positiv, zumindest aber neutral gegenüberstand. Da die Industriearbeiterschaft ohnehin liberalen Politikern zuneigte, kam es für das PAC (auch hierin der LNPL verwandt) darauf an, diese potentiellen

Wähler zu mobilisieren, d. h. als Wähler registrieren zu lassen und an die Wahlurne zu bringen. Das war 1944 besonders deswegen so schwierig, weil wegen des Aufschwungs der kriegswichtigen Industrien Arbeiter vom Lande oder aus Kleinstädten in die Großstädte zogen, Beschäftigte häufiger als vor dem Kriege Arbeitsplatz und Wohnsitz wechselten und ihre Wahlberechtigung daher oft umstritten oder unklar war. Da in jedem Staat andere Wahlgesetze mit den unterschiedlichsten Bestimmungen über Registrierung und Wahlberechtigung bestanden (besonders die Länge der Zeit, die man an einem Wohnsitz verbracht haben mußte, um wahlberechtigt zu sein, differierte erheblich), waren die lokalen PACs bemüht, die Arbeiter über die Wahlgesetze zu informieren. Ein besonderes Problem war es, auch die Frauen der Arbeiter so zu motivieren, daß sie sich als Wähler registrieren ließen.[383] Bereits lange bevor der eigentliche Wahlkampf begonnen hatte, veröffentlichten der CIO und das PAC Broschüren in großer Auflage, in denen der Wahlakt als patriotische Tat hingestellt wurde: Jeder Nichtwähler schade Amerika, über ihn freue sich Hitler.[384] Die zeitraubende Kleinarbeit der Registrierungskampagne wurde von den Betriebsgewerkschaftsorganisationen und von den lokalen Komitees in den Wohnbezirken geleitet.[385] Das PAC hatte es sich zum Ziel gesetzt, zwei Drittel der potentiellen Wähler in die Stimmlokale zu bringen. Tatsächlich wurden 1944 u. a. durch die Arbeit des PAC 60 Millionen von 88 Millionen möglichen Wählern registriert. Es gaben aber schließlich nur 45 Millionen ihre Stimmen bei der Wahl ab.

Das PAC griff systematisch und gezielt in die Vorwahlen ein. Dies hatte zwei Gründe: 1. Nach den bestehenden Gesetzen konnten Gewerkschaften in den Primaries, nicht aber im eigentlichen Wahlkampf Kandidaten finanziell unterstützen. 2. 1942 waren viele liberale Aspiranten bereits in den Vorwahlen durchgefallen, so daß am Wahltag keine personelle Alternative zu konservativen antigewerkschaftlichen Politikern vorhanden war. Schon wenige Wochen nach den Wahlen von 1942 stand für die CIO-Spitzenfunktionäre offensichtlich fest, daß ihr Gewerkschaftsbund die nächsten Vorwahlen beeinflussen müßte[386], ja dies war einer der Gründe, das PAC zu gründen. Ein Kandidat allerdings wurde vom CIO und PAC schon unterstützt, bevor noch die Primaries begonnen hatten: F. D. Roosevelt für eine vierte Amtszeit als Präsident. Bereits im September 1943 hatte Hillman erklärt, daß man alles tun werde, um den Präsidenten für eine erneute Kandidatur zu gewinnen.[387] Es waren gerade die kommunistisch kontrollierten Gewerkschaften, die sich sehr frühzeitig – so die UE im September 1943[388] – offiziell für eine Wiederwahl Roosevelts aussprachen, in dem sie den besten Garanten für einen baldigen militärischen Sieg sahen. In den Vorwahlen konzentrierte sich das PAC darauf, jene Bewerber für den Kongreß zu unterstützen, die sozialpolitisch der New Deal-Tradition folgten, und die zu verhindern, die antigewerkschaftlich und isolationistisch eingestellt waren.[389] Das PAC war in einigen Vorwahlen erfolgreich, scheiterte aber auch in vielen. Der spektakulärste Erfolg wurde errungen, als drei Mitglieder des House Committee of Un-American Activities (Martin Dies, Joseph Costello und Joseph Starnes), das den CIO und das PAC scharf angegriffen und eine Propagandakampagne gegen die Gewerkschaften entfacht hatten, nicht wieder nominiert wurden. Der Vorsitzende dieses Ausschusses, Martin Dies aus Texas, hatte seine Bewerbung vorzeitig selbst zurückgezogen, als in seinem Wahlkreis als Ergebnis der Aktivitäten des dortigen PAC sich 25 Prozent aller potentiellen Wähler, darunter viele Industriearbeiter aus den Erdölraffinerien, registrieren ließen.[390] Durch diese und andere Erfolge gewann der CIO an politischem Prestige und Selbstvertrauen, zugleich jedoch schwoll auch die Propagandawelle gegen das PAC bedrohlich an. Gleichwohl ist der Einfluß des Komitees bei den Vorwahlen überschätzt worden. Es wurden nur 22 vom PAC unterstützte Bewerber für das Repräsentantenhaus nominiert. Von 19 Bewerbern, die schon Mitglieder des Kongresses gewesen waren und gegen die das Komitee opponierte, wurden zehn in den Primaries geschlagen. Gegen zehn Bewerber für den Senat arbeitete das PAC, von denen sechs nicht nominiert wurden.[391]

Die Grenzen des politischen Einflusses des CIO wurden bei der Nominierung des Vizepräsidenten durch den Demokratischen Parteikonvent im Juli 1944 deutlich. Eingeweihte – und dazu gehörten die CIO-Führer – wußten, daß der Präsident schwer krank war und eine vierte Amtsperiode kaum überleben würde. Der Auswahl des Vizepräsidenten kam daher große Bedeutung zu. Der CIO hatte sich für die Wiederaufstellung des amtierenden Vizepräsidenten, Henry Wallace, ausgesprochen. Schon mehrere Tage vor Eröffnung des Demokratischen Parteikonvents in Chikago hatte das PAC dort ein eigenes Hauptquartier aufgeschlagen und Hillman dabei erklärt, daß man mit aller Kraft für Wallace kämpfen werde. Philip Murray, Präsident des CIO, führte die Parteitags-Delegation von Pennsylvania[392], R. J. Thomas, Vorsitzender der UAW, war Mitglied der Delegation von Michigan.[393] Sie alle warben für Wallace, während die schärfste Opposition von den Bossen der Demokratischen Parteimaschinen aus den Großstädten kam, die den Konservativen James F. Byrnes favorisierten. Was niemand von ihnen zu diesem Zeitpunkt wußte war, daß Roosevelt einige Tage vor Beginn des Parteikonvents entschieden hatte, weder die Kandidatur von Wallace noch die von Byrnes zu unterstützen, um eine Parteispaltung zu verhindern, und er statt dessen Harry S. Truman, Senator aus Missouri, zu seinem Partner im Wahlkampf erkoren hatte.[394] Entsprechend wurde Truman dann auch nominiert. Vielleicht war es dem Einfluß des PAC zu verdanken, daß Byrnes Aufstellung als Vizepräsidenten-Kandidat verhindert werden konnte. Gleichwohl bildeten die CIO-Delegierten auf dem Parteikonvent – einige Zeitungen sprachen von 200 – nur eine Gruppe neben anderen. So waren auch AFL-Gewerkschafter anwesend. William Green hatte sich für Truman eingesetzt und Tobin, Vorsitzender der AFL-Transportarbeiter, eine Nominierungsrede für den Senator aus Missouri gehalten. Die PAC-Repräsentanten glaubten sich jedenfalls von den Bossen der Demokratischen Partei ausgetrickst.[395] Es gibt auch keine Hinweise dafür, daß etwa Hillman, der immer noch den besten Kontakt zu Roosevelt unter den CIO-Führern hatte, an einer Intrige mitgesponnen und seine PAC-Kollegen getäuscht hätte. Vielmehr gab Hillman erst nachdem Wallace praktisch schon gescheitert war bei einem gemeinsamen Frühstück mit Truman grünes Licht für dessen Kandidatur. Auch war Wallace einstimmig vom Gewerkschaftskongreß der ACWA nominiert worden[396], und Hillman konnte es sich kaum leisten, gegen diese eindeutige Willensbekundung zu intrigieren. Dennoch machte Hillman nach dem Parteikonvent Schlagzeilen – er wurde nachweislich das Opfer einer Falschmeldung des politischen Redakteurs der "New York Times", Arthur Krock. Danach soll Roosevelt, als der Vorsitzende des Parteitages ihn nach einem Kandidaten für die Vizepräsidentschaft fragte, gesagt haben: "Clear it with Sidney". In Wirklichkeit war Hillman weder Königsmacher noch übte er ein Vetorecht bei der Aufstellung des Vizepräsidenten aus.[397] Roosevelts Entscheidung war schon vor Beginn des Parteikonvents gefallen. Dieser später von Krock zurückgenommene Satz wurde von den Republikanern als Wahlkampfparole – mit antisemitischem und antikommunistischem Akzent gegen Hillman – ausgenutzt.[398]

Dies und andere Angriffe auf den CIO und das PAC waren der Grund dafür, daß das Komitee im Wahlkampf sich demonstrativ patriotisch verhielt. Sieg im Weltkrieg und Wiederwahl des Oberbefehlshabers der amerikanischen Streitkräfte standen im Mittelpunkt der Plakate, Broschüren und Flugblätter. 1944 publizierte das PAC 85 Millionen Stück Wahlkampfmaterial[399], absoluter Höhepunkt gewerkschaftlicher Beteiligung an einem Wahlkampf. Am Wahltag fungierten 100.000 PAC-Freiwillige als Wahlschlepper, darunter in Cleveland allein 2.000.[400] Das PAC war – nach Aussage eines seiner aktivsten Mitarbeiter – nicht überall erfolgreich, sondern erlitt mehrere Niederlagen.[401] Von 145 Kandidaten, die das Komitee für das Repräsentantenhaus unterstützte, wurden 109 – darunter drei Republikaner – gewählt. Dabei war das PAC im hartumkämpften, von ihrer Struktur her industriellen Wahlkreisen (insgesamt 44) das Zünglein an der Waage, das den Ausschlag für den liberalen Kandidaten gab. Im Süden der USA blieben die Gewerkschaften bei den Wahlen einflußlos, in den Staaten Neu-Englands waren sie am erfolgreichsten. In 11 Staaten war das PAC zum wahlentscheidenden Scharnier der innenpolitischen Roosevelt-Kriegskoalition geworden. Dies zeigte sich auch bei den Senatswahlen. Hier gewannen 17 von 20 PAC-unterstützten Kandidaten, doch war nur in der Hälfte dieser Staaten das Komitee ausschlaggebender Faktor beim Wahlsieg.[402]

Das PAC war gleichwohl nur eine Organisation neben anderen und repräsentierte nur eine gesellschaftliche Gruppe in der 1944 wiederbelebten Roosevelt-Koalition. Da im Vergleich zu 1940 die Wahlbeteiligung erheblich gesunken war, lag der wichtigste Beitrag des Komitees zum Roosevelt-Sieg und zur Wahl liberaler Kongreßmitglieder in der Mobilisierung der Arbeiterstimmen. Der wiedergewählte Präsident schätzte den Anteil des Komitees an seinem Wahlsieg sehr hoch ein und sandte Hillman zwei herzlich gehaltene Dankschreiben.[403] Für die Gewerkschaften am wichtigsten war, daß die personelle Zusammensetzung des Kongresses so verändert wurde, daß keine weiteren antigewerkschaftlichen Gesetze zu erwarten waren und daß – gleichsam als Notbremse – ein Präsident wiedergewählt wurde, der bereit war, sein Vetorecht im In-Interesse der Gewerkschaften einzusetzen.

*

Betrachten wir die vom CIO und PAC verfolgten politischen Ziele, so wird deutlich, daß der Einsatz im Wahlkampf eine Hilfskonstruktion gewesen ist, um gewerkschaftliche Interessen durchsetzen zu können: Die Verhandlungsposition des CIO als einer wirtschaftlichen Interessengruppe wurde dadurch im politischen Bereich – d. h. gegenüber der Administration und dem Kongreß – gestärkt. Im Gegensatz zu den dreißiger Jahren formulierte der CIO während des Zweiten Weltkrieges seine Ziele nicht mehr punktuell als Einzelforderungen, sondern innerhalb eines relativ fest geschlossenen Konzeptes, nämlich der Keynesschen Wirtschaftspolitik. Zwar mochte für den zeitgenössischen Beobachter – wie bei einigen AFL-Führern – zuweilen der Eindruck entstehen, als suche der CIO allgemeine gesellschaftspolitische Vorstellungen zu verwirklichen, doch waren diese in der Praxis aufgrund materieller industriegewerkschaftlicher Interessen im Keynesschen Bezugsrahmen fest verankert.

Während des Weltkrieges wurde die Keynessche Wirtschaftstheorie in den Industriegewerkschaften systematisch rezipiert. Begriffe wie „Vollbeschäftigung", „Kaufkraft", „antizyklische Wirtschaftspolitik" tauchten in den Veröffentlichtungen des CIO immer häufiger auf. Die Keynes-Rezeption hatte zur Folge, daß der Industriegewerkschaftsverband noch bewußter und gezielter als in den dreißiger Jahren die staatliche Wirtschaftspolitik zu beeinflussen suchte. Staatsintervention und gewerkschaftliche Interessenvertretung gegenüber dem Staat wurden so – innerhalb bestimmter, von den Prinzipien kapitalistischer Produktion gesetzter Grenzen – zu einem zentralen Element eines rationalen Wirtschaftskonzeptes. Oder anders gewendet: Die vom CIO vertretene Keynessche Wirtschaftspolitik formierte und stabilisierte den Kapitalismus der Großkorporationen.

Die unmittelbar nach Ende des Ersten Weltkrieges emporschnellenden Arbeitslosenzahlen hatten zum Niedergang der Gewerkschaftsbewegung in den zwanziger Jahren beigetragen. Aus dieser Erfahrung heraus waren die CIO-Gewerkschaften, die als Verbände in den Massengüterindustrien am meisten von einer Rezession betroffen worden wären, daran interessiert, für die Zeit nach dem Zweiten Weltkrieg Arbeitslosigkeit unter allen Umständen zu vermeiden.[404] Sie drängten daher auf Planung der Nachkriegswirtschaft. Sicherung der Vollbeschäftigung wurde zum Hauptziel der politischen Arbeit des PAC ("No. 1 topic on PAC's agenda").[405] Demonstrativ wiesen die Industriegewerkschaften auf dieses für sie wichtigste Problem hin: Am 14./15. Januar 1944 veranstaltete das PAC in New York unter großer Anteilnahme der Presse eine "Full Employment Conference". Vollbeschäftigung und angemessene Löhne für die Nachkriegszeit wurden in 43 Referaten von Gewerkschaftsführern, Unternehmern, Regierungs- und Kirchenvertretern diskutiert. Die eingeladenen Wirtschaftswissenschaftler waren alle Anhänger des Keynesschen Konzeptes. Sidney Hillman bestimmte den Tenor der Konferenz, als er bei der Eröffnung ausrief, daß Vollbeschäftigung die Voraussetzung für die Wohlfahrt der Nation und die Stabilität der amerikanischen Ökonomie sei.[406] Die auf der Veranstaltung gehaltenen Vorträge wurden als Borschüren in großer Auflage verteilt, ebenso ein entsprechendes Handbuch mit einer Auflage von 250.000 Exemplaren, das die wirtschaftspolitischen Forderungen des CIO popularisierte.[407] Die Full Employment Conference gab den Auftakt zu einer Wahlkampagne und für Lobbyaktivitäten, durch die das PAC ein gewerkschaftliches Programm Keynesscher Wirtschaftspolitik zu verwirklichen suchte.

Die folgenden Punkte waren Bestandteil dieser Politik:

1. Das PAC verlangte die staatliche Förderung des Wohnungsbaus sowie des Baus von Eigenheimen und propagierte die Notwendigkeit, daß jeder Amerikaner das Recht auf gut möblierten und ausgestatteten Wohnraum habe. Dahinter stand die (Keynessche) Vorstellung, daß über die Bauindustrie durch öffentliche Investitionen eine von einer Depression bedrohte Wirtschaft am schnellsten angekurbelt werden und so in Zeiten der Umstellung der Wirtschaft von der Kriegs- auf die Friedensproduktion am ehesten Arbeitslosigkeit vermieden werden könne. Im Gegensatz zum PAC war von der LNPL öffentlich geförderter Wohnungsbau nie ernsthaft verlangt wor-

den, im Ausgang der dreißiger Jahre war Keynes für amerikanische Gewerkschaften – und oft genug auch für die Roosevelt-Regierung – ein Buch mit sieben Siegeln.

2. Die Elektrifizierung ländlicher Gebiete sollte weiter vorangetrieben werden, um dadurch sowohl neue Arbeitsplätze in Agrargebieten zu schaffen als auch den Markt für Konsumgüter auszudehnen.
3. Das PAC schlug vor, daß umgehend ein Arbeitsbeschaffungsprogramm für die Nachkriegszeit konzipiert werde, um die aus den Streitkräften entlassenen Soldaten auf dem Arbeitsmarkt unterbringen zu können. Dieses Programm sollte gemeinsam von Gemeinden, Einzelstaaten und vom Bund finanziert und eine zentrale Verwaltung eingerichtet werden, die Beschäftigten an Projekten der Wildwasserregulierung, der Aufforstung und Bodenkonservierung, der ländlichen Elektrifizierung und dem Bau von Straßen, Schulen, Krankenhäusern und anderen öffentlichen Gebäuden arbeiten. Dieser Vorschlag griff auf die verschiedenen Arbeitsbeschaffungsprogramme des New Deal zurück.
4. In den Führungsgremien der CIO-Gewerkschaften war man sich bewußt, daß ein niedriges Einkommen der Farmer die wirtschaftliche Stabilität dadurch gefährden konnte, daß kein ausreichender Absatzmarkt für industrielle Produkte im Lande vorhanden war und daß überzählige landwirtschaftliche Arbeitskräfte in die industriellen Ballungszentren strömten und die Konkurrenz um Arbeitsplätze verschärften. Damit hätte das in der Rüstungsproduktion erreichte hohe Lohnniveau in Frage gestellt werden können. Das PAC plädierte folglich für die öffentliche Subventionierung kleiner und mittlerer Farmer und für eine höhere Besteuerung landwirtschaftlicher Großbetriebe.
5. Das PAC setzte sich für eine bessere, vor allem aber zeitlich längere Schulausbildung ein. Dahinter stand wiederum das Interesse, das Angebot an Arbeitskräften – in diesem Fall den Zugang von Jugendlichen zum Arbeitsmarkt – möglichst niedrig zu halten und kontrollieren zu können, die gewerkschaftliche Position bei Tarifverhandlungen zu stärken oder wenigstens in der Nachkriegszeit zu bewahren.
6. Für die Zeit unmittelbar nach dem Krieg schlug der CIO vor: Erhöhung der im Krieg eingefrorenen Löhne um 20 Prozent; Heraufsetzung des Mindeststundenlohns auf 65 Cent; Festsetzung eines garantierten Mindestjahreseinkommens; wesentliche Erhöhung des Arbeitslosengeldes.

   Auch in den Kriegsjahren hatten sich die CIO-Gewerkschaften zwar mehrfach um Lohnerhöhungen bemüht, um den Preisanstieg auszugleichen.[409] Mit Ausnahme einer einmaligen Erhöhung der Löhne um 15 Prozent schlugen jedoch alle diese Versuche fehl, so daß die Gewerkschaften auf dem Umweg über "fringe benefits" in den Tarifverträgen nur zu einem Teil die verlorene Kaufkraft wieder hereinholen konnten.
7. Könne die Inflation trotz aller genannten Maßnahmen nicht gestoppt werden, müßten – so verlangte das PAC – auch nach dem Kriege Preis- und Mietkontrollen beibehalten und effektiver als während des Krieges durchgeführt werden.

Die Propagierung eines derartigen Wirtschaftskonzeptes bedeutete bereits implizit, daß die amerikanischen Industriegewerkschaften das kapitalistische System voll akzeptiert hatten. Doch auch explizit stand der CIO auf dem Boden von Privateigentum und privater Profitaneignung. So erklärte das PAC, daß die Sicherung der Vollbeschäftigung die Aufgabe der privaten Unternehmer sei und der Staat nur Hilfestellung zu geben habe.[410] Murray und andere CIO-Führer verlangten, daß billige Kredite und Subventionen vom Staat an die Unternehmer gegeben würden, damit die Wirtschaft prosperiere und ausreichend Arbeitsplätze vorhanden wären. Sowohl bei Tarifverhandlungen als auch in seiner Lobbytätigkeit war das Verhalten des CIO von dem Bewußtsein bestimmt, daß es in der amerikanischen Wirtschaft – deren Aufbau und Gefüge prinzipiell bejaht wurde – eine strukturelle Arbeitslosigkeit gab. Das hieß konkret, daß vorhandene Arbeit auf möglichst viele Personen verteilt werden mußte, um den Mangel an Arbeitsplätzen zu beheben. Insofern befand sich der CIO in der gleichen Situation wie die AFL: Die von Selig Perlman formulierte Gewerkschaftstheorie[411], die von eben dieser Arbeitsplätzeknappheit ausging und die von der Praxis der amerikanischen Berufsgewerkschaften in den ersten drei Jahrzehnten unseres Jahrhunderts nur abstrahiert hatte, wurde so letztlich auch zur CIO-Ideologie. Die CIO-Gewerkschaften waren davon überzeugt, daß ihre Organisationen nur in einer expandierenden Wirtschaft stark sein konnten. Allan S. Haywood, der Vizepräsident und Organisationssekretär des CIO, erklärte entsprechend, daß die Profite der Unternehmer ebenfalls den Gewerkschaften zugute kämen und daß eine Depression beiden gleichermaßen schaden würde.[412] Im Unterschied zur AFL hatten die CIO-Führer nur früher und besser begriffen, daß mit den Mitteln der Keynesschen Wirtschaftspolitik und mit Hilfe einer politischen Organisation, nämlich des PAC, gewerkschaftliche Interessen im organisierten Kapitalismus erfolgreicher durchzusetzen waren als nur am Tarifverhandlungstisch, daß nur in Phasen konjunkturellen Aufschwungs höhere Löhne und bessere Arbeitsbedingungen zu erreichen waren und die Gewerkschaften daher direkt auf die staatliche Wirtschaftspolitik Einfluß nehmen mußten.

Der CIO akzeptierte nicht nur das bestehende Wirtschaftssystem, sondern verlangte, an der weiteren Ausgestaltung des Kapitalismus der Großkorporationen beteiligt zu werden. Die Industriegewerkschaften waren die glühendsten Verfechter kapitalistischer Wirtschaftsplanung. Murray etwa erklärte, daß Wirtschaftskatastrophen das Ergebnis von Unfällen und Zufällen seien, daß in der Gegenwart Wohlstand nur durch Planung möglich sei.[413] Der CIO-Vorstand, die CIO-Gewerkschaften und das PAC schlugen entsprechend einen "Council of National Planning", eine Bundesbehörde vor, die für die Nachkriegszeit Vollbeschäftigung, Produktion und Konsumgüterbedarf planen sollte. Die Mitglieder dieser Behörde sollten vom Präsidenten ernannt werden und – paritätisch zusammengesetzt – Unternehmer, Gewerkschaften, Landwirtschaft und Regierung repräsentieren. Es war vorgesehen, daß dieses Gremium sowohl durch öffentliche Investitionen die Nationalwirtschaft steuern als auch dem Kongreß Gesetzesvorlagen empfehlen konnte. Das "Council of National Planning" bekam ferner die Aufgabe zugesprochen, in den verschiedenen Wirtschaftsbereichen "Industry Councils", eine Art Wirtschaftsräte einzusetzen, die ebenfalls paritätisch von Unternehmern, Gewerkschaften und Regierung zu besetzen seien. Ihre Funktion sollte darin bestehen, in jedem Wirtschaftsbereich durch Beratung der einzelnen Unternehmen die Ausnutzung der vollen Produktionskapazität und Vollbeschäftigung zu garantieren.[414] Auf der Full Employment Conference des PAC führte Walter P. Reuther, damals Vizepräsident der

UAW, diesen Plan für die Automobilindustrie im Detail aus: Da die Regierung – und damit der Steuerzahler – die Automobilwerke für die Kriegsrüstung mit modernsten Maschinen ausgestattet hätte, müßten nach dem Kriege Unternehmer, Gewerkschaften und Regierungsvertreter gemeinsam über ihre weitere Verwendung in der Friedensproduktion beraten und entscheiden.[415] In gleicher Weise argumentierte George G. Addes, Generalsekretär der UAW, für eine Umstellung der Flugzeugindustrie auf Friedensbedürfnisse.[416]

Was die CIO-Gewerkschaften verlangten war nichts anderes, als den dreisäulig-syndikalistisch organisierten Kapitalismus der Großkorporationen über die Kriegsverwaltungswirtschaft hinaus auch in Friedenszeiten fortzusetzen und auszubauen, wobei allerdings die Arbeitnehmervertreter stärker beteiligt werden sollten, als dies im Krieg der Fall war. Dieser Vorschlag erneuerte in etwas modifizierter Weise den War Industry Council Plan, den Murray Präsident Roosevelt zu Beginn der Aufrüstung unterbreitet hatte. Es war kein Zufall, daß derartige Pläne, nämlich Wirtschaftsräte in den einzelnen Industrien zu etablieren, von Industriegewerkschaften vorgeschlagen wurden, denn sie waren strukturell und organisatorisch für eine Kooperation mit den Unternehmern in solchen Institutionen besonders geeignet.

Die Keynessche Wirtschaftspolitik mit dem Hauptzweck der Vollbeschäftigung war das Kernstück der politischen Zielvorstellungen des PAC. Daneben verfolge das Komitee auch jene Vorstellungen, wie wir sie schon von der LNPL her kennen. Dabei war es selbstverständlich, daß während des Krieges der militärische Sieg der Alliierten und – hier völlig im Gefolge der Rooseveltschen Pläne – eine neue Weltordnung mit den United Nations an der Spitze propagiert wurden. Zu den traditionellen Forderungen und Lobby-Aktivitäten des PAC gehörten:

1. Die CIO-Gewerkschaften waren 1943/44 nicht nur durch ihre Teilnahme an Wahlkämpfen, sondern auch auf dem Weg über bestimmte gesetzliche Maßnahmen bestrebt, die Wählerbasis für Roosevelt und liberale, gewerkschaftsfreundliche Politiker zu verbreitern. Die PAC-Lobbyisten unterstützten daher auch jetzt die Abschaffung der Wahlsteuer, die noch immer in einigen Südstaaten erhoben wurde und vor allem Neger traf.[417] Sie konnten dabei argumentieren, daß die Vereinigten Staaten einen Weltkrieg für die Demokratie führten und deswegen im eigenen Land die elementarsten Regeln der Demokratie nicht verletzt werden dürften.[418] Das PAC begrüßte es, daß durch den Soldier Voting Act Soldaten das Wahlrecht, das ihnen bis 1942 vorenthalten worden war, erhalten hatten. Doch wurde kritisiert, daß nicht jeder Soldat automatisch wahlberechtigt war, sondern das Wahlrecht von den Einzelstaaten, aus denen die Wehrpflichtigen kamen, ausdrücklich bestätigt werden mußte. Dadurch wurde vor den Wahlakt eine bürokratische – und in den Südstaaten zuweilen unüberwindliche – Hürde gestellt, die die Stimmabgabe für liberale Kandidaten erschwerte. Versuche der CIO-Lobby, den Soldier Voting Act im gewerkschaftlichen Interesse zu verbessern, schlugen fehl.[419]
2. Im Arbeitsrecht setzte sich das PAC für die Beibehaltung des gesetzlich abgesicherten Koalitionsrechts, des Verbots der Arbeit von Jugendlichen auch während des Krieges und für eine Erhöhung des gesetzlichen Mindestlohns ein. Alle Versuche, den Smith-Connally Act, dessen Verabschiedung von den Gewerkschaften als of-

fene Bedrohung ihrer Stellung verstanden worden war, zu widerrufen, scheiterten.

3. Arbeitsrecht und Sozialpolitik wurden auch während des Krieges als ein Fundament verstanden, auf das mit Hilfe von Tarifverträgen das differenzierte System der Arbeitsbeziehungen errichtet wurde. Um dieses Fundament nicht durch die Kriegsinflation erschüttern zu lassen, verlangten die Gewerkschaften – vergeblich – eine wesentliche Erhöhung der Leistungen aus der Alters-, Kranken- und Unfallversicherung. Selbst in der Zeit der Überbeschäftigung während des Krieges wurde die Konkurrenz um Arbeitsplätze und damit das Drücken des Lohnniveaus durch diejenigen befürchtet, die von Sozialleistungen leben mußten.

Die vom PAC angewandten Methoden der Interessenpolitik glichen denen der LNPL. Sie waren qualitativ nur ausgeklügelter und differenzierter, quantitativ umfangreicher. Es gelang, in Washington die Arbeit der Lobby des CIO mit der der AFL und der Eisenbahnergewerkschaften zu koordinieren, ein entsprechendes förmliches Abkommen wurde getroffen. Bei allen Bemühungen des CIO, Druck auf den Bundesgesetzgeber oder die Exekutive auszuüben, hatten die lokalen Gruppen des PAC und die Betriebsgewerkschaftsorganisationen eine wichtige Funktion, nämlich durch Brief-, Postkarten- oder Telegrammkampagnen und durch Gespräche ihre Abgeordneten zu beeinflussen, gewerkschaftliche Interessen auch zahlenmäßig manifest zu machen.

Nach dem Zerfall der LNPL hatte der CIO in Washington erheblich an Einfluß verloren und nur noch durch einzelne Gewerkschaftsführer wie Sidney Hillman die Regierungspolitik mitbestimmen können. Wie sehr ein politisches Instrument fehlte, zeigten die Kongreßwahlen von 1942 und die Verabschiedung des Smith-Connally Act. Diese politischen, den gewerkschaftlichen Spielraum einengenden Niederlagen und die Notwendigkeit, für die Nachkriegszeit Vollbeschäftigung sicherzustellen, waren die Hauptmotive für die Gründung und Arbeit des PAC.

*

Wird die Geschichte des PAC in den Jahren 1943/44 analysiert, so kann zusammenfassend festgestellt werden, daß das Komitee als politischer Arm einer ökonomischen Interessengruppe fungierte. Nicht einmal verbal war – wie bei der LNPL – der Anspruch erhoben worden, Ausgangsbasis für eine amerikanische Arbeiterpartei zu sein. Als sich nach dem Wahlerfolg des PAC auf dem CIO-Kongreß 1944 einige Stimmen für die Gründung einer Dritten Partei erhoben, war es für Hillman einfach, sie zum Schweigen zu bringen, und die Delegierten beschlossen mit überwältigender Mehrheit, daß das Komitee bei seiner parteiunabhängigen (non-partisan) Politik bleiben solle.[420] Die Industriegewerkschaften griffen in den politischen Prozeß ein, weil im organisierten Kapitalismus privatwirtschaftliche und öffentliche Sphäre, Tarifverhandlungen sowie Arbeits- und Sozialgesetzgebung nicht mehr voneinander getrennt werden konnten. Die Produktion fand nicht mehr nur gesellschaftlich – bei weiterhin privater Aneignung des Produktionsergebnisses – statt, sondern die Produktionssphäre war durch die Staatsintervention gleichsam auch politisiert worden. Im eigenen Selbstverständnis sahen sich die PAC-Gruppen in den Kommunen daher als "Collective Bargaining

Agency", als Tarifpartner.[421] Dies hieß zugleich auch, daß das PAC weder anstrebte, die Demokratische Partei zu übernehmen, noch dies überhaupt möglich war, da die Arbeiter nicht immer für den Kandidaten stimmten, den ihre Gewerkschaft offiziell unterstützte.[422] Vielmehr genügte es, zur Durchsetzung der eigenen wirtschaftlichen und sozialpolitischen Interessen auf eine Gruppe liberaler Abgeordneter im Kongreß und in den Parlamenten der Einzelstaaten oder auf liberale Mitglieder der Exekutive in Gemeinden, Ländern und im Bund zurückgreifen und auf sie Druck ausüben zu können. Deshalb war das PAC – wie die LNPL – bemüht, seine gewerkschaftlichen Anhänger und andere liberale Wähler zu mobilisieren. In den Wahlkämpfen wurde dabei zugleich jenes politische Potential absorbiert, das unter anderen gesellschaftlichen und historischen Bedingungen in einer Arbeiterpartei hätte realisiert werden können.

Die CIO-Gewerkschaften und das PAC akzeptierten das bestehende Wirtschafts- und Gesellschaftssystem und propagierten darüber hinaus in Verbindung mit der Keyneschen Wirtschaftspolitik wesentliche Elemente des Kapitalismus der Großkorporationen wie Effizienz, Planung und Rationalität, ja sie waren die stärksten Befürworter syndikalistisch-dreisäuliger Strukturen. Anders formuliert: Die Industriegewerkschaften wurden in ihrem Verhalten von Harmonievorstellungen und trotz eines gewissen Verbalradikalismus nicht von der Konzeption einer Klassengesellschaft bestimmt. Als die Nachkriegswirtschaft nicht nach den Vorstellungen des CIO geordnet und keine Wirtschaftsräte eingerichtet wurden, setzten die Industriegewerkschaften ihre materiellen Interessen in Streiks durch, ohne dabei ihre Harmonievorstellungen durch eine Theorie des Klassenkonflikts zu ersetzen.

Aus der Analyse der Politik des PAC ergibt sich auch, daß sich die Wiedervereinigung der Gewerkschaftsbünde AFL und CIO schon in den Jahren 1943/44 abzuzeichnen begann. Abgesehen davon, daß beide Verbände im Bezugsrahmen des organisierten Kapitalismus operierten und auch der prinzipielle organisatorische Gegensatz zwischen beiden allmählich überwunden wurde, indem die AFL zunehmend auf industrieller Basis organisierte und der CIO zunehmend auf die Interessen der Facharbeiter in den Massengüterindustrien Rücksicht nehmen mußte, näherten sich beide Föderationen auch in ihren politischen Methoden an: Auf dem Hügel des Kapitol und in den Vorzimmern des Weißen Hauses handelte man gemeinsam; und an der Basis, in verschiedenen Kommunen und Einzelstaaten praktizierte man innerhalb des PAC die Aktionseinheit. Als 1947 der Kongreß gegen das Veto von Präsident Truman den Taft-Hartley Act verabschiedete, der die relativ starke Stellung der Gewerkschaften nach dem NLRA einschränkte, gründete die AFL die Labor's League for Political Education (LLPE) – der Zwillingsbruder des PAC war geboren.[423] Die Vereinigung von AFL und CIO zu einem Gewerkschaftsbund im Jahre 1955 war kein historischer Zufall, sondern von aufmerksamen Beobachtern schon lange vorausgesagt worden.

Das PAC blieb in seiner Geschichte den Traditionen des amerikanischen "business unionism" eines Samuel Gompers, der Parole des „Belohne deine Freunde, strafe deine Feinde", der parteiunabhängigen Politik verhaftet. Es stellte zu keiner Zeit das politische und ökonomische System der Vereinigten Staaten in Frage, sondern operierte innerhalb des vorgefundenen Bezugsrahmens und trug zu dessen Stabilisierung bei. Das PAC blieb immer der politische Arm einer wirtschaftlichen Interessengruppe.

## 3. Die American Labor Party

Die politische Arbeit der Gewerkschaften im Staat New York hat sich in den dreißiger und vierziger Jahren in besonderer Weise und anders entwickelt als in den übrigen Teilen der Vereinigten Staaten. Während die LNPL und das PAC mehr oder weniger offen als verlängerter – politischer – Arm einer wirtschaftlichen Interessengruppe, nämlich des CIO, agierten, entstand in New York eine Partei, die als Massenorganisation einer europäischen Sozialdemokratie, dem Vorbild der britischen Labour Party, näher kam als jede andere politische Bewegung im Amerika dieser Jahre. In diesem Kapitel soll eben diese "American Labor Party" (ALP) untersucht und – neben der Darstellung des Aufbaus und der äußeren Geschichte dieser Organisation – auch hier und von einem neuen Blickwinkel aus die Frage gestellt werden, die uns in anderer Form in den beiden letzten Kapiteln beschäftigt hat: Warum ist die ALP auf einen Staat beschränkt geblieben und hat sich nicht zu einer nationalen Partei entwickelt? Welche Rolle hat sie bei der Integration des CIO in den Kapitalismus der Großkorporationen gespielt?

Die ALP wurde am 16. Juli 1936 als New Yorker Zweig der LNPL gegründet. George Berry hatte als Vorsitzender der Liga von Washington aus zum Gründungskongreß Gewerkschaftsfunktionäre eingeladen[424], die ca. 400.000 organisierte Arbeiter repräsentierten. Wenige Tage vor der Konferenz hatten die Vorsitzenden der drei größten New Yorker Textilarbeitergewerkschaften, Hillman von der ACWA, Dubinsky von der ILGWU und Max Zaritzky von der Putzmachergewerkschaft, sich geeinigt, mit Rücksicht auf die besonderen politischen und gesellschaftlichen Bedingungen ihres Staates nicht einfach ein State Committee der LNPL, sondern eine Arbeiterpartei zu bilden.[425] Diese „Arbeiterpartei" entwickelte gegenüber ihrer Mutterorganisation eine solche Selbständigkeit, daß sie vom Zusammenbruch der Liga als einer CIO-Organisation 1940/41 kaum tangiert wurde und auch 1943/44 gegenüber dem PAC unabhängig blieb, wenn auch eng mit ihm zusammenarbeitete.[426]

Vor dem Gründkongreß der ALP wiederholte Hillman – vorsichtig taktierend – jene LNPL-Position, die wir schon oben kennengelernt haben: Die Liga und auch die „Arbeiterpartei" seien im Moment noch keine richtigen Parteien, vielmehr müsse man im anstehenden Wahlkampf Roosevelt mit allen Mitteln unterstützen. Allerdings sollten sich die Gewerkschaften – die nach dem Wahltag in der LNPL und ALP dann über 5 Millionen Mitglieder zusammengefaßt hätten – auf parteipolitische Veränderungen bis 1940 vorbereiten, eine Umstrukturierung der amerikanischen Innenpolitik stehe bevor. Für die dann stattfindenden Wahlen sei es wichtig, schon jetzt ins Gedächtnis zu rufen, daß es amerikanischer politischer Tradition entspreche, daß ein Präsident nur für zwei Amtsperioden im Weißen Haus bleibe.[427] Mit dieser Rede ließ Hillman alle Fragen offen, ob die ALP als Ausgangspunkt für eine amerikanische Sozialdemokratie geplant war. Die Stimmung unter den versammelten Delegierten dagegen war eindeutig: Von New York aus sollte das Fundament für eine unabhängige Arbeiterpartei gelegt werden.[428] Redner aller Gewerkschaften versicherten, daß die Unterstützung Roosevelts 1936 und der gleichzeitige Aufbau einer Dritten Partei sich nicht gegenseitig ausschlössen. Viele Delegierte träumten davon, daß sie den Grundstein für eine Sozialdemokratie gelegt hätten. In Wirklichkeit jedoch waren Hillman, Dubinsky und

Zaritzky übereingekommen, die ALP nur als ein Hilfsorgan dazu zu benutzen, zunächst 1936 die Wahl Roosevelts sicherzustellen und später die Wahl von New-Deal-Kandidaten zu befördern. Keiner von ihnen hatte die Absicht, nach britischem Modell eine Labor Party zu bauen.[429] Gleichwohl schwang die Hoffnung auf eine Arbeiterpartei in der Geschichte der ALP immer mit, sie wurde von ihren Führern aus taktischen Gründen zuweilen sogar genährt. Man betonte, daß die Partei nicht an Patronage interessiert oder von ihr abhängig sei, wie die traditionellen Parteimaschinen, sondern daß sie von dem Idealismus eines politischen Konzeptes zusammengehalten werde und deswegen erfolgreich sein müsse.[430] Dennoch: Auch als die Kommunisten, die eine starke innerparteiliche Fraktion bildeten, vorübergehend – vom Abschluß des Hitler-Stalin-Pakts bis zum Einfall deutscher Truppen in die Sowjetunion – auf völlige Unabhängigkeit der ALP von Demokraten und Republikanern drängten, konnten sie sich nicht durchsetzen, die ALP entwickelte sich nicht zu einer autonomen Arbeiterpartei. Trotz des zeitweiligen Verbalradikalismus ihrer Führer, der letztlich eine taktische und manchmal eine offen manipulative Funktion hatte, spielte die ALP innerhalb der festen Regeln des Zweiparteiensystems mit und konnte vielleicht das Spielfeld auch gar nicht verlassen.

Die wichtigste Vorentscheidung gegen eine autonome Arbeiterpartei war bereits damit gefallen, daß die ALP in New York mit Hilfe und als Hilfsorgan der Demokratischen Partei gegründet worden ist. Nach den Vorstellungen ihrer Gründer und Förderer sollte sie es Kommunisten, Sozialisten und Liberalen ermöglichen, für Roosevelt zu stimmen, ohne die von einer korrupten und reaktionären Parteimaschine (Tammany Hall) beherrschte Demokratische Partei in New York wählen zu müssen. Besonders das sozialistische Wählerpotential von etwa 75 – 100.000 Stimmen sollte für New-Deal-Kandidaten gewonnen werden.[431] Lag diese Funktion der ALP im Interesse Roosevelts und der liberalen Demokraten, so konnten sich umgekehrt die Gewerkschaftsführer ausrechnen, daß sie durch die „Arbeiterpartei" auf die beiden etablierten Parteien so viel Druck ausüben konnten, daß diese liberale – d. h. möglichst gewerkschaftsfreundliche – Kandidaten auf ihren Wahllisten nominierten, um die Unterstützung der organisierten Arbeiterschaft zu erlangen. Roosevelt befürwortete die Gründung der ALP, und es ist nicht sicher, ob er sie nicht sogar selbst angeregt hat. Der Präsident war noch von seiner Gouverneurzeit her mit der New Yorker Demokratischen Parteimaschine verfeindet und befürchtete, daß Tammany Hall verdeckt gegen seine Wiederwahl opponieren würde. Gegen die Argumente von James Farley, dem Vorsitzenden des Democratic National Committee, von Edward J. Flynn, dem Democratic National Committeeman von New York, und anderen Demokratischen Parteiführern[432] gab Roosevelt Anweisung, daß die lokalen Demokratischen Parteiorganisationen in den ländlichen Gebieten New Yorks der ALP halfen, um als Partei an den Wahlen in diesem Staat teilnehmen zu können.[433] Nach dem New Yorker Wahlgesetz mußte eine Partei, um auf die Stimmzettel gesetzt zu werden, eine Petition mit mindestens 12.000 Unterschriften einreichen, darunter aus jedem Kreis (county) mindestens 50. In den ländlichen Gebieten hätte es der ALP ohne Hilfe der Demokratischen Partei nicht gelingen können, die notwendigen 50 Petenten aufzubringen.[434] Jakob Potovsky, mit Hillman gleichberechtigter Vorsitzender der ACWA, schickte 50 hauptamtliche Funktionäre seiner Gewerkschaft in sämtliche New Yorker Landkreise, um die Petitionslisten zu vervollständigen.[435] 60.000 Wähler unterschrieben schließlich die Petition[436], die meisten aus New York City, doch auch eine genügende Anzahl Demokraten unterzeichnete in den Landkreisen. 1936 gingen also die „Arbeiterpartei" und Roosevelt-Demokraten eine Symbiose ein. Roosevelt glaubte, daß er zu seiner Wiederwahl auf die Stimmen angewiesen war, die durch die ALP eingebunden wurden; die ALP hätte ohne Hilfe des Demokratischen Parteiapparates gar nicht erst an den Wahlen teilnehmen können. Das amerikanische Zweiparteiensystem, das sich auch in den Wahlgesetzen von New York niederschlug, erschwerte zumindest die Gründung einer Dritten Partei, machte in unserem Fall die Symbiose der ALP mit einer der beiden großen Parteien notwendig.

Die personelle Basis für die ALP bildeten die Gewerkschaften in New York City, namentlich die Textilgewerkschaften, die in der Stadt ihre Hochburg hatten. Anders als bei den lokalen und regionalen Organisationen der LNPL in den anderen Staaten beteiligten sich an der „Arbeiterpartei" jedoch auch Gewerkschaften der AFL und der Eisenbahner, eben aus ihrer Partei ausgetretene Sozialisten und Kommunisten, New-Deal-Demokraten und liberale Republikaner. Von der sozialen Zusammensetzung ihrer Mitglieder und Wähler her ist die ALP keine Partei gewesen, in der ausschließlich Arbeiter mitwirkten oder für sie stimmten. Vielmehr war der Anteil von Intellektuellen und Angestellten – im Verhältnis zu den traditionellen gewerkschaftlichen Organisationen der amerikanischen Arbeiterbewegung – relativ groß. Die Partei wurde ferner von jüdisch-osteuropäischen und katholisch-italienischen Einwanderern, die oft in der Textilindustrie arbeiteten und in den entsprechenden Gewerkschaften organisiert waren, getragen. Hierin kam auch ein anti-irisches Element zum Ausdruck, da Tammany Hall (gegen die sich die ALP 1936 zunächst richtete) von Amerikanern irischer Abstammung beherrscht wurde. Die vorgenannten Mitglieder- und Wählergruppen waren zudem oft von einer europäisch-sozialdemokratischen Tradition beeinflußt, wie sie außerhalb von New York City in kaum einer anderen Stadt der Vereinigten Staaten nachwirkte. Seit 1938 gehörten Neger und Puertorikaner aus Harlem in wachsender Zahl zu den Stammwählern der ALP, da sie – wie der CIO – eindeutig gegen Rassendiskriminierung ihre Stimme erhob.[437] Die ländlichen Gebiete New Yorks blieben dagegen weiße Flecken auf der Karte der Arbeiterpartei: Sie unternahm nicht einmal den Versuch, mit einer Farmerorganisation ein Bündnis zu schließen.[438]

Die „Arbeiterpartei" kannte drei Arten der Mitgliedschaft: 1. Regionale oder lokale Gewerkschaftsgruppen schlossen sich korporativ der ALP an und entrichteten entsprechend ihrer Mitgliederzahl Beiträge. 2. Individuelle Mitgliedschaft: Diese Mitglieder waren nach Wohngebieten in „Clubs" organisiert. 3. Fördernde Mitgliedschaft: Ohne formell Mitglied der ALP zu sein unterstützte ein Wähler die Partei durch Spenden.[439] Die mit der individuellen Parteimitgliedschaft verbundene Verpflichtung, regelmäßige Parteibeiträge zu entrichten, war ungewöhnlich für eine amerikanische Massenpartei. Dies entsprach den Traditionen der europäischen Sozialdemokratie und trug dazu bei, daß die Hoffnungen auf Entstehung einer unabhängigen Arbeiterpartei weiter genährt wurden. In die gleiche Richtung wirkte eine Bestimmung des Parteistatuts, daß niemand individuelles Mitglied der ALP werden durfte, der schon Mitglied einer anderen Partei war. Auch war es statutarisch untersagt, daß sich die ALP mit einer anderen Partei – über ad-hoc geschlossene Wahlbündnisse hinaus – affiliierte oder eine andere Partei in die ALP als geschlossene Organisation inkorporiert wurde. Alle diese Bestimmungen liefen dem Verständnis und den Traditionen von amerikanischen Parteien als lockeren, informellen, unverbindlichen und dezentralisierten Organisationen zuwider. Im August 1936 waren der ALP Gewerkschaftsorganisationen mit 100.000 Mitgliedern assoziiert[440], im Oktober 1936 130 Einzelorganisationen und 55.617 individuelle Mitglieder.[441] Ein Jahr später war die Zahl der angeschlossenen Gewerkschaftsgruppen auf 200 mit ca. 300.000 Mitgliedern gestiegen.[442] Die Einzelmitglieder wurden 1937 in 100 „Clubs" zusammengefaßt, 1938 in 170 „Clubs", darunter 32 außerhalb von New York City in den anderen Industriestädten des Staates.[443] Die korporative Assoziierung von Gewerkschaftsmitgliedern an die ALP bedeutete natürlich nicht, daß diese bei den Wahlen auch für die Partei stimmten. Immerhin aber hatten sich im November 1937 205.338 Wähler als Mitglieder der ALP registrieren lassen.[444]

Der Gründungskongreß der ALP setzte an die Spitze der Partei einen Vorstand, ein State Executive Committee, der aus 17 Mitgliedern bestand, darunter einem Vorsitzenden und seinem Stellvertreter, dem Generalsekretär und dem Schatzmeister. Zum Vorsitzenden wurde Luigi Antonini gewählt, einer der Vizepräsidenten der ILGWU. Im Vorstand dominierten die Textilarbeitergewerkschaften, doch waren auch AFL-Gewerkschafter vertreten.[445] Die Satzung von 1937 sah als höchstes Beschlußgremium der Partei ein "State Committee" vor, das sich aus je einem Vertreter der ingesamt 300 Wahlkreise (für das Parlament des Staates New York) und aus 150 Delegierten der assoziierten Gewerkschaften zusammensetzte. Dieses Gremium wählte den 49köpfigen Vorstand. Das State Committee nominierte die Kandidaten für alle Funktionen auf der Ebene des Staates, der Vorstand nominierte die Kandidaten für kommunale Ämter, bis 1938 – entsprechend den Wahlgesetzen von New York – sowohl die Kandidaten für öffentliche Ämter in den Vorwahlen (Primaries) nominiert als die Parteifunktionäre in den Vorwahlen gewählt wurden. Zwischen dem State Committee als oberstem Organ und den „Clubs" an der Basis wurden außerdem in jedem Kreis (county) ein County Committee mit einem Vorsitzenden an der Spitze gewählt.[446] Im Hauptquartier der Partei, das in New York City aufgeschlagen wurde, richtete der Vorstand mehrere Abteilungen ein, so u. a. eine für Öffentlichkeitsarbeit, eine für „Politische Bildung" und eine für Arbeits- und Sozialrecht.[447] Der Schwerpunkt der organisatorischen Arbeit der Partei lag in New York City und einigen anderen Industriestädten des Staates wie Buffalo, Rochester und Utica. In der Stadt New York richtete die ALP schon 1936 in jedem Wahlkreis (für das Staatsparlament) ein eigenes Büro ein.[448] Dies war eine viel engere Organisationsdichte als sie die LNPL in einem anderen Staat oder irgendeiner Stadt erreicht hatte. Nach den Wahlen 1936 behielt die „Arbeiterpartei" in jedem Kreis (county) ein eigenes Büro bei und zusätzlich in New York City 47 Sekretariate.[449] Auch in ihrem Aufbau, in der Festigkeit und Permanenz ihrer Organisation ähnelte die ALP mehr einer europäisch-sozialdemokratischen als einer traditionell-amerikanischen Partei.

Finanziell wurde die „Arbeiterpartei" von den Beiträgen der assoziierten Gewerkschaften und der Einzelmitglieder getragen. Als Anfangskapital hatten die ACWA, die ILGWU und die Putzmachergewerkschaft zusammen 10.000 Dollar auf dem Gründungskongreß zur Verfügung gestellt.[450] Der von der Gründungsversammlung eingesetzte Finanzausschuß schlug vor, daß jede Gewerkschaft pro Mitglied 25 Cent an die ALP abführen und jedes Einzelmitglied 1 Dollar jährlich zahlen sollte.[451] Pro Gewerkschaftsmitglied wurden schließlich 10 Cent jährlich und pro Einzelmitglied 50 Cent entrichtet.[452] 1936 wurden für 320.000 Personen Beiträge und Spenden an die ALP gegeben, darunter als höchste Einzelspende ein Betrag von 250 Dollar.[453] Auch dies war ein neues Element in der amerikanischen Politik, daß der Wahlkampf einer Partei aus Mitgliedsbeiträgen und vielen kleinen Spenden finanziert wurde und nicht durch die Wahlgeschenke weniger Einzelpersonen oder Korporationen. Der Hauptposten auf der Ausgabenseite waren die Wahlkampfkosten: Bis Mitte Oktober 1936 hatte die erst wenige Monate zuvor gegründete Partei dafür schon 100.000 Dollar ausgegeben.[454] 1938 versuchte die ALP, über ein "Citizen's Finance Committee" Geld zu sammeln[455]: Dieses Unternehmen schlug ebenso fehl wie sein Nachfahre, das NC-PAC. Ein Überblick darüber, wie große Beträge die ALP in den Jahren 1936 bis 1944 eingenommen und ausgegeben hat, ließ sich aus den Quellen und der Literatur nicht erarbeiten. Einen Hinweis darauf gibt lediglich die Summe, die die ILGWU 1936 bis 1943 an die Partei abführte: 533.000 Dollar.[456] Allein aus dieser Zahl läßt sich ersehen, daß die ALP finanziell eine von Demokraten, Republikanern und anderen parteifremden Spendern unabhängige Politik hätte betreiben können und daß die Partei aus sich selbst heraus erhalten werden konnte. Daß die ALP nicht zu einer Sozialdemokratischen Arbeiterpartei wurde, lag offensichtlich nicht am fehlenden Geld.

*

Während des Wahlkampfes von 1936 beobachtete Roosevelt die New Yorker Szene mit besonderer Aufmerksamkeit. Mehrfach hatte er öffentlich und demonstrativ zur Unterstützung der ALP aufgefordert[457] in dem Wissen, daß sein Wahlsieg von den für die „Arbeiterpartei" abgegebenen Stimmen abhängen könnte. Die ALP unterstützte in diesem Jahr nur zwei Kandidaten: neben Roosevelt Herbert H. Lehmann als Gouverneur von New York. Dafür war zwischen der „Arbeiterpartei" und der Demokratischen Partei auf ausdrücklichen Wunsch des Präsidenten eine Absprache getroffen und von James Farley veröffentlicht worden[458], daß sechs von der ALP zu benennende Personen zu präsidentiellen Wahlmännern (presidential electors) gewählt wurden. Dies waren Sidney Hillman, Max Zaritzky, Andrew R. Armstrong, David Dubinsky, Joseph P. Ryan und George Meany, damals Vorsitzender der AFL in New York.[459] Auf diese Weise wurde die ALP einschließlich ihrer verschiedenen politischen Flügel und Gewerkschaftsgruppen an die Demokraten gebunden. Am Wahltag erhielt sie fast 300.000 Stimmen, eine Zahl, die für die Wahl von Roosevelt und Lehmann im Staat nicht, wie urprünglich angenommen, entscheidend war, da beider Vorsprung vor ihren Republikanischen Gegenkandidaten um ein Vielfaches größer war. Die Analyse des Wahlergebnisses ergab, daß die ALP genau die Funktion erfüllt hatte, die ihr von den Gründern zugedacht worden war, nämlich liberale, kommunistische und sozialistische Wähler für Roosevelt zu gewinnen: Earl Browder und Norman Thomas, die Präsidentschaftskandidaten der Kommunistischen bzw. der Sozialistischen Partei, erhielten in New York bedeutend weniger Stimmen als die übrigen Kandidaten ihrer Parteien für andere Ämter.[460]

Die Wahlgesetze im Staat New York begünstigten das Entstehen einer Dritten Partei in der Art der ALP auf besondere Weise, sie unterschieden sich in dieser Hinsicht von denen anderer Staaten der USA. Diese Abweichung vom typisch amerikanischen Wahlsystem muß in die Überlegung einbezogen werden, wenn die Frage nach den Hemmnissen gestellt wird, die sich der Herausbildung einer unabhängigen nationalen Arbeiterpartei entgegenstellten.

1. Das Wahlrecht des Staates New York ließ es zu, daß in den Vorwahlen und Wahlen zu Funktionen auf Bundes- und Landesebene ein Aspirant in mehreren Parteien nominiert wurde, ein Bewerber für mehr als eine Partei kandidierte und dann auf den Listen mehrerer Parteien gewählt wurde. Die Stimmen, die für einen Kandidaten auf verschiedenen Parteilisten abgegeben wurden, wurden im Endergebnis addiert. So errang Marcantonio mehrfach als Kongreßabgeordneter in den Vorwahlen die Nominierung für die Republikanische wie Demokratische Partei und die ALP. Entscheidend für die Existenz der „Arbeiterpartei" war also, daß die Stimmen, die bei den Hauptwahlen ein Kandidat, der auf der Liste einer etablierten Partei und einer Dritten Partei stand (wie z. B. 1936 Lehmann als Kandidat der Demokraten und der ALP) erhielt, addiert wurden.[461] Damit verfielen die Stimmen einer Dritten Partei nicht so leicht, wie es sonst die Regel war: Der Kandidat einer Dritten Partei hatte dann Chancen, gewählt zu werden, wenn er außerdem noch auf der Liste einer der beiden etablierten Parteien erschien. Dieses Wahlsystem war geradezu dafür prädestiniert, daß eine kleine Dritte Partei die Balance zwischen Demokraten und Republikanern in einem Staat hielt, in dem beide ungefähr gleich stark waren.
   Dritte Parteien wurden durch die New Yorker Wahlgesetze außerdem dadurch begünstigt, daß eine Organisation, um auf dem Stimmzettel bei der nächsten Wahl automatisch zu erscheinen und so als Partei voll anerkannt zu werden, nicht unbedingt einen ihrer Kandidaten durchbringen mußte, wie dies in den meisten anderen Staaten üblich war. Vielmehr reichte es aus, wenn eine Partei bei zwei Wahlen hintereinander im ganzen Staat New York 50.000 Stimmen errang. Diese Voraussetzung war bei der ALP nach den Wahlen im November 1938 erfüllt. Von diesem Zeitpunkt an wurden die Parteifunktionäre dann auch in den Vorwahlen bestimmt und nicht mehr nach dem statutarischen Verfahren, das oben geschildert wurde.
2. Das politische Gewicht der ALP in New York City – aufgrund der sozialen, ethnischen und politischen Zusammensetzung der Bevölkerung Hochburg der Partei – wurde dadurch verstärkt, daß seit 1937 für die Wahlen zum Stadtparlament das Verhältniswahlsystem galt. Bis zu diesem Zeitpunkt hatten, begünstigt durch ein Mehrheitswahlsystem und völlig ungleiche Repräsentation in den einzelnen Wahlkreisen, die Demokraten durch ihre korrupte Parteimaschine die Stadt beherrscht.[462] Unter dem neuen Wahlrecht errang die ALP fünf von 26 Sitzen im Stadtparlament.[463] Bis zur Abschaffung der Listenwahl im Jahre 1949[464] ist die ALP immer durch mehrere Mitglieder im Stadtparlament vertreten gewesen, 1939 bis 1941 durch zwei, 1941 bis 1943 durch drei.[465] Michael Quill, Vorsitzender der New Yorker Transportarbeitergewerkschaft und politisch der Linie der Kommunistischen Partei folgend, amtierte in diesen Jahren als New Yorker Ratsherr.[466]

Es ist offenkundig, daß nicht nur besondere soziale, wirtschaftliche und politische Bedingungen – hoher Anteil von Juden und Italienern in der Textilindustrie, Konzentration von Negern und Puertorikanern in einigen Wahlbezirken, europäisch-sozialdemokratische Tradition – die ALP begünstigten, sondern ebenso die Eigenart der Wahlgesetze des Staates und der Stadt New York. Dies war ein Faktor, der in den übrigen Staaten Amerikas fehlte.

Aufgrund der oben dargestellten Wahlgesetze fungierte die ALP von 1937 bis 1943 als Zünglein an der Waage zwischen Demokraten und Republikanern und errang dadurch einen – verglichen mit ihrer Wählerzahl – unverhältnismäßig großen politischen Einfluß, der nach 1939 nur durch die immer schärfer ausgetragenen innerparteilichen Fraktionskämpfe geschwächt wurde. 1937 verbündete sich die „Arbeiterpartei" mit einer Gruppe von Reform-Republikanern und setzte gegen Tammany Hall die Wiederwahl des New Yorker Bürgermeisters Fiorello La Guardia durch.[467] Auch in anderen Industriestädten des Staates wie Troy, Utica, Buffalo, Rochester (einem Zentrum der Textilindustrie und damit auch der ACWA) und selbst in kleineren Städten wie Kingston rückte die ALP bei Kommunalwahlen in eine strategische, wahlentscheidende Position.[468] 1938 verlor die ALP bei den Kongreßwahlen – verglichen mit 1936 – die Hälfte ihrer Stimmen, erhielt im gesamten Staat 420.000, davon in New York City 341.000 Stimmen. Eine der Ursachen für den Stimmenrückgang waren, vor der Öffentlichkeit zum Teil noch verdeckte, innerparteiliche Konflikte.[469] So hatte sich eine Gruppe in der Partei um die Nominierung Hillmans als Kandidat für den Senatorenposten von New York bemüht, ein Unternehmen, das anfangs von Roosevelt gefördert worden sein soll. Diese Pro-Hillman-Bewegung provozierte die scharfe Opposition Dubinskys und seiner Gewerkschaft. Hier brachen alte Wunden auf, die die beiden größten Textilarbeitergewerkschaften sich einst in Organisationskämpfen gegenseitig zugefügt hatten. Nach einer Besprechung mit Roosevelt und Farley nahm Hillman am 5. Juli 1938 eine mögliche Senatskandidatur öffentlich zurück, um nicht die Einheit der ALP zu gefährden.[470] Trotz der Schwächung der „Arbeiterpartei" waren ihre Stimmen für die Wiederwahl von Gouverneur Lehmann in diesem Jahr ausschlaggebend.[471] Auch wurde Vito Marcantonio 1938 als erster – und auch in Zukunft einziger – Vertreter der ALP in das Repräsentantenhaus gewählt.[472] Andere Kandidaten der „Arbeiterpartei" wie Joseph Schlossberg, Generalsekretär der ACWA, und Dorothy Bellanca, ebenfalls von den ACWA, die sich um Kongreß-Wahlkreise auf Manhattan bzw. in Brooklyn bewarben, fielen durch: Sie hatten mit den Reform-Republikanern paktiert, waren aber nicht stark genug, um gegen den von Tammany Hall gestützten Demokratischen Bewerber zu siegen.[473]

Durch den Abschluß des Hitler-Stalin-Paktes im August 1939 brachten die politisch-ideologischen Konflikte in der Auseinandersetzung um die Haltung der USA zum heraufziehenden Weltkrieg in Europa in der „Arbeiterpartei" voll auf. Sie führten praktisch, wenn auch noch nicht formell zur Spaltung der Partei: Das State Committee wurde von den antikommunistischen Gewerkschaften um Dubinsky beherrscht, während es den Kommunisten gelang, mit Hilfe von Marcantonio – der zum Vorsitzenden des dortigen County Committee gewählt wurde – die Partei in New York City unter ihre Kontrolle zu bringen. 1940 schlossen sich Kommunisten und Isolationisten organisatorisch eng zusammen, und bei den Vorwahlen standen zwei vollständige Kandidatenlisten, nominiert vom linken und rechten Parteiflügel, zur Auswahl: Dubinsky und seine Freunde obsiegten, ihre Kandidaten wurden mit hauchdünner Mehrheit in die Parteifunktionen gewählt. Als es bei der Tagung des State Committee 1940 um die Nominierung des Präsidentschaftskandidaten ging, kam es zu so heftigen Prügeleien, daß die Polizei gerufen werden mußte: Kommunisten und Isolationisten versuchten mit allen erlaubten und unerlaubten Mitteln – und schließlich vergeblich – die von Hillman und Dubinsky betriebene Nominierung Roosevelts zu verhindern.[474] Diese Nominierung war entscheidend, denn ohne die ALP hätte der Präsident im Staat New York keine Mehrheit gewonnen.[475] Innerparteiliche Kämpfe bestimmten auch die nächsten Jahre und schwächten den politischen Einfluß der ALP in New York erheblich. Die Partei verlor dabei vorübergehend ihre Funktion als Zünglein an der Waage zwischen Demokraten und Republikanern. Gegenstand des Konfliktes in der „Arbeiterpartei" war ihre Haltung zu den Kommunisten und deren schwankender Linie gegenüber dem europäischen Faschismus. Seit 1936, als die Kommunistische Partei nicht mehr die notwendigen 50.000 Stimmen in New York erreicht hatte und damit als Partei von den Wahlzetteln verschwand, hatten die Kommunisten systematisch die ALP unterwandert.[476] Die AFL-Gewerkschaften, Alex Rose von den Putzmachern und vor allem David Dubinsky, der 1929 erst nach langen Kämpfen mit der kommunistischen Fraktion in der ILGWU Generalsekretär seiner Gewerkschaft geworden war, steuerten einen strikt antikommunistischen Kurs. Hillman dagegen, der zwar 1921 die Sowjetunion besucht und anschließend ein Hilfswerk für hungernde russische Arbeiter gegründet, in den ACWA aber keinen Kommunisten zu höheren Funktionen zugelassen hatte[477], zeigte sich gegenüber der kommunistischen Gruppe flexibler. Ergebnis dieser fraktionellen Zerrissenheit war, daß die ALP sich 1942 nicht einigen konnte, mit welchen Kandidaten der beiden großen Parteien ein Bündnis in den Wahlen geschlossen werden sollte. Es wurde daraufhin ein eigener Gouverneurkandidat, Dean Alfange, aufgestellt, der hoffnungslos durchfiel. Ohne Anlehnung an die beiden großen Parteien war die ALP völlig machtlos – dies hatten die Wahlen von 1942 erwiesen, was manchen Träumer von einer Dritten Partei der amerikanischen Arbeiterbewegung endgültig ernüchtert haben muß.

Als Hillman 1943 das PAC aufbaute, verbündete er sich in der ALP mit der kommunistischen Fraktion, um so die 10 – 15 % Wählerstimmen, die die „Arbeiterpartei" in New York regelmäßig erhielt, für seine neue politische Aktivität als Hausmacht zu gewinnen. Er hoffte, in der ALP die Kommunisten nach seinem Sieg so kontrollieren zu können, wie er es seit Jahrzehnten in seiner eigenen Gewerkschaft tat. Unter dem Vorsitz von Hyman Blumberg, einem Sekretär der Hillman-Gewerkschaft, gründeten die ACWA und die Kommunisten ein "Committee for a United Labor Party"; Dubinsky, Rose und die AFL-Gewerkschafter setzten eine Fraktion der „Progressiven" dagegen. Ein – wahrscheinlich nicht ernst gemeinter und nur auf innerparteiliche Wirkung zielender – Kompromißvorschlag Hillmans, daß beide Flügel eine gemeinsame Liste für die Parteiwahlen 1944 in den Primaries aufstellen sollten, wurde von Alex Rose zurückgewiesen.[478] Roosevelt und La Guardia versuchten vergeblich, den Streit in der ALP – auf deren Stimmen beide angewiesen waren – zu schlichten.[479] Beide Fraktionen bekämpften sich in den Vorwahlen mit größter Härte. Hillman wurde schließlich zum Parteivorsitzenden gewählt, und im State Committee gehörten von 720 Delegierten 600 zu seiner Gruppe.[480] Die Dubinsky-Fraktion hatte im Wahlkampf zu den Primaries bereits angekündigt, daß sie im

Fall der Niederlage die ALP verlassen würde.[481] Sie hatte die Vorwahlen dazu benutzt, eine neue Parteiorganisation aufzubauen[482], und wenige Tage nach den Primaries wurde die American Liberal Party gegründet.[483]

Das enge Bündnis, das Hillman mit den Kommunisten in der ALP eingegangen war, machten ihn und das PAC besonders anfällig für die antikommunistische Propaganda, die von Republikanern und anderen im Wahlkampf entfacht wurde. Dabei ging es im Kern der Auseinandersetzung in der „Arbeiterpartei" nicht um prinzipielle oder ideologische Differenzen. In ihren politischen Auffassungen unterschieden sich Hillman und Dubinsky kaum, beide waren Gegner der Kommunisten, nur nutzte der eine die kommunistische Fraktion aus, um mit ihrer Hilfe Kontrolle über die ALP zu gewinnen. In der konkreten politischen Situation der Jahre 1943 und 1944 waren die Kommunisten gerade daran interessiert, daß die nationale Einheitsfront nicht zerrissen und die amerikanische Kriegsstärke nicht geschwächt werde. Sie waren die emsigsten Helfer und Befürworter Roosevelts – nicht anders als Hillman und Dubinsky. Letztlich setzte der Kampf zwischen der „Unity-Gruppe" und den „Progressiven" nur die Auseinandersetzung zweier revalisierender Gewerkschaften der Textilindustrie fort, ausgefochten nicht wie bis dahin üblich um das Recht, bestimmte Arbeitergruppen in der eigenen Gewerkschaft zu organisieren, sondern um die Kontrolle einer politischen Organisation. Die Spaltung der „Arbeiterpartei" zeigte – und dies ist in unserem Zusammenhang von Bedeutung – die engen Grenzen auf, die der Entwicklung einer unabhängigen amerikanischen Arbeiterpartei auf gewerkschaftlicher Basis gezogen waren. Die ALP zerbrach an Fraktionskämpfen, obwohl während des Krieges die politischen Bedingungen für die Einheit der Partei günstig und obwohl die beiden Hauptträger der Partei, die ACWA und die ILGWU, durch die europäisch-sozialdemokratische Tradition geprägt worden waren.

Bei den Präsidentenwahlen 1944 stellten ALP und Liberal Party Roosevelt als ihren Kandidaten auf. Noch einmal – und für lange Zeit zum letzten Mal – waren beide Parteien das Zünglein an der Waage: Roosevelt errang im Staat New York über seinen Rivalen Dewey einen Vorsprung von 300.000 Stimmen – 485.000 waren für ihn auf der Liste der ALP, 300.000 auf der der Liberal Party abgegeben worden.[484] Die ALP zerbrach endgültig, als sie 1948 Henry Wallace als Kandidaten einer Dritten Partei für die Präsidentschaft unterstützte. Die Liberal Party blieb eine regionale Partei, sie hat erst in den sechziger Jahren bei den Bürgermeisterwahlen in New York City wieder eine Rolle gespielt, die mit der der ALP in den Jahren 1937 bis 1939 vergleichbar ist.

*

Betrachten wir die politischen Zielvorstellungen der ALP, so wird das bisherige Ergebnis unserer Untersuchung weiter bestätigt, daß nämlich die ALP keine autonome – und das hieße auch konzeptionell selbständige – Partei gewesen ist. Eine gewisse organisatorische Unabhängigkeit, das Auftreten als offizielle Partei in einem Staat und das Taktieren zwischen Demokraten und Republikanern dürfen nicht darüber hinwegtäuschen, daß die ALP letztlich immer – wie die LNPL und das PAC – politischer Arm einer wirtschaftlichen Interessengruppe, nämlich der Gewerkschaften, gewesen ist. Die ALP war zu keiner Zeit eine sozialistische oder kommunistische Organisation, sondern sie verfolgte innerhalb des etablierten politischen Systems (des Staates New York) gewerkschaftliche Ziele. 1936 waren die Programme der LNPL und der ALP identisch: Verbesserung der Sozialgesetzgebung, Bewahrung des NLRA[485], gesetzliches Verbot der Kinderarbeit, Festsetzung eines Mindestlohns, Arbeitszeitverkürzung.[486] Sozial- und Arbeitsgesetzgebung sowie Verbreiterung der Wählerbasis des New Deal füllten die Politik der „Arbeiterpartei" inhaltlich aus. In der Rezession 1937/38 drängte die ALP darauf, daß Roosevelt die Ausgaben für Notstandsprogramme wesentlich erhöhe. Implizit wurde die Keynesche Wirtschaftspolitik mit dem Argument propagiert, daß es nicht auf einen ausgeglichenen Haushalt ankomme, sondern darauf, daß die Menschen Arbeit hätten.[487] Im Stadtparlament von New York City wirkten die Ratsmitglieder der ALP dafür, daß das lokale Arbeitsbeschaffungsprogramm erweitert und besser koordiniert würde; daß der NLRA durch ein besonderes Stadtgesetz abgesichert würde; und daß die Stadtverwaltung – hier war die Spitze gegen Tammany Hall gerichtet – von korrupten Angestellten gesäubert werden solle.[488] Das Programm der ALP – und auch der Liberal Party – im Wahlkampf 1944 glich bis ins Detail den Forderungen des PAC: Es war zwar auf die Bedürfnisse des Staates New York abgestellt, übernahm aber im Kern genau jene Keynesche Wirtschaftspolitik, die das PAC propagierte.[489] Dies alles waren Ziele, die von einer Gewerkschaftsbewegung formuliert wurden, deren Denken und Handeln von der Furcht vor struktureller Arbeitslosigkeit – in der Perlmanschen Formulierung: Dem Bewußtsein der Arbeitsplätzeknappheit – bestimmt war und die sich zur Durchsetzung ihrer materiellen Interessen verschiedener Methoden und Organe (darunter der LNPL, dem PAC und der ALP) bediente.

Die ALP war nur unter den besonderen politischen (Wahlgesetze), sozialen und ökonomischen (jüdisch-europäische und italienische Einwanderung, Neger, Puertorikaner, Textilindustrie) sowie ideologischen (sozialdemokratisch-europäische Tradition) Bedingungen des Staates und namentlich der Stadt New York möglich. Die Partei konnte nur mit Hilfe Roosevelts und der Demokraten entstehen, sie war auf die Symbiose mit einer der beiden großen Parteien angewiesen.[490] Obwohl die „Arbeiterpartei" in ihrer Organisationsstruktur einer europäischen Sozialdemokratie – verglichen mit anderen amerikanischen Parteien der Zeit – am nächsten kam, konnte sie bestenfalls als "bargaining group"[491] Druck auf die beiden großen Parteien ausüben. Ihr Erfolg bestand daher in den idealistisch überhöhten Worten von David Dubinsky[492] darin: "To keep the Republican Party liberal and the Democratic Party honest." In der ALP reflektierte sich die veränderte Rolle der amerikanischen Gewerkschaften im Kapitalismus der Großkorporationen, zugleich traten hier die politischen Grenzen gewerkschaftlichen Einflusses am deutlichsten hervor. In der ALP wurde das politische Potential, einschließlich kommunistischer und sozialistischer Fraktionen, absorbiert, das auf die Bildung einer amerikanischen Arbeiterpartei nach europäischem Vorbild drängte. Die Zerrissenheit und schließlich Spaltung der Partei zeigte, daß es nicht nur äußere Barrieren im politischen, gesellschaftlichen und ökonomischen System der USA waren, die einen solchen Weg verbauten, sondern daß die Gründe hierfür auch in der Gewerkschaftsbewegung selbst lagen.

## 4. Die Politik des CIO und die dezentralistische Struktur im amerikanischen Regierungssystem

In den letzten drei Kapiteln haben wir politische Organe amerikanischer Gewerkschaften untersucht, die wie die LNPL und das PAC auf nationaler Ebene oder wie die ALP in den Grenzen eines Einzelstaates operierten. Dabei wurde des öfteren betont, daß – abgesehen von der Gründungsphase der LNPL – der Hauptanteil der politischen Aktivität in den lokalen und regionalen Unterorganisationen, also an der Basis lag. Die ALP war bereits Ausdruck dafür, daß der CIO bei der Formulierung seiner Politik auf die spezifischen politischen, ökonomischen und gesellschaftlichen Bedingungen in einem Einzelstaat Rücksicht nahm und die LNPL nicht mechanisch auf alle amerikanischen Staaten übertragen werden konnte. Auch in der ALP lag wie in der LNPL nach 1937 und dem PAC das politische Schwergewicht in den lokalen Organisationen, den "Clubs" und "Ward Comittees". Dies hatte strukturelle Ursachen, die im amerikanischen politischen und ökonomischen System begründet lagen. Das amerikanische Regierungssystem und das System der Arbeitsbeziehungen sind nicht zu verstehen, würde man nur die Bundesebene betrachten, vielmehr gehören, bei aller Unterschiedlichkeit beider Systeme, Dezentralisation und Fragmentierung zu ihren wesentlichen Merkmalen.

An dieser Stelle kann kein Abriß des amerikanischen Regierungssystems vermittelt werden, es muß wenigstens in seinen groben Umrissen als bekannt vorausgesetzt werden. In unserem Zusammenhang ist die Tatsache wichtig, daß trotz starker zentralistischer Tendenzen im New Deal, die – überspitzt formuliert – eigentlich erst in den dreißiger Jahren zur Herausbildung eines politisch-administrativen amerikanischen Nationalstaates führten, gleichwohl Föderalismus und Kommunalpolitik bedeutende Faktoren im politischen Entscheidungsprozeß blieben. Hierin lag eine Chance für Dritte Parteien, auf lokaler und regionaler Ebene Erfolge zu verbuchen, zugleich jedoch auch ein Hindernis für sie, sich zu nationalen Parteien zu entfalten. Die Sozialistische Partei etwa ist in den dreißiger Jahren national immer eine Splittergruppe geblieben, konnte aber lokal – wie in Milwaukee – Wahlen gewinnen und über längere Zeit die Kommunalpolitik bestimmen. Föderalismus und Dezentralismus des amerikanischen Regierungssystems spiegeln sich auch in der Parteistruktur: Die Demokratische und Republikanische Partei sind – wiederum überspitzt formuliert – zwischen den Präsidentschaftswahlen keine nationalen Organisationen. Die National Committees beider Parteien haben eher Symbolcharakter als daß sie Führungsaufgaben wahrnähmen, sie informieren im günstigsten Fall die Parteiorgane der Einzelstaaten über die Bundespolitik. Die bundespolitische Führungsfunktion einer Partei liegt, ist sie an der Macht, beim Präsidenten, sonst beim unterlegenen Präsidentschaftskandidaten. Permanente Parteiorganisationen gibt es in den USA nur in den Einzelstaaten oder in den Großstädten: Hier laufen die Parteimaschinen wie etwa Tammany Hall in New York das ganze Jahr hindurch und auch zwischen den Wahlen auf Hochtouren, geschmiert durch das Öl der Patronage. Wollte der CIO seine Interessen erfolgreich vertreten, so mußte er sich an das von Föderalismus und Dezentralisation strukturierte politische System anpassen.

Ein weiteres Element muß in die Überlegungen einbezogen werden. Wir haben gesehen, daß das mit Priorität versehene Ziel des CIO wie seiner politischen Organe die Organisierung der Arbeiter der Massengüterindustrien und der Abschluß von Tarifverträgen gewesen ist. Die Organisierung neuer Mitglieder war aber nur in den einzelnen Betrieben, auf lokaler Ebene möglich. Dabei konnten die kommunalen Behörden zum entscheidenden Hindernis besonders dann werden, wenn sie von einem am Ort ansässigen Unternehmen kontrolliert wurden. In ihrer täglichen Praxis und aus Veröffentlichungen eines vom Senat eingesetzten Untersuchungsausschusses, der unter der Leitung von Robert M. La Follette Jr. die Verletzung elementarer Bürgerrechte der Arbeitnehmer durch die Unternehmer bloßlegte[493], hatten Gewerkschaftsfunktionäre oft bitter erfahren müssen, daß die städtische Polizei gemeinsam mit der Werkpolizei gegen sie eingesetzt wurde, daß Streikbrecher und Agents provocateurs im Dienst des Sheriffs standen, daß kommunale, oft von der Gemeinde in Urwahl bestimmte Richter den Unternehmern mit einstweiligen Verfügungen gegen Streiks und andere Arbeitskampfmaßnahmen zuhilfe kamen. Daraus ergab sich für die lokalen Betriebsgewerkschaftsorganisationen die Notwendigkeit, daß sie zur Durchsetzung ihrer Ziele in die Kommunalpolitik eingreifen mußten, um die Wahl gewerkschaftsfeindlicher Bürgermeister, Sheriffs oder Richter zu verhindern. Eben deswegen paßten sich auf lokaler Ebene die LNPL, das PAC und auch die ALP im ureigensten Interesse an die vorgegebene politische Struktur an und organisierten ihre Mitglieder in "wards" und "precincts".

Diese kommunalpolitisch bedingte Dezentralisation wurde durch das im New Deal auf der Grundlage des NLRA herausgebildete System der Arbeitsbeziehungen festgeschrieben. Majority rule, Tarifeinheit und exklusiver Tarifverhandlungsrepräsentant fanden in der Kommunalpolitik ihre Entsprechung. Anders formuliert: Die Fragmentierung der amerikanischen Gewerkschaften in Tarifeinheiten hatte politische Auswirkungen in dem Sinn, daß auch die Industriegewerkschaften des CIO, trotz ihrer Orientierung an der Arbeits- und Sozialgesetzgebung des Bundes auf die Kommunalpolitik verwiesen wurden, wollten sie ihre Ziele, nämlich Organisierung der Industriearbeiter und Abschluß von Tarifverträgen, durchsetzen. Der NLRA regelte nur das Verfahren, nach dem organisiert und Tarifverhandlungen geführt wurden. Das so festgelegte Verfahren mußte im einzelnen Betrieb und damit auch im politischen Kontext der jeweiligen Kommune angewandt werden. In anderen Worten: Das Bindeglied zwischen dem Verfahrensrecht im Wagner Act und dem materiellen Arbeitsrecht, das im Tarifvertrag ausformuliert wurde, lag sowohl in den Betrieben wie in den Gemeinden.

Ein weiterer Faktor kommt hinzu, der die Bedeutung der Bundesebene im Politischen für die Gewerkschaften minderte. Gewerkschaften sind – und es ist fast banal, dies besonders zu betonen – an Industriestandorte gebunden, d. h. an die Industrien, in denen ihre (potentiellen) Mitglieder arbeiten. Genau dadurch aber werden die föderalistischen und dezentralistischen Tendenzen in einem Industriegewerkschafts-Bund wie dem CIO verstärkt: Die einzelnen Gewerkschaften haben in den verschiedenen Industrieregionen verschieden großes organisatorisches und politisches Interesse. Die Wirtschaft des Staates Pennsylvania wird vom Kohlebergbau bestimmt, die des Staates Michigan von der Automobilindustrie. Folglich sind das politische Interesse und die politische Arbeit der UMW in Pennsylvania und der UAW in Michigan besonders groß. Gewerkschaften versuchen, in die Politik eines Einzelstaates oder auch einer Gemeinde dann am stärksten zu intervenieren, wenn dort (bedingt durch den Industriestandort) der Anteil ihrer (potentiellen) Mitglieder an der Gesamtbevölkerung relativ hoch ist.

Diese drei Faktoren – Föderalismus und Dezentralisation im politischen System; Fragmentierung im System der Arbeitsbeziehungen; und an Industriestandorte gebundene politische Interessen der CIO-Gewerkschaften – bedingten, daß der Schwerpunkt der Tätigkeit der politischen Organe des CIO nicht im Bund, sondern im Einzelstaat und in der Gemeinde lag. In den letzten Jahrzehnten ist, wie Philip Taft exemplarisch an den Gewerkschaften Kaliforniens gezeigt hat[494], aus eben diesen Gründen die politische Hauptarbeit der organisierten Arbeiterbewegung auf kommunaler und einzelstaatlicher Ebene geleistet worden. Die Einzelstaaten spielen in der Administration der Arbeits- und Sozialgesetze des Bundes eine zentrale Rolle; die Bundesgesetze werden in der Regel durch einzelstaatliche Bestimmungen noch modifiziert oder erweitert; die Kommunen entscheiden über Industrieansiedlungen und sind bis heute ein wichtiger Faktor für die wirtschaftliche Infrastruktur der Vereinigten Staaten. Allein aus den hier genannten Gründen mußten alle Träume von einer nationalen amerikanischen Arbeiterpartei Illusion bleiben und wie Seifenblasen zerplatzen. Die politische Praxis des CIO war aufgrund der genannten Systemzwänge von Anfang an so dezentralisiert, daß national ein gemeinsames politisches Konzept, das über unmittelbare gewerkschaftliche Interessen hinausgegangen wäre, nicht formuliert und erst Recht nicht verwirklicht werden konnte. Der CIO wurde so auf kommunaler und einzelstaatlicher Ebene politisch in das bestehende politische und ökonomische System eingebunden. Doch dies ermöglichte es den Gewerkschaften überhaupt erst, politische Hindernisse, die der Organisierung der Industriearbeiter und dem Abschluß von Tarifverträgen im Wege standen, zu überwinden.

Es ist selbstverständlich, daß die Beteiligung des CIO an der einzelstaatlichen und der Kommunalpolitik weder in ihrem ganzen Umfang noch typologisierend dargestellt werden kann.[495] In diesem Kapitel kommt es lediglich darauf an, mit Nachdruck auf dieses Element hinzuweisen: Die Dezentralisation und Fragmentierung der politischen Arbeit von Industriegewerkschaften. Dies wird an drei Fällen exemplarisch ausgeführt.

*

Pennsylvania ist ein Beispiel dafür, daß in einem Einzelstaat, dessen Wirtschaft von zwei Industrien bestimmt wird, nämlich dem Kohlebergbau und der Stahlindustrie, zwei Gewerkschaften versuchten, Einfluß auf die regionale und lokale Politik zu nehmen. Dies war zunächst die UMW und zum Ende der dreißiger Jahre zunehmend auch das Steel Workers Organizing Committee (SWOC) im CIO, das vom Bergarbeiterverband gegründet worden war, um die Kohlengruben der Stahlunternehmer und die Stahlwerke gewerkschaftlich zu organisieren und auf diese Weise die eigene Stellung in den Kohlebergwerken abzusichern. Das Ziel der UMW und des SWOC bei ihrer Intervention in die einzelstaatliche und Kommunalpolitik war eindeutig: Organisieren! So erklärte 1937 Pat Fagan, Vorsitzender der LNPL in Pennsylvania und Präsident des Distrikts 5 der UMW, daß Richter, Staatsanwälte und Sheriffs zu oft ihren Amtseid verletzt hätten und geltendem Recht zum Trotz gegen die Gewerkschaften und ihre Organisationsanstrengungen vorgegangen seien. Daher müßten die Industriegewerkschaften darauf achten, daß keine Gewerkschaftsgegner in den Gemeinden und in Harrisburg, der Landeshauptstadt von Pennsylvania, öffentliche Ämter bekleideten.[496]

Vor 1932 war Pennsylvania ein Republikanischer Staat. Die Entscheidung, wer in ein Amt gewählt wurde, fiel praktisch immer in der Republikanischen Primary, da eine Demokratische Parteiorganisation nicht existierte. Erst nach 1932 wurde die Demokratische Partei im Staat aufgebaut, und Funktionäre der UMW (z. T. noch vor Gründung des CIO) und später des SWOC rückten in wichtige Parteipositionen ein.[497] 1934 errangen die Demokraten nach 40 Jahren Republikanischer Herrschaft ihren ersten großen Wahlsieg in Pennsylvania: In den Senat nach Washington wurde mit Unterstützung der UMW Joseph F. Guffey entsandt, der, nachdem der NIRA für verfassungswidrig erklärt worden war, mit Unterstützung und auf Druck des Bergarbeiterverbandes den sogenannten kleinen NIRA durch den Kongreß boxte, durch den die Reorganisation und der ökonomische Aufschwung des Kohlebergbaus (und auf diese Weise auch höhere Löhne für Bergleute) gesichert wurden. Zum Gouverneur des Staates wurde George H. Earle gewählt, zu seinem Stellvertreter (Lieutenant Governor) der Generalsekretär der UMW, Thomas Kennedy.[498] Damit hatte der Bergarbeiterverband noch vor Gründung des CIO mit einem Stück der parteiungebundenen (non-partisan) Tradition der AFL gebrochen und einen Gewerkschaftsführer für eine hohe Staatsfunktion nominiert. In seinem Wahlkampf hatte Kennedy immer wieder betont, daß es für ihn im Fall seiner Wahl darauf ankomme, die durch den NIRA möglichen Codes im Kohlebergbau von Pennsylvania durchzusetzen, damit den Bergleuten zu helfen, ihre Arbeitsbedingungen zu verbessern, die Arbeitsplätze zu sichern und ihre Löhne anzuheben. Die Demokratische Partei mit dem State Committee an der Spitze unterstützte diese Forderungen. Und tatsächlich ist Kennedy nach seiner Wahl nicht nur erfolgreich darin gewesen, die Unternehmensstruktur im Kohlebergbau seines Staates durch Produktions- und Preisabsprachen zu reorganisieren, sondern er half auch dem SWOC dabei, die Stahlarbeiter zu organisieren, die in von den Stahlgesellschaften beherrschten Städten (company towns) lebten und deswegen lange als nicht organisierbar galten.[499] In Pennsylvania stießen die UMW also gleichsam in ein politisches Vakuum vor, indem sie die seit Jahrzehnten nur in Rudimenten vorhandene Demokratische Partei wiederbelebten, sogar – und dies war selbst in den dreißiger Jahren eine Ausnahme – selber Kandidaten für öffentliche Ämter aufstellten und auf diese Weise ihre gewerkschaftlichen Ziele realisierten.

Zu dem Sieg Roosevelts in Pennsylvania bei den Wahlen 1936 trugen die LNPL und durch sie die UMW und das SWOC entscheidend bei.[500] Auf kommunaler Ebene waren die Industriegewerkschaften und die LNPL ebenfalls erfolgreich: 1937 amtierten in 172 kommunalpolitischen Ämtern Pennsylvanias CIO-Funktionäre, darunter mehrere Bürgermeister und Richter.[501] Die engen Grenzen, die dem politischen Einfluß des Bergarbeiterverbandes gleichwohl selbst in seiner Hochburg gesetzt waren, wurden in den Wahlen von 1938 erkennbar. Hier standen sich in der Demokratischen Vorwahl drei Gouverneuraspiranten gegenüber: Thomas Kennedy, bis dahin Stellvertreter des Gouverneurs und Generalsekretär der UMW, ein strikter New-Deal-Politiker; Charles Jones, ein politisch wenig bekannter Rechtsanwalt und lauwarmer New-Deal-Anhänger; und der bisherige Justizminister von Pennsylvania, Margiotti, der konservativste Kandidat unter den dreien. Senator Guffey war der einzige bekannte Demokrat, der Kennedy unterstützte. Die Demokratische Parteimaschine stand hinter Jones, angeblich weil die AFL gegen den CIO-Führer opponierte und dieser so keine Wahlchancen hatte. Im Wahlkampf zu den Primaries reorganisierten die UMW und das SWOC die LNPL in den Kohledistrikten der Appalachen und in der Stahlstadt Pittsburgh, so daß eine schlagkräftige Organisation entstand. Über 3 Millionen Flugblätter wurden für Kennedy verteilt. John L. Lewis manövrierte (als Wahlunterstützung für Kennedy) die Demokratische Parteimaschine an den Rand des Bankrotts, indem er einen 1936 an das Democratic State Committee von Pennsylvania gegebenen Kredit kurzfristig zurückforderte. Roosevelt blieb in dieser Auseinandersetzung neutral, was zur Entfremdung zwischen dem Bergarbeiterführer und dem Präsidenten beitrug. Kennedy betonte in seinen Wahlreden die wirtschaftlichen Probleme des Bergbaus und der Stahlindustrie, versprach Lohnerhöhungen und finanzielle Hilfe für Arbeitslose und Farmer zu ermöglichen – kurz, agitierte mit jenen gewerkschaftlichen Forderungen, die wir schon von der LNPL kennen. Er verlor die Vorwahlen knapp, und Jones wurde nominiert.[502] Dieses Ergebnis brachte die faktische Spaltung der Demokratischen Partei in Pennsylvania, die Roosevelt vergeblich zu überwinden suchte. Bei den Wahlen im Herbst wurde weder ein Demokratischer Gouverneur noch ein Demokratischer Senator gewählt. Die Ursachen für die Niederlage waren offenkundig: Der offen ausgetragene Konflikt in den Vorwahlen; die LNPL und die CIO-Gewerkschaften hatten – namentlich in den Berbau- und Stahlgebieten – während des Wahlkampfes kaum noch zugunsten der Demokraten eingegriffen, weil Kennedy in den Vorwahlen durchgefallen war; schließlich war die Gewerkschaftsbewegung gespalten, die AFL unterstützte jeweils den Kandidaten, gegen den der CIO opponierte.[503] Zumindest auf Landesebene hatte sich in Pennsylvania – wenn auch anders und weniger eng als in New York – eine ( in der Praxis negative) Symbiose zwischen CIO-Gewerkschaften und Demokratischer Partei entwickelt: Ein CIO-Kandidat konnte nicht ohne die Hilfe der Demokratischen Parteimaschine nominiert, ein Demokratischer Kandidat nicht ohne volle Unterstützung aller CIO-Gewerkschaften gewählt werden.

Diese Symbiose wurde nur dann aufgehoben, wenn ein charismatischer Politiker wie Roosevelt sich über den Widerstand von Lewis hinwegsetzen konnte (und dabei auch von anderen CIO-Gewerkschaftern unterstützt wurde): 1940 stimmten Bergleute und Stahlarbeiter in Pennsylvania für den amerikanischen Präsidenten, während Lewis den Republikaner Willkie stützte. Aber auch Lewis befürwortete in diesem Jahr – gemeinsam mit den anderen Bergarbeiterfunktionären – die Wiederwahl von Senator Guffey: Dieser war für die Interessen des Kohlebergbaus und der UMW zum wichtigsten Sprecher im Kongreß geworden[504], seine Wiederwahl diente dem Bergarbeiterverband unmittelbar.

In Pennsylvania blieb nach 1940 die LNPL intakt – allerdings nicht als Organ des CIO, sondern als Lobby der UMW.[505] Als politischer Arm des CIO wurde 1943 auch in Pennsylvania, auf der Stahlarbeitergewerkschaft aufbauend, das PAC ins Leben gerufen. Das Komitee erlangte jedoch nie eine so prominente Stellung wie die LNPL in der Kommunalpolitik oder im Staat, da die UMW nicht an ihm beteiligt war. CIO-Funktionäre kandidierten jetzt nur noch äußerst selten für öffentliche Ämter – der einzige CIO-Kandidat für den Kongreß fiel 1944 in einem Zentrum der Stahlindustrie durch.[506]

*

Die Rolle der UAW in Michigan war, von außen betrachtet, ähnlich der der UMW und des SWOC in Pennsylvania: Diese drei Gewerkschaften agierten in Staaten, deren Wirtschaft durch nur eine Industrie bestimmt wurde und in denen sie jeweils ihre organisatorische Hochburg hatten. Doch gab es zwischen ihnen sowie zwischen der von ihnen betriebenen Politik wesentliche Unterschiede. Im Gegensatz zu den UMW, die aus der alten AFL hervorgegangen waren, wurden die UAW von den Arbeitern in den Automobilwerken in den dreißiger Jahren neu gegründet. Anders als beim SWOC kamen die Gewerkschaftsführer der UAW nicht aus der UMW, sondern aus den eigenen Reihen. Sie waren daher bedeutend jünger als jene, getrieben von großem Elan. Selbstbewußtsein prägte die UAW: In der Automobilindustrie hatten die Gewerkschaften anders als in der Stahlindustrie und im Kohlebergbau in der Vergangenheit keine großen Niederlagen durch die Unternehmer erlitten, die UAW begannen praktisch am Nullpunkt. Der Produktionsprozeß in der Automobilindustrie war so strukturiert, daß ein Werk auf viele Zulieferbetriebe angewiesen war und damit die Arbeiter – auch Ungelernte oder Angelernte – in der Produktion so plaziert waren, daß ein Streik in einem Betrieb u. U. die ganze Industrie lahmlegen konnte. Dies hob das Selbstvertrauen und die Militanz der Autoarbeiter. Dagegen konnte etwa die Stahlproduktion zwar in einem Werk, nicht aber industrieweit durch einen Streik gestoppt werden.[507] Hinzu kam, daß in die UAW Kommunisten, Sozialisten und ehemalige Wobblies in noch größerer Zahl als in andere CIO-Gewerkschaften strömten. Dies schwächte zwar zuweilen wegen der permanenten Fraktionskämpfe die Schlagkraft der Gewerkschaft, hatte aber auch zur Folge, daß sowohl innerhalb des Verbandes wie im politischen Bereich die Mitglieder bereit waren, aktiv mitzuarbeiten. Diese Mitgliederpartizipation spiegelte sich u. a. darin, daß die UAW trotz ihres industriellen Organisationsprinzips im ersten Jahrzehnt ihrer Geschichte ein dezentralisierter Verband waren, in dem der Schwerpunkt des innergewerkschaftlichen Entscheidungsprozesses bei den Betriebsgewerkschaftsorganisationen lag.[508] Diese weitgehende Autonomie der lokalen Gewerkschaftsgruppen und die Militanz ihrer Mitglieder hatte unmittelbare Auswirkungen auf die Politik der UAW in den Gemeinden und im Staat Michigan.

Die UAW rückten politisch vor allem deswegen in Michigan in eine zentrale Position, weil sie die Arbeiter eines Staates mit einer – überspitzt formuliert – wirtschaftlichen Monokultur industriell und nicht mehr wie die AFL nur wenige Spezialisten organisierten.[509] In der Stadt Detroit, die stadtgeographisch den kommunalpolitisch selbständigen Vorort Dearborn mit dem River Rouge Werk von Ford einschließt, gab es in fast jeder Familie ein UAW-Mitglied nachdem 1941 Ford gewerkschaftlich organisiert worden war. Detroit hatte 1900 285.000 Einwohner und wuchs dann mit der Autoindustrie 1910 auf 465.000, 1920 auf 993.000 und 1930 auf 1.568.000 Einwohner. 1916 waren in der Automobilindustrie bereits 120.000 Personen beschäftigt; die Zahl stieg auf über eine halbe Million, als in den zwanziger Jahren das Ford-Werk in Dearborn in Betrieb genommen wurde.[510]

Die Gemeinde Dearborn ist eines der anschaulichsten Beispiele dafür, warum Industriegewerkschaften sich der Kommunalpolitik zuwandten. Hier arbeiteten 1936 im River Rouge Werk von Ford 80.000 Beschäftigte, in weiteren Großbetrieben, von denen einige ebenfalls zu Ford gehörten, außerdem 120.000 Personen, die alle täglich zwischen Detroit sowie anderen Orten Michigans und ihren Betrieben pendelten.[511]

Als im Mai 1937 die UAW den ersten Versuch unternahmen, die Arbeiter der Fordwerke in Dearborn zu organisieren, verhielt sich die Kommunalverwaltung der Stadt mit Ausnahme des Polizeichefs neutral. Doch gerade diese Ausnahme war entscheidend: Der Polizeichef hatte früher in Fords Werkschutz, dem sogenannten Service Department, der für seine Brutalität bekannt war, gearbeitet und zu dessen Leiter, Harry Herbert Bennett, den Kontakt aufrecht erhalten. Als die Angehörigen des Werkschutzes agitierende UAW-Funktionäre (darunter Richard T. Frankensteen und Walter P. Reuther) einschließlich einiger Frauen, die Flugblätter verteilten, sowie mehrere Journalisten krankenhausreif prügelten, stand die städtische Polizei von Dearborn daneben und griff nicht ein.[512] Der Polizeichef hatte Order gegeben, „neutral" zu bleiben. Als im Herbst desselben Jahres die UAW unter Berufung auf geltendes Bundesrecht, nämlich den Schutz gewerkschaftlicher Organisationsbemühungen durch den NLRA, um Polizeigeleit für den nächsten Organisationsversuch baten, wurde dies vom Polizeichef abgelehnt. Außerdem beschloß jetzt der Gemeinderat von Dearborn unter dem Druck von Henry Ford, daß es verboten sei, zu bestimmten Zeiten – sie stimmten genau mit dem Schichtwechsel im River Rouge Werk überein – Flugblätter an den Werktoren zu verteilen, da sonst der öffentliche Verkehr gestört würde. Wagte sich ein UAW-Funktionär dennoch in die Nähe der Fordwerke, wurde er von der Polizei für einige Stunden festgenommen und dann wieder entlassen, bevor nach geltendem Recht ein Haftbefehl hätte ausgefertigt werden müssen. In keinem Fall aber wurde – was die UAW zu provozieren suchten – Anklage von Polizei oder Staatsanwaltschaft gegen Flugblattverteiler erhoben, so daß die Verfassungsmäßigkeit des Gemeinderatsbeschlusses von Dearborn nie gerichtlich überprüft werden konnte.[513] Das politische Interesse der UAW in dieser Situation lag auf der Hand: Die Gewerkschaft mußte neben ihren traditionellen Bemühungen, die Arbeiter der Fordwerke zu organisieren, versuchen, den Polizeichef – er wurde von der Bevölkerung direkt gewählt – auszutauschen und den Gemeinderat von Dearborn unter ihre Kontrolle zu bringen.

Die gleiche Taktik verfolgte auch die Unternehmerseite. Als die Gefahr für Ford immer größer wurde, daß seine Arbeiter der Gewerkschaft beitraten, bemächtigte sich Bennett mit der organisatorischen Unterstützung seiner Werkschutzleute der Republikanischen Parteimaschine in Dearborn und mit ihrer Hilfe – in einem großangelegten Propagandafeldzug gegen die „kommunistische Gefahr" und für „wahren Patriotismus" – in den Wahlen von 1940 der Stadtverwaltung.[514] Als 1941 die Ford-Arbeiter in den Ausstand traten und von der Werktruppe Bennetts niedergeknüppelt wurden, griff die Polizei nicht nur nicht gegen den offenkundigen Rechtsbruch Henry Fords ein, sondern sie wurde um 250 Mann verstärkt – zumeist aus Bennetts Werkschutz. Auf dem Höhepunkt des Streiks hofften Ford und Bennett, daß die Nationalgarde gegen ihre Arbeiter eingesetzt werde. Doch hier hatten die UAW politisch vorgebaut: Der Gouverneur von Michigan, Murray D. Van Wagoner, war 1940 mit ihrer Hilfe in sein Amt gewählt worden. Er setzte die Nationalgarde nicht ein, sondern stellte seine Dienste als Schlichter zur Verfügung. Ford mußte nachgeben, die UAW organisierten die Arbeiter seiner Betriebe.[515] Zwar war es den UAW bis zu diesem Zeitpunkt nicht gelungen, die Stadtverwaltung von Dearborn der Kontrolle Fords zu entreißen. Gleichwohl zahlte sich die politische Arbeit der Gewerkschaft aus, da die Regierung von Michigan sich wohlwollend neutral verhielt. 1942 errangen die UAW-freundlichen Kräfte eine Mehrheit im Gemeinderat von Dearborn, ein neuer Polizeichef wurde gewählt.[516] Damit war auch kommunalpolitisch die Stellung der Gewerkschaft als exklusiver Tarifverhandlungsrepräsentant in den Ford-Werken abgesichert.

In Detroit war die Situation ähnlich, wenn auch nicht so extrem wie in Dearborn. Hier waren die UAW ebenfalls und zuallererst daran interessiert, ihr Recht auf Organisation der Automobilarbeiter durch Intervention in die Kommunalpolitik zu sichern. Wiederum ging es dabei um die Funktion des städtischen Polizeichefs. In Detroit wurde der Polizeipräsident durch den Bürgermeister ernannt. 1937 unterstützten die UAW den Bürgermeisterkandidaten O'Brien nachdem sie von ihm die Zusicherung erhalten hatten, im Fall seiner Wahl den amtierenden Polizeipräsidenten Heinie Pickert sofort zu entlassen und einen gewerkschaftsfreundlichen Offizier an seiner Stelle zu ernennen.[517] Pickert hatte die Arbeit der UAW in Detroit behindert und es zugelassen, daß die Werkschutzleute von Ford in der Stadt nachts Gewerkschaftsfunktionäre verprügelten, ohne daß die Stadtpolizei eingriff.[518]

Dabei standen die UAW in Detroit vor einem besonderen Problem. Obwohl seit 1932 die Stadt bei Bundeswahlen demokratisch wählte, stimmte die Bevölkerung bei Kommunalwahlen parteiungebunden, die Bürgermeisterkandidaten traten häufig als Unabhängige auf. Die UAW mußten sich aber, wollten sie auf Dauer Erfolg haben, an eine Parteiorganisation anlehnen. Der von CIO und LNPL unterstützte Bewerber war immer ein Demokrat. Wegen des parteiungebundenen (non-partisan) Verhaltens der Wähler in Detroit unterlag aber der Gewerkschaftskandidat dann häufig, die Automobilarbeiter befanden sich in einem ausgesprochenen Dilemma.[519] Zum ersten Mal beteiligten sich die UAW 1937 an den Kommunalwahlen und bauten dabei eine politische Organisation auf, die bis in unsere Gegenwart fortbesteht. Aus lokalen Funktionären der CIO-Gewerkschaften wurde für diese Wahlen ein besonderes Political Action Committee[520] gebildet, der Wahlkampf bis ins Detail geplant und über 33.000 Dollar dafür ausgegeben. Zum neunköpfigen Gemeinderat von Detroit kandidierten fünf UAW Funktionäre: Richard Frankensteen, Organisationsdirektor der UAW; Tracy N. Doll, Präsident der UAW Hudson Betriebsorganisation; R. J. Thomas, Präsident der UAW Chrysler Betriebsorganisation; Walter P. Reuther, Präsident der UAW West Side Betriebsorganisation[521]; Maurice Sugar, Syndikus der UAW. Neben der Durchsetzung und Sicherung des durch den NLRA gewährten Koalitions- und Organisationsrechts forderten die CIO-Kandidaten insbesondere: „Reorganisation der Polizei, um sicherzustellen, daß diese nur zum Schutz der Bevölkerung eingesetzt wird – nicht als Streikbrecher" und die Abschaffung aller privaten Polizeiorgane, also der Werkschutztruppen.[522] Alle UAW-Funktionäre unterlagen bei den Wahlen 1937, ebenso der vom CIO unterstützte Bürgermeisterkandidat O'Brien. Gleichwohl sind die UAW seit diesen Wahlen, in denen eine gewerkschaftliche Wahlkampf-Maschine installiert wurde, ein gewichtiger Faktor in der Politik von Detroit und Michigan.

Zwei Jahre später wurde der von den UAW, der LNPL und dem CIO geförderte Edward J. Jeffries zum Bürgermeister von Detroit gewählt. Zu seinen ersten Amtshandlungen gehörte es, den Polizeipräsidenten zu entlassen und mehrere Polizeioffiziere, die gegen die UAW in Streiks brutal vorgegangen waren, zu degradieren. 1941 saßen die CIO-Gewerkschaften kommunalpolitisch so fest im Sattel, daß die Wähler-Registrierungsbüros in den Geschäftsstellen der UAW-Betriebsgruppen und damit in unmittelbarer Nähe der Autofabriken untergebracht wurden[523]: Dies erleichterte die gewerkschaftliche Arbeit, die Mitglieder für die Vorwahlen und Wahlen zu mobilisieren. Zwar erlitten die UAW wiederholt kommunalpolitische Niederlagen, und es war besonders schwer, einen Demokratischen Bürgermeister ins Amt zu bringen. Gleichwohl waren die Automobilarbeiter als politische Organisation zur Durchsetzung gewerkschaftlicher Interessen in der Stadt fest etabliert. So teilten die UAW 1944 ihre 450.000 Mitglieder in Detroit auf die "wards" sowie "precincts" auf, und sie verfügten über einen großen Mitarbeiterstamm und eine Wähler-Kartei, mit der keine der beiden großen Parteien konkurrieren konnte. 38 hauptamtliche Funktionäre arbeiteten für das PAC: Ihre Aufgabe bestand namentlich darin, die Automobilarbeiter, von denen zu Beginn des Wahlkampfes nur dreißig Prozent als Wähler registriert waren, zu mobilisieren. In diesem Jahr kontrollierte der CIO fünf von den sechs Kongreßwahlkreisen in der Stadt.[524]

Die Verwaltung der Stadt Flint, auf deren Gebiet Fabriken von General Motors lagen, war seit 1937 in der Hand der UAW.[525] Diese Herrschaft wurde nur einmal gefährdet, als 1938 Tendenzen stark wurden, in der Stadt eine unabhängige Arbeiterpartei zu organisieren. Diese Partei hätte die Stimmen der Automobilarbeiter voraussichtlich so zersplittert, daß die UAW die Kontrolle über die Demokratische Partei und damit über die Stadtverwaltung verloren hätten. Gewerkschaftsführer und LNPL widersetzten sich diesem Experiment erfolgreich. Dieses Beispiel von Flint zeigte, wie eng selbst auf kommunaler Ebene in einem etablierten Zwei-Parteien-System der Spielraum für eine Dritte (Arbeiter) Partei gewesen ist.

Neben den genannten Städten kandidierten CIO- und UAW-Funktionäre auch in anderen Orten für kommunale Ämter. Ihr Hauptinteresse galt dabei den Polizeipositionen (in einigen Gemeinden wurde der Sheriff von der Bevölkerung direkt gewählt) und (soweit sich Bewerber mit der notwendigen Ausbildung fanden) den Richterämtern, um aufgrund der Erfahrungen in den zwanziger Jahren einstweiligen Verfügungen gegen die Gewerkschaften vorzubeugen.

Die starke Stellung der UAW in einigen Kommunen bedeutete jedoch nicht, daß sie den Staat beherrschten. Vielmehr hatte in Michigan, das seit 1896 immer republikanisch gewählt hatte, 1932 mit Roosevelt erstmals bei einer Präsidentenwahl wieder ein Demokrat gesiegt[526], in einem Zeitpunkt also lange bevor CIO und UAW gegründet wurden. Auch in den später folgenden Jahren wurde Michigan weder von den Demokraten noch gar den UAW beherrscht. Wie wichtig gleichwohl für die Automobilarbeiter die Intervention in die Politik des Einzelstaates war, erfuhren sie Anfang 1937. Im Herbst 1936 hatten die UAW durch die LNPL und gegen den Widerstand der Demokratischen Parteimaschine[527] dazu beigetragen, daß der Liberale Frank Murphy zum Gouverneur von Michigan gewählt worden war. Kurz nach dessen Amtsantritt erreichte eine Welle von Sit-Down-Streiks in der Automobilindustrie ihren Höhepunkt.[528] Gegen den Druck der öffentlichen Meinung weigerte sich der Gouverneur, die Nationalgarde gegen die Streikenden in den General Motors Werken einzusetzen, weil er ein Blutbad befürchtete. Murphy bestand auf Verhandlungen zwischen Gewerkschaft und Unternehmer: So gelang es den UAW, als Tarifpartner anerkannt zu werden.[529] Durch das gewerkschaftsfreundliche Verhalten des Gouverneurs wurde vorübergehend den Gruppen in den UAW der Wind aus den Segeln genommen, die eine unabhängige Arbeiterpartei anstrebten: Man unterstützte Murphy und die Demokraten mit allen Mitteln. Zwar stellten die Sozialisten, die eine starke Fraktion bei den Automobilarbeitern bildeten, 1938 einen eigenen Gouverneurskandidaten auf, doch erklärte ihr prominentester UAW-Funktionär, Walter Reuther, daß er Murphy wählen würde und auch seine Genossen aufforderte, ihre Stimmen nicht für einen aussichtslosen Kandidaten zu vergeuden.[530] Im Wahlkampf 1938 machte der Republikanische Gegenkandidat Murphys, Fitzgerald (ein katholischer Geistlicher, den die AFL unterstützte[531]), dessen Verhalten im Sit-Down-Streik bei General Motors 1937 zum Hauptthema. Der Kommunismusvorwurf wurde erhoben, und das House Committee of Un-American Activities unter Martin Dies mobilisierte den Antikommunismus weiter, indem es auf dem Höhepunkt des Wahlkampfes Murphy und andere am Streik Beteiligte verhörte.[532] Auch die Intervention Roosevelts zugunsten des Gouverneurs half nicht, Murphy unterlag. In beiden Häusern des Staatsparlamentes gewannen die Republikaner die Mehrheit. Dieses Ergebnis zeigte, wie begrenzt der Einfluß der UAW in Michigan letztlich war.

Zwar gewann mit Van Wagoner ein CIO-freundlicher Demokrat das Gouverneuramt 1940 zurück[533], doch unterlag Roosevelt in diesem Jahr bei den Präsidentschaftswahlen in Michigan gegen Willkie knapp. Als zwei Jahre später Van Wagoner verlor, brach die Demokratische Partei auseinander und die UAW stießen in das so entstandene Machtvakuum hinein: Von diesem Zeitpunkt an dominierten die Automobilarbeiter auf Landesebene die Demokratische Partei. Diese Schlüsselstellung der UAW wurde nur dadurch gefährdet, daß eine innergewerkschaftliche Opposition wegen der Kriegsinflation gegen die freiwillige Selbstverpflichtung des CIO rebellierte, während des Krieges nicht zu streiken. Die Opposition war bestrebt, eine Dritte Partei zu gründen. Schon 1943 hatte die LNPL von Wayne County (die nach Austrocknung der nationalen LNPL 1940/41 regional weiterbestand) beschlossen, eine neue liberale Partei zu organisieren.[534] Anfang 1944 wurde die Michigan Commonwealth Federation ins Leben gerufen. Die UAW-Führer zwangen jedoch sie und eine andere Splittergruppe, die Progressive Labor-League[535], in das inzwischen national gegründete PAC zurück.[536] Die Gewerkschaftsspitze mußte befürchten, daß eine Zersplitterung der Stimmen der Automobilarbeiter zu einer wesentlichen Schwächung des CIO-Einflusses in Michigan führe. Erst nach vollzogener Einigung mit den Splitterparteien war es möglich, CIO-Kandidaten in das Rennen der Demokratischen Primaries zu schicken.[537] Nur durch diese Zusammenfassung aller gewerkschaftlichen Fraktionen im PAC gelang es, den 1940 an Willkie verlorenen Staat für Roosevelt zurückzugewinnen. Damit rückte das PAC in eine strategische Position im State Democratic Committee: In den nächsten zwei Jahrzehnten kontrollierten die UAW faktisch die Partei in Michigan.[538]

Die UAW haben seit 1936 ihren politischen Anspruch in Michigan, Detroit und anderen Gemeinden des Staates durch die LNPL zu realisieren versucht. Dabei kämpfte die Gewerkschaftsführung immer wieder gegen starke Tendenzen in der Mitgliedschaft, eine von Demokraten und Republikanern unabhängige Arbeiterpartei zu gründen, damit nicht durch Stimmenzersplitterung die Wahl liberaler, CIO-freundlicher Kandidaten gefährdet würde. Die Arbeit der lokalen und der State-LNPL wurde des öfteren durch innergewerkschaftliche Fraktionskämpfe gestört. Soweit nicht besondere lokale und regionale Probleme vorlagen, waren die Ziele der LNPL in Michigan mit denen der nationalen LNPL identisch. Die LNPL blieb auch nach 1940 in einigen Städten Michigans – darunter Detroit – bestehen, als John L. Lewis die nationale LNPL in die UMW zurücknahm.[539] 1943 gingen die noch bestehenden Organisationen dann im PAC auf.[540]

Entsprechend der dezentralistischen Struktur der UAW waren die lokalen Organe der LNPL und des PAC eng mit den UAW-Betriebsgewerkschaftsorganisationen verbunden, sie wurden von diesen direkt finanziert.[541] Einige dieser "locals" setzten zusätzlich besondere politische Ausschüsse ein.[542] Auch die hauptamtlichen Funktionäre der Betriebsgewerkschaftsorganisationen wurden – wie ihre Kollegen im UAW-Vorstand – für die Wahlkämpfe freigestellt.[543] Wir können also, betrachten wir die Politik des CIO, der UAW, der Betriebsgewerkschaftsorganisationen, der LNPL und des PAC in Michigan, zusammenfassend feststellen, daß die Gewerkschaften zur Durchsetzung ihrer Interessen – nämlich Organisation der Automobilarbeiter, Abschluß von Tarifverträgen – die Kommunalverwaltungen ebenso zu beeinflussen suchten wie Parlament und Regierung des Staates.

*

Anders als in Michigan und Pennsylvania ist die Wirtschaft des Staates Ohio nicht von ein oder zwei, sondern von mehreren Industrien geprägt. Dazu gehören Kohlebergbau, Stahl-, Textil- und Gummiindustrie; der landwirtschaftliche Bereich ist relativ groß. Entsprechend dieser Mischstruktur dominierte nicht eine Gewerkschaft den CIO, die LNPL und das PAC. Diese Aufsplitterung und die Bedeutung der Landwirtschaft waren neben anderen die Gründe dafür, daß die Industriegewerkschaften in Ohio politisch nie eine dominierende Position erreichten wie in Michigan und Pennsylvania.

Ohio war ein traditionell konservativ-Republikanischer Staat des Mittelwestens, in dem auch die Stadtverwaltungen in den Industriestädten in der Hand Republikanischer Parteimaschinen waren.[544] Das war die Hauptursache dafür, daß schon vor Gründung der LNPL in Washington die ACWA und die UMW und die im Entstehen begriffenen Industriegewerkschaften im CIO wie die United Rubber Workers und das SWOC lokale politische Vereine gegründet hatten. Diese gingen dann in die LNPL über, die in Ohio bemüht war, in jedem Kreis (county) eine Organisation aufzubauen. Die eigenständige politische Tradition der Gewerkschaften in Ohio trug dazu bei, daß hier die LNPL verglichen mit anderen Staaten auch in der Anfangsphase faktisch völlig autonom von Washington blieb.

Dabei waren Funktion und Zielsetzung identisch mit der anderer einzelstaatlicher LNPLs: Auch hier ging es um Verwirklichung der im NLRA niedergelegten Rechte, also um gewerkschaftliche Organisation und Tarifverträge. Das wurde z. B. in der programmatischen Erklärung der LNPL Ohio zu den Vorwahlen 1938 betont: Man werde nur jene Kandidaten unterstützen, die die Gesetze der Vereinigten Staaten – insbesondere den Wagner Act – befolgten.[545] Damit wandte sich die LNPL gegen den zur Wiederwahl anstehenden Gouverneur des Staates, Davey, der auf Bitten Tom Girdlers (des mächtigsten Mannes im Management von Republic Steel) und anders als sein Kollege Murphy in Michigan, die Truppen der Nationalgarde gegen streikende Stahlarbeiter in Youngstown und anderen Stahlstädten Ohios eingesetzt hatte.[546] Davey galt daher als konsequenter Gewerkschaftsgegner. CIO-Gewerkschaften und LNPL errangen einen großen Sieg, als der Gouverneur in der Demokratischen Primary nicht wieder nominiert und an seiner Stelle der von den Gewerkschaften geförderte Charles Sawyer mit 30.000 Stimmen Vorsprung aufgestellt wurde. Wie schwach die Industriegewerkschaften dennoch waren, zeigte sich in den Wahlen, in denen – obwohl eine politische Organisation aufgebaut worden war – konservative und z. T. offen gewerkschaftsfeindliche Politiker gewählt wurden, darunter der Republikaner Robert Taft als Senator, Mitautor des Taft-Hartley-Acts von 1947.[547] Zwei Jahre später scheiterten die Bemühungen der Industriegewerkschaften, den Vorsitzenden des CIO und der LNPL von Ohio, John Owens (Präsident eines UMW-Bezirks), zum Gouverneur zu wählen, schon im ersten Ansatz.[548]

Nach dem Zusammenbruch der LNPL als einer nationalen Organisation in den Präsidentschaftswahlen 1940 bestanden ihre lokalen und regionalen Gruppen in Ohio fort[549] und wurden 1943 in das PAC übernommen. Dabei war ihr politischer Einfluß von Gemeinde zu Gemeinde sehr verschieden: In einigen Republikanischen Kreisen (counties) wurden die örtlichen Wahlbestimmungen so geändert, daß Industriearbeitern das Registrieren als Wähler erschwert wurde, während in CIO-freundlichen Gemeinden die Registrierungsbüros in die Nähe der Betriebe oder sogar in die Fabriken verlegt wurden.[550] Auf lokaler Ebene strebte der CIO danach, vor allem vier kommunalpolitische Ämter unter seine Kontrolle zu bekommen:

1. Das Amt des Bürgermeisters, wenn dieser den Polizeipräsidenten zu bestimmen hatte. Dies war in Cincinnatti der Fall, wo die Polizei wiederholt im Interesse der Unternehmer gegen Streikende eingesetzt worden war. 1942 gelang es der LNPL, die in der Stadt mit der ACWA fast identisch war, ihren Kandidaten durchzubringen: Der alte Polizeipräsident wurde sofort entlassen.
2. Das Amt des Sheriffs in den Gemeinden, in denen dieser direkt von der Bevölkerung gewählt wurde.
3. In einigen Fällen auch den Gemeinderat, soweit er – wie in Cincinnatti – Verordnungen über Polizeistruktur und -einsatz beschließen konnte.
4. Lokal und direkt gewählte Richter, die – auch nach Verabschiedung des NLRA – wiederholt die Organisationsanstrengungen der CIO-Gewerkschaften durch einstweilige Verfügungen, die von den Unternehmern beantragt worden waren, erschwert hatten.

Trotz der Stärke des CIO und seiner politischen Organe in einigen Gemeinden haben die Industriegewerkschaften – u. a. wegen der verglichen mit Michigan und Pennsylvania geringeren industriellen Konzentration und der heterogenen Wirtschaftsstruktur – im Staat Ohio nie eine politisch entscheidende Rolle gespielt.[551]

*

Am Schluß dieses Kapitels sei noch einmal mit Nachdruck betont, daß es hier darauf ankam, exemplarisch auf die Bedeutung hinzuweisen, die der Politik des CIO im kommunalen und einzelstaatlichen Bereich zukam. Wir haben gesehen, daß der Schwerpunkt der LNPL nach 1937 und des PAC an der gewerkschaftlichen Basis lag. Wollten die Industriegewerkschaften ihre ureigensten Interessen durchsetzen, so waren sie eben wegen der föderalistischen und dezentralistischen Struktur des amerikanischen Regierungssystems und des Systems der Arbeitsbeziehungen auf die politische Arbeit in den Kommunen und Einzelstaaten verwiesen.[552] Es kam darauf an, die in der Geschichte der amerikanischen Arbeiterbewegung und auch noch in den dreißiger Jahren gegen die Gewerkschaften eingesetzten lokalen Polizeikräfte und die Nationalgarde mit politischen Mitteln – d. h. vor allem durch Beeinflussung der Wahlen und damit der Personenauswahl – so zu neutralisieren, daß sie sich aus Arbeitskämpfen heraushielten. Das gleiche trifft auf die Wahl von Richtern zu, um einstweilige Verfügungen gegen die Gewerkschaften zu vermeiden. Kommunal- und Landespolitik waren also Hilfsmittel, um gewerkschaftliche Ziele zu verwirklichen. Insofern blieb auch hier der CIO letztlich der „Brot- und Butter" – Tradition, dem business unionism, der AFL treu, wenn er auch andere Mittel eben wegen der schwachen Stellung von ungelernten und angelernten Arbeitern im Produktionsprozeß und bei Tarifverhandlungen anwandte. Gerade die Analyse der Politik des CIO an der Basis ergibt, daß die Industriegewerkschaften kein neues gesellschaftspolitisches Konzept, sondern traditionelle Ziele verfolgten. Es muß hinzugefügt werden, daß die drei in diesem Kapitel behandelten Staaten Pennsylvania, Michigan und Ohio (und im vorigen Kapitel New York) nur einen Typ des Verhältnisses von CIO zu Kommunal- und Landespolitik darstellen. Hier konnten die Industriegewerkschaften wegen der industriellen Wirtschaftsstruktur eine Rolle im politischen Entscheidungsprozeß übernehmen. In anderen von der Landwirtschaft oder besonderen politischen Bedingungen bestimmten Staaten – wie im Süden und in den Rocky Mountains – waren CIO, LNPL und PAC für die Kommunal- und Landespolitik unbedeutende oder nicht existente Faktoren. Die Schwäche der Politik des CIO in Ohio wies bereits in diese Richtung. In die Überlegungen, ob jemals in der amerikanischen Geschichte und speziell während des New Deal und Zweiten Weltkrieges Bedingungen für das Entstehen einer amerikanischen Arbeiterpartei nach europäischem Vorbild vorhanden waren, müssen die Faktoren, die in diesem Kapitel herausgearbeitet wurden, einbezogen werden: Politische Dezentralisation und gewerkschaftliche Fragmentierung.

# III. Politische Fraktionen im CIO

Im I. Teil unserer Untersuchung wurde die spezifisch amerikanische Organisation des Kapitalismus – der Kapitalismus der Großkorporationen – mit seinen durch das System der Arbeitsbeziehungen gegebenen Integrationsmöglichkeiten und die Einpassung des CIO in den wirtschaftlichen und gesellschaftlichen status quo untersucht. Im II. Teil wurden verschiedene politische Organe dieses Industriegewerkschaftsverbandes mit dem Ergebnis analysiert, daß sie die integrativen Tendenzen des Systems der Arbeitsbeziehungen förderten, keine gesellschaftspolitischen Alternativen formulierten und keine politisch selbständige, auf der zahlenmäßigen Macht der Gewerkschaften basierende Organisation konstituierten. Im III. Teil wollen wir uns jenen politischen Fraktionen im CIO und seinen Industriegewerkschaften zuwenden, die aufgrund ihrer Mitgliederstärke oder der in der Gewerkschaftshierarchie von ihren Mitgliedern besetzten Positionen relativ großen Einfluß auf Entscheidungsprozesse im Industriegewerkschaftsverband hatten. Dabei wird von der Tatsache ausgegangen, daß in der Weltwirtschaftskrise sowohl die überkommenen politischen Gruppen der gemäßigten und radikalen Linken fortbestanden, als auch – mitbedingt durch wirtschaftliches und soziales Elend in den dreißiger Jahren – neue Organisationen hinzukamen, von denen viele sich spalteten. Politische Sektenbildung stand auf der Tagesordnung. Es wäre wenig ergiebig, die Fraktionierung der Linken detailliert zu verfolgen. Im Mittelpunkt stehen daher drei politische Fraktionen, die – verglichen mit ihren sektiererischen Konkurrenten – im CIO zu relativ großer Bedeutung gelangten. Dabei wird wiederum die Frage nach möglichen gesellschaftspolitischen Alternativen aufgeworfen, die diese Fraktionen auf der Basis der Industriegewerkschaften hätten formulieren oder durchsetzen können. Angesichts der tatsächlich vollzogenen Integration des CIO in den gesellschaftlichen status quo muß unsere Frage noch anders gewendet und auf das Problem zugespitzt werden: Welche Funktion haben die hier behandelten politischen Fraktionen bei der Integration der Industriegewerkschaften in den Kapitalismus der Großkorporationen gehabt? Unsere Analyse wird die Sozialisten, die Kommunisten und die in der Association of Catholic Trade Unionists (ACTU) zusammengefaßten Katholiken im CIO angehen.

## 1. Die Sozialisten im CIO

Im folgenden wird nicht die Geschichte der Sozialistischen Partei Amerikas in der Weltwirtschaftskrise und in der Präsidentenzeit Franklin D. Roosevelts dargestellt. Vielmehr werden zunächst einige für den deutschen Leser unerläßliche Hintergrundinformationen gegeben und dann wird auf die Haltung der Sozialistischen Partei gegenüber den Gewerkschaften und auf die Rolle der Sozialisten im CIO eingegangen.[553] Nur dies sei als allgemeine Bemerkung vorausgeschickt: Die Bedeutung der Sozialisten in der amerikanischen Gewerkschaftsgeschichte ist erheblich größer gewesen als die der Kommunisten.[554] Dies gilt mit einigen Einschränkungen auch für den CIO. Die Kommunisten sind durch ihren Ausschluß aus dem CIO in der Anfangsphase des Kalten Krieges fast zu einem Dämon emporstilisiert worden und galten daher zumindest in der amerikanischen Öffentlichkeit als einflußreichste politische Gruppierung in den Gewerkschaften. In Wirklichkeit jedoch waren es die Sozialisten, die seit Gründung der AFL und bis in die dreißiger Jahre hinein kontinuierlich gegen die offizielle Gewerkschaftspolitik und ihre Repräsentanten opponierten, die in einigen Gewerkschaften eine Mehrheit errungen hatten und auch auf den AFL-Kongressen zeitweilig mit starken Delegationen vertreten waren, die in den ersten Jahren des Bestehens des CIO hervorragende Organisationssekretäre und Gewerkschaftsführer stellten.

*

In den zwanziger Jahren war die Sozialistische Partei Amerikas immer tiefer in eine Krise geraten. Nicht nur hatte die Abspaltung der Kommunisten die Organisation erheblich geschwächt, sondern die Partei drohte durch Mitgliederschwund und Austrocknung in der Phase des angeblichen „Wohlfahrtskapitalismus" ihr Leben selbst aufzugeben. In der Großen Depression veränderte sich die Situation entscheidend. Neue Mitglieder strömten in die Partei, Geldspenden flossen reichlicher als je zuvor: Dies war Ausdruck für die durch die wirtschaftliche und soziale Krise verursachte allgemeine Politisierung in den Vereinigten Staaten.[555] Seit 1929 reorganisierte Clarence Senior als neuer Generalsekretär die Partei und machte sie wieder zu einem politischen Instrument. 1932 blickten die Sozialisten stolz auf fast 1.000 Ortsgruppen. 13 hauptamtliche Parteisekretäre zogen durch das Land, um neue Genossen zu gewinnen. Erste Erfolge zeichneten sich bei Kommunalwahlen ab, so daß man voller Hoffnungen ein gutes Abschneiden des Kandidaten der Partei, Norman Thomas, bei den Präsidentschaftswahlen 1932 erwartete.[556] Allerdings hatte sich die Sozialstruktur der sozialistischen Mitglieder und Wähler verglichen mit der Blütezeit der Partei vor dem Ersten Weltkrieg erheblich gewandelt. Während Eugene Debs wie ein Magnet Arbeiter angezogen hatte, wirkte Norman Thomas besonders auf das liberale Bildungsbürgertum. Zwar hatte die Partei für den Wahlkampf 1932 eine "Labor League for Thomas and Maurer" organisiert, die Gewerkschafter von der Notwendigkeit überzeugen sollte, für die Sozialisten zu stimmen. Der "Labor League" standen Gewerkschaftsführer wie Max Zaritsky, Emil Rieve, Leo Krzycki (alle aus den Gewerkschaften der Textilindustrie) und J. J. Handley (Sekretär der AFL in Wisconsin) vor.[557] Gleichwohl dominierten bereits die bildungsbürgerlichen Elemente. Ein Komitee "Thomas for President – Committee of One Thousand" unter Reinhold Niebuhr warb unter Intellektuellen, gewann die Unterstützung vieler Prominenter und war durch seinen Erfolg so enthusiastisch, daß es sich in "Committee of One Hundred Thousand" umbenannte.[558] An den Universitäten wurden fast 300 "Thomas for President Clubs" gegründet.[559] Probewahlen unter Studenten und Professoren vor dem Wahltag brachten für die Sozialisten ermutigende Ergebnisse: Fast überall lag Thomas an der zweiten Stelle – Ausdruck der (für amerikanische Verhältnisse) politischen Radikalisierung der Intellektuellen. Wie konservativ die Universitäten in Wirklichkeit dennoch waren, zeigte sich darin, daß bei diesen Probewahlen der amtierende Präsident Herbert Hoover eindeutig mit großer Mehrheit auf dem 1. Platz, Roosevelt auf dem 3. Platz einkam.[560] Die Anziehungskraft der Sozialisten auf das amerikanische Bildungsbürgertum zeigte sich u. a. auch darin, daß eine große Zahl protestantischer Pfarrer Norman Thomas in seinem Wahlkampf unterstützte.

Im Mittelpunkt der sozialistischen Wahlkampfes 1932 stand die Kritik am Versagen des Kapitalismus. Doch trotz allem antikapitalistischen Verbalradikalismus legte die Partei ein Reformprogramm vor, das keine qualitative Veränderung des bestehenden Systems intendierte: Die Partei forderte Notprogramme für Arbeitslose und Rentner, die Einführung des Sechs-Stunden-Tages und die Verabschiedung einer nationalen Sozialgesetzgebung durch den Kongreß. Thomas richtete seine Angriffe vor allem auf Roosevelt, dem er völlige Konzeptionslosigkeit vorwarf. Mit Ausnahme von 5 Staaten kandidierten die Sozialisten im ganzen Land.[561] Wahlversammlungen mit Thomas waren überfüllt. Um so enttäuschender mußte das Wahlergebnis für die Sozialisten sein: Thomas erhielt 885.000 Stimmen, dreimal so viel wie 1928, doch bedeutend weniger als erhofft worden war.[562] Eine Analyse des Wahlergebnisses von 1932 zeigte, daß es den Sozialisten nicht gelungen war, zwei Hürden zu überspringen, die ihr politisches Ghetto verbarrikadierten: 1. Die Partei operierte innerhalb eines Wahl- und Parteiensystems, das Dritte Parteien von vornherein benachteiligte. Thomas hatte im Wahlkampf immer wieder die Erfahrung gemacht, daß Wähler sein Programm voll unterstützten, ihm aber erklärten, für Roosevelt zu stimmen, um die Wiederwahl Hoovers zu verhindern.[563] Eine Stimme für Thomas wäre unter den Tisch gefallen und hätte indirekt Hoover geholfen. 2. Die Partei hatte sich durch die Hilfe aus dem liberalen Bürgertum täuschen lassen und ihre gewerkschaftliche Arbeit dadurch zu sehr vernachlässigt. 1934 wurde daher Paul Porter als hauptamtlicher Sekretär für Gewerkschaftsfragen vom Parteivorstand eingestellt[564], und die Parteipropaganda konzentrierte sich in den nächsten Jahren auf ein aktuelles gewerkschaftliches Ziel, nämlich die Zahl der Arbeitsplätze durch die Einführung der 30-Stunden-Woche zu vergrößern, vorhandene Arbeit also auf mehr Arbeitskräfte zu verteilen.[565]

Doch auch diese veränderte Taktik half den Sozialisten wenig. Vielmehr kanalisierte Roosevelt den 1932 durchaus vorhandenen Linkstrend der Wähler und gewann die Unzufriedenen für den New Deal. Die Geschichte des Niedergangs der Sozialistischen Partei in den dreißiger Jahren ist zugleich die Geschichte des Erfolgs Roosevelts und des New Deal, den amerikanischen Kapitalismus zu reorganisieren. Der Präsident brachte dem Land verlorene Hoffnung zurück, indem er – wie Thomas selbst aus der Retrospektive formulierte – den Kapitalismus rettete.[566] Die Sozialisten verloren im Sog des New

Deal ihre Wählerbasis, in den Worten von Norman Thomas: "What cut the ground out pretty completely from under us was this. It was Roosevelt in a word. You don't need anything more."[567] Nicht nur die Wähler, sondern auch Mitglieder von allen Flügeln der Partei gingen zu Roosevelt und anderen New-Deal-Politikern mit fliegenden Fahnen über, Gewerkschaftsfunktionäre ebenso wie bürgerliche Intellektuelle.[568] Auch die scharfe Kritik der Sozialisten an Roosevelt und am New Deal vermochte die Sozialistische Partei nicht zu stabilisieren. Zwar begrüßte die Partei die verschiedenen Notstandsprogramme und den Social Security Act, hielt diese jedoch nicht für ausreichend.[569] Thomas griff besonders die Landwirtschaftspolitik der Regierung an, die den Kleinbauern nicht helfe. Er versuchte, die verschuldeten Pächter – Farmer (tenant farmer) im Süden zu organisieren, um hier eine neue soziale und politische Basis für seine Partei zu gewinnen. Die Sozialisten hielten den National Industrial Recovery Act für einen Fortschritt, weil er gewerkschaftliche Organisierung fördere. Zugleich warnten sie jedoch vor Illusionen, da eine Kooperation von Unternehmern und Arbeitern nicht möglich und Sozialisierung der Grundstoffindustrien notwendig sei. Bald jedoch stellte sich auch der Gewerkschaftsartikel des NIRA als stumpfe Waffe heraus: Die Bildung „gelber" Gewerkschaften auf der Grundlage dieses Gesetzes war für Thomas und seine Genossen unerträglich.[570]

Trotz der sozialistischen Kritik am New Deal mußte Thomas sich immer wieder dagegen wehren, daß in der Öffentlichkeit verbreitet wurde, Roosevelt habe das Programm seiner Partei übernommen, der New Deal sei eine Spielart des Sozialismus. Dieser Vorwurf, geschürt und gefördert von der politischen Rechten, verstummte in den dreißiger Jahren nie, so sehr auch Thomas betonte, der New Deal habe den Kapitalismus stabilisiert, die Klassenteilung zementiert, seine sozialen Maßnahmen linderten die menschliche Not nur unzureichend und rassische Minoritäten würden wie eh und je ausgebeutet.[571] Thomas ging noch einen Schritt weiter in seiner Kritik: Der New Deal schaffe einen Staatskapitalismus, der am Horizont die europäische Art der Reorganisation des Kapitalismus, den Faschismus, als Gefahr für Amerika anzeige.[572] Die theoretische und praktische Abgrenzung vom New Deal half den Sozialisten jedoch nicht, die Sogwirkung der Rooseveltschen Politik auf ihre Partei zu unterbrechen, der Niedergang der Sozialistischen Partei schritt unaufhaltsam voran.

Er wurde durch parteiinterne Fraktionskämpfe noch beschleunigt. Drei Gruppen standen sich gegenüber:

1. Die „Alte Garde" (Old Guard), amerikanische Sozialdemokraten der ersten Stunde, die aufgrund ihrer langen Parteizugehörigkeit die Führungspositionen besetzt hielten. Zu ihnen gehörten Männer wie der Vorsitzende Morris Hillquit und James Oneal. Sie hatten ihr Machtzentrum in den Staaten New York, Pennsylvania und Connecticut.
2. Die „Militanten" (Militants), radikale orthodoxe Marxisten, die sich an Karl Kautskys Schriften orientierten und ideologisch rigider waren als die „Alte Garde". Sie kritisierten die kapitalistischen Demokratien wie die Sowjetunion als undemokratische.
3. Die „Fortschrittler" (Progressives), ungeduldige, verbalradikale (aber ausdrücklich nicht-marxistische) Sozialisten, die oft aus bürgerlichen Elternhäusern kommend

in der Großen Depression politisiert worden waren. Zu dieser Gruppe zählte auch Norman Thomas.

„Militante" und „Fortschrittler" opponierten trotz ideologischer Differenzen gemeinsam gegen die „Alte Garde". 1932 wurde Hillquit nur mit knapper Mehrheit wiedergewählt, die Sitze des Parteivorstandes fast paritätisch zwischen beiden Flügeln geteilt. 1933 und in den folgenden Jahren, in denen die Gewerkschaftsbewegung einen vorher nie gekannten Aufschwung nahm, setzten sich die Fraktionskämpfe vehement fort und schwächten die Partei darin, eine Massenbasis in den erstarkten Arbeiterorganisationen zu finden. Als Hillquit im Oktober 1933 starb, verlor die „Alte Garde" ihren prominentesten Repräsentanten, seit 1934 kontrollierte sie nicht mehr die Partei. Besonders in New York brach der Kampf zwischen altgedienten Sozialdemokraten und „romantischen" Linken offen aus, bis 1936 die Reste der „Alten Garde" als "Social Democratic Federation" die Partei verließ und zur eben gegründeten American Labor Party überging.[573] In einer Zeit also, in der Gewerkschaften einen vorher nie gekannten Aufschwung nahmen, in der mit dem CIO die alte Forderung der Sozialisten nach industriegewerkschaftlicher Organisation Realität wurde, zerfleischte sich die Partei in Fraktionskämpfen und zementierte selbst die Mauern des Ghetto, in dem sie sich befand.

Das Wahlergebnis von 1936 war für die Sozialisten entsprechend verheerend. Im Wahlkampf fand Thomas so gut wie keine Unterstützung bei den Gewerkschaften. Nur 47 Gewerkschaftsfunktionäre hatten sich noch für ihn erklärt, darunter als Prominentester A. Philip Randolph, der Präsident der Brotherhood of Sleeping Car Porters.[574] Viele Intellektuelle hatten sich von den Sozialisten ab- und Roosevelt zugewandt. Auf der Rechten bedrängte die Union Party mit ihrem Präsidentschaftskandidaten William Lemke die Sozialistische Partei und zog Protestwähler an sich. Im Wahlkampf standen Thomas lediglich 25.000 Dollar zur Verfügung, die Hälfte des Betrages von 1932. Nur 187.000 Stimmen für die Sozialistische Partei waren eine vernichtende Niederlage. Wiederum hatten wie schon 1932 viele, die besonders der Persönlichkeit von Norman Thomas mit großen Sympathien gegenüberstanden, nicht seine Partei sondern Roosevelt gewählt, um ihre Stimme nicht unter den Tisch fallen zu lassen und die Wahl eines Republikanischen Präsidenten auf jeden Fall zu verhindern. Dies war besonders in New York der Fall, wo – wie wir schon gesehen haben – ehemalige Sozialisten die American Labor Party und damit den Demokratischen Präsidenten wählten.[575] Die Sozialisten hatten ihren Untergang vorausgesehen und daher seit Beginn des Jahres 1936 die Idee einer Farmer-Labor-Party propagiert, der man korporativ beitreten wollte. Doch war die Partei zu diesem Zeitpunkt politisch bereits so irrelevant, daß sie nicht einmal als Hilfsmotor bei der Gründung einer solchen Organisation dienen konnte.[576] Hatte die Sozialistische Partei der USA im Februar 1936 noch 15.648 Mitglieder, so sank die Zahl bis Februar 1937 auf 6.488, darunter waren nur 1.300 Gewerkschafter.[577] Obwohl die „Alte Garde" die Partei inzwischen verlassen hatte, spitzten sich die innerparteilichen Fraktionskämpfe durch den vorübergehenden Beitritt der Trotzkisten weiter zu.[578] Die Sozialistische Partei wurde jetzt endgültig zur Sekte; sie verlor, mit der Ausnahme Milwaukees, jeden politischen Einfluß. Zu Beginn des Zweiten Weltkrieges häuften sich die Parteiaustritte. 1944 erreichte die Partei einen absoluten Tiefstand: Norman Thomas erhielt nur noch 78.000 Stimmen bei den Präsidentschaftswahlen.

Die Sozialistische Partei Amerikas lag bereits in der Agonie, als die CIO-Gewerkschaften ihre großen Erfolge errangen. Dabei hatten Sozialisten großen Anteil an der gewerkschaftlichen Organisation der Arbeiter in den Massengüterindustrien, doch konnten sie zu keiner Zeit auf eine funktionierende Parteiorganisation zurückgreifen.

*

In ihrer Geschichte hatte die Sozialistische Partei Amerikas ihre gewerkschaftlichen Stützen in den Verbänden der Textil- und Brauindustrie, in denen Arbeiter organisiert waren, die aus Europa sozialistisches Gedankengut und Organisationserfahrung mit in die Neue Welt gebracht hatten. Regional lag der Schwerpunkt der Partei entsprechend der Industriestandorte im Nordosten (namentlich New York) und Mittelwesten (hier vor allem Wisconsin). Zwar war der Einfluß der Partei in Gewerkschaften wie den ACWA und der ILGWU so groß, daß diese als sozialistisch galten, doch blieben die Sozialisten insgesamt in der AFL immer in der Minorität. Sozialisten wurden auch in ausgesprochenen „Brot- und Butter"-Gewerkschaften akzeptiert, weil sie als hervorragende Gewerkschaftsführer die materiellen Interessen der Mitglieder in Tarifverhandlungen jeweils besser durchzusetzen vermochten als andere. Noch 1957 besetzten viele ehemalige Sozialisten Spitzenpositionen in den Gewerkschaftshierarchien, darunter waren 20 % aller Gewerkschaftspräsidenten.[579] In den dreißiger Jahren war es eines der Hauptprobleme der Sozialistischen Partei, daß Norman Thomas, ihr populärster Repräsentant, aus dem Bürgertum kam, immer außerhalb der Gewerkschaften stand und seine große Popularität nicht in den Arbeitnehmerorganisationen umgesetzt werden konnte.[580]

Theoretisch verstand sich die Sozialistische Partei als Teil einer größeren Arbeiterbewegung, Adressat ihrer Politik war die Arbeiterschaft. Zu keiner Zeit versuchte die Partei, eigene Gewerkschaftsorganisationen aufzubauen, sondern sie forderte ihre Mitglieder auf, in den bestehenden Gewerkschaften mitzuarbeiten. Es gehörte zu den sozialistischen Prinzipien "that work among the unions, that the industrial organization of labor, is of equal importance with political action".[581]

Folgerichtig versuchte man auch nicht, sozialistische Konzepte oder Zielvorstellungen den Gewerkschaften durch parlamentarische Tricks auf ihren Delegiertenversammlungen gleichsam zu oktroyieren, sondern betonte immer wieder, daß amerikanische Arbeiterführer und Arbeiter gleichermaßen konservativ seien, daß es ihnen an Klassenbewußtsein fehle und sie nur in einem langfristigen Erziehungsprozeß ihre objektive gesellschaftliche Situation als Ausgebeutete im kapitalistischen System erkennen könnten. Die Funktion der Partei bestände eben darin, diese notwendige Aufklärung zu fördern. Diese Aufgabe konnte nach Ansicht der Sozialisten nur unzureichend in Berufsgewerkschaften erfüllt werden, und sie traten daher wie die anderen Gruppen auf der Linken für das Industriegewerkschaftsprinzip ein und kritisierten scharf die Exklusivität und Starre der AFL-Gewerkschaften.[582] Es waren dieses Bekenntnis zum Industriegewerkschaftsprinzip und die hervorragenden organisatorischen Leistungen der Sozialisten in den Gewerkschaften, die John L. Lewis veranlaßten, Mitglieder der Partei als hauptamtliche Sekretäre in den CIO zu holen.

Die Sozialisten hatten mit Genugtuung die wachsende Radikalisierung und zunehmende Tendenz in den AFL-Gewerkschaften, industriell zu organisieren, in den Jahren

1934 und 1935 beobachtet.[583] Doch schwang dann in allen parteioffiziellen Erklärungen zur Gründung des CIO immer die Warnung mit, Industriegewerkschaften nicht a priori als revolutionären Fortschritt zu bejubeln, vielmehr sei der Bergarbeiterverband UMW mit seinem Vorsitzenden John L. Lewis – von denen die Gründung ausging – politisch reaktionär wie eh und je.[584] Auch befürchteten Norman Thomas und andere Parteiführer, daß die Spaltung der Gewerkschaften in zwei Bünde, die AFL und den CIO, die Arbeiterbewegung insgesamt schwächen könne. Sie plädierten daher immer wieder für innergewerkschaftlichen Frieden und institutionelle Einheit.[585] Gleichwohl war die Haltung der Sozialistischen Partei gegenüber dem neuen Industriegewerkschaftsverband eindeutig: Alle fortschrittlichen Elemente der Arbeiterschaft sollten in den CIO gehen, dort den linken Flügel bilden und gegen die AFL-Bürokraten angehen.[586] Auf ihrem Parteitag 1937 erklärte sich die Partei dann auch offiziell und entschieden für den CIO und warf der AFL Klassen-Kollaboration vor, während durch die Industriegewerkschaften immerhin die Chance gegeben wäre, die sozialen und wirtschaftlichen Verhältnisse der Arbeiterschaft zu verbessern.[587] In den nächsten Jahren stellte sich die Aufforderung der sozialistischen Führungsgremien an ihre Mitglieder, im CIO aktiv zu werden, jedoch als Bumerang für die Partei voraus: 1. Sozialistische Gewerkschaftsfunktionäre wurden durch ihre Arbeit in den Betrieben so absorbiert, daß sie keine Zeit mehr für die politische Gruppe erübrigen konnten, aus der sie ursprünglich kamen. 2. Wiederholt kam es zum Loyalitätskonflikt zwischen Partei- und Gewerkschaftsmitgliedschaft, der in der Regel zugunsten der Gewerkschaft entschieden wurde. So ließen viele Sozialisten ihre Parteimitgliedschaft einschlafen oder traten auf Druck ihrer Gewerkschaftskollegen aus der Partei aus.

Aber auch auf ihrem ureigensten Feld, dem politischen, wurde die Sozialistische Partei vom CIO durch die Gründung der Labor's Non-Partisan League und der ALP bedrängt. Thomas hatte sehr früh im Wahlkampf 1936 erkannt, daß die beiden Wahlkampfmaschinen der Gewerkschaften ihm das Wasser abgruben.[588] Unter der Führung von Louis Waldman ging in New York die "Social Democratic Federation" zur ALP über, aber auch "Militante", also Mitglieder des linken Parteiflügels, folgten. Ende 1939 war die Sozialistische Partei in New York praktisch durch die ALP – d. h. durch eine auf gewerkschaftlicher Basis operierende Partei – erdrückt worden. Ein Antrag auf dem Parteitag von 1938, mit der ALP zu fusionieren, wurde mit nur knapper Mehrheit abgelehnt.[589] Dieser Vorgang demonstrierte die völlige Hilflosigkeit der Sozialisten gegenüber der Politik des CIO. Man hatte ursprünglich gehofft, daß aus dem CIO eine Arbeiterpartei hervorgehen würde, mußte dann aber einsehen, daß LNPL und ALP den politischen Wegen der AFL im Prinzip folgten.[590] Die Kritik an den politischen Organen des CIO richtete sich darauf, daß diese kein eigenständisches Programm entwickelt, sondern sich an Roosevelt und damit indirekt auch an den reaktionär-rassistischen Südstaaten-Flügel der Demokratischen Partei angelehnt hätten.[591] Die Ohnmacht der Sozialistischen Partei im CIO zeigte sich auch darin, daß auf dem offiziellen Gründungskongreß des Industrieverbandes 1938 nur 9 sozialistische Delegierte (darunter allerdings drei Gewerkschaftspräsidenten) anwesend waren, der ursprünglich geplante sozialistische Caucus (Fraktionstreffen) sich daher erst gar nicht konstituieren konnte und man nur in zwei informellen Besprechungen die ehemaligen Parteimitglieder zusammenrief.[592]

Die verlorene Position der Sozialistischen Partei auf Gewerkschaftstagen darf jedoch nicht darüber hinwegtäuschen, daß sozialistische Gewerkschaftsfunktionäre am Aufbau des CIO entscheidend beteiligt waren und in einigen Gewerkschaften vorübergehend Schlüsselstellungen einnahmen.

So verstand sich die ILGWU seit ihrer Gründung im Jahre 1900 bis in die dreißiger Jahre und zur Bildung des CIO als sozialistische Gewerkschaft. Dies lag hauptsächlich in ihrer ethnischen Zusammensetzung begründet, da sie osteuropäisch-jüdische und italienische Einwanderer, die bereits als Sozialdemokraten nach Amerika gekommen waren, organisierte. Die Gewerkschaft hatte die Sozialistische Partei regelmäßig finanziell unterstützt. Weniger eng war die Verbindung zwischen Sozialistischer Partei und den ACWA: Hier gab es lediglich persönliche Kontakte und punktuelle Zusammenarbeit zwischen einigen Ortsvereinen und Betriebsgewerkschaftsorganisationen.[593] Die Verabschiedung des Wagner Acts brachte Franklin D. Roosevelt bei den Textilgewerkschaften große Sympathien ein, während zur gleichen Zeit die Fraktionskämpfe in der Sozialistischen Partei abstoßend wirkten. Selbstzerfleischung der Partei und der New-Deal-Sog mündeten im gleichen Ergebnis. 1936 verließ David Dubinsky, Vorsitzender der ILGWU, die Sozialistische Partei und erklärte sich offen für Roosevelt. Emiel Rieve, der Vorsitzende der Hosiery Workers (Strumpfwirker) folgte Dubinskys Beispiel, als sein Gewerkschaftskongreß sich 1936 für die Wiederwahl des amerikanischen Präsidenten aussprach. Dabei erklärte er, daß er weiterhin für sozialistische Ziele arbeiten werde.[594] Leo Krzycki, einer der Vizepräsidenten der ACWA und Vorstandsmitglied der Sozialistischen Partei, rief noch im Februar 1936 die amerikanischen Arbeiter auf, nicht für die Demokratische oder Republikanische Partei zu stimmen, sondern den Sozialisten beizutreten.[595] Wenige Monate später zwang ihn Sidney Hillman, aus der Sozialistischen Partei auszutreten. Unter Tränen erklärte er Norman Thomas, daß er weiterhin aus Überzeugung Sozialist bleibe, daß er sich aber nicht dem mächtigen Druck seines Gewerkschaftspräsidenten widersetzen könne.[596] In vielen anderen Fällen wurde der Rollenkonflikt zwischen sozialistischer Parteizugehörigkeit und Mitgliedschaft in einer Textilgewerkschaft genauso entschieden.[597] Die ILGWU und die ACWA bildeten schließlich die Massenbasis der New Yorker ALP. Auch in anderen Staaten war die Situation ähnlich. Die Sozialistische Partei in Illinois z. B. hing finanziell und personell von den ACWA ab. Als diese 1936 weitere Geldzuwendungen versagten, brach die Organisation faktisch zusammen.[598] Mit der Gründung der LNPL und der ALP verlor die Sozialistische Partei ihren wichtigsten gewerkschaftlichen Halt – Norman Thomas war sich über die verheerenden Auswirkungen für seine Partei völlig im klaren.[599]

Nach dem Niedergang der Sozialistischen Partei 1936 blieb den Sozialisten in den folgenden Jahren nur eine gewerkschaftliche Insel: Der Automobilarbeiterverband UAW in Michigan. Doch auch diese Hochburg zerbrach schließlich unter der Sogwirkung des New Deal, durch die CIO-Disziplin und wegen der innergewerkschaftlichen Fraktionskämpfe. Seit ihrer Neukonstituierung im April 1936 waren die UAW die am stärksten politisierte und radikalste Gewerkschaft im CIO. Ihre Geschichte ist bis 1947, als Walter Reuther sich endgültig als Gewerkschaftspräsident durchgesetzt hatte, eine Geschichte permanenter und wechselvoller Fraktionskämpfe.[600] Politisch radikale, Gesellschaftsveränderung anstrebende Gruppen haben in den UAW in den dreißiger und im Anfang der vierziger Jahre eine Mehrheit gehabt. Zu ihnen gehörten Kommunisten und Sozialisten, die zeitweilig im sogenannten Unity Caucus gemeinsam gegen den Gewerkschaftsvorsitzenden Homer Martin operierten, aber auch Trotzkisten und eine anti-stalinistische kommunistische Gruppe um Jay Lovestone.[601] Stärke und Grenzen dieser linken Gruppen und der immanente Rollenkonflikt zwischen Gewerkschafts- und Parteifunktionär wurde exemplarisch in einer Episode während des UAW-Kongresses 1936 deutlich: Eine Resolution, mit der die Automobilarbeiter verpflichtet werden sollten, in den kommenden Wahlen Roosevelt zu unterstützen, fand keine Mehrheit. Auch die Sozialisten hatten gegen die Entschließlung gestimmt. Daraufhin drohte John L. Lewis, daß er den UAW die versprochenen 100.000 Dollar für ihre Organisationsarbeit wieder entziehen würde, falls sie ihre Haltung nicht revidierten. Am letzten Tag des Kongresses beschloß man einstimmig, Roosevelt zu unterstützen[602], gewerkschaftliches Interesse war gegen politische Überzeugung durchgesetzt worden.

Die Fraktionen operierten in den UAW nicht als politische Exponenten einer Ideologie, sondern als äußerst aktive und militante Gewerkschafter. Sie hatten in den verschiedenen Betrieben eine lokale Massenbasis, auf die man im Konfliktfall zurückgreifen konnte. Weder Sozialisten noch Kommunisten nahmen von ihren Parteien Anweisungen entgegen, wie sie innergewerkschaftlich zu taktieren hatten. Bestenfalls gab es zwischen den Sozialisten, namentlich in der Detroiter Industrieregion, innerhalb der UAW einen relativ losen Kontakt. Ein Ausdruck der Fraktionskämpfe in den UAW war die von den lokalen Betriebsgewerkschaftsorganisationen konsequent verteidigte Autonomie und die daraus resultierende dezentralistische Organisationsstruktur: Jede politische Fraktion war darauf bedacht, von der Basis aus zu operieren und ihren Einfluß nicht durch Beschlüsse eines nationalen Gewerkschaftsvorstandes beschneiden zu lassen. Zweifelsohne hat die Dezentralisation, die Politisierung und Fraktionierung der UAW zur Militanz der Gewerkschaft in Organisationsstreiks und anderen Arbeitskonflikten erheblich beigetragen.

Eine große Zahl der UAW-Führer kam aus der Sozialistischen Partei. In den Jahren 1936–1939 versuchte die Partei immer wieder, die losen Kontakte zwischen den Sozialisten (darunter die Brüder Roy, Victor und Walter Reuther) unter den Automobilarbeitern zu institutionalisieren – doch vergeblich. Auf der einen Seite akzeptierten auch die unpolitischen, oft gerade aus den ländlichen Gebieten des Mittelwestens nach Detroit gekommenen Arbeiter die Sozialisten als hervorragende Vertreter ihrer Interessen. Auf der anderen Seite jedoch befanden sich die sozialistischen Gewerkschaftsfunktionäre in einem permanenten Loyalitätskonflikt. Bei den Kommunalwahlen 1937 in Detroit hatte die Sozialistische Partei z. B. eigene Kandidaten aufgestellt, die UAW hingegen unterstützten die Liste liberaler Demokraten.[603] 1938 verließ Walter Reuther – mit auf Druck von Hillman und Lewis – die Sozialistische Partei, um öffentlich für die Wiederwahl des Gouverneurs von Michigan, Frank Murphy, eintreten zu können. Zur gleichen Zeit arbeitete sein Bruder Roy im "National Labor Committee" der Sozialisten weiter mit[604], und auch Walter Reuther stütze sich als Präsident des West Side Local in Detroit weiterhin auf eine sozialistische Hausmacht.[605] Letztlich scheiterten an diesem Loyalitätskonflikt, der immer wieder zugunsten der Gewerkschaft entschieden wurde, der Versuch der Sozialistischen Partei, einen festen organisatorischen Halt bei der Automobilarbeitern zu finden. Die im November 1937 eingesetzte "Socialist Auto League" blieb eine leere institutionelle Hülse.[606] Die Sozialisten in den UAW hatten sich von der Partei verselbständigt und verfolgten schließlich traditionell gewerkschaftliche „Brot- und Butter"-Ziele.

*

Neben ihren gewerkschaftlichen Hochburgen verfügte die Sozialistische Partei über einige wenige lokale Schwerpunkte, darunter namentlich Milwaukee (Wisconsin). Der Erfolg der Sozialisten in dieser Gemeinde läßt sich aus mehreren Faktoren erklären.

1. Die Stadt war ein beliebtes Siedlungs- und Wohngebiet deutscher Emigranten. Von ihren Einwohnern hatten 1890 fünfzig Prozent deutsche Eltern; fünfundzwanzig Prozent waren noch in Deutschland geboren worden. Die Einwanderer hatten ihre Sitten, Gebräuche und Vereine aus Europa mitgebracht, darunter auch eine (reformistische Politik verfolgende) sozialdemokratische Parteiorganisation. In Milwaukee und im Staat Wisconsin florierte – wie zur gleichen Zeit in der SPD – eine sozialistische Subkultur: Vom Kinderhort über Arbeitersportvereine, Arbeitersängerbünde und die Tageszeitung „Vorwärts" gab es bis hin zum Feuerbestattungsverein jenes Organisationsgeflecht, das wir aus der wilhelminischen Sozialdemokratie kennen. Und auch die ideologischen Konflikte zwischen Revisionisten und orthodoxen (Kautsky-)Marxisten wurden auf amerikanischem Boden ähnlich vehement wie in der deutschen Partei ausgetragen.
2. In Milwaukee bestand zwischen der Sozialistischen Partei und den AFL-Gewerkschaften eine enge personelle und politische, wenn auch nicht institutionelle Allianz. Auch unpolitische Gewerkschaftsmitglieder akzeptierten Sozialisten als hervorragende Organisatoren. In einigen Gewerkschaften – wie bei den Zigarren- und Brauereiarbeitern – und vorübergehend im lokalen AFL-Kartell von Milwaukee (Federated Trades Council) verfügten die Sozialisten über eine Mehrheit.
3. Die Sozialisten konnten in einer Zeit, in der durch das Progressive Movement im ganzen Land der Ruf nach Reformen laut wurde, in Milwaukee erfolgreich als kommunale Reformpartei auftreten, da die Parteimaschinen der Demokraten und Republikaner sowie die Stadtverwaltung offensichtlich korrupt waren.[607]

1898 kandidierten die Sozialisten zum ersten Mal in Milwaukee. 1910 gewann die Partei 40 % der abgegebenen Stimmen: Ein sozialistischer Bürgermeister wurde gewählt, im Stadtparlament hatte die Partei eine Mehrheit und Victor Berger – prominentester Sozialdemokrat in Milwaukee – in das Repräsentantenhaus nach Washington entsandt. 1916 wurde Daniel Hoan als Sozialist zum Bürgermeister gewählt, er blieb 24 Jahre in diesem Amt. Trotz dieser Erfolge geriet nach dem Ersten Weltkrieg auch in Milwaukee die Sozialistische Partei in eine Krise und wurde aus einigen ihrer Machtpositionen verdrängt. In der Großen Depression nahm der Zulauf von neuen Mitgliedern und Wählern jedoch wieder erheblich zu. Parallel zur Ausdehnung der Gewerkschaftsbewegung in der Stadt stieg auch die Mitgliederzahl der Partei. Stadtverwaltung und Sozialisten unterstützten die Organisationsstreiks der Gewerkschaften im Anfang der dreißiger Jahre.[608] Das Band zwischen Partei und AFL wurde auf diese Weise noch enger geknüpft. Einen schweren taktischen Fehler beging jedoch die Sozialdemokratie von Wisconsin, als sie sich 1936 einer Farmer-Labor-Progressive-Federation unter La Follette anschloß, dadurch ihre Selbständigkeit zeitweise aufgab und Daniel Hoan in Milwaukee an den Rand einer Niederlage brachte. Auch begannen die Fraktionskämpfe auf der nationalen Parteibühne die Organisation in Milwaukee und Wisconsin immer mehr zu belasten. Tödlich für die Sozialdemokratie in Milwaukee war schließlich der Beschluß des Chikagoer Parteitages der Sozialistischen Partei von 1937, den CIO offiziell zu unterstützen und die Parteimitglieder aufzufordern, die AFL zu verlassen. Die Zusammenarbeit mit der AFL war aber gerade der Eckpfeiler des Erfolges in Milwaukee: Personell, finanziell und politisch war man über vierzig Jahre lang eine Symbiose eingegangen. Sie wurde jetzt aufgekündigt und AFL-Gewerkschafter verließen scharenweise die Sozialistische Partei. Obwohl auf Antrag von Milwaukee der Staat Wisconsin von dem Beschluß des Chikagoer Parteitages nachträglich ausgenommen wurde, war die politische Basis für die Sozialdemokraten in der Stadt vernichtet. Hatte die Sozialistische Partei 1936 in Milwaukee noch 2.500 Mitglieder, so sank die Zahl bis 1939 auf 1.200. 1940 verlor Daniel Hoan die Bürgermeisterwahl und die Partei verfügte jetzt nicht mehr über Patronage, sie war machtlos geworden, ohne Basis in den Gewerkschaften, unter den Wählern oder in der Stadtverwaltung.[609]

Die Sozialistische Partei verband in Wisconsin und Milwaukee während der dreißiger Jahren antikapitalistischen Verbalradikalismus mit reformistischer Praxis. Theoretisch klagte man das Versagen des kapitalistischen Systems an, forderte einen "cooperative commonwealth", die Abschaffung des Profitsystems und die Sozialisierung der Großbetriebe.[610] Im Rathaus von Milwaukee und Staatshaus von Wisconsin verfolgte man gleichwohl jene Ziele traditioneller Sozial- und Kommunalpolitik, die das amerikanische Regierungssystem zuließen. Es gehörte zur Ironie in der Geschichte des amerikanischen Sozialismus, daß diese Politik in Milwaukee nur möglich war durch die enge Zusammenarbeit von Partei und AFL-Gewerkschaften und daß durch die Gründung des CIO – also der Verwirklichung der alten sozialdemokratischen Forderung nach industrieller Organisation der Arbeiterschaft in den Betrieben – genau diese wesentliche Voraussetzung erfolgreicher Kommunalpolitik in einer Gemeinde zerstört wurde.[611]

*

Am Schluß dieses Kapitels soll die einleitend gestellte Frage wieder aufgenommen und die Ergebnisse der Darstellung zusammengefaßt werden. Dabei beschränken wir uns zunächst auf die Rolle der Sozialistischen Partei in den dreißiger Jahren und diskutieren nicht die Frage Sombarts, warum es in den Vereinigten Staaten keinen Sozialismus gebe. Aus verschiedensten Gründen scheiterte die amerikanische Sozialdemokratie, zu einer auf den Gewerkschaften basierenden Massenbewegung zu werden:

1. Der Sog des New Deal mit seiner Arbeits- und Sozialgesetzgebung war so stark, daß er wirtschaftlich und sozial Unzufriedene, potentielle Wähler von Norman Thomas, von der Sozialistischen Partei abzog und in die Demokratische Partei und das bestehende politische und gesellschaftliche System integrierte. Namentlich auf die sozialdemokratischen Gewerkschaftsführer wirkten die Reformmaßnahmen des New Deal anziehend.
2. Die Sozialistische Partei hatte in den Gewerkschaften keine feste und breite Basis, sondern lediglich in wenigen Gewerkschaften einige Hochburgen. Dort, wo lokal wie in Milwaukee eine enge Kooperation von Partei und AFL-Gewerkschaften stattfand,

wurde sie durch die Gründung des CIO und das Bekenntnis der Sozialisten für die Industriegewerkschaften zerstört. Hinzu kam, daß – besonders 1932, aber auch noch in den folgenden Jahren – die Sozialdemokratie sich in ihrer Praxis stärker am Bildungsbürgertum als an den Gewerkschaften orientierte.

3. In den Gewerkschaften und in den Gemeinden, in denen die Sozialistische Partei über Einfluß verfügte, basierte dieser überwiegend auf der spezifischen ethnischen Zusammensetzung der Gewerkschaftsmitglieder oder der Bevölkerung. Die Sozialdemokratie war gleichsam eine europäische Einfuhrware.
4. In den CIO-Gewerkschaften wurden Sozialisten als Fachleute der Organisationspraxis herangezogen. Ihre eigene prinzipielle Präferenz für Industriegewerkschaften war der Mitarbeit im CIO förderlich. Die Sozialisten zerbrachen jedoch an dem Loyalitätskonflikt zwischen Partei und Gewerkschaft, so daß in keinem CIO-Verband eine sozialdemokratische Fraktion auf Dauer institutionalisiert werden konnte. Schließlich schöpften die politischen Organe des CIO, die LNPL und die ALP, das letzte Wählerpotential der Sozialisten ab.
5. Fraktionskämpfe trugen erheblich zum Niedergang der Partei und zu ihrem Unvermögen, in den Industriegewerkschaften des CIO als Fraktion Fuß zu fassen, erheblich bei. Sie beschleunigten den Abfall der Textilgewerkschaften von der informellen bis 1936 praktizierten Kooperation mit den Sozialisten.
6. Das etablierte Zwei-Parteien-System und das entsprechende Wahlrecht in den Einzelstaaten errichtete innerhalb des politischen Systems eine Barriere, die es vielen Anhängern von Norman Thomas unmöglich machte, seine Partei zu wählen.
7. Ein weiterer Faktor kommt hinzu, der in unserer Untersuchung bewußt fast völlig außer acht gelassen worden ist. Daniel Bell hat argumentiert, daß die amerikanische marxistische Linke (zu der er auch die Sozialistische Partei rechnet) vor allem an ihren ideologischen Scheuklappen gescheitert sei, daß sie "in the world, but not of it" gewesen sei.[612] Es ist offenkundig, daß in den ersten fünf von uns genannten Punkten dieses Element eingeflossen ist, doch ist dieser ideologische Faktor von Bell unbegründet überbetont worden. Wir werden darauf im Schlußkapitel zurückkommen.

Die Sozialistische Partei Amerikas bot – selbst wenn sie konzeptionell dazu in der Lage gewesen wäre – von ihrer Organisationspraxis, von ihrem politischen Einfluß im amerikanischen Regierungssystem und von ihrer Rolle in den CIO-Gewerkschaften her keine gesellschaftspolitische Alternative, die eine Chance auf Verwirklichung gehabt hätte.

## 2. Die Kommunisten im CIO

Die Geschichte der Kommunistischen Partei der Vereinigten Staaten (CP) ist von der historischen und sozialwissenschaftlichen Forschung relativ gut aufgearbeitet worden. Abgesehen davon, daß es für den Forscher fast unmöglich ist, bestimmte Quellen der CP zu benutzen – eine Partei, die in die Halbillegalität abgedrängt wurde, öffnet auch dem Sozialwissenschaftler nicht ihr Archiv (soweit ein solches überhaupt besteht) – können wir uns im folgenden Kapitel gleichwohl auf die Sekundärliteratur, auf unveröffentlichte Dissertationen und veröffentlichtes Quellenmaterial stützen, ohne daß die Rolle der Kommunisten im CIO dadurch verzeichnet werden müßte. Es ist selbstverständlich, daß bei einer bestimmten Gruppe von Literatur und Quellen die kritische Sonde besonders scharf angelegt werden muß: Dort nämlich, wo davon ausgegangen wird, daß es spätestens seit der bolschewistischen Revolution zu jeder Zeit und an jedem Ort eine "worldwide Communist conspiracy"[613] gegeben habe, die Geschichte der Kommunistischen Partei Amerikas also nicht mehr im Medium von Zeit (= Geschichte) und Gesellschaft analysiert, sondern als unkontrollierbare Schicksalsmacht dämonisiert wird.

Im folgenden Kapitel wird ähnlich wie im letzten verfahren: Es soll versucht werden, die Geschichte der CP mit einer Analyse der Funktion der Kommunisten im CIO bei der Integration des Industriegewerkschaftsverbandes in den Kapitalismus der Großkorporationen zu verbinden. Wiederum wird also die Frage gestellt nach der Möglichkeit gesellschaftspolitischer Alternativen im und durch den CIO, ausformuliert und organisatorisch (mit)getragen von der kommunistischen Gewerkschaftsfraktion. Wir gehen dabei davon aus (und dies wird im einzelnen belegt), daß die Geschichte des amerikanischen Kommunismus in den dreißiger und vierziger Jahren zuallererst und vor allem die Geschichte seiner Abhängigkeit von der III. Internationale bzw. von der KPdSU gewesen ist.

*

Die Kommunistische Partei Amerikas ist aus der Sozialistischen Partei hervorgegangen, die auf dem Höhepunkt ihrer Entwicklung (um 1912) durch heftige Fraktionskämpfe zwischen Revisionisten, Linksradikalen und Syndikalisten erschüttert worden ist. Der linke Flügel der Sozialisten – die spätere CP – hatte sein Schwergewicht in den Staaten Ohio, Michigan und New York und in den slawischen "Foreign Language Federations"[614], die seit 1917 von dem Beispiel der Bolschewiki und Lenins beeindruckt und in ihrer Politik z. T. bestimmt wurden.[615] Als sich im Sommer 1919 die Sozialistische Partei spaltete, standen am Anfang des amerikanischen Kommunismus zwei Organisationen, die sich 1921 zu einer Partei vereinigten. Die Geschichte der Kommunistischen Partei ist dann in den folgenden Jahren bis zu ihrer Stabilisierung Ende der zwanziger Jahre von Fraktionsauseinandersetzungen gekennzeichnet gewesen.[616]

In ihrer Gewerkschaftspolitik vertraten die Kommunisten das industrielle Organisationsprinzip, dem sie – gegen die konservativen Gewerkschaften der AFL gewendet – nachgerade mystische Kraft zusprachen, indem sie hofften, daß seine Realisierung gleichsam automatisch auch die Politisierung der Arbeiterschaft zur Folge hätte. In ihrer Gewerkschaftstaktik ossizillierten die Kommunisten zwischen zwei Polen, der Gründung eigener Organisationen außerhalb der etablierten Gewerkschaften ("dual unionism") und der Mitarbeit in den bestehenden Gewerkschaften, die mit dem Versuch verbunden wurde, die eigene Politik gleichsam durch die Hintertür einzuführen ("boring from within"). Verschiedene taktische Phasen lassen sich unterscheiden:
1. 1919–1921: Zusammenarbeit mit den Resten der Syndikalisten, den Wobblies,

mit dem Ziel, die AFL durch eine revolutionäre Gegenorganisation abzulösen; 2. 1921–1923: Eingehen einer Koalition mit den „Progressiven" Gewerkschaftern und Funktionären in der AFL; 3. 1923–1925: Aufgabe der Koalition mit den „Progressiven"; die Kommunisten geben sich in der AFL nicht zu erkennen[617]; 4. 1925–1928: Die Kommunisten geben sich in der AFL offen zu erkennen und sind dadurch ständig vom Ausschluß bedroht. Das organisatorische Instrument, das die CP in diesen vier Phasen zur Beeinflussung gewerkschaftlicher Politik anwandte, war die 1920 gegründete Trade Union Educational League (TUEL), die 1922 vorübergehend durch die mit den „Progressiven" eingegangene Koalition zu einem gewissen Einfluß in der AFL gelangte. Die TUEL wurde als Mittel benutzt, um von innen in der AFL zu „bohren"; sie war zugleich jedoch immer potentiell der Kern für eine Gegenorganisation außerhalb der AFL.[618] Abgesehen von dem vorübergehenden Erfolg im Jahr 1922 blieben die Kommunisten in den lokalen Betriebsgewerkschafts-organisationen ebenso isoliert wie in den nationalen Verbänden. Auch die Hoffnung, die Textilgewerkschaften, in denen viele osteuropäische Einwanderer organisiert waren und die häufig aus den "Foreign Language Federations" der Sozialistischen Partei kamen, dominieren zu können, schlugen fehl: Bei den Hutmachern und den ACWA wurden die Kommunisten von allen Funktionen ausgeschlossen, und in der ILGWU unterlag im Machtkampf um den Distrikt New York City die CP dem sozialdemokratischen Bundesvorstand der Gewerkschaft.

1928 revidierte die III. Internationale die Parteilinie gegenüber den Gewerkschaften. Hatte bis zu diesem Zeitpunkt die CP zumindest verbal gegen jede Art des "dual unionism" opponiert, so wurde das Ruder jetzt um 180 Grad beigedreht.[619] Die TUEL mußte sich als Gewerkschaftsbund gegen die AFL konstituieren: Sie wurde im August 1929 in die "Trade Union Unity League" (TUUL) umgewandelt. Ihr Ziel war die industrielle Organisierung der bis dahin fast völlig gewerkschaftsfreien Auto-, Stahl- und Erdölindustrie, ferner des Bergbaus, der Textilindustrie und des Transportwesens. Doch den Kommunisten gelang es auch jetzt nicht, in auch nur einer Industrie eine stabile Organisation aufzubauen, sie gerieten vielmehr noch weiter in die Isolierung. Schwere Streikniederlagen mußten im Bergbau und in Textilfabriken hingenommen werden.[620]

Einen wenigstens kurzfristigen Erfolg hatte die Kommunistische Partei in der Weltwirtschaftskrise dabei, Arbeitslose in "Unemployed Councils" (Arbeitslosenräten) zusammenzufassen, die 1930/31 eng mit der TUUL kooperierten. Diese "Councils" agitierten für die Einführung einer nationalen Arbeitslosenversicherung, und in den Kommunen warben sie für die Erweiterung sozialer Hilfs- und Arbeitsbeschaffungsprogramme. So geschickt die Arbeit der "Councils" mit den unmittelbaren materiellen Interessen der in der Weltwirtschaftskrise in Not geratenen verbunden war, so schlug auch bei ihnen 1932 die allgemeine Resignation durch, und sie brachen auseinander.[621] Gleichwohl nahm unter den Bedingungen der Großen Depression die Mitglieder- und Wählerzahl der CP zu: 1930 hatte die Partei 7.500 Mitglieder, 1932 12.936 und 1933 16.814; 1928 stimmten für den kommunistischen Präsidentschaftskandidaten 44.748 Wähler, 1932 100.990. In ihrer Gewerkschaftspolitik war die Kommunistische Partei in der Wirtschaftskrise – wie, trotz schwankender Taktik, auch vorher in den zwanziger Jahren – dann (wenn auch selten und lokal begrenzt) erfolgreich, wenn sie ihre politischen Ziele hintanstellte und die unmittelbaren, konkreten „Brot- und Butterinteressen" der

Gewerkschaftsmitglieder aggressiv gegenüber den Unternehmern vertrat.[622] Dies ist ein Phänomen, das uns in den dreißiger und vierziger Jahren wieder begegnen wird und das bis heute dort anzutreffen ist, wo es Kommunisten gelungen ist, ihre Gewerkschaftsfunktionen zu behaupten.

Um die Politik der CP in den dreißiger Jahren und ihre Haltung gegenüber New Deal und Gewerkschaften verstehen zu können, muß eine weitere taktische Schwenkung der III. Internationale in die Betrachtung einbezogen werden: Waren bis 1935 Theorie und Praxis der Partei auf Konfrontation und namentlich auf scharfe Abgrenzung von den Sozialisten (die als „Sozialimperialisten" diffamiert wurden) angelegt, so verfolgte nach der Machtübernahme der Nationalsozialisten in Deutschland die III. Internationale eine sogenannte Volksfrontpolitik. Dieser Kurswechsel deutete sich in den Vereinigten Staaten zuerst durch ein Einheitsangebot an die Sozialisten an, wurde fortgesetzt mit der Forderung nach Aufstellung von "Farmer-Labor"-Kandidaten für die Wahlen von 1936 und fand ihren Höhepunkt darin, daß die CP mehr oder weniger offen im Wahlkampf F. D. Roosevelt unterstützte, obwohl sie ihren eigenen Vertreter für die Präsidentschaft ins Rennen geschickt hatte. Nach dem überwältigenden Wahlsieg Roosevelts überschlug sich die Kommunistische Partei nachgerade in ihrem Bemühen, mit der Popularität des New Deal und des amerikanischen Präsidenten Schritt zu halten: ". . . the Popular Front now *was* the Democratic Party."[623] Zum ersten Mal in der amerikanischen Geschichte gewannen die Kommunisten in den Augen der Öffentlichkeit einen Hauch Respektabilität.[624] Es gelang ihnen, verschiedene Organisationen (sogenannte „Front"organisationen) unter ihre Kontrolle zu bringen und dadurch – wenn auch indirekt – Massenanhang zu gewinnen. Zu diesen gehörten der von Eleanor Roosevelt mit unterstützte American Youth Congress, der National Negro Congress und die American League Against War and Fascism.[625]

Der Wechsel von der Konfrontation zur Volksfront schlug sich auch in der Beurteilung des New Deal nieder. Zunächst galt die Reorganisation des amerikanischen Kapitalismus nur als Beitrag zur Faschisierung Amerikas[626], der NIRA als ein Sklaven-Programm für die Arbeiterschaft. Am 1. Mai 1935 nannte der "Daily Worker" den Wagner Act noch eine Anti-Streik-Maßnahme. Kurz darauf jedoch sickerte der neue Kurs auch bis in die Redaktionsstuben durch, und der NLRA und der Social Security Act wurden in höchsten Tönen gefeiert. Die kommunistische Kritik am New Deal war in den Jahren 1937–1939 nur noch äußerst vorsichtig und verdeckt und wurde nur dann laut, wenn z. B. die Mittel für Hilfsprogramme gestrichen oder gekürzt wurden. Sie wurde durch den überschäumenden Patriotismus der Kommunisten verborgen, die die Parole "Communism Is Twentieth Century Americanism" ausgaben und die Washington, Jefferson und Lincoln zu ihren Helden erklärten. Zu Beginn des Jahres 1939 begann die CP, für eine dritte Amtszeit Roosevelts zu werben. So trug die kommunistische Parteiführung selbst dazu bei, daß die Grenzen ihrer Organisation sich öffneten und verwischt wurden, daß – in den Worten Earl Browders, des damaligen Parteivorsitzenden – der New Deal den Kommunisten schließlich den Boden unter den Füßen wegzog.[627] Zwar gewann die CP in der Zeit der Volksfronttaktik ständig neue Genossen, doch war die Mitgliederfluktuation sehr groß: Die Zahl der eingeschriebenen Mitglieder stieg von 1936–1938 von 40.000 auf 75.000. Zu denen, die jetzt in die Kommunistische Partei strömten, gehörten (ähnlich wie bei der Sozialistischen Partei vor 1936) die Intellektuellen. Doch bei diesen war die Fluktuation besonders groß, da sie durch den rigiden Zentralismus innerhalb der Organisation wie durch die Moskauer Prozesse und die Liquidierung der Alt-Bolschewiki abgestoßen wurden.[628] Die CP konnte in mehrere New-Deal-Behörden ihre Mitglieder schleusen, so u. a. in die Büros des National Labor Relations Board, dessen CIO-freundliche Entscheidungen in den ersten Jahren seines Bestehens mit auf diese personellen Gründe zurückzuführen sind.[629] Das Eindringen der Kommunisten in die American Labor Party in New York ist ebenso im Zusammenhang mit der Volksfrontpolitik[630] zu sehen wie die kommunistische Forderung nach Bildung einer allumfassenden Farmer-Labor-Party. Am Ende der Volksfrontperiode verfügte die CP über z. T. beträchtlichen Einfluß in der Jugendbewegung, in einigen Negerorganisationen, bei Intellektuellen und namentlich in einigen Industriegewerkschaften.

Am Beginn des New Deal verfolgte die Kommunistische Partei noch ihre Taktik des "dual unionism". Zwar stieg unter dem NIRA auch die Mitgliederzahl der in der TUUL vereinigten Gewerkschaften leicht an[631], doch gelang es den Kommunisten zu keiner Zeit, eine feste Verbindung zu den eben von der AFL organisierten Arbeitern herzustellen und so ihre Isolierung zu durchbrechen. Aus diesem Grunde kündigte sich die Volksfronttaktik in der kommunistischen Gewerkschaftspolitik schon relativ frühzeitig an, indem von den Kommunisten die Bedeutung der Arbeit in den AFL-Verbänden wieder stärker betont wurde[632]: Die Parteimitglieder wurden aufgefordert, in den etablierten Gewerkschaften Zellen zu bilden und die in diese strömenden Arbeiter kommunistisch zu erziehen.[633] Die Konturen der neuen Volksfrontlinie wurden seit dem Frühjahr 1934 immer deutlicher, im November 1934 war die Kursschwenkung vollzogen und im März 1935 wurde die TUUL als Instrument des "dual unionism" aufgelöst. Gerade in einer Zeit also, in der die amerikanischen Arbeiter, veranlaßt durch die wirtschaftlichen und sozialen Bedingungen der Weltwirtschaftskrise, bis zu einem gewissen Grade radikalisiert worden waren und unter dem Schutz des NIRA in die AFL-Gewerkschaften strömten, hatte die CP außerhalb und gegen die etablierten Organisationen operiert. Es ist fraglich, ob die Kommunisten erfolgreicher gewesen wären, wenn sie die Radikalisierung der Arbeiterschaft in den schon bestehenden Gewerkschaften – also mit einer Politik des "boring from within" – ausgenutzt und vorangetrieben hätten. Gleichwohl läßt sich sagen, daß durch "dual unionism" die Isolierung der Kommunisten in der Gewerkschaftsbewegung zementiert worden war, die CP sich in ihr selbstgewähltes Ghetto eingeschlossen hatte.

Die Voraussetzungen für einen Erfolg der Volksfrontpolitik in den Gewerkschaften schienen jedenfalls günstiger als die Konfrontationstaktik. Die etablierten Gewerkschaften befürchteten genau dies, und so warnten schon im November 1934 die AFL und die UMW vor den Gefahren des "boring from within" für ihre Organisationen.[634] Die Kommunisten traten zu dieser Zeit in die AFL-Gewerkschaften ein. Sie begrüßten die harte Auseinandersetzung um das industrielle Organisationsprinzip auf dem AFL-Kongreß 1935 und unterstützten die „Progressiven" um John L. Lewis.[635] Dabei beschworen sie wiederholt die institutionelle Einheit der AFL.[636] Earl Browder warnte bis in den Dezember 1936 vor dem Risiko des "dual unionism", vor einer Taktik mit der die CP gerade Schiffbruch erlitten hatte. Bis in die "take-off"-Phase des CIO hielt die CP prinzipiell an der Gewerkschaftseinheit fest und kritisierte den CIO als Gewerkschaftsspalter. Gerade als die Kommunisten in die AFL zurückkehrten, zog der CIO aus dem Gewerkschaftsbund aus und verwirklichte jene Forderung nach industrieller Organisation der Arbeiter in den Massengüterindustrien, deren Realisierung die Kommunistische Partei bis dahin vergeblich angestrebt hatte. Ganz offensichtlich schätzte die CP die Situation in den Betrieben und die Militanz der Arbeiterschaft falsch ein: Entgegen der vorsichtigen Taktik der Parteizentrale wurden in den spontanen Streiks und in den neuen Industriegewerkschaften kommunistische Funktionäre in Führungspositionen geschwemmt. Erst im Mai 1937 folgte die CP offiziell der Massenbewegung, die über ihr zusammenzuschlagen drohte: Sie entschied sich erst jetzt eindeutig für den CIO. Anhänger der kommunistischen Parteilinie wie Harry Bridges (Pacific Maritime Federation), Michael Quill (Transport Workers Union)[637] und Ben Gold (Gewerkschaft der Lederarbeiter) traten daraufhin dem neuen Industriegewerkschaftsbund bei. Doch hatten die Kommunisten ihre CIO-Hochburgen nicht in diesen bereits von ihnen kontrollierten Gewerkschaften, sondern ihre Stärke wuchs in der industriellen Organisationsbewegung selbst. Hatte John L. Lewis gleich bei Gründung des CIO ehemalige Sozialisten wie John Brophy, Adolf Germer u. a. eingestellt, so holte er sich wegen ihrer großen Organisationserfahrung bald Kommunisten als hauptamtliche Sekretäre in den CIO. Diese zogen dann ihre Genossen in die jeweiligen Gewerkschaften und besonders auf die mittlere Funktionärsebene nach. Die CIO-Führung akzeptierte die Kommunisten wegen ihres hervorragenden Geschicks, Unorganisierte zu organisieren und den gewerkschaftlichen Apparat zu handhaben. Die Gewerkschaftsmitglieder in den Betrieben ("rank and file") unterstützten die Kommunisten, weil sie die aggressivsten und konsequentesten Vertreter ihrer unmittelbaren materiellen Interessen – Steigerung der Löhne, Verbesserung der Arbeitsbedingungen usw. – waren.[638] John L. Lewis war fest davon überzeugt, daß er die Kommunisten im CIO immer unter seiner Kontrolle halten würde[639], so wie sie in seiner Gewerkschaft, dem Bergarbeiterverband, immer einflußlos geblieben waren.[640] Er unterschätzte dabei die innerparteiliche Disziplin und Organisationspraxis der Kommunisten, die sehr schnell zu stärksten und rigidesten Fraktion im CIO wurden.[641]

Im Frühsommer 1939, am Ende der Volksfrontperiode, hatte die CP den Höhepunkt ihres Einflusses im CIO erreicht. Sie kontrollierte etwa 12–15 der 40 Gewerkschaften des CIO, darunter die United Electrical Workers; die State, County and Municipal Workers; die Mine, Mill and Smelter Workers; die International Longshoremen's and Warehousemen's Union; und die Fur and Leather Workers' Union.[642] In anderen Gewerkschaften – wie bei den Automobilarbeitern – bildeten Kommunisten eine starke Fraktion.[643] Hingegen konnten die Kommunisten in mehreren Organisationen überhaupt nicht Fuß fassen, wie bei den UMW oder den ACWA, bei denen Hillman Kommunisten nach wie vor nicht zu Funktionen zuließ. Im Steel Workers Organizing Committee (SWOC), den späteren United Steel Workers of America, nutzte der Vorsitzende Philip Murray in der ersten Phase das Organisationstalent von sechzig kommunistischen Funktionären aus, entließ sie aber wieder, als er – aus katholischen Gewerkschaftern – einen ihm völlig hörigen Apparat aufbaute.[644]

Fragt man nach den Ursachen des kommunistischen Erfolges im CIO, so müssen mehrere Gründen genannt werden.

1. Die CP hatte immer die gewerkschaftliche Organisation der Arbeiter auf industrieller Basis angestrebt und verfügte deshalb in den Massengüterindustrien über ein Funktionärreservoir, das – nach vorübergehendem Zögern, als die Einheit der AFL bewahrt werden sollte – für den CIO mobilisiert werden konnte.
2. John L. Lewis griff auf dieses Potential bewußt zurück. Zu seinen engsten Beratern im CIO gehörten Kommunisten oder solche, die der Kommunistischen Parteilinie folgten, darunter Len de Caux als Chefredakteur der "CIO-News" und der Syndikus des CIO, Lee Pressman.
3. Die Kommunisten verfügten in hervorragender Weise über die organisatorischen Fähigkeiten, die für den Aufbau der Industriegewerkschaften dringend benötigt wurden. Man war auf sie in der täglichen Kleinarbeit so angewiesen, daß sie sich vorübergehend während der Jahre 1937/38 in den Betrieben offen als Kommunisten bekennen konnten.
4. Die Kommunisten waren in einigen Gewerkschaften besonders erfolgreich, in denen Angestellte und Intellektuelle organisiert wurden: Die Volksfronttaktik war gerade für diese sozialen Gruppen attraktiv.
5. Die Kommunisten schleusten in die Gewerkschaften und Betriebe jene Arbeiter, mit denen sie auf dem Höhepunkt der Weltwirtschaftskrise schon in den Arbeitslosenräten zusammengearbeitet hatten.
6. Die CP verstand es, junge militante Arbeiter, die die Träger der Sit-Down-Streiks in mehreren Industrien gewesen waren, durch ihr aggressives Auftreten gegenüber dem Management und in Tarifverhandlungen an sich zu binden.[645]
7. Bis 1941 trat die Kommunistische Partei nicht nur verbal, sondern auch in der Praxis für die völlige Gleichberechtigung der Neger in Betrieb und Gewerkschaft ein. Sie unterstützte u. a. schwarze Kandidaten bei Gewerkschaftswahlen.[646] Der Erfolg war, daß – ähnlich wie die Militanten – auch Schwarze an die Partei gebunden wurden.
8. Die kommunistischen Funktionäre vertraten die traditionellen Gewerkschaftsziele – neben Lohnerhöhungen und Verbesserung der Arbeitsbedingungen die tarifliche Verankerung der grievance procedure, der Seniorität und zusätzlicher Sozialleistungen – am konsequentesten und erfolgreichsten gegenüber den Unternehmern. Sie unterschieden sich höchstens in ihrer Militanz (und dies wurde von den Arbeitnehmern positiv bewertet), nicht aber in ihrer Zielrichtung von anderen Gewerkschaftsfunktionären. Anders formuliert: Die CP operierte innerhalb des vorgegebenen kapitalistischen Bezugsrahmens, sie strebte – wie andere Gruppen im CIO auch – den Abschluß von Tarifverträgen an und akzeptierten dadurch das System der Arbeitsbeziehungen. Kommunistische Aggressivität und Militanz bei Organisationsstreiks und Tarifverhandlungen beschleunigten letztlich die Integration in den Kapitalismus der Großkorporationen.
9. Die Volksfrontpolitik trug erheblich zum kommunistischen Erfolg bei, da sie eine konziliante Haltung nach außen gegenüber dem New Deal und Roosevelt und nach innen im Betrieb die Durchsetzung traditioneller „Brot- und Butter"interessen der Arbeiter ermöglichte: Beides brachte den Kommunisten die Sympathien der CIO-Mitglieder ein.
10. Indem die Kommunistische Partei im Zuge ihrer Volksfrontpolitik Präsident Roose-

velt und den New Deal unterstützte, befand sie sich in Übereinstimmung mit der Mehrheit der gewerkschaftlich organisierten Industriearbeiter und der Politik des CIO. Anders als die Sozialisten rannten die Kommunisten nicht gegen die politischen Organe des CIO, die LNPL und die ALP an, sondern arbeiteten in ihnen mit.

*

Durch den Abschluß des Hitler-Stalin-Paktes brach die Volksfront, an der die CP vier Jahre lang mühevoll gebaut hatte, auseinander. Die amerikanischen Kommunisten wurden von dem deutsch-sowjetischen Abkommen völlig überrascht: Noch kurz zuvor hatte Earl Browder entsprechende Gerüchte als antikommunistische Propaganda bezeichnet und erklärt, eher würde er zum Präsidenten der Vereinigten Staaten gewählt, als daß Nationalsozialisten und sowjetische Kommunisten sich einigen könnten. Die CP warf ihr Ruder im Sommer 1939 wieder einmal auf Weisung Moskaus um 180 Grad herum: Es hieß jetzt, der europäische Krieg sei ein Konflikt zwischen imperialistischen Mächten, aus dem sich die USA herauszuhalten hätten. Die anti-englischen Töne wurden in der Propaganda lauter als die gegen Deutschland gerichteten anti-faschistischen. Die Parole lautete: "Keep America Out of War" und "The Yanks Are Not Coming" – ein de-facto Bündnis mit den amerikanischen Isolationisten entstand.[647] F. D. Roosevelt, den man eben noch zur Kandidatur für eine dritte Amtszeit gedrängt hatte, wurde als Interventionist und ärgster Feind des Volkes gebrandmarkt. Viele Intellektuelle und auch einige Gewerkschaftsführer[648] verließen jetzt angewidert die CP oder die von ihr vertretene politische Linie.[649]

Die Stärke und der Einfluß der Kommunisten in den CIO-Gewerkschaften wurde von dem Kurswechsel gleichwohl fast überhaupt nicht berührt. Dies lag nicht allein daran, daß die CP hier organisatorisch fest verankert war, sondern vor allem daran, daß der außenpolitisch bedingte und begründete Kurswechsel die materiellen Interessen der Arbeitnehmer in den Tarifeinheiten, in denen kommunistische Gewerkschaftsfunktionäre arbeiteten, nicht betraf: Außenpolitische Probleme spielten für die organisierten Arbeiter an der gewerkschaftlichen Basis keine Rolle, Löhne und Arbeitsbedingungen wurden durch die Außenpolitik (jedenfalls im Verständnis der "rank and file") nicht betroffen. Die Kommunisten erweiterten ihren Machtbereich bis zum Sommer 1941 sogar in einigen CIO-Gewerkschaften, da sie noch militanter als vor Abschluß des Hitler-Stalin-Paktes auftraten. Diese zusätzliche Militanz war für die Kommunisten, die dem Interesse der Sowjetunion in dieser Situation folgten, eindeutig außenpolitisch motiviert, fiel aber mit den konkreten materiellen Interessen der Gewerkschaftsmitglieder (die sich allein von diesen leiten ließen) zusammen.[650] Die neue kommunistische Taktik läßt sich am besten daran demonstrieren, daß die CP Streiks in den Rüstungsindustrien mit größtem Aufwand unterstützte: So z. B. in der Panzerproduktion bei Allis-Chalmers in Milwaukee und im Flugzeugbau bei North American Aviation in Inglewood, Kalifornien. Der Streik bei North American Aviation begann am 5. Juni 1941 spontan und wurde dann von der CP systematisch geschürt. Ein Schlichtungsversuch durch den National Defense Mediation Board und den Bundesvorstand des Automobilarbeiterverbandes UAW scheiterte. Daraufhin übernahm auf Befehl von Präsident Roosevelt und unter Einverständnis von Sidney Hillman und Richard Frankensteen[651] die Armee die Fabrik, und die Produktion wurde wieder voll aufgenommen. William Foster, der Gewerkschaftsexperte der Kommunistischen Partei, griff daraufhin den Präsidenten als Arbeiterverräter öffentlich an und legte eine entsprechende Resolution dem Zentralkomitee seiner Partei vor – fünf Tage später fielen die deutschen Truppen in die Sowjetunion ein, die Resolution wurde nie abgestimmt.[652]

Bis zu diesem Tag wurde John L. Lewis, dessen Gewerkschaft eine isolationistische Außenpolitik vertrat, von den Kommunisten zu ihrem Helden emporstilisiert[653], und sie hatten auf dem CIO-Kongreß 1940 unter den Delegierten dafür geworben, den Bergarbeiterpräsidenten – trotz seines öffentlich gegebenen Wortes, im Fall der Wiederwahl Roosevelts als Vorsitzender des CIO zurückzutreten – zu einer erneuten Kandidatur zu bewegen.[654] Die Negativ-Figur für die Kommunisten war in den zwei Jahren von 1939–1941 Sidney Hillman, der in der Roosevelt-Administration an der amerikanischen Aufrüstung und den Waffenlieferungen für Großbritannien mitarbeitete.

Obwohl die Kommunistische Partei durch den Hitler-Stalin-Pakt intellektuelle Mitglieder und Anhänger verlor, wurde sie dadurch wenig in ihrer Position in den CIO-Gewerkschaften bedroht[655], sie gewann z. T. sogar noch Terrain. Die deutsche Invasion in die UdSSR am 22. Juni 1941 brachte – erneut außenpolitisch bedingt – wiederum eine Umkehr der Parteilinie. Den amerikanischen Kommunisten kam es jetzt darauf an, der bedrohten Sowjetunion mit allen Mitteln zu Hilfe zu eilen. Von einem Tag auf den anderen schaltete die CP von Isolationismus auf Interventionismus um.[656] Bald agitierte sie für den Eintritt der USA in den Krieg, später für die Errichtung einer zweiten Front in Europa. Innenpolitisch versuchten die Kommunisten, die Volksfront der Jahre 1935–1939 zu restaurieren. Von der Forderung nach „totaler Mobilisation" der Nation ging die Partei schließlich bis zur Selbstaufgabe der eigenen Organisation. In den Betrieben, so hieß es jetzt in der Propaganda, müßten die Produktionsschlachten ("battle of production") siegreich geschlagen werden. Wie ernst der CP diese Parolen waren, zeigte sich sehr schnell in ihrer Gewerkschaftspolitik. Sie lehnte nicht nur Streiks in der Rüstungsindustrie, sondern prinzipiell ab, während die meisten nichtkommunistischen Gewerkschaften im Krieg immerhin noch mit der Streikdrohung Druck bei Tarifverhandlungen auszuüben suchten. In den Industrien, in denen Kommunisten die Gewerkschaften kontrollierten, gab es vom Juli 1941 bis zum Kriegsende die – verglichen mit den anderen Bereichen der Wirtschaft – wenigsten Streiktage. Die CP ging noch einen Schritt weiter: Sie forderte, wo dies möglich war, die Einführung von Stücklöhnen und Akkordarbeit. Sie trat außerdem für ein Gesetz ein, durch das jeder Amerikaner dienstverpflichtet werden konnte. Jeder militante Gewerkschafter wurde heftig bekämpft, so Walter Reuther, als er Verständnis für einen Bergarbeiterstreik äußerte. Die Kommunisten wurden zu den größten Streikbrechern des Landes: z. B. mißachtete die Schauerleute-Gewerkschaft von Harry Bridges die Streikposten, die "picket line"[657], anderer Gewerkschaften.[658] Seit dem Frühjahr 1943 propagierte Earl Browder immer vehementer Stücklohn und Akkordarbeit. Als daraufhin George Addes, der der kommunistischen Parteilinie strikt folgte und im Vorstand der UAW saß, den Stücklohn für die Automobilindustrie entgegen aller gewerkschaftlichen Tradition vorschlug, erhob sich gegen ihn sowohl in den Betrieben als auch unter den UAW-Funktionären eine starke Opposition. Sein Vorschlag wurde im Oktober 1943 mit 2/3-Mehrheit niedergestimmt.[659] Die Kommunisten wandten sich im Zuge dieser Politik gegen den von A. Philip Randolph geführten Marsch schwarzer Arbeiter auf Washington, durch den gleiche Arbeits- und Lohnbedingungen für Neger durchgesetzt werden sollten. Sie befürchteten dadurch eine Gefährdung kontinuierlicher Produktion in kriegswichtigen Industrien. Die Partei beendete auch ihre gewerkschaftliche Organisationsarbeit im Süden und unterstützte bestenfalls noch verbal die emanzipatorischen Bestrebungen der Neger: Alles wurde unterlassen, was die kontinuierliche und effiziente Produktion hätte gefährden können.[660] Zum Kriegsende gingen einige kommunistische Führer sogar so weit, daß sie gegen Streiks auch in Friedenszeiten plädierten, und Browder erklärte wiederholt, man müsse den Unternehmern u. U. Profite aufzwingen, nur damit sie mehr und schneller produzierten.[661] Entsprechend dieses Produktionsfetischismus, der allein durch die außenpolitische Lage der Sowjetunion motiviert war, verteufelte die CP jetzt John L. Lewis, der auch während des Krieges die „Brot und Butter"interessen seiner Gewerkschaftsmitglieder vertrat und 1943 zur Erzwingung höherer Löhne – verständlich unter den Bedingungen der Kriegsinflation – einen Bergarbeiterstreik ausgerufen hatte.[662] Umgekehrt wurde Sidney Hillman von den Kommunisten nunmehr als vorbildlicher Gewerkschaftsführer hingestellt, der dazu beigetragen habe, die amerikanische Waffenproduktion zu steigern und der zudem durch das Political Action Committee Präsident Roosevelt (wie schon in der Volksfrontpolitik 1935–1939 auch während des Krieges in der kommunistischen Propaganda als „demokratischer Gigant" gefeiert) politisch absichern würde.

Ziehen wir die Summe der kommunistischen Politik in Gewerkschaften und Betrieben während des Weltkrieges, so wird eins deutlich: Durch die Betonung der Priorität von effizienter und kontinuierlicher Produktion fügte sie sich nicht nur in den Kapitalismus der Großkorporationen ein, sondern beschleunigte die Integration des CIO in das System der Arbeitsbeziehungen. Die Kommunisten offerierten in dieser Zeit nicht einmal verbal eine gesellschaftspolitische Alternative. Sie vertraten zuweilen konsequenter die Interessen der Unternehmer als diese selbst. Es überrascht daher auch nicht, daß sie die baldige Wiedervereinigung von AFL und CIO forderten und die Zusammenarbeit der geeinten Gewerkschaftsbewegung mit Unternehmern und Vertretern des Staates in einer syndikalistisch-kooperativ strukturierten Nationalökonomie verlangten. Die CP stand zudem voll und ganz hinter Philip Murrays Industrial Council Plan[663], der aus der katholischen Soziallehre entwickelt worden ist. Die Partei verzichtete ausdrücklich auf ihre sozialistischen Zielvorstellungen.[664] Es war ein konsequenter Schritt in dieser Anpassungs- und Integrationspolitik, daß die Kommunistische Partei Amerikas sich nach der Auflösung der III. Internationale im Juni 1943 im Frühjahr 1944 ebenfalls auflöste. An ihre Stelle trat die "Communist Political Association", nach eigenen Angaben eine Einrichtung politischer Bildungsarbeit zur Förderung des wissenschaftlichen Sozialismus.[665]

Der plötzliche Kurswechsel im Juni 1941 bereitete den Kommunisten in den Betrieben nur vorübergehend und beschränkt auf nur einige Gewerkschaften des CIO Schwierigkeiten. Nach dem Angriff der Japaner auf Pearl Harbor und dem offiziellen Eintritt der Vereinigten Staaten in den Weltkrieg wurden fehlende Aggressivität und Militanz bei Tarifverhandlungen und in Arbeitskämpfen durch die durch das Land rollende patriotische Welle überdeckt. Auch Nicht-Kommunisten hatten sich im CIO und in der

AFL freiwillig bereit erklärt, auf das Mittel des Streiks im Krieg zu verzichten. Und Unruhe in den Betrieben wegen steigender Preise und zurückbleibender Reallöhne richtete sich gleichermaßen gegen kommunistische und andere Gewerkschaftsführer. Auffällig war nur, daß einige Unternehmer trotz ihres verbalen Antikommunismus zuweilen bevorzugt mit kommunistischen nationalen oder lokalen Gewerkschaftsorganisationen verhandelten, in ihren Betrieben Kommunisten als Funktionäre der lokalen Gewerkschaftsorganisation den Nicht-Kommunisten vorzogen: Aufgrund ihrer organisatorischen Fähigkeiten waren die Kommunisten eher als andere Gewerkschafter in der Lage, Proteste an der Basis ("rank-and-file unrest") zu kontrollieren, Gewerkschaftsmitglieder zu disziplinieren – und genau dies lag im Interesse des am Profit orientierten Managements.[666]

*

In der Darstellung der Geschichte der Kommunistischen Partei Amerikas und ihrer Gewerkschaftspolitik im New Deal und Zweiten Weltkrieg wurde zu zeigen versucht, daß auch die Kommunisten weder konzeptionell noch organisatorisch innerhalb des CIO eine gesellschaftspolitische Alternative zur Integration in den Kapitalismus der Großkorporationen praktiziert oder auch nur offeriert, daß sie vielmehr diesen Integrationsprozeß sogar beschleunigt haben. Um unsere Analyse zu konkretisieren, wollen wir uns zwei Beispielen kommunistischer Gewerkschaftspolitik zuwenden, nämlich der größten von Kommunisten kontrollierten Industriegewerkschaft, der United Electrical, Radio and Machine Workers Union UE, und einer kommunistischen Betriebsgewerkschaftsorganisation der UAW.

In der UE arbeitete seit ihrer Gründung im März 1936 eine starke kommunistische Fraktion.[667] Die Gewerkschaft war die erste Industrieorganisation, die nicht von der AFL abgefallen, sondern durch junge, militante Arbeiter – wie ihr erster Präsident, James Carey – im Rahmen des CIO aufgebaut worden war. Der 1938 erhobene Vorwurf von Dan Fracy, einer der Führer der Facharbeitergewerkschaft International Brotherhood of Electrical Workers (AFL), die UE sei nur eine Marionette Stalins, war zunächst nur Ausdruck für den offen ausgetragenen Machtkampf zwischen zwei rivalisierenden Gewerkschaften. Er entsprach nicht der Wahrheit, da die jungen Militanten noch eindeutig die Politik der UE bestimmten. Erst nach Abschluß des Hitler-Stalin-Paktes zerbrach die Harmonie in der Gewerkschaftsführung, und ein ideologischer Konflikt brach auf. Jetzt stellte sich heraus, daß Julius Emspak (Generalsekretär und Herausgeber der "UE News") und James J. Matles (Organisationsdirektor), beide ehemalige Mitglieder der TUUL, strikt der kommunistischen Parteilinie folgten und viele ihrer Genossen in strategische Positionen (oft als Organisationssekretäre) in den Gewerkschaftsapparat nachgezogen hatten.[668] Ohne daß Carey es bemerkt hatte, war eine festgefügte kommunistische Fraktion in der Gewerkschaft aufgebaut worden. 1940 gelang es den Kommunisten erstmals, den UE-Kongreß zu dominieren. Doch war man sich zu diesem Zeitpunkt der Gewerkschaftsmitglieder in den Betrieben noch nicht völlig sicher: Deswegen unterstützten die UE-Kommunisten zwar verbal Streiks in anderen Wirtschaftsbereichen, begannen aber – trotz ihrer großen Bedeutung für die Rüstung[669] – keinen Streik in der Elektroindustrie. Erst 1941 geriet die UE in die völlige Abhängigkeit der kommunistischen Parteilinie: Albert J. Fitzgerald, ein unpolitischer und leicht zu dirigierender Katholik aus der Betriebsgewerkschaftsorganisation des General Electric Werkes in Lynn, Mass., wurde an Stelle von James Carey zum Gewerkschaftspräsidenten gewählt.[670] Auch sämtliche Distrikte der UE waren fest in der Hand der Kommunisten.[671] Die UE wurde während des Weltkrieges zu der Gewerkschaft im CIO, die ihre Mitglieder am stärksten zur Arbeit, zu Überstunden, Doppelschichten und zu effizienter Produktion antrieb, man schwor allen Streiks ab und versprach den Kampf um „totale Produktion".[672] 1943 schlug die UE in Tarifverhandlungen mit General Electric die Einführung eines Akkordlohnes vor und setzte sich für eine 15 %ige Produktionssteigerung ein[673] – ein beispielloses Verhalten für eine amerikanische Gewerkschaft. Die von Kommunisten kontrollierte UE war vor allem und allein – aus außenpolitischen Gründen, um der Sowjetunion im Kriege zu helfen – an möglichst schneller und umfangreicher Waffenproduktion interessiert, sie vernachlässigte dabei die materiellen Interessen ihrer Mitglieder. Immer wieder flackerte in den Betrieben Opposition gegen die Gewerkschaftsführung auf, der es aber letztlich gelang, durch Verbesserung der Arbeitsbedingungen, zusätzliche tarifliche Sozialleistungen und eine 15 %ige Lohnerhöhung auch eine tariflich festgelegte Produktionssteigerung gegen den Widerstand vieler Mitglieder zu erreichen. Ein Antrag auf dem UE-Kongreß 1944, der sich gegen Stücklohn und Akkordarbeit wandte, wurde abgelehnt[674], Unruhe in den Betrieben abgefangen. Zum Kriegsende prallte Fitzgerald – ganz im Sinn der kommunistischen Parteilinie – so weit vor, daß er ankündigte, auch in der Nachkriegszeit werde die UE nicht mehr streiken.[675]

Die Jahre nach 1945 verliefen anders, als Fitzgerald angekündigt hatte: Die UE war – jetzt eine mächtige Organisation mit 500.000 Mitgliedern – an der Streikwelle wie andere AFL- und CIO-Gewerkschaften beteiligt. Doch im Gegensatz zu diesen regte sich innerhalb der UE, begünstigt durch den sich verschärfenden Konflikt zwischen Ost und West, eine starke antikommunistische Opposition unter James Carey. 1949 wurde die UE als kommunistische Gewerkschaft aus dem CIO ausgeschlossen, die International Union of Electrical, Radio and Machine Workers (IUE) trat an ihre Stelle. Gleichwohl bleib die UE in vielen Tarifeinheiten exklusiver Tarifverhandlungsrepräsentant. Wie war dies trotz des jetzt offen hervorbrechenden Antikommunismus möglich? Welches waren überhaupt die Ursachen für den Erfolg der Kommunisten in der UE? Wiederum müssen mehrere Faktoren genannt werden. Zu den wichtigsten gehörten[676]:

1. Die Kommunisten hatten sich als herausragende Techniker gewerkschaftlicher Organisationspraxis in der UE durchgesetzt. Die innerparteiliche Disziplin der kommunistischen Fraktion war dabei der Spontaneität und Unerfahrenheit der jungen Militanten auf Dauer, wenn auch nicht in der Gründungsphase, überlegen.
2. Bis 1941 waren die Kommunisten bei Tarifverhandlungen und in Arbeitskämpfen die aggressivsten Funktionäre ihrer Gewerkschaft: In dieser Zeit gelang es ihnen, einen eigenen Apparat in der UE aufzubauen. Während des Weltkrieges waren die kommunistischen Gewerkschafter in der Lage, die materiellen Interessen ihrer Mitglieder noch so zu befriedigen, daß sie durch einige Zugeständnisse in Tarifverträgen, die gleichwohl die angestrebte effiziente Rüstungsproduktion nicht gefährdeten, die innergewerkschaftliche Opposition zu disziplinieren vermochten. Unruhe in den

Betrieben und an der gewerkschaftlichen Basis konnte aufgrund organisatorischer Überlegenheit unter Kontrolle gehalten werden.

Die UE unterschied sich in ihren Tarifverhandlungen nicht wesentlich von anderen Industriegewerkschaften, auch wenn sie sich in den Jahren 1941–1945 betont zurückhielt: Wie diese strebte die UE die verschiedenen Formen der union security an; die Installierung des Senioritätsprinzips und der grievance procedure; gleiche Bezahlung für Frauenarbeit und bezahlten Urlaub usw. Die Gewerkschaftsmitglieder in den Betrieben waren solange an der politischen Überzeugung ihrer Funktionäre – auch wenn sie Kommunisten waren – desinteressiert, wie sie Lohnerhöhungen und verbesserte Arbeitsbedingungen durchsetzten, also traditionelle gewerkschaftliche Interessen realisierten.[677] Kommunisten gaben sich daher in den Betrieben auch offen zu erkennen. So etwa war allgemein bekannt, daß der Vorsitzende des UE Districts von St. Louis, William Sentner, Mitglied der CP war: Er wurde in seinem Amt durch die dort in ihrer Mehrheit katholischen UE-Mitglieder immer wieder bestätigt, weil er als aggressiver und geschickter Interessenvertreter seiner Wähler bei Tarifverhandlungen bekannt war und in dieser Hinsicht der kommunistischen Parteilinie in den Jahren 1941–1945 nicht folgte.[678]

3. Die Unternehmer der Elektroindustrie bevorzugten teilweise kommunistische Gewerkschaftsführer in ihren Betrieben, weil sie dann sicher waren, daß es nicht zu spontanen Streiks kam, da die Kommunisten die gewerkschaftliche Basis unter ihrer Kontrolle hatten. Kommunisten waren zudem von 1941–1945 gerade in der UE weniger aggressivere Tarifpartner als andere.[679] Zwischen der kommunistischen Betriebsgewerkschaftsführung und dem lokalen Management der General Electric Werke in Lynn, Mass., bestand – und dies ist nur ein Beispiel unter anderen – in diesen Jahren ein enges Vertrauensverhältnis. Im gleichen Sinn rühmte Gerard Swope von General Electric die UE als "well led, the discipline good" und Julius Emspak lobte Swope als „aufgeklärten Unternehmer".[680]

   Nach dem Krieg unterstützten Unternehmer manchmal verdeckt die kommunistische Führung der UE und ihrer lokalen Betriebsgewerkschaftsorganisationen, um die gewerkschaftliche Einheit zu zerbrechen und konkurrierende Gewerkschaften – UE, IUE und IBEW – sich in ihren Betrieben zerfleischen zu lassen.

4. Die Kommunisten waren schließlich in der UE bis 1941 deswegen erfolgreich, weil sie es verstanden, die jungen Militanten an ihre Politik zu binden. Nach 1941 konnte die Opposition der Militanten gegen die arbeitsfriedliche Politik der Kommunisten durch deren organisatorische Überlegenheit abgefangen werden.

*

Es soll noch kurz ein Blick auf die Politik der kommunistisch dominierten UAW-Betriebsgewerkschaftsorganisation in der Allis-Chalmers Manufacturing Company in Milwaukee geworfen werden. Dieses UAW Local 248, das 10.000 Mitglieder in einer Tarifverhandlungseinheit gegenüber dem Unternehmer vertrat, stand seit seiner Gründung 1936 unter kommunistischer Führung. Obwohl aber die leitenden Funktionäre des Locals Mitglieder der CP waren, folgten sie nur bedingt der Parteilinie: Insofern ist das Beispiel Allis-Chalmers Co. atypisch für kommunistische Gewerkschaftspolitik, typisch hingegen für die Grenzen, die kommunistischer Politik in Betrieb und Gewerkschaft gesetzt waren.[681]

Ein entscheidender Durchbruch gelang dem UAW Local 248 bei Tarifverhandlungen in den Jahren 1937 und 1938: Die Löhne wurden erheblich angehoben und die Arbeitsbedingungen wesentlich verbessert. Seit dieser Zeit gelang keine weitere bedeutende Verbesserung des Tarifvertrages, auch nicht in den Jahren 1939–1941, als die verbalradikale Militanz des kommunistischen Präsidenten des Locals, Harold Christoffel, am vehementesten war: Trotz der vollen Unterstützung durch alle Mitglieder der Tarifeinheit gelang es nicht, die harte und unverbindliche Position des Managements bei Tarifverhandlungen aufzubrechen. Ein Streik 1940 (in Übereinstimmung mit der kommunistischen Parteilinie) brachte dem Local ebenfalls keinen Erfolg. Im Weltkrieg, in den Jahren 1941–1945, bestand die ursprüngliche Allianz zwischen Kommunisten und Militanten im UAW Local 248 fort. Dies bedeutete – und hier lag eine Abweichung zu anderen kommunistischen Locals und Gewerkschaften vor – daß für die Kommunisten im Betrieb nicht effiziente Produktion Priorität hatte, sondern traditionelle gewerkschaftliche Forderungen weiterhin so aggressiv vertreten wurden, daß die Gewerkschaftsmitglieder ihren Funktionären vorbehaltlos folgten. So lehnte das Local 1942 bei Tarifverhandlungen sowohl die Einführung des Stücklohns wie die Ausdehnung der Akkordarbeit ab. Die von der Marine (Allis-Chalmers war einer der wichtigsten Zulieferbetriebe der Navy während des Krieges) geforderte 56-Stunden-Woche für alle Beschäftigten wurde von der Gewerkschaftsleitung nicht akzeptiert. Auch in der Behandlung innerbetrieblicher Beschwerden (grievance procedure) gab es keine „weiche Welle" der kommunistischen shop stewards, sondern die Interessen der Arbeiter gegenüber dem Management wurden aggressiv vertreten. Dabei war die Zahl der kommunistischen Gewerkschaftsfunktionäre relativ klein, wenn diese sich auch durch große Aktivität auszeichneten. Die Kommunisten gaben sich zu keiner Zeit – aus Furcht vor innergewerkschaftlicher Opposition – offen zu erkennen. Die Kontinuität kommunistischer Macht im UAW Local 248 wurde lediglich dadurch sichergestellt, daß der Local-Präsident Christoffel einen wohl organisierten und stabilen Funktionärapparat aufgebaut hatte. Im übrigen aber unterschied sich das UAW Local 248 von nichtkommunistischen Betriebsgewerkschaftsorganisationen bestenfalls in Nuancen: Bei Tarifverhandlungen gab es keinerlei Unterschied, lediglich auf ein politisches Bildungsprogramm wurde im UAW Local 248 mehr Wert als üblich gelegt. Nach 1945 griff das Management von Allis-Chalmers die kommunistische Führung des Locals an, um die Stellung der Gewerkschaft zu schwächen. Zur Überraschung vieler Beobachter standen jedoch auch jetzt in der Phase des sich verschärfenden Kalten Krieges die Gewerkschaftsmitglieder geschlossen hinter ihren kommunistischen Funktionären. Dies lag nicht nur daran, daß die auf Unternehmerseite angewandte Taktik zu durchsichtig gewesen ist. Vielmehr war der Erfolg der Kommunisten im UAW Local 248 im New Deal, im Zweiten Weltkrieg und in der Nachkriegszeit darin begründet, daß sie zwar außenpolitisch der Parteilinie folgten, im Betrieb und in der Gewerkschaft aber die materiellen Interessen der Mitglieder den außenpolitischen Bedürfnissen der Kommunistischen Partei voranstellten. Zu keiner Zeit ist das Local ein „weicher" Tarifpartner gewesen. Hätten sich die Kommunisten anders verhalten, so wären sie von ihrer militanten und „Brot- und Butter"-bewußten Mitgliedschaft abgewählt worden. Am Beispiel des UAW Local 248 werden exemplarisch die Grenzen kommunistischer Gewerkschaftspolitik deutlich und das Ergebnis unserer Untersuchung der UE bestätigt: Kommunisten wurden als Gewerkschaftsführer solange akzeptiert, wie sie bessere Arbeitsbedingungen und höhere Löhne aushandelten. Kam ihnen dabei die Parteilinie in die Quere, so wäre – wie die Ansätze zu einer "rank and file"-Opposition in der UE zeigten – ihre Stellung in der Gewerkschaft gefährdet worden.

*

Es wurde gezeigt, daß die kommunistische Gewerkschaftspolitik zur Integration des CIO in den Kapitalismus der Großkorporationen beitrug. Als die kommunistisch kontrollierten Gewerkschaften 1949/50 aus dem CIO ausgeschlossen wurden, war dies ein Ergebnis der Ost-West-Konfrontation im Kalten Krieg und hatte außenpolitische Gründe. In ihrer innerbetrieblichen und gewerkschaftlichen Praxis waren die Kommunisten hingegen nicht von der Tradition der amerikanischen Gewerkschaftsbewegung abgewichen. In den Volksfrontperioden 1935–1939 und 1941–1945, in denen die CP die verbal vordem proklamierten gesellschaftsverändernden Intentionen selbst aufgab, und noch stärker in der isolationsistischen Zwischenphase 1939–1941 wurde die Entscheidungsfreiheit der Kommunisten durch einen äußeren, durch sie nur indirekt beeinflußbaren Faktor zusätzlich limitiert: den Antikommunismus und Antisozialismus in der amerikanischen Geschichte.[682] Wird die Frage nach den Möglichkeiten gesellschaftspolitischer Alternativen durch die Kommunisten im CIO gestellt, so muß dieses ideologische Element in der Gesellschaft der Vereinigten Staaten in unsere Überlegungen einbezogen werden.

Die Vehemenz des Antikommunismus in den Vereinigten Staaten ist zunächst überraschend, betrachtet man die gesellschaftliche und politische Isolierung des Linksradikalismus und die – verglichen mit anderen politischen Organisationen – auch zahlenmäßige Schwäche der CP seit ihrer Gründung.[683] Bereits hier entlarvt sich Antikommunismus in seiner ganzen Irrationalität. Die Gründe für die große Bedeutung des Antikommunismus in der amerikanischen Geschichte sind vielfältig. Doch scheint uns einiges für die These zu sprechen, daß nach Schließung der amerikanischen Frontier und mit dem Ende des Traums vom offenen Westen Antikommunismus das entstandene ideologische Vakuum weitgehend ausfüllte, er zumindest partiell an die Stelle des ideologisch überhöhten und mit der Frontierdemokratie begründeten Liberalismus trat. So wie der genuin amerikanische Liberalismus bis zum Ersten Weltkrieg eine geistige und emotionale Klammer auch und gerade für europäische Einwanderer darstellte, übernahm im Zeitalter des organisierten Kapitalismus z. T. der Antikommunismus diese gesellschaftsintegrative Funktion. Es ist daher kein Zufall, daß im Ersten Weltkrieg der Antisozialismus, der sich sowohl gegen die Sozialistische Partei[684] wie gegen die syndikalistischen Wobblies richtete, einen ersten Höhepunkt erreichte. War der Antisozialismus in den Kriegsjahren im wesentlichen spontan als Ausdruck des Deutschenhasses entflammt, so tolerierte und zuweilen förderte die Wilson-Regierung 1919/20 in der Periode des "Red Scare" aus Furcht vor dem Bolschewismus und dem Überspringen der Revolution von Europa nach Amerika die Kommunistenverfolgung, die sich oft gegen völlig unpolitische Gewerkschafter richtete. So wurden in einer Nacht (am 2. Januar 1920) 5.000 Personen wegen linksradikaler Umtriebe verhaftet.[685]

Antikommunismus blieb in den zwanziger Jahren ebenso erhalten wie in den Volksfrontperioden der kommunistischen Politik. Er wurde 1938 im Kongreß durch die Bildung des House Committee on Un-American Activities (HUAC) gleichsam institutionalisiert: Dessen Vorsitzender, der texanische Abgeordnete Martin Dies, ging davon aus, daß die Weltwirtschaftskrise das Ergebnis einer kommunistischen Verschwörung gewesen sei.[686] Das HUAC wurde bald zum eifrigsten Propagandisten des gegen den CIO gerichteten Antikommunismus. Doch war schon seit Gründung des Industriegewerkschaftsbundes der Kommunismusvorwurf gegen ihn erhoben worden: Das Gerücht wurde in Umlauf gesetzt, CIO-Kommunisten würden Frauen verschleppen, Kinder von ihren Eltern trennen[687], John L. Lewis würde Mord, Verbrechen, Kommunismus und „Un-Amerikanismus" großziehen, um ein „Sowjet-Amerika" zu schaffen.[688] Das HUAC hatte ursprünglich den Auftrag, den amerikanischen Nationalsozialismus zu untersuchen, doch beschränkte es sich bald auf die Kommunistenjagd.[689] Schon in der ersten Woche seines Bestehens brandmarkte das Komitee 680 Organisationen, 483 Zeitungen und 280 Gewerkschaftsorganisationen (darunter viele des CIO) als „kommunistisch"[690]: Die politische Zielrichtung war dabei eindeutig, sie richtete sich gegen den New Deal und den CIO. Im Sommer 1938 vernahm das Komitee den Vorsitzenden der Metallarbeiter-Abteilung der AFL, John P. Frey, als Zeugen. Dieser behauptete, der CIO werden von der CP beherrscht. Er legte eine Liste mit den Namen von 248 angeblich kommunistischen CIO-Sekretären vor und erklärte, die Sit-Down-Streiks wären auf Anweisung Moskaus vom Zaune gebrochen worden. Gleichwohl weigerte er sich, sein „Beweismaterial" zu veröffentlichen.[691] Die Zeugenaussage Freys, die eine große publizistische Verbreitung fand, war in Wirklichkeit nur einer von vielen Versuchen der AFL, die großen Organisationserfolge der CIO-Gewerkschaften in den Massengüterindustrien (und namentlich unter den Metallarbeitern, die zu organisieren Freys Aufgabe in der AFL war) zu bremsen und das frisch sprudelnde Wasser spontaner gewerkschaftlicher Militanz der Arbeiterschaft auf die eigenen Mühlen zu leiten.[692] Weitere Angriffe des HUAC auf den CIO folgten: John Brophy wurde als kommunistischer Agent denunziert[693]; Frances Perkins, die Arbeitsministerin, beschuldigt, sie begünstige Kommunisten im CIO wie Harry Bridges. Das Komitee intervenierte 1938 in den Wahlkampf von Michigan, indem in seinen Verhören die Behauptung lanciert wurde, der zur Wiederwahl anstehende Gouverneur Frank Murphy habe 1937 bei dem Sit-Down-Streik in den General Motors Werken von Flint die UAW begünstigt und sei daher – ähnlich wie Präsident Roosevelt, der dies geduldet habe – ein Kommunistenfreund.[694] Der CIO versuchte vergeblich, sich gegen die Vorwürfe zu wehren: Das Gerücht vom Kommunismus tat seine Wirkung, so daß auch noch 1944, als die CP-Funktionäre in den Betrieben als Antreiber zu effizienter Produktion fungierten, in der Öffentlichkeit die Beschuldigung, die meisten CIO-Gewerkschaften seien kommunistisch unterwandert[695], für bare Münze genommen wurde.

Der Höhepunkt der antikommunistischen Propaganda des HUAC gegen den CIO wurde 1944 erreicht, als mehrere Mitglieder des Komitees – wie sein Vorsitzender Martin Dies – befürchteten, daß sie wegen des Eingreifens des Political Action

Committee in den Wahlkampf in ihren Wahlkreisen nicht wiedergewählt werden würden, was dann auch tatsächlich geschah. Für Dies und das HUAC war das PAC nichts anderes als „eine subversive kommunistische Bewegung, die dem Kongreß der Vereinigten Staaten gewaltsam ihr totalitäres Programm aufzwingen wolle".[696] Die Angriffe des Komitees auf das PAC begannen im Januar 1944 und endeten genau am Wahltag.[697] Sidney Hillman, der Vorsitzende des PAC, werde – so erklärte das Komitee in einem offiziellen Bericht – nach der Selbstauflösung der Kommunistischen Partei an Stelle Earl Browders Führer der amerikanischen Kommunisten.[698] Die Haltlosigkeit und Absurdität aller Vorwürfe zeigte sich schon darin, daß weder Hillman noch andere prominente PAC-Funktionäre jemals vor das Komitee geladen wurden, um selbst Stellung nehmen zu können. Hillman bat daher das Justizministerium, eine Untersuchung des PAC vornehmen zu lassen: Der FBI reinigte die Organisation dann von allen Beschuldigungen des Dies-Komitees.

Die Struktur und Funktion des gegen den CIO und das PAC gerichteten Antikommunismus zeigte sich schließlich darin, daß Antikommunismus nur Teil eines Syndroms war, zu dem außerdem Fremdenhaß und Antisemitismus gehörten. In der Öffentlichkeit wirkte die von Teilen der Presse und auch einem Mitglied des Repräsentantenhauses[699] mitgetragene Flüsterpropaganda, Sidney Hillman sei ein in Litauen (der heutigen Sowjetunion!) geborener Jude, der 1905 aktiv an der kommunistischen Revolution teilgenommen habe.[700] Das gesellschaftliche Vorurteil „Antikommunismus" konnte der CIO durch Aufklärung nicht aufheben, zumal tatsächlich einige CIO-Gewerkschaften kommunistisch kontrolliert waren und dies in der Propaganda entsprechend ausgenutzt werden konnte. Viele Energien des PAC wurden darauf verwandt, den Kommunismusvorwurf zu entkräften. Wirksam war jedoch nur eins, um antikommunistische Diffamierung abzuwehren, nämlich die permanente Betonung des eigenen Patriotismus und Amerikanismus.

Betrachten wir die Funktion des Antikommunismus in der Geschichte des CIO bis 1944, so sehen wir, wie wirkungsvoll dieses Vorurteil als antigewerkschaftliche Waffe benutzt werden konnte. Zugleich wird damit der enge Spielraum erkennbar, der den Kommunisten im CIO und in der amerikanischen Gesellschaft gesetzt war: Hätten sie offen und in der Öffentlichkeit operiert, keine Volksfronttaktik verfolgt, sondern eine kommunistische Gesellschaftsalternative in Theorie und Praxis vertreten, dann hätten sie mit noch weniger Erfolg gegen die, z. T. selbst errichteten und selbst verschuldeten, Ghettomauern anrennen müssen, die sie sowieso umgaben. Anders formuliert: Abgesehen von allen anderen partei- und gewerkschaftsinternen Faktoren limitierte der Antikommunismus als von außen kommendes Element jede kommunistische Politik.

*

Über die Rolle der Kommunisten in den CIO-Gewerkschaften können folgende Folgerungen gezogen werden:

1. Die Politik der Kommunistischen Partei der Vereinigten Staaten ist in den dreißiger und vierziger Jahren nicht aufgrund der amerikanischen ökonomischen und gesell-

schaftlichen Bedingungen, sondern des außenpolitischen Bedürfnisses der Sowjetunion formuliert worden. Der Zick-Zack der Parteilinie machte die CP in der politischen Öffentlichkeit unglaubwürdig, schwächte die eigene Organisation und trug dazu bei, daß es nicht gelang, eine auf der Analyse der amerikanischen Gesellschaft basierende und Gesellschaftsveränderung intendierende Theorie zu konzipieren.

2. Die kommunistische Gewerkschaftspolitik führte die Partei entweder in die Isolierung oder beschleunigte in den Volksfrontperioden die Integration der Gewerkschaften in den Kapitalismus der Großkorporationen. 1935–1939 unterstützte die CP den New Deal, 1941–1945 trug sie zum militärischen Erfolg der Alliierten über den Faschismus bei: In diesen Jahren wurde von der Kommunistischen Partei eine gesellschaftspolitische Alternative zum Status quo nicht entwickelt, noch gar politisch in den Industriegewerkschaften umgesetzt.

   In den Betrieben wurden die Kommunisten als Gewerkschaftsfunktionäre dann akzeptiert, wenn sie die materiellen Interessen der Arbeiter, d. h. die traditionellen Ziele der amerikanischen Gewerkschaftsbewegung, vertraten: Organisierung der Nichtorganisierten, Verbesserung der Lohn- und Arbeitsbedingungen durch Tarifverträge. Damit operierte die kommunistische Fraktion im CIO – wie die Industriegewerkschaften selbst – im Rahmen des Systems der Arbeitsbeziehungen, eben im Zentrum des Kapitalismus der Großkorporationen. Wiederum motiviert durch die außenpolitischen Bedürfnisse der UdSSR wurden die Kommunisten im Zweiten Weltkrieg zu arbeitsfriedlichen Antreibern im Produktionsprozeß: Die Priorität von effizienter und kontinuierlicher Produktion beschleunigte die Einpassung des CIO in den organisierten Kapitalismus. Die CP war so zu einem systemstabilisierenden Faktor geworden.

   Aus eben diesem Grund wurden die Kommunisten auch von den Unternehmern akzeptiert, in bestimmten Situationen aus taktischen Überlegungen nichtkommunistischen Gewerkschaftler sogar vorgezogen.

3. Die Kommunisten errangen Teilerfolge in den CIO-Gewerkschaften nicht wegen ihrer politischen Auffassung, sondern als exzellente Gewerkschaftsfunktionäre. Sie waren die Techniker der Organisation. Die mit Überwindung der Weltwirtschaftskrise zunehmende Entpolitisierung der Mehrheit der Gewerkschaftsmitglieder kam ihnen dabei zugute: Das Kommunismusproblem bestand für diese solange nicht, wie sie von ihren (kommunistischen) Funktionären durch Tarifverträge „gut bedient" wurden. Weil amerikanische Gewerkschaften letztlich apolitisch und reine wirtschaftliche Interessengruppen sind, sind sie gegenüber straff organisierten Fraktionen – wie der Funktionärshierarchie der CP – besonders anfällig.

4. Antikommunismus limitierte als von außen kommender Faktor die Entscheidungsfreiheit der Kommunisten im CIO. Innergewerkschaftlich wirkte Antikommunismus in den CIO-Gewerkschaften nur beschränkt und erst unter den besonderen Bedingungen des Kalten Krieges. Der Kommunismusvorwurf gegen den CIO war so verbreitet, daß er wahllos gegen jeden Gewerkschaftsführer zu irgendeiner Zeit einmal erhoben und von den Gewerkschaftsmitgliedern daher selten übernommen worden ist.

Unsere Analyse ergibt, daß trotz begrenzter Erfolge der Kommunistischen Partei der Vereinigten Staaten sie zu keiner Zeit die Politik des CIO bestimmte, sondern zu seiner Integration in den Kapitalismus der Großkorporationen beitrug.

## 3. Die Association of Catholic Trade Unionists

Im folgenden Kapitel wollen wir uns mit einer Gruppe in der amerikanischen Gewerkschaftsbewegung im ausgehenden New Deal und im Zweiten Weltkrieg befassen, die sich selbst nicht als politische Fraktion verstanden hat und die – gemessen an der Zahl ihrer eingeschriebenen Mitglieder – immer relativ unbedeutend geblieben ist: Die Association of Catholic Trade Unionists (ACTU). Gleichwohl hat die ACTU in den Gewerkschaften und besonders im CIO eine zentrale politische und innerverbandliche Rolle gespielt, die bereits bei oberflächlicher Betrachtung aus der großen Zahl der Katholiken in der Arbeiterschaft – und hier überproportional unter den Ungelernten und Angelernten in den Massengüterindustrien, der Organisationsdomäne des CIO – und aus der Bedeutung der katholischen Soziallehre für die Gewerkschaftspolitik erhellt. Wird die Frage nach dem Scheitern von auf Gesellschaftsveränderung angelegten Ansätzen im CIO und nach der Integration des Industriegewerkschaftsbundes in den Kapitalismus der Großkorporationen gestellt, so muß genau dies berücksichtigt werden: Die Funktion der ACTU und der katholischen Soziallehre in den Entscheidungsprozessen des CIO während des New Deal und Zweiten Weltkrieges.

*

Der Anteil der Katholiken an der amerikanischen Bevölkerung betrug 1940 18 Prozent, etwa 24 Millionen.[701] Sozial waren die Katholiken in den Unterschichten über-, in den Oberschichten unterrepräsentiert: So gehörten – und gehören – die Protestanten der industrialisierten Ostküste zur politischen und wirtschaftlichen Elite, während die Katholiken zu den sozial oft diskriminierten Einwanderer-Minoritäten und Arbeitern zählten.[702] Die CIO-Gewerkschaften bauten ihre Hochburgen namentlich in den Städten mit einer katholischen, erst in den beiden letzten Generationen aus Europa eingewanderten Industriearbeiterschaft auf. Dazu gehörten die Italiener in New York und New England und die Polen in Chikago, Detroit, Cleveland und Pittsburgh. Hier hatte auch die ACTU ihre religiöse und soziale Basis.

Die ACTU ist aus katholischen Arbeiterbildungsvereinen hervorgegangen.[703] Das erste Kapitel (Chapter) wurde 1937 in der Stadt New York mit dem Ziel gegründet, die gewerkschaftliche Organisation katholischer Arbeiter zu fördern und die katholische Soziallehre zu verbreiten. Im August 1937 begann der erste Kursus der von der ACTU geleiteten und gemeinsam mit der Fordham Universität veranstalteten Arbeiterbildungsschule. Seit Januar 1938 erschien der "Labor Leader"[704] als Organ der New Yorker ACTU.[705] In den folgenden beiden Jahren wurden Kapitel der ACTU in Pittsburgh, Detroit, San Francisco, Chicago, Cleveland, Akron und Los Angeles ins Leben gerufen. Die lokalen Kapitel der ACTU waren autonom. Lediglich zur besseren Koordination und gegenseitigen Information strebten namentlich die Gruppen in New York und Detroit eine nationale Föderation an, die 1940 dann auch gebildet wurde, 1941 gehörten ihr 18 Kapitel mit etwa 10.000 Mitgliedern an.[706]

Mitglied der ACTU konnten prinzipiell nur praktizierende Katholiken werden, die zugleich Mitglied einer Gewerkschaft waren.[707] Daneben gab es zwei andere Arten der Mitgliedschaft: 1. Die von Priestern, die sich für gewerkschaftliche Ziele einsetzten, die aber auf den Versammlungen der Kapitel kein Stimmrecht hatten. 2. Die von Arbeitsrechtlern, die in einigen Städten in der "Catholic Labor Defense League" zusammengeschlossen waren, um ACTU-Mitgliedern Rechtsbeistand zu leisten und an Arbeiterbildungsschulen Arbeitsrecht zu unterrichten. An der Spitze der ACTU-Kapitel stand in der Regel ein Präsident, der von einem Exekutivkomitee unterstützt wurde. Einmal monatlich fanden Vollversammlungen des Kapitels statt, während die Angehörigen bestimmter Industriezweige oder Berufe spezifische Fachkonferenzen ("conferences") abhielten.[708] Den Vorsitz der nationalen ACTU führte ein Direktor (National Director), der von der Delegiertenversammlung (National Convention) die entsprechend der Mitgliederstärke der Kapitel zusammengesetzt war, gewählt wurde. Seine Aufgabe bestand allein darin, mit Unterstützung eines Beirates (National Council, bestehend aus je zwei Vertretern der lokalen Kapitel) die Arbeit der ACTU zu koordinieren.[709] Die einzelnen Kapitel blieben autonom, und zu keiner Zeit war die ACTU eine zentralistische nationale Organisation. Eine der Hauptfunktionen der ACTU blieb immer die – föderalistisch organisierte und betriebene – Arbeiterbildung.[710]

*

Die ACTU konnte sich in ihren Bildungs- und Organisationsbemühungen auf die arbeiter- und gewerkschaftsfreundliche Tradition der Katholischen Kirche und namentlich des amerikanischen Episkopats berufen. Bereits im 19. Jahrhundert waren in der katholischen Soziallehre neben dem caritativen Element zwei wesentliche Grundgedanken ausformuliert worden, die im New Deal und Zweiten Weltkrieg unmittelbare Relevanz gewannen, nämlich die Forderung nach einer korporativen Neuordnung der Gesellschaft und – innerbetrieblich – der Wunsch nach persönlichen Beziehungen zwischen Unternehmern und Arbeitern u. a. durch die Institutionalisierung von Arbeiterausschüssen. In den Enzykliken Rerum Novarum Leo XIII (1891) und Quadrogesimo Anno Pius XI (1931) wurde die Soziallehre systematisiert und jeweils aktualisiert. Zu ihren Prinzipien gehörte die Ablehnung individualistisch-liberalistischer und kollektivistisch-sozialistischer Gesellschaftslehren; ausgehend von der Sozialnatur des Menschen die Konzipierung eines organologischen Gesellschaftssystems, nämlich einer korporativ-föderalistischen Gesellschaftsstruktur und einer berufsständisch-sozialpartnerschaftlichen Ordnung im Betrieb, im Industrie- und Wirtschaftszweig und in der Volkswirtschaft; die Betonung des Gemeinwohls, das alle Gruppen in der modernen arbeitsteiligen Gesellschaft zu sozialer Gerechtigkeit verpflichtet und Staatsintervention ermöglicht (während zugleich die berufsständische Organisation ein Gegengewicht zum Staat bildet); der Schutz des Privateigentums an Produktionsmitteln und der Privatinitiative in der Wirtschaft. Aus diesen Prinzipien ergab sich die Anerkennung der Gewerkschaften als Vertreter der Arbeiterinteressen durch das kirchliche Lehramt und – in Quadrogesimo Anno – das Recht katholischer Arbeiter auch nicht-katholischen Arbeitervereinigungen beizutreten. Die Notwendigkeit gewerkschaftlicher – und unternehmerischer – Organisation resultierte aus der Forderung nach einer korporativen Gesellschaftsordnung: In zunftähnlichen Institutionen sollten Arbeitgeber und Arbeitnehmer partnerschaftlich-korporativ in den verschiedenen Wirtschaftszweigen, im Einzelbetrieb wie in der Nationalökonomie (lokal, regional und national verbunden) produzieren.[711] Schon hier wird eine gewisse Affinität zwischen der katholischen Soziallehre und der syndialistischen Struktur des Kapitalismus der Großkorporationen sowie des Systems der Arbeitsbeziehungen deutlich. Die Katholische Kirche und ihre Arbeitsorganisationen haben der Reorganisation des kapitalistischen Systems im New Deal und Zweiten Weltkrieg positiv gegenübergestanden.

Teile des katholischen Klerus standen in den Vereinigten Staaten noch vor Rerum Novarum den Gewerkschaften mit Sympathie gegenüber[712], doch war Indifferenz der Kirche gegenüber den Arbeiterorganisationen vor dem Ersten Weltkrieg charakteristisch. Gleichwohl war auch in dieser Zeit der Einfluß der Katholiken in der AFL relativ groß: Von den acht Vizepräsidenten der AFL in den Jahren 1900–1918 waren mindestens jeweils vier Katholiken.[713] 1919 sprachen sich die Bischöfe prinzipiell und öffentlich für Gewerkschaften und Sozialgesetzgebung aus.[714] So stand der katholische Klerus schon vor dem New Deal in dem Ruf, Freund der Gewerkschaftsbewegung zu sein. Die katholische Sympathie für die Gewerkschaften war dabei begleitet von der Verteidigung des Privateigentums, der Verurteilung jeder Gewaltanwendung und der Feindschaft gegenüber Radikalismus und Streiks. Priester wie Ryan und McGowan, beide später in der ACTU aktiv, gingen davon aus, daß die ökonomische Konzentration und der Zusammenschluß der Arbeitgeber in Unternehmensverbänden die christlich-korporative Sozialordnung fast automatisch hervorbringen müsse: Es fehlten nach ihrer Meinung bislang nur starke Gewerkschaften, die durch Tarifverhandlungen die Kooperation von Kapital und Arbeit verwirklichen konnten.[715] In diesem Zusammenhang ist auch die allgemeine Kritik amerikanischer Katholiken am bloßen "business unionism" zu verstehen, der sich allein an höheren Löhnen und besseren Arbeitsbedingungen, nicht aber an einer neuen Sozialordnung orientierte. In die gleiche Richtung zielten auch Angriffe auf die AFL-Gewerkschaften, weil sie (Facharbeiter)-egoistisch ungelernte und angelernte Arbeiter von korporativer Kooperation zwischen Kapital und Arbeit ausschlössen.[716] Die AFL wurde häufig und auch noch im New Deal abgelehnt, weil sie der industriegewerkschaftlichen Organisation im Wege stehe, es ihr an Militanz fehle, sie von Korruption geplagt sei und gegen Sozialgesetzgebung opponiere. John A. Ryan warf der AFL – fast „keynsianisch" argumentierend – vor, daß sie unfähig gewesen sei, höhere Löhne für die Mehrheit der amerikanischen Arbeiter durchzusetzen und durch die daraus resultierende Unterkonsumption die Große Depression mitverschuldet habe.[717]

Hingegen wurden die verschiedenen Maßnahmen der Roosevelt-Regierung im New Deal von katholischen Priestern und Laien fast ausnahmslos begrüßt. Besonders der National Industrial Recovery Act fand spontane und nachdrückliche Zustimmung wegen der in ihm enthaltenen Ansätze zu korporativer Gesellschaftsorganisation: Die berufsständische Kooperation von Kapital und Arbeit schien durch den Abschluß der

Codes institutionalisiert, die gewerkschaftliche Organisationsarbeit durch den Artikel 7 a begünstigt, der erste Schritt zu einem modernen Zunftsystem getan.[718] Ähnlich einhellig stimmten die amerikanischen Katholiken dem Wagner Act zu, förderte er doch den bislang organisatorisch unterentwickelten Partner „Arbeit" für eine zukünftige korporative Wirtschaft. Folgerichtig wehrte sich die ACTU mit aller Vehemenz dagegen, den Wagner Act zu novellieren, wie es u. a. von der AFL angestrebt wurde. Auch sperrte sich die ACTU in den Rüstungs- und Kriegsjahren gegen alle Versuche, das Streikrecht auf gesetzlichem Weg einzuschränken, weil damit das Koalitionsrecht für die Gewerkschaften gefährdet werde.[719] Politisch unterstützte eine große Mehrheit der Katholiken in den Vereinigten Staaten – an ihrer Spitze die Gewerkschaften - Franklin D. Roosevelt und andere New-Deal-Politiker.[720] Als John L. Lewis sich als Vorsitzender des CIO im Verlauf des Jahres 1940 mehrfach kritisch mit dem amerikanischen Präsidenten auseinandersetzte, verteidigte die ACTU Roosevelt mit dem Argument, er habe durch den New Deal bestimmte Prinzipien der christlichen Soziallehre verwirklicht.[721]

Wir haben bereits gesehen, daß auf der Grundlage ihrer Gesellschaftslehre amerikanische Katholiken die AFL kritisierten und für das Industriegewerkschaftsprinzip eintraten. Es überraschte daher nicht, daß – trotz grundsätzlicher Anerkennung aller Gewerkschaften – die Sympathien des amerikanischen Katholizismus sich dem CIO zuwandten: Industrielle Organisation der Arbeitnehmer war der angestrebten korporativen Wirtschaftsstruktur adäquater als die Facharbeiterorganisationen.[722] Zwar gaben die Bischöfe keine offizielle Stellungnahme zum Aufschwung der Gewerkschaftsbewegung in den dreißiger Jahren und zum CIO ab, gleichwohl hatte der Industriegewerkschaftsbund in der katholischen Hierarchie hohe Freunde.[723] Der Arbeitsschwerpunkt der ACTU und der mit ihr verbundenen Priester lag in den Gewerkschaften des CIO. Zwar wurde in den Publikationsorganen der ACTU-Kapitel immer wiederholt, daß der CIO der AFL nicht prinzipiell, sondern nur wegen seiner Militanz und seiner industriellen Struktur in der augenblicklichen konkreten Situation vorzuziehen sei. Dennoch war die Entscheidung für den CIO so eindeutig, daß 1941 die AFL erklärte, die ACTU sei nur der verlängerte Arm des Industriegewerkschaftsbundes.[724] Typisch für die Haltung vieler Geistlicher war eine Rede von Charles O. Rice im Jahre 1937, der kurz darauf zu den aktivsten Priestern im Kapitel Pittsburgh der ACTU zählte: Er forderte die katholischen Arbeiter auf, den CIO-Gewerkschaften beizutreten, weil diese in Übereinstimmung mit der katholischen Soziallehre die Schlacht in der Stahlindustrie aufgenommen hätten und dadurch einen Beitrag zur Wohlfahrt sowohl der Arbeiter wie dieser Industrie und auch der ganzen Nation leisteten. Der CIO werde zu Unrecht diffamiert, er sei weder gottlos, noch kommunistisch oder unamerikanisch.[725]

Die ACTU wurde von ihren Gründern nicht als ein Gewerkschaftsersatz, sondern als religiöse Bewegung in den bestehenden Arbeiterorganisationen zum Zweck der Durchsetzung der katholischen Soziallehre angesehen. Zu ihren Grundsätzen und Zielen gehörten: Jeder Arbeiter hat ein Recht auf Arbeit und auf einen Lohn, mit dem er seine Familie ernähren kann. Die Arbeitnehmer haben ein Recht zu Tarifverhandlungen durch von ihnen gewählte Vertreter[726], zu Streik und zur Beteiligung am Profit der Unternehmer. Das Privateigentum wird prinzipiell – d. h. soweit es dem Gemeinwohl dient – anerkannt, jede Gewaltanwendung abgelehnt. Gewerkschaftsmitglieder dürfen in ihren Organisationen aufgrund ihrer Rasse oder Religionszugehörigkeit nicht diskriminiert werden.[727] Faschismus und Kommunismus sind mit dem Christentum unvereinbar. Eine korporative Ordnung der Wirtschaft und die Partnerschaft von Kapital und Arbeit beide organisiert in Unternehmensverbänden oder Gewerkschaften, sind anzustreben.[728] Aus diesen Prinzipien erhellt, wie die Elemente der katholischen Soziallehre von der ACTU auf die konkrete Situation der dreißiger Jahre in den Vereinigten Staaten übertragen wurden, wie eng aber auch die Affinität dieser Prinzipien mit der Struktur des organisierten Kapitalismus in den Vereinigten Staaten einschließlich des Systems der Arbeitsbeziehungen gewesen ist.

Die Politik der ACTU im CIO ist nur von diesen Grundsätzen her zu verstehen. So führten die Rechtsanwälte der "Catholic Labor Defense League" Prozesse gegen Rassendiskriminierung in Gewerkschaften und in Betrieben. Das New Yorker Kapitel der ACTU veranstaltete besondere Bildungskurse für Puertorikaner, um sie auf den Arbeitsprozeß vorzubereiten. Die nationalen ACTU Kongresse verurteilten die Diskriminierung von Negern, der "Labor Leader" untersuchte die Benachteiligung von Schwarzen in der Automobilindustrie und griff den Ku Klux Klan als „unchristliche" Vereinigung an.[729] Aus der Forderung der katholischen Soziallehre nach korporativer Ordnung der Wirtschaft und der daraus resultierenden Notwendigkeit, alle Arbeitnehmer in einer Organisation zusammenzufassen, ergab sich für die ACTU die Ablehnung jeder Form des "dual unionism", der Gewerkschaftsspaltung. Trotz der offenen Sympathie für den CIO waren die „ACTisten" daher stets bemüht, AFL und CIO wieder zusammenzuführen und auch die unabhängigen Eisenbahnergewerkschaften in einen Einheitsverband einzubringen.[730]

Bei der Mehrheit der Mitglieder und Funktionäre des CIO war die ACTU besonders deshalb anerkannt, weil die katholischen Gewerkschafter nicht nur in ihren Deklarationen, sondern auch und gerade in der Praxis der gewerkschaftlichen Organisationsarbeit unbestrittene Priorität zuerkannten. Schon 1937 griff das New Yorker Kapitel aktiv in einen Streik ein. Ein Jahr später stand es auf Seiten des CIO im Kampf gegen den Bürgermeister Hague von Jersey City, der seine Stadt gewerkschaftsfrei halten wollte. Die Mitglieder des Detroiter Kapitel waren in der Streikpostenkette der UAW im Arbeitskampf gegen Chrysler zu finden.[731] Die ACTU unterstützte den Streik der American Newspaper Guild gegen den Pressekonzern von Hearst[732] und die UAW 1941 in ihrem Streik gegen Ford.[733] 1944 gab die ACTU durch eine Aufklärungskampagne den Ausschlag dafür, daß die bis dahin in einer unabhängigen Gewerkschaft zusammengeschlossenen Arbeiter der New Yorker Elektrizitätswerke korporativ einer CIO-Gewerkschaft beitraten.[734] Bei der Organisation der Stahlarbeiter durch das Steel Workers Organizing Committee SWOC waren katholische Geistliche und Mitglieder des Kapitel Pittsburgh führend beteiligt.[735]

So, wie die ACTU lokal und regional in CIO-Gewerkschaften aktiv war, gab es umgekehrt unter den CIO-Funktionären praktizierende Katholiken, die engen Kontakt zur ACTU und zum Klerus hielten. Zu ihnen zählten CIO-Präsident Philip Murray, der – angeblich immer von mehreren Geistlichen umgeben und beraten[736] – gelegentlich vor Festbanketten von ACTU-Kapiteln Ansprachen hielt; Thomas Kennedy, Generalsekretär der UMW; Van A. Bittner und David MacDonald, beide von der Stahlarbeitergewerkschaft; Thomas Burns von den United Rubber Workers; R. J. Thomas von den UAW, der gemeinsam mit Erzbischof Mooney von Detroit den Festvortrag aus Anlaß des fünfzigjährigen Jubiläums der Enzyklika Rerum Novarum vor einer Arbeiterversammlung hielt[737]; George Addes von den UAW; James B. Carey, Generalsekretär des CIO und bis 1941 Vorsitzender der UE; John Brophy, Organisationsdirektor des CIO, der in ständigem Kontakt zu Vertretern des katholischen Klerus stand.[738] Doch auch Nicht-Katholiken arbeiteten mit der ACTU zusammen. Einer von ihnen war Sidney Hillman, der von Katholiken als Baumeister des Systems der Arbeitsbeziehungen gelobt[739] und 1940 in ein von den amerikanischen Bischöfen eingesetztes Bürgerkomitee für staatsbürgerliche Erziehung berufen wurde.[740]

Die zahlenmäßige Stärke der ACTU ist gering gewesen. Gleichwohl sollte ihr Einfluß als Transmissionsriemen katholischer Soziallehre nicht unterschätzt werden. Die enge Affinität von katholischer Soziallehre, wie sie von der ACTU vertreten wurde, den Konzeptionen des CIO und dem System der Arbeitsbeziehungen zeigte sich am deutlichsten zu Beginn des Zweiten Weltkrieges, als Philip Murray den "Industry Council Plan" vorlegte, einen Plan nach dem durch die Kooperation von Unternehmern und Gewerkschaften die amerikanische Wirtschaft möglichst schnell und reibungslos auf Kriegsrüstung umgestellt werden sollte. Der Plan entsprach weitgehend der angestrebten korporativen Wirtschaftsordnung der katholischen Soziallehre und wurde vom nationalen Kongreß der ACTU unterstützt.[741] Murray schlug vor, daß in den verschiedenen kriegswichtigen Industrien paritätisch aus Gewerkschafts- und Unternehmervertretern zusammengesetzte und unter dem Vorsitz eines Repräsentanten des Staates tagende Beiräte eingesetzt werden sollten, deren Aufgabe die Planung und Durchführung effizienter und kontinuierlicher Produktion in der Industrie und in den Betrieben war. Auf Bundesebene sollte ein ebenfalls paritätisch beschickter National Defense Board unter Vorsitz des Präsidenten der USA die nationale Ökonomie koordinieren und über die einzelnen Wirtschaftsbereiche informieren.[742] Das von Murray vorgelegte Konzept entsprach also genau jener, in der katholischen Soziallehre angelegten institutionalisierten Kooperation von Kapital und Arbeit und einer begrenzten, am Gemeinwohl orientierten Staatsintervention. Mehrere Bischöfe befürworteten den "Industry Council Plan". Die ACTU entwickelte während des Weltkrieges ein eigenes detailliertes und inhaltlich vom Murray-Plan nur geringfügig abweichendes Konzept der Wirtschaftsdemokratie, das in den Presseorganen und anderen offiziösen Schriften mit Nachdruck propagiert wurde. Nicht nur wegen der Affinität von katholischer Soziallehre und CIO-Politik, sondern auch wegen der frappierenden Ähnlichkeit mit deutschen gewerkschaftlichen Mitbestimmungskonzepten unserer Gegenwart und mehrheitssozialdemokratischen Rätetheorien in der Novemberrevolution (Cohen, Kaliski, Sinzheimer), geben wir dieses Konzept in vollem Wortlaut wieder[743]:

*Grundsätze der Wirtschaftsdemokratie*

1. Unser Wirtschaftssystem muß zum Nutzen der allgemeinen Wohlfahrt organisiert werden. Produktion und Distribution dürfen nicht für privaten Gewinn, sondern müssen zum Gemeinwohl geplant und reguliert werden.
2. Die Aufsicht soll nicht durch den Staat ausgeübt werden, weil der Staat anderen Zwecken dient. Die Wirtschaft soll sich innerhalb der staatlichen Gesetze selbst verwalten.

3. In der Industrie besteht ein Partnerschaftsverhältnis. Die beiden gleichberechtigten Partner sind Kapital (die Aktienbesitzer) und Arbeit (die Arbeiter). Keiner kann ohne den anderen existieren. Die reibungslose Kooperation beider produziert Reichtum. Jeder Partner hat Anrecht auf Gewinn, aber der Gewinn aus Arbeit (Löhne) rangiert vor dem Gewinn aus Kapital (Dividenden).
4. Das eigentliche Ziel der organisierten Arbeiterschaft sollte es sein, die Voraussetzungen für diese Partnerschaft zu verwirklichen.
5. Die Wirtschaft sollte weder von Kapital noch Arbeit beherrscht, sondern von einer Institution gelenkt werden, in der beide vertreten sind. Dies kann dadurch geschehen, daß in jedem Industriezweig ein gemeinsamer Ausschuß oder ein „Industrierat" eingerichtet wird.
6. Der Industrierat soll aus einer gleichen Anzahl von Vertretern der Unternehmen und der Gewerkschaften zusammengesetzt sein, die in dieser Industrie tätig sind. Der Rat (evtl. unter einem Vorsitzenden, der die Interessen der Öffentlichkeit vertritt) soll die allgemeinen Richtlinien für Preise, Qualität, Produktion, Löhne, Arbeitsbedingungen, Dividenden usw. für den jeweiligen Industriezweig setzen.
7. Die einzelnen Unternehmen und Gewerkschaften in der Industrie sollen ihre üblichen Aufgaben und Rechte (einschließlich des Streikrechts) unvermindert wahrnehmen. Der Industrierat soll in Arbeitskonflikten vermitteln.
8. Die so organisierten Industriezweige sollen einen nationalen Wirtschaftsrat wählen, in denen Kapital und Arbeit paritätisch vertreten sind. Dieser Nationalrat hat die Aufgabe, die Volkswirtschaft zu planen, zu regulieren und zu koordinieren.

Dieses ACTU-Konzept der Wirtschaftsdemokratie ist – aus Gründen, die in der Struktur korporativer Wirtschaftsordnung liegen – zugleich ein Plädoyer für industriegewerkschaftliche Organisation und damit für den CIO: Sollten alle Beschäftigten eines Betriebes durch eine Gewerkschaft gegenüber dem Unternehmer vertreten werden, so zwang dies zu industrieller Organisation der Arbeitnehmer. Auch die Zusammenarbeit mit den Unternehmerverbänden konnte in den Industrieräten nur dann funktionieren, wenn auf der Arbeitnehmerseite nur wenige Gewerkschaften saßen, die möglichst viele Arbeiter der jeweiligen Industrie repräsentierten. Von hier aus wird es verständlich, daß die ACTU das 1943 vom CIO ins Leben gerufene Political Action Committee voll unterstützte, lag doch hier am ehesten die politische Chance zur Verwirklichung der eigenen Gesellschaftstheorie[744], zumal das PAC sozialpolitische Vorstellungen vertrat, die mit den eigenen übereinstimmten. Die ACTU beteiligte sich daher auch an dem Versuch, dem National Citizen' – PAC eine Gruppe von Geistlichen verschiedener Konfession anzugliedern.[745] Im Prinzip unterstützte die ACTU ferner die American Labor Party in New York, wenn auch herbe Kritik am kommunistischen Einfluß in dieser Partei und an der Zusammenarbeit Sidney Hillmans mit den Kommunisten geübt wurde.[746]

*

Die ACTU sah eine ihrer Aufgaben darin, kommunistischen und u. U. auch sozialistischen Einfluß im CIO zurückzudrängen. Sie ist deswegen von linken Gewerkschaftsgruppen angegriffen und dämonisiert worden, als habe sie wie eine festgefügte und zentralistische Organisation Antikommunismus als ideologische Waffe in innergewerkschaftlichen Auseinandersetzungen manipulativ ausgenutzt.[747] Dieser Vorwurf entspricht nicht den Tatsachen. Vielmehr haben die Kapitel der ACTU bei aller Opposition gegen Kommunisten den gewerkschaftlichen Organisations- und Arbeitskampf immer über den Konflikt mit der Kommunistischen Partei gestellt.[748] Wiederholt haben ACTU-Priester und Bischöfe – wie Erzbischof Robert Lucey von San Antonio, Texas – vor blindem Antikommunismus gewarnt und den CIO vor dem Kommunismusvorwurf in Schutz genommen[749], die Attacken des House Committee of Un-American Activities und der Hearst-Presse gegen Industriegewerkschaften und das PAC abgewehrt.

Gleichwohl verstanden sich katholischer Klerus und die ACTU als Bollwerk gegen den Kommunismus: Katholiken sollten gerade daran arbeiten, die soziale Ungerechtigkeit zu beseitigen, um – neben der allgemeinen christlichen Pflicht dazu – auf diese Weise den Kommunisten den Nährboden zu entziehen.[750] Die Opposition gegen den Kommunismus resultierte unmittelbar aus der katholischen Soziallehre, da dieser Privateigentum, das Lohnsystem und den Profit (Grundelemente auch einer korporativen Wirtschaftsordnung) negierte.[751] Unter Hinweis auf die Schwankungen der kommunistischen Parteilinie strich die ACTU wiederholt heraus, daß die CP im Interesse der Sowjetunion und nicht der amerikanischen Arbeiter handele, was besonders in der Zeit des Hitler-Stalin-Paktes offenbar geworden sei. Später griffen die ACTU-Funktionäre die Kommunisten in den Gewerkschaften an, weil sie zu Antreibern in den Betrieben geworden waren und in der kriegswichtigen Automobilindustrie die Einführung der Akkordarbeit verlangten[752]: Die CP verrate dadurch die Arbeiterinteressen, schwäche die Gewerkschaften und verhindere dadurch die gleichberechtigte Kooperation von Kapital und Arbeit in der amerikanischen Wirtschaft.

Die ACTU lehnte es prinzipiell ab, mit Kommunisten in Betrieben und Gewerkschaften zusammenzuarbeiten und mit ihnen Kompromisse zu schließen, weil diese nicht eingehalten würden.[753] In mehreren Kapiteln der ACTU wurden Karteien mit den Daten kommunistischer Gewerkschaftsfunktionäre angelegt, um deren gewerkschaftliche Karriere besser kontrollieren zu können.[754] Der Gründungskongreß der nationalen ACTU empfahl den Kapiteln, besondere Komitees zu bilden, die sich theoretisch mit den Lehren des Kommunismus auseinandersetzen, die Öffentlichkeit über die Kommunistische Partei aufklären und die Wahl kommunistischer Gewerkschaftsfunktionäre verhindern sollten.[755] In den CIO-Gewerkschaften setzten sich die ACTU-Mitglieder, zumeist erfolglos, dafür ein, daß in die Satzungen ein Passus aufgenommen wurde, der die Wahl von Kommunisten in Gewerkschaftsfunktionen untersagte. Die Anstrengungen der ACTU, die Kommunisten im CIO zurückzudrängen, hatten einen unterschiedlichen Erfolg: So gelang es den Kapiteln in Pittsburgh und Detroit zumindest ein Gegengewicht zu den Kommunisten zu bilden[756], während die ACTU die Auseinandersetzungen in der UE nicht zu ihren Gunsten entscheiden konnte.[757]

In Detroit und Michigan nahm die ACTU den Kampf gegen die Kommunisten in den lokalen Betriebsgewerkschaftsorganisationen (Locals) des Automobilarbeiterverbandes UAW auf.[758] Um die Position des ACTU-Kapitel Detroit in dieser Auseinandersetzung zu stärken, rief Erzbischof Mooney alle katholischen Arbeiter auf, der ACTU beizutreten. In kurzer Zeit wurde dadurch die Stellung der katholischen Arbeiterfunktionäre so stark, daß die Kommunisten auf dem UAW-Kongreß 1941 von ihren Gegnern nicht mehr als von "Lovestonites"[759] oder „Sozialisten", sondern von "Actisten" sprachen.[760] Den Kommunisten gelang es zwar, durch disziplinierte Fraktionstaktik vorübergehend den CIO-Bezirksvorstand von Detroit (Greater Detroit and Wayne County CIO Council) unter ihre Kontrolle zu bringen, doch wurden sie dann namentlich durch die ACTU (die John Brophy vom CIO-Bundesvorstand dabei offen unterstützte) zunächst aus der politischen Organisation des Detroiter CIO gedrängt, dann auch aus dem CIO-Vorstand von Michigan und Detroit.[761] Dabei verfolgte das ACTU-Kapitel Detroit eine Politik, die es deutlich von dem überkommenen reinen "Trade Unionismus" amerikanischer Gewerkschaften abhob: Die katholischen Arbeiter wurden nicht nur aufgefordert, in den politischen Organen des CIO mitzuarbeiten, sondern die ACTU trat für die Gründung einer Arbeiterpartei nach Vorbild der ALP ein. Sie verlangte die Änderung der Wahlgesetze von Michigan nach New Yorker Muster, um die Chancen für eine Dritte Partei zu erhöhen.[762] Diese Vorwärts-Strategie trug erheblich dazu bei, daß die ACTU in einer Region, in der die Arbeiter politisch militanter als im übrigen Amerika waren, die Kommunisten zurückdrängen konnte.

In der – seit 1941 kommunistisch kontrollierten – UE versuchte die ACTU, den Einfluß der Kommunisten durch Veröffentlichungen über die schwankende Parteilinie und durch offene Kritik an Parteifunktionären einzudämmen: Es wurde betont, die UE sei unglaubwürdig, weil sie der Politik einer von außen gesteuerten Partei blindlings folge.[763] Doch blieben alle Angriffe der ACTU bis 1946 erfolglos, weil die Kommunisten unter den Elektroarbeitern straff organisiert waren und sie als Gewerkschaftsfunktionäre in der Regel gute Organisatoren und Interessenvertreter der Arbeiter bei Tarifverhandlungen waren. In einer Analyse der Rolle der ACTU in der UE kommt Michael Harrington zu dem Ergebnis, daß sie keine monolitische Linie verfolgt habe und Katholiken im innergewerkschaftlichen Konflikt oft gegeneinander gehandelt hätten.[764] Die ACTU habe in der UE eine doppelte Aufgabe übernommen, nämlich die Organisierung der ungelernten und angelernten Arbeiter der Elektroindustrie und den Versuch, die Kommunisten zu bekämpfen. Die kommunistische Dominanz in der UE sei für die ACTU aber zu keiner Zeit ein Grund gewesen, nicht an den gewerkschaftlichen Organisationskampagnen teilzunehmen.[765] Erst nach Einsetzen des Kalten Krieges gelang es der ACTU, im UE-Bezirk New York zum Sieg der nichtkommunistischen Kräfte beizutragen. Vor diesem Zeitpunkt waren alle oppositionellen Ansätze gegen die kommunistischen UE-Führer gescheitert, weil die Gewerkschaftsmitglieder am Kommunismusproblem (und auch an der katholischen Soziallehre) solange nicht interessiert waren, wie ihre Vertreter in Tarifverhandlungen höhere Löhne und bessere Arbeitsbedingungen durchsetzen konnten. Harrington bestätigt damit genau die These, die wir im Kapitel über die Rolle der Kommunisten im CIO versucht haben herauszuarbeiten und zu belegen.

*

Fassen wir das Ergebnis unserer Untersuchung zur Rolle der ACTU im CIO zusammen, so ist festzustellen, daß es der katholischen Arbeiterorganisation nur regional und lokal gelang, den Einfluß der Kommunistischen Partei in den Industriegewerkschaften zurückzudrängen, einer Partei, die in dieser Zeit selbst keine gesellschaftspolitische Alternative zum status quo des Kapitalismus der Großkorporationen anbot. Die begrenzten Erfolge der ACTU gegen die CP waren dadurch möglich, daß sie nicht auf der – im CIO bis 1945 kaum rezipierten – Welle des Antikommunismus ritt, sondern sich rational und politisch mit den Kommunisten auseinandersetzte. Die Bedeutung der ACTU für die Integration des CIO in das System der Arbeitsbeziehungen lag so nicht darin, daß sie als Gegenorganisation zur Kommunistischen Partei fungiert hätte. Überhaupt war die ACTU ein föderalistisch strukturierter Verband, der nur in wenigen Industriezentren wie New York, Detroit und Chikago Fuß zu fassen vermochte. Die Behauptung, daß die ACTU eine zentralistische Geheimorganisation und Agent des Vatikans gewesen sei[766], ist absurd.

Die eigentliche Bedeutung der ACTU lag vielmehr darin, daß sie eine organisatorische Möglichkeit bot, die Grundelemente der katholischen Soziallehre in das Bewußtsein der CIO-Mitglieder zu rufen; daß die ACTU die enge Affinität, die zwischen katholischer Soziallehre und dem im New Deal und Zweiten Weltkrieg syndikalistisch strukturierten Kapitalismus der Großkorporationen bestand, in ihrer Arbeit jeweils auszunutzen vermochte; und daß die ACTU auf diese Weise für die amerikanische Gewerkschaftsbewegung, insbesondere für den CIO, zu einem Integrationsfaktor in den organisierten Kapitalismus wurde. Die strukturelle Parallelität zwischen den Bestimmungen des NIRA, den Vorstellungen des Industry Council Plans Philip Murrays und der katholischen Soziallehre liegt auf der Hand. Das im Wagner Act juristisch formalisierte und in den Betrieben verwirklichte System der Arbeitsbeziehungen mit der "majority rule", der angemessenen Tarifverhandlungseinheit und dem exklusiven Tarifverhandlungsrepräsentanten war ein Schritt hin auf dem Weg zur korporativen Ordnung der Wirtschaft. Auch die verschiedenen Maßnahmen der Gewerkschaften zur Absicherung ihrer Stellung in der Tarifeinheit (union security) entsprachen dem Korporativmodell der katholischen Soziallehre. Folgerichtig begründete in einer offiziösen Schrift der Kirche der Geistliche Jerome L. Toner unter Hinweis auf die Enzykliken Leo XIII und Pius XI und auf die mittelalterlichen Zünfte die Rechtmäßigkeit und sogar Notwendigkeit des "closed shop".[767] Die ACTU forderte ihre Mitglieder auf, nur Produkte zu kaufen, die in gewerkschaftlich organisierten Betrieben hergestellt worden waren, und in Tarifverträgen das "union label" durchzusetzen.[768] Katholische Geistliche und ACTU-Mitglieder wurden häufig bei innerbetrieblichen Beschwerdeverfahren und in Arbeitskonflikten als Schlichter angefordert.[769]

Die Affinität von katholischer Soziallehre und syndikalistischer Struktur des Kapitalismus der Großkorporationen trug zur Integration des CIO in den gesellschaftlichen status quo bei.[770] Die ACTU ist nur bedingt als geschlossene politische Fraktion im CIO anzusehen. Ihre eigentliche Bedeutung lag in der Verbreitung der katholischen Soziallehre in den Industriegewerkschaften und namentlich in mehreren städtischen Industrieregionen, was die Einpassung des CIO in das System der Arbeitsbeziehungen beschleunigte und schließlich zementierte.

# IV. Die Integration des CIO – Oder: Warum gibt es keinen Sozialismus in den Vereinigten Staaten?

In den drei Hauptteilen der vorliegenden Untersuchung wurde die Integration der Industriegewerkschaften des CIO in den organisierten Kapitalismus dargestellt und analysiert. Trotz relativ günstiger gesellschaftlicher, wirtschaftlicher und politischer Bedingungen für die Entwicklung einer amerikanischen Arbeiterpartei, und obwohl die Wirtschaftskrise relativ lange andauerte und erst durch die Rüstungskonjunktur im Zweiten Weltkrieg überwunden wurde, ist in den dreißiger Jahren eine autonome, auf den Gewerkschaften basierende politische Organisation der Arbeiterschaft in den Vereinigten Staaten nicht entstanden.

Damit stellt sich am Schluß unserer Überlegungen die zentrale Frage, warum die – zumindest in der Öffentlichkeit – als Herausforderung an den gesellschaftlichen status quo verstandenen Industriegewerkschaften des CIO in so kurzer Zeit und zudem bruchlos in das kapitalistische System integriert worden sind. Warum strebten alle Industriegewerkschaften, und in ihnen die Kommunisten ebenso wie die Sozialisten und die ehemaligen Wobblies, nach dem Abschluß von Tarifverträgen? Warum akzeptierten sie die Integrationsmechanismen des Systems der Arbeitsbeziehungen in der Praxis, ohne daß auch nur im Ansatz eine antikapitalistische Strategie konzipiert worden wäre?

Eine Antwort auf diese Fragen läßt sich nicht allein aus der Analyse der amerikanischen Gewerkschaftsbewegung im New Deal und Zweiten Weltkrieg geben. Vielmehr treffen hier langfristig, durch die ganze Geschichte des amerikanischen Kapitalismus, und kurzfristig, nur in den dreißiger und vierziger Jahren unseres Jahrhunderts wirkende Faktoren zusammen. Unsere Untersuchung wurde bewußt auf einen relativ eng begrenzten Zeitabschnitt beschränkt: Es sollte jener Fehler vermieden werden, in den Sozialwissenschaftler immer wieder verfallen sind, wenn sie das Fehlen einer sozialistischen Massenbewegung in den Vereinigten Staaten zu erklären suchten. Sie begaben sich auf die schwindelnden Gipfel einer oft geistesgeschichtlichen Gratwanderung durch die Jahrhunderte, aus deren Höhen die Windungen der Täler, die „Niederungen" konkreten gesellschaftlichen und politischen Lebens nur allzu oft im Nebel nichtssagender Verallgemeinerungen verschwanden. Was blieb war – häufig gesichert am Standplatz der eigenen Ideologie, (Vor)urteile oder Wunschvorstellungen – statische Weltschau, Weltanschauung. Selbstverständlich kann eine konkrete gesellschaftliche und politische Situation nicht allein aus sich heraus, sondern nur unter Einbeziehung ihrer historischen Dimension, also durch größere Zeiträume wirkender Tendenzen, analysiert werden. Die Relevanz der langfristig gegen die Etablierung einer amerikanischen Arbeiterpartei wirkenden Faktoren für die Politik des CIO kann zudem nicht allein aus der amerikanischen Geschichte, sondern erst im Vergleich mit der Entwicklung der europäischen Arbeiterbewegung bestimmt werden. Hier jedoch stehen wir vor einem kaum lösbaren methodologischen Problem, nämlich die verschiedenen langfristig wirkenden Faktoren im internationalen Vergleich zu gewichten und für eine Periode amerikanischer Arbeiterbewegung – Industriegewerkschaften im New Deal und Zweiten Weltkrieg – zu konkretisieren. Wir können daher nicht viel mehr versuchen, als jene Elemente, die Divergenz und Affinität in der Geschichte der amerikanischen und europäisch-deutschen Arbeiterbewegung bestimmt haben, aufzuzeigen und typologisierend zu abstrahieren. Dies bedeutet letztlich nur, auf langfristig wirkende Faktoren in der amerikanischen Gewerkschaftsgeschichte hinzuweisen, ohne sie für die je konkrete historische Situation quantifizieren oder sie entsprechend ihres Wirkungsgrades in eine Rangordnung einreihen zu können. Eine zukünftige komparative Sozialgeschichte der deutschen und amerikanischen Arbeiterbewegung hätte, um mehr als eine bloße Aufzählung unterschiedlicher Faktoren leisten zu können, mit der Entstehung des Industrieproletariats, also mit einem Vergleich des Frühkapitalismus und der take-off Phase der Industrialisierung auf beiden Kontinenten einzusetzen. Schon in der ersten Periode der organisierten Arbeiterbewegung in den Vereinigten Staaten sind jene Weichen gestellt worden, die bis in den New Deal, ja bis in unsere Gegenwart die Unterschiede zur europäischen Arbeiterbewegung (darunter als hervorstechendste Differenz das Fehlen einer sozialistischen Massenbewegung) festgelegt haben. Dabei darf nicht übersehen werden, daß trotz divergierender Tendenzen im 19. Jahrhundert und zu Beginn unseres Jahrhunderts durch die auf beiden Kontinenten parallel sich vollziehende ökonomische Konzentration, durch Monopolisierung und durch Herausbildung strukturell verwandter, auf Staatsintervention angewiesener Systeme des organisierten Kapitalismus auch die Arbeiterbewegungen auf beiden Seiten des Atlantiks sich heute angenähert haben. In den Vereinigten Staaten wie in Europa (vielleicht mit der Ausnahme Frankreichs und Italiens) ist die Arbeiterbewegung – wenn auch auf je verschiedene Weise – fest in den gesellschaftlichen status quo integriert. Dies trifft auch auf den politischen Bereich zu, symbolisiert in der Entwicklung der deutschen Sozialdemokratie zu einer „Volkspartei" und der amerikanischen Demokraten zur „Partei des kleinen Mannes". Eine vergleichende sozialgeschichtliche Untersuchung der deutschen und amerikanischen Arbeiterbewegung wäre namentlich deswegen von höchster Aktualität, weil sie die oft zum Verlaufstypus jeder Arbeiterbewegung hypostasierte Geschichte des deutschen Sozialismus in Frage stellen oder doch relativieren würde. Die Frage nach dem Fehlen einer sozialistischen Massenbewegung in den Vereinigten Staaten radikal stellen lautete dann: Ist der Sozialismus überhaupt ein in der Geschichte angelegtes notwendiges Resultat des Kapitalismus oder ist er bestenfalls eine Chance historischer Entwicklung? Ist das Entstehen sozialistischer Parteien und Gewerkschaften in Europa ein spezifisch europäisches Phänomen, das Ergebnis besonderer ökonomischer, sozialer, politischer und ideologischer Bedingungen des europäischen 19. Jahrhunderts? Wird dadurch die Geschichte der amerikanischen Arbeiterbewegung zum eigentlichen Normalfall, zum Verlaufstypus „Arbeiterbewegung", die europäisch-deutsche Entwicklung hingegen atypisch? Oder anders gewendet: Liegen dem Scheitern des Sozialismus in den Vereinigten Staaten spezifisch amerikanische Bedingungen zugrunde oder sind sie kapitalistischer Entwicklung immanent?[771]

*

In der amerikanischen historischen und sozialwissenschaftlichen Literatur wird der unserer Ansicht nach bedeutendste, kurzfristig wirkende Faktor, der der Entstehung einer unabhängigen politischen Arbeiterbewegung in den Vereinigten Staaten während der dreißiger Jahre entgegengewirkt hat, übersehen, nämlich die spezifisch *amerikanische Reorganisation des kapitalistischen Systems* im New Deal einschließlich der Herausbildung eines festgefügten Systems der Arbeitsbeziehungen. Die Gesetzgebung des New Deal, der Aufschwung der Gewerkschaftsbewegung und die große Zahl neu abgeschlossener Tarifverträge werden in der Literatur beschrieben, ohne daß explizit nach deren Folgen für das Fehlen einer sozialistischen Arbeiterbewegung gefragt wird. Im New Deal wurden Wirtschaft, Gesellschaft, Parteien und Gewerkschaften so geformt, wie sie im Prinzip bis in unsere Gegenwart in den USA fortbestehen – dies mag die Hauptursache dafür sein, daß ihre spezifische Ausformung von amerikanischen Historikern und Sozialwissenschaftlern heute als gegeben und selbstverständlich hingenommen wird, ohne daß nach gesellschaftlichen, politischen und institutionellen Alternativen oder nach den Ursachen für deren Scheitern in der Vergangenheit gefragt wird. Dabei ist der Kapitalismus der Großkorporationen mit seiner syndikalistischen Kooperation von Kapital, Arbeit und Staat gerade Ausdruck für die weltweite zunehmend enge Verschränkung von Wirtschaft und Staat in entwickelten kapitalistischen Systemen gewesen: Auch in der amerikanischen Spielart des organisierten Kapitalismus stand dem Staat ein vielfältiges Instrumentarium zur Verfügung, um soziale und wirtschaftliche Ungleichheit und Defekte, die bei zuspitzender Krise hätten politisch organisiert werden können, gleichsam präventiv auszuglätten oder abzublocken. Hierzu gehörte nicht nur die Keynessche Wirtschaftspolitik, die von den Rooseveltregierungen zunächst nur zögernd und widersprüchlich und erst mit der Aufrüstung dann „naturwüchsig" angewandt wurde, sondern auch und besonders die Regulierung des Arbeitsmarktes und der Gewerkschaften, wie am Beispiel des NIRA und des NLRA im I. Teil dieser Untersuchung entwickelt worden ist. Staatsintervention führte hier dazu, daß eine von der Arbeiterschaft der Massengüterindustrien getragene mögliche politische Protestbewegung, die u. U. der Ansatz zu einer sozialistischen Arbeiterbewegung hätte sein können, von vornherein kanalisiert worden ist.

Das Integrationspotential des organisierten amerikanischen Kapitalismus ist durch seine im Vergleich zu Deutschland spezifischen Charakteristika in der konkreten historischen Situation wesentlich erhöht worden: Gerade das *System der Arbeitsbeziehungen* ist an den vorgegebenen Strukturen der Großunternehmen orientiert gewesen und Staatsintervention beschränkte sich hier zunächst auf wenige, allerdings fundamentale Rahmenregelungen. Beides hat dazu geführt, daß die Beziehungen zwischen Unternehmern und Gewerkschaften in der Praxis von diesen durch gewohnheitsrechtliche Regelungen im Rahmen der von ihnen selbst ausgehandelten Tarifverträge ausgefüllt worden sind. So ist es möglich gewesen, daß auch die Industriegewerkschaften des CIO sich mit dem System der Arbeitsbeziehungen identifizieren, es als von ihnen mitgeschaffen betrachten konnten. Die im Wagner Act vorgeschriebene majority rule trug formal zur Einrichtung von Tarifeinheiten bei. Doch sind die Tarifeinheiten erst durch die Bestimmungen der Tarifverträge über union security, grievance procedure, seniority und fringe benefits und die daraus resultierende innerbetriebliche Praxis zu quasi-autonomen dezentralisierten Industriesyndikaten geworden. Die Gewerkschaften des CIO wurden so im New Deal und Zweiten Weltkrieg in die Tarifsyndikate integriert und als nationale Organisationen fragmentiert. Die Föderalisierung der Tarifverhandlungen und der Ausführung der Tarifverträge resultierte zugleich in der Dezentralisation und Absorption des in den Industriegewerkschaften vorhandenen politischen Potentials. Die syndikalistische Fragmentierung im Kapitalismus der Großkorporationen, wie sie sich besonders anschaulich im System der Arbeitsbeziehungen zeigt, hatte gerade die Folge, daß Arbeitskämpfe mit größter Militanz auch von den Gewerkschaften geführt werden konnten, aber immer auf eine Tarifeinheit beschränkt blieben und so das System selbst zu keiner Zeit durch eine sozialistische Alternative ernsthaft in Frage gestellt worden ist.

Der Wohlfahrtskapitalismus der zwanziger Jahre hat durch die Große Depression und im New Deal sowie im Zweiten Weltkrieg seine Grenzen so verschoben, daß im schließlich reorganisierten Kapitalismus die Herausforderung durch den CIO mit Integration beantwortet worden ist. Dabei sind die *Industriegewerkschaften des CIO* dem Kapitalismus der Großkorporationen strukturell adäquater gewesen als die noch eng dem Zünftlerischen und den handwerklichen sowie industriellen Mittelbetrieben verhafteten Berufsgewerkschaften der AFL. Die Industriegewerkschaften reflektierten gleichsam auf der Arbeiterseite organisatorisch die ökonomische Konzentration wie sie sich in den Großkorporationen manifestiert hatte; sie nahmen sogar Monopolisierungs- und Kartellierungstendenzen auf, indem sie sich wie die UMW und die ACWA einen zentralistischen Unternehmensverband als korporativ-syndidalistischen Partner schufen. Nicht allein aus Konkurrenzgründen gegenüber dem CIO, nämlich um möglichst viele Arbeiter für sich zu gewinnen, sondern auch aus strukturellen, dem Kapitalismus der Großkorporationen immanenten Ursachen begannen sich die Gewerkschaften der AFL zum Ausgang der dreißiger Jahre zunehmend industriell zu organisieren. Die CIO-Gewerkschaften waren im allgemeinen zentralistischer aufgebaut als die der AFL und vermochten daher sowohl gezielt und effizient – zuweilen unter Einbeziehung von Staatsvertretern in einer Art „konzertierter Aktion" – mit den Managern der Großkorporationen national zu kooperieren und zu verhandeln (ohne dabei die Arbeitsbedingungen in den Betrieben außer acht lassen zu müssen, über die gleichzeitig auf lokaler Basis verhandelt wurde) als auch wirkungsvoll in Wahlkämpfe einzugreifen sowie die staatliche Sozial- und Arbeitspolitik zu beeinflussen. Der CIO war für die Struktur des Kapitalismus der Großkorporationen gerade dadurch prädestiniert, als die Industriegewerkschaften – schneller und effektiver als Berufsgewerkschaften – die Fähigkeit entwickelten, auf die unter den sozialen, wirtschaftlichen und politischen Bedingungen der Weltwirtschaftskrise entstandene Militanz der Arbeiterschaft zu antworten, sie zu kanalisieren und zu disziplinieren. Spontane, eruptive, politisch kaum artikulierte Militanz wurde in die Richtung gewerkschaftlicher Organisation gedrängt. Der CIO mit seinem eigenartigen innerbetrieblichen Organisationspatriotismus, mit einem intensiven Vereinsleben und Ansätzen zu einer Subkultur nahm vorübergehend Züge an, die entfernt einigen Strukturelementen der organisierten deutschen Arbeiterbewegung ähnelten, ohne doch zu einer politischen Arbeiterpartei zu werden. Er wurde zum Sammelbecken sozialer und wirtschaftlicher Unzufriedenheit, ohne sie sozialistisch zu organisieren. Es war kein Zufall, sondern typisch für diese Entwicklung, daß der aus Europa eingewanderte, ehemalige Sozialist Sidney Hillman der engste gewerkschaftliche Berater Franklin D. Roosevelts wurde: Hillman war der konsequenteste und weitblickendste Repräsentant syndikalistischer Kooperation von Gewerkschaften und Unternehmern im CIO, er hatte die Notwendigkeit der Staatsintervention und politischer Betätigung der Gewerkschaften als erster erkannt und praktiziert.

Unsere Analyse der *Politik des CIO* hat gezeigt, daß trotz relativ günstiger Ausgangsbedingungen[772] von den amerikanischen Industriegewerkschaften zu keinem Zeitpunkt eine gesellschaftspolitische Alternative zum Kapitalismus der Großkorporationen formuliert worden ist. Die Labor's Non-Partisan League, das Political Action Committee und die American Labor Party sind immer der politische Arm einer wirtschaftlichen Interessengruppe, nämlich der Industriegewerkschaften, gewesen. Sie erfüllten im wesentlichen drei Funktionen:

1. Die LNPL und die ALP sind von den Gründern des CIO bewußt dazu benutzt worden, die Bildung einer von vielen Gewerkschaftsmitgliedern geforderten amerikanischen Arbeiterpartei (nach britischem Vorbild mit der korporativen Zugehörigkeit der Gewerkschaften zur Labor Party) zu verhindern. Als das PAC 1943 errichtet wurde, war der Anspruch der gewerkschaftlichen Basis auf eine politische Arbeiterorganisation , u. a. bedingt durch die Kriegssituation, bereits aufgegeben worden.
2. In der LNPL, dem PAC und der ALP wurde das politische Potential der CIO-Gewerkschaften, wie es personell sich in den sozialistischen und kommunistischen Fraktionen oder in der Gruppe der ehemaligen Wobblies artikulierte, gebunden und politische Aktivität in der Kleinarbeit der Wahlkämpfe und in den Lobbies der Regierungen und Parlamente absorbiert.
3. LNPL, PAC und ALP waren Hilfsmittel, um die Arbeits- und Sozialgesetzgebung des New Deal und damit auch das System der Arbeitsbeziehungen im gewerkschaftlichen Interesse durch Erweiterung der liberalen Wählerbasis sowie der parlamentarischen New-Deal-Mehrheit und durch direkte Einflußnahme auf politische Entscheidungen bis in den Weltkrieg hinein abzusichern und zu bewahren. Namentlich das PAC hat diese Taktik durch die Propagierung der Keynesschen Wirtschaftspolitik, die eine das System der Arbeitsbeziehungen gefährdende Arbeitslosigkeit in der Nachkriegszeit vermeiden sollte, ergänzt. LNPL und PAC gaben dem CIO die Möglichkeit, auch außerhalb der Betriebe in den Wohn- und Stimmbezirken gewerkschaftliche Interessen zu vertreten.

In den Wahlkämpfen hat der CIO nie eine Partei, sondern immer nur einzelne Kandidaten unterstützt, auf die dann direkt Druck ausgeübt werden konnte und die dem CIO – war die gewerkschaftliche Basis im Wahlkreis stark genug – indirekt verantwortlich waren. Zwischen CIO und Demokratischer Partei hat also nie ein Verhältnis wie zwischen den sozialistischen Parteien Europas und ihren Gewerkschaften bestanden.[773] Durch die Anlehnung an New Deal-Kandidaten und an den amerikanischen Präsidenten ist der CIO lediglich zu einer Säule in der Roosevelt-Koalition geworden.

Auch die *politischen Fraktionen im CIO* haben keine Alternative zum Kapitalismus der Großkorporationen angeboten, sie sind im New Deal und Zweiten Weltkrieg vielmehr zu einem systemstabilisierenden Faktor geworden. Sozialisten und Kommunisten wurden als Techniker der Organisation in den CIO geholt und – gemeinsam mit den Funktionären der Association of Catholic Trade Unionists – gerade von den Arbeitern an der Basis als diejenigen akzeptiert, die die traditionellen Ziele der amerikanischen Gewerkschaftsbewegung und die materiellen Interessen der Mitglieder, nämlich Organisation der Nichtorganisierten und Abschluß von Tarifverträgen, am militantesten und erfolgreichsten vertraten. Sie waren es, die mehr Brot und bessere Butter lieferten, die also genau im vorgegebenen Rahmen des Systems der Arbeitsbeziehungen operierten und ihn ausfüllten. Sozialisten, Kommunisten und ACTU-Funktionäre trieben so die Integration der Industriegewerkschaften in das kapitalistische System voran. Als Partei fielen die Sozialisten schon Ende der dreißiger Jahre aus. Die amerikanische Sozialdemokratie wurde vom New Deal aufgesogen, zerfiel in Fraktionskämpfen und zerbrach am Loyalitätskonflikt zwischen Partei und Gewerkschaft. Die Kommunisten haben während der Volksfrontperiode im CIO keine inhaltlich eigenständige Politik betrieben und in den Kriegsjahren 1941–1945, motiviert durch die außenpolitischen Interessen der Sowjetunion, den CIO arbeitsfriedlich in das kapitalistische System hineingepreßt, um kontinuierliche und effiziente Waffenproduktion zu garantieren. Schließlich hat die ACTU, aufgrund der engen strukturellen Affinität von katholischer Soziallehre und syndikalistischem Gefüge des Kapitalismus der Großkorporationen, bewußt und systematisch die Integration des CIO in die quasi-korporative Wirtschaftsordnung gefördert.

Entstehung und Geschichte des CIO, seiner Politik und seiner politischen Fraktionen sind ein Beleg dafür, daß *New Deal und Zweiter Weltkrieg* in der amerikanischen Geschichte keinen Bruch, noch gar eine Revolution markieren, sondern daß die Reorganisation des Kapitalismus gerade dessen Kontinuität und Stärke manifestiert.[774] Der New Deal hatte objektiv eine konservierende Funktion, nämlich das kapitalistische System, das in der Weltwirtschaftskrise essentiell bedroht schien, zu reformieren und dadurch zu retten. Diese Reform schloß die Ausformung des Kapitalismus der Großkorporationen, der seit der Monopolisierung mehrerer Bereiche der Wirtschaft schon seit längerer Zeit angelegt war, ab. Sie war nicht das Resultat einer „Verschwörung" aufgeklärter Unternehmer, wie es einige Historiker der amerikanischen „Neuen Linken" nahelegen, sondern lag in der kapitalistischen Entwicklung selbst, im Zwang zur Profitmaximierung, begründet. In den Kapitalismus der Großkorporationen mit seinem System der Arbeitsbeziehungen wurden nicht nur die Industriegewerkschaften integriert, sondern auch die Großunternehmer, die sich – wie Henry Ford – zunächst mit allen Mitteln gegen die gewerkschaftliche Organisation ihrer Betriebsangehörigen gestemmt hatten. Ford und andere Großkorporationen akzeptierten schließlich die Gewerkschaften, weil durch sie ihre Herrschaftspositionen nicht bestritten oder angetastet wurden, weil letztlich geregelte Kooperation von Unternehmer und Gewerkschaft in der Weise institutionalisiert wurde, daß effiziente und kontinuierliche Produktion – und damit mittel- und langfristige Profitgarantie – im Rahmen eines als Friedensvertrag auf Zeit geschlossenen Tarifabkommens eher gewährleistet wurde als ohne gewerkschaftliche Organisation und Disziplinierung und mit den Gefahren spontaner Arbeitskämpfe. Genau hier erwies sich die eminente Funktion des Staates im organisierten Kapitalismus als ideeller Gesamtkapitalist: Durch Rahmenregelungen wie im NIRA, NLRA, in der Sozialgesetzgebung und in den Kriegsverwaltungsämtern wurden durch staatliche Intervention die Beziehungen zwischen Kapital und Arbeit so geordnet, daß auf Profitmaximierung angelegte Produktion möglich wurde. Zu Recht kann daher gesagt werden, daß die Opposition vieler Unternehmer gegen Gewerkschaften, Arbeitsgesetze und Franklin D. Roosevelt eine falsche, ihren eigenen objektiven Interessen widersprechende Front aufbaute.[775]

Die Reorganisation des Kapitalismus und die damit einhergehende neue zentrale Bedeutung des Staates zeichneten sich auch in politischen Veränderungen während der dreißiger Jahre ab. Der in der Wirtschaftsordnung des New Deal juristisch gebilligten ökonomischen Konzentration und dem öffentlichen Bewußtsein, daß der Laissez-faire-Kapitalismus an sein Ende gekommen sei, korrespondierte die politische Zentralisation in den Institutionen des Bundes, nämlich im Bundesverfassungsgericht, im Kongreß und namentlich in der Exekutive. Erst jetzt entwickelte sich Washington zum politischen Zentrum des amerikanischen Nationalstaates. Das Präsidentenamt wurde nicht nur durch die expandierende Bürokratie gestärkt, sondern in den Jahren 1933/34 nahm die Mehrheit der Gesetzesinitiativen vom Weißen Haus ihren Ausgang[776] und der Präsident übte – wie mit seinem "court packing plan" von 1937 – unmittelbaren politischen Druck auf das Verfassungsgericht aus. Die Anfänge des military-industrial complex lassen sich bis in den New Deal zurückverfolgen.

Durch die wirtschaftlichen und politischen Maßnahmen im New Deal wurde das kapitalistische System in den Vereinigten Staaten reorganisiert, gestärkt, nicht abgeschafft. Dies bedeutete auch, daß die in der Großen Depression und schon im Wohlfahrtskapitalismus entstandenen menschlichen Kosten zwar gesenkt, nicht aber aufgehoben wurden: Ende der dreißiger Jahre gab es weiterhin eine strukturelle Arbeitslosigkeit und ein Heer der Armut von 20 bis 30 Millionen Menschen, dessen Anblick zuweilen in der Öffentlichkeit von einer Konsumenten-Mittelklasse verstellt wurde.[777] Der New Deal hat das Vertrauen des Kleinbürgertums in den Kapitalismus wiederhergestellt und die größte soziale Not gelindert, nicht aber eine Vermögensumverteilung zugunsten der Arbeiterschaft, auch nicht zugunsten der gewerkschaftlich organisierten Arbeiter, vollzogen. Erst die Hochkonjunktur des Zweiten Weltkrieges brachte auch denen eine gewisse Prosperität, die bis dahin auf der Schattenseite der Gesellschaft am Rande des Existenzminimums gelebt hatten: Wie der New Deal den Kapitalismus gerettet hat, rettete der Weltkrieg den New Deal. Die integrierende Wirkung des patriotischen Krieges für die organisierte Arbeiterschaft ist dabei kaum zu überschätzen. Die Reorganisation des während der Weltwirtschaftskrise ins Schleudern geratenen amerikanischen Kapitalismus durch die Reform des New Deal und durch die ökonomischen Auswirkungen der Rüstung für den Weltkrieg ist so als eine der Ursachen dafür zu nennen, daß in den dreißiger Jahren keine sozialistische Massenbewegung in Amerika entstanden ist.

Die Rolle des CIO im New Deal und Zweiten Weltkrieg kann nur im Kontext des organisierten Kapitalismus begriffen werden. In dem Augenblick, in dem die Industriegewerkschaften Tarifverträge anstrebten und abschlossen, ohne parallel dazu eine antikapitalistische oder Systemveränderung intendierende Strategie zu praktizieren, akzeptierten sie die Integrationsmechanismen des Systems der Arbeitsbeziehungen. David

Brody – und in ähnlicher Weise vor ihm Charles und Mary Beard[778] – hat daher argumentiert, daß es zwischen *AFL und CIO* nur um einen innergewerkschaftlich-organisatorischen Konflikt gegangen sei[779], um ein taktisches Problem[780], daß durch den CIO die amerikanische Gewerkschaftsbewegung auf die Massengüterindustrien ausgedehnt, nicht aber qualitativ verändert worden sei.[781] Für die formal-organisatorische, innergewerkschaftliche Entwicklung ist diese These zweifellos richtig, doch betrachtet Brody eben ausschließlich die innergewerkschaftliche Situation ohne den sozialökonomischen Kontext. Erst aus diesem erhellt die strukturelle Differenz des CIO gegenüber den Berufsgewerkschaften der AFL, daß nämlich die Industriegewerkschaften dem Kapitalismus der Großkorporationen adäquater waren, daß durch sie syndikalistische Kooperation von Arbeit und Kapital im staatlich gesetzten Rahmen eher institutionalisiert werden konnte. Die AFL-Gewerkschaften sind daher bald dem industriellen Organisationsprinzip des CIO gefolgt.

Die Differenz zwischen den AFL-Gewerkschaften, die sich noch am Laissez-faire-Kapitalismus orientierten, und den dem organisierten Kapitalismus adäquaten Industriegewerkschaften zeigte sich auch in der Politik des CIO. Der Industriegewerkschaftsbund ist praktisch ein Produkt gesetzlicher, also staatlicher Maßnahmen, nämlich des NIRA und NLRA gewesen. Staatsintervention wurde vom CIO mit gewerkschaftlicher Intervention in die Politik beantwortet mit dem Ziel, auf dem Fundament der Arbeits- und Sozialgesetzgebung ein Gebäude von Tarifverträgen errichten und sichern zu können. Dabei operierten die CIO-Gewerkschaften aus einer Position der Schwäche heraus: Die leichte Austauschbarkeit von ungelernten und angelernten Arbeitern im Produktionsprozeß und die daraus resultierende (mit Facharbeitern verglichen) Benachteiligung bei Tarifverhandlungen wurde politisch durch Beeinflussung des Wahlkampfes und der exekutiven und legislativen Entscheidungen, innerbetrieblich durch Regelungen zur union security kompensiert. Oder anders formuliert: Der weitgehend staatsabstinente Voluntarismus des "Reward your friends and punish your enemis" wurde auf eine neue Ebene gehoben, auf die des Gewerkschaftsinterventionismus in die Politik im organisierten Kapitalismus.

*

Die Frage, warum der CIO keine antikapitalistische oder Systemveränderung intendierende Strategie verfolgt hat, kann nicht allein aus dem hier behandelten Zeitraum 1932–1944 beantwortet werden, sondern ist historisch vorbestimmt. Jene langfristig wirkenden Faktoren sind also zu beachten, die das Verhalten des CIO in New Deal und Zweitem Weltkrieg prädisponiert haben. Es wird dabei auf ein Argumentationszusammenhang und ein Problemhorizont rekurriert, der seit der Mitte des vorigen Jahrhunderts in der sozial- und geisteswissenschaftlichen Literatur, von Marx und Engels über Sombart bis zu Autoren der Gegenwart, zu finden ist und der sich auch in neueren Publikationen nicht wesentlich verändert hat.[782] Wenn im folgenden versucht wird, die verschiedenen Faktoren einzeln herauszuarbeiten, so ist es selbstverständlich, daß sie im konkreten historisch-gesellschaftlichen Prozeß aufeinander bezogen waren, sich gegenseitig beeinflußten und z. T. einander bedingten.

Das Fehlen feudalistischer Strukturen und Traditionen in den Vereinigten Staaten ist für die Geschichte der amerikanischen Arbeiterbewegung zweifellos von großer Bedeutung gewesen, ohne daß die Relevanz dieses Tatbestandes für das Verhalten des CIO – also die Wirkungen dieses langfristigen Faktors in dem von uns untersuchten Zeitabschnitt – quantitativ bestimmt werden könnte. In Deutschland hat der *Feudalismus* zur Herausbildung eines Kastenbewußtseins beigetragen, aus dem im Kapitalismus bürgerliches und proletarisches Klassenbewußtsein sowie, einer vergangenen historischen Epoche zugewandtes, aristokratisches Standesbewußtsein entstanden. Jeder einzelne war real und bewußtseinsmäßig einer bestimmten gesellschaftlichen Gruppe zugeordnet, handelte oder erlitt Geschichte als Angehöriger einer Klasse oder eines Standes, war in seiner Arbeit und außer seiner Arbeit fixiert auf ein je konkretes, hierarchisch eingeordnetes soziales Kollektiv. In den Vereinigten Staaten hingegen war der einzelne – trotz zuweilen krasser sozialer und wirtschaftlicher Gegensätze – nicht von vornherein, nicht traditionell verfestigt und besonders nicht ideologisch überhöht und gerechtfertigt in eine Kaste oder Klasse eingebunden und zementiert. In einseitiger Überbetonung dieses Faktors hat Louis Hartz darauf hingewiesen, daß der Sozialismus nicht allein aus dem Widerspruch von Kapital und Arbeit in der kapitalistischen Gesellschaft, sondern auch aus der Feudalordnung, dem Ethos des Feudalismus[783], genährt werde. In einer Gesellschaft ohne feudalistische Tradition wie der amerikanischen könne daher der (europäische) Sozialismus[784] nicht Fuß fassen, proletarisches Klassenbewußtsein und revolutionärer Anspruch nicht entstehen.[785] Auch Marx und Engels haben wiederholt herausgestrichen, daß die USA sich durch das Fehlen einer feudalen Epoche in der Geschichte von Europa unterscheiden. Doch schwankten sie in ihrem Urteil, wie sich dieser historische Tatbestand für die Entwicklung der amerikanischen Arbeiterbewegung auswirken werde: So hoffte Engels einmal, daß wegen des Fehlens feudaler Ruinen die amerikanische Arbeiterschaft in wenigen Monaten zum Bewußtsein ihrer objektiven Klassenlage gelangen werde; dazu habe die europäische Arbeiterschaft Jahre gebraucht. Dann wieder fürchtete er, daß in einem Land ohne Feudalismus die bürgerlichen Vorurteile besonders fest in der Arbeiterklasse verankert wären oder daß die amerikanischen Einwanderer zwar die feudalen Institutionen zurückgelassen, die feudale Ideologie aber – Religion, englisches Gewohnheitsrecht – in die Neue Welt eingeschleppt hätten.[786] Das Nachwirken des Feudalismus in Europa, sein Fehlen in Amerika und die daraus resultierende Bedeutung für die jeweilige Arbeiterbewegung ließen sich nur in einer detaillierten vergleichenden Untersuchung der Arbeiterorganisationen beider Kontinente in ihrer Gründungsphase annähernd bestimmen. Festgehalten werden kann gleichwohl, daß die feudalistische Tradition zur Herausbildung eines proletarischen Klassenbewußtseins in Europa beigetragen, ihr Fehlen in den Vereinigten Staaten bei den Arbeitern das Bewußtsein sozialer und politischer Gleichheit mit dem Bürgertum gestärkt hat.

Auch die Existenz einer *Sklavenhaltergesellschaft* in den amerikanischen Südstaaten hat die egalitäre Ideologie der weißen Arbeiter nicht aufgehoben. Trotz gewisser Affinitäten zwischen Feudalismus und Sklaverei haben beide nicht die gleiche soziale Funktion gehabt: Feudalismus betraf und strukturierte alle gesellschaftlichen Gruppen direkt, Sklaverei integrierte alle Sozialgruppen gegen eine – rassisch und nicht allein ökonomisch und sozial definierte – Minorität, tangierte sie nur indirekt.

In Europa und Deutschland hat die aus dem aufgeklärten Absolutismus kommende staatliche Bürokratie in der take-off Phase der Industrialisierung (wie etwa beim Aufbau des Eisenbahnnetzes) eine zentrale Rolle als Initiator und Förderer wirtschaftlicher Tätigkeit gespielt. In den Vereinigten Staaten hingegen gab es in dieser Periode früher Industrialisierung nur eine schwache, auf den Einzelstaat begrenzte und durch das "spoils"-System (extreme Form der Patronage) instabile staatliche Bürokratie, die aufgrund ihrer Diskontinuität über nur wenige Mitglieder von organisatorischem und technischem Fachwissen verfügte. Regionale und nationale Wirtschaftsentwicklung und Industrialisierung gingen daher fast ausschließlich von Privatunternehmen und ohne staatliche Mitwirkung aus. So wird dann auch verständlich, daß sich die amerikanischen Gewerkschaften seit ihrer Gründung und bis in den New Deal fast ausschließlich an den Unternehmen orientierten. Dagegen waren die deutschen Arbeiterorganisationen u. a. aus ökonomischen Gründen, nämlich eben wegen des Ausmaßes des Staatsinterventionismus bereits in der take-off Phase der Industrialisierung, auf den Staat bezogen. Anders als in den USA waren daher in Deutschland die ersten nationalen Arbeiterorganisationen nicht Gewerkschaften, sondern politische Parteien: Die Verbesserung der sozialen und wirtschaftlichen Lage der Arbeiter sollte und konnte nicht wie in Amerika durch Abschluß eines Tarifvertrages mit dem Unternehmer, sondern vor allem durch Sozial- und Arbeitsgesetze erreicht, ja in der reformistischen Praxis und in den Konzeptionen einiger Theoretiker (Lassalle, Bernstein, Hilferding) der Sozialismus gleichsam von Staats wegen eingeführt werden – so wie Kapitalismus und Industrialisierung vorher staatlich gefördert worden waren. *Staatsorientierung* der deutschen und *Unternehmensorientierung* der amerikanischen Arbeiterbewegung sind also ein Ergebnis der spezifischen Geschichte des Kapitalismus im jeweiligen Land. Negative Erfahrungen mit staatsinterventionistischen Maßnahmen (Anwendung der Anti-Trust Gesetze auf Gewerkschaften, einstweilige gerichtliche Verfügungen gegen Streiks) haben die amerikanischen Gewerkschaften auch in späteren Perioden kapitalistischer Entwicklung darin bestärkt, ohne staatliche Hilfe und nur auf die in Arbeitskämpfen ausnutzbare strategische Position von Facharbeitern im Produktionsprozeß gestützt ihre Interessen gegen die Unternehmer allein durchzusetzen. Die Ideologie des Voluntarismus, die für die AFL typisch war und die von Selig Perlman in seiner „Theorie der Gewerkschaften" systematisiert und wissenschaftlich überhöht worden ist, ist der genaue Ausdruck für die staatsabstinente Haltung amerikanischer Gewerkschaften bis zur Weltwirtschaftskrise gewesen. Erst in der Periode des voll ausgebildeten organisierten Kapitalismus, als auch in den Vereinigten Staaten eine nationalstaatlich-zentrale Bürokratie entstanden war, gab die amerikanische Arbeiterbewegung diesen Voluntarismus auch offiziell auf. Im Vergleich zu Deutschland blieben gleichwohl auch jetzt die amerikanischen Gewerkschaften – auch die Industriegewerkschaften des CIO – auf die Großunternehmen, weniger auf Einzelstaat oder Bund bezogen.

Die Orientierung der amerikanischen Gewerkschaften an den Unternehmen wurde dadurch verstärkt, daß in der take-off Phase der Industrialisierung eine extreme (Fach-) *Arbeitskräfteknappheit* herrschte, also auch der eben erst aus Europa eingewanderte (Fach-)Arbeiter individuell und ohne Zwang zum solidarischen Handeln mit den Kollegen seine Arbeitskraft dem Unternehmer so teuer wie möglich verkaufen konnte. In

Deutschland war die Situation auf dem Arbeitsmarkt im Frühkapitalismus dagegen genau umgekehrt: Durch ein *Überangebot an Arbeitskräften* (Bevölkerungsexplosion, Landflucht, Ost-West-Wanderung) mußte der einzelne Arbeiter den Preis seiner Arbeitskraft so heruntersetzen, daß er seine physische Existenz mit einem Minimum an Lohn gerade noch reproduzieren konnte. Er war gegenüber dem Unternehmer in einer äußerst schwachen Position. Abhilfe konnte der deutsche Arbeiter allein vom Staat erhoffen, gewerkschaftliche Solidarisierung mußte durch parteipolitische Aktion ergänzt werden, ja lief dieser voraus: Dies wiederum verfestigte die Staatsorientierung der deutschen Arbeiterbewegung, bestätigte die Notwendigkeit zu sozialistischer Parteiorganisation. Seit dem Anfang der neunziger Jahre verkehrte sich die Lage auf dem amerikanischen und deutschen Arbeitsmarkt. Die Vereinigten Staaten litten fortan unter struktureller Arbeitslosigkeit[787], während in Deutschland die Arbeitslosenquote zwischen 1890 und 1914 nie wesentlich über zwei Prozent stieg. Die amerikanischen (Facharbeiter-)Gewerkschaften schlossen sich daraufhin nach außen gegenüber den nichtorganisierten Arbeitern zünftlerisch ab, sie waren bemüht, den (Fach-)Arbeitsmarkt selbst zu kontrollieren. Das am Unternehmen fixierte "job consciousness" (Selig Perlman), das Wissen um die Knappheit der Arbeitsplätze, wurde auf diese Weise intensiviert. In Deutschland hingegen sahen – trotz einiger materieller Erfolge in Tarifverträgen – die Arbeiterorganisationen ihre bislang verfolgte Taktik bestätigt: Gerade die Gewerkschaften verbuchten die Senkung der Arbeitslosenzahl und soziale Besserstellung der Arbeiter als Ergebnis ihrer gesetzgeberischen Sozial- und Arbeitspolitik. Zwar wurde der revolutionäre Anspruch der Sozialdemokratischen Partei, die auf diesem Gebiet in den politischen Gremien der Kommunen, der Länder und des Reiches mehr und mehr zum Sprachrohr der freien Gewerkschaften wurde, in der Praxis dadurch geschwächt, doch blieb die Staatsorientierung erst recht erhalten.

Ein weiterer Faktor kommt hinzu, der der Entwicklung einer nationalen politischen Arbeiterorganisation in den Vereinigten Staaten entgegengewirkt hat, die *Zusammensetzung des Arbeitskräftepotentials.* Die amerikanische Arbeiterschaft ist bis in unsere Gegenwart rassisch, ethnisch und religiös fragmentiert. Entgegen allen Gerüchten vom großen sozialen Schmelztiegel haben weiße, schwarze und gelbe Arbeiter gegeneinander um Arbeitsplätze, Beförderung und bessere Wohnungen gekämpft; Weiße (und darunter besonders die gewerkschaftlich Organisierten) haben die Minoritäten diskriminiert; Protestanten, Katholiken und Juden, deutsche, irische und britische Einwanderer haben versucht, ihre Gewerkschaften, Betriebe oder Wohngegenden „rein" zu halten.[789] Die Geschichte der amerikanischen Arbeiterbewegung ist immer auch eine Geschichte der Diskriminierung gegen Minoritäten gewesen – was nur ein Ausdruck für die Zerrissenheit der Arbeiterschaft ist. Die amerikanische Arbeiterschaft ist durch die verschiedenen Einwanderungswellen ständig in Nationalitäten fragmentiert worden. Auch nach der staatlichen Beschränkung und Regulierung der Einwanderung, die in den achtziger Jahren des vorigen Jahrhunderts begann und 1924 einen vorläufigen Höhepunkt in einem ausgeklügelten Quotasystem fand[790], ist die Klassensolidarität unter den Arbeitern nicht wesentlich gewachsen, nationale Gräben blieben weiter offen. Aus historischen Gründen ist die deutsche Arbeiterschaft immer homogener gewesen: Es gab kein Rassenproblem, die religiöse Frage war weniger relevant[791], ausländische

Arbeitskräfte spielten eine geringere Rolle. Die tiefste Trennungslinie in der amerikanischen Arbeiterschaft lief bis zum New Deal zwischen den "ins", den gewerkschaftlich organisierten Facharbeitern, und den "outs", dem Rest der Arbeiter. Zumindest diese privilegierten Facharbeiter hatten einen höheren Lebensstandard als ihre europäischen Kollegen, deren elende Lebensbedingungen viele Einwanderer noch gut in Erinnerung hatten. Allerdings darf der Topos vom höheren Lebensstandard des amerikanischen Arbeiters auch nicht zum Mythos emporstilisiert werden. So ist das Realeinkommen der Industriearbeiter, zu denen zunehmend Ungelernte und Angelernte gehörten, von 1890–1914 in den Vereinigten Staaten nicht gestiegen, während zur gleichen Zeit der durchschnittliche Reallohn aller Lohnempfänger um 16 Prozent wuchs.[792] Zudem zogen die Arbeiter, die schon zwei Generationen und länger in Amerika lebten, nicht unbedingt mehr den Vergleich mit den Lebensverhältnissen auf dem alten Kontinent, sondern orientierten sich an der amerikanischen Mittelschicht: Dies zeigt nur, wie problematisch es ist, den Reallohn eines deutschen und amerikanischen Arbeiters zu einem bestimmten Zeitpunkt zu vergleichen, ohne den sozialökonomischen Kontext einzubeziehen, in dem ein Lohn verdient wird. Gleichwohl hatten schon Marx und Engels auf die soziale und wirtschaftliche Besserstellung des amerikanischen Arbeiters als Bremsklotz für die Entwicklung einer sozialistischen Partei hingewiesen.[793] Und es war gerade der Facharbeiter, von dem Sombart meinte, er stehe dem deutschen Mittelstand näher als der Lohnarbeiterklasse, „er speist schon, er ißt nicht mehr bloß"[794], und der sich deswegen nicht dem Sozialismus zuwandte: „An Roast-Beef und Apple Pie wurden alle sozialistischen Utopien zuschanden."[795]

Vergleichen wir die personelle Zusammensetzung der Arbeiterorganisationen in den Vereinigten Staaten und Europa, so fällt die unterschiedliche Bedeutung und *Funktion der Intellektuellen* auf. Amerikanische Gewerkschaftsfunktionäre und -führer kommen bis heute in Amerika fast immer aus den Betrieben und Büros, Akademiker werden nur gelegentlich als spezialisierte Sachbearbeiter von den Vorständen angestellt und nur in Ausnahmefällen von den Mitgliedern in Funktionen gewählt. Damit soll gewährleistet werden, daß bis in die oberste Spitze der Gewerkschaftshierarchie die unmittelbaren materiellen Interessen der Mitglieder aufgrund eigener betrieblicher Erfahrung durch den Gewerkschaftsführer angemessen vertreten werden – "trade unionistisches" Bewußtsein und Praxis werden auf diese Weise perpetuiert. In der Geschichte der deutschen Arbeiterbewegung haben hingegen trotz der sozialen Sonderstellung der Intellektuellen zwischen Kleinbürgertum, Bildungsbürgertum und Proletariat und der daraus folgenden politischen Ambivalenz[796] diese zumindest indirekt über die sozialdemokratische Parteiorganisation zur Radikalisierung der freien Gewerkschaften beigetragen. Dies bedeutet allerdings nicht, daß hier die einseitig-mechanische und andere Faktoren unterschlagende These Selig Perlmans übernommen wird, Intellektuelle hätten den Gewerkschaften sozialistische Ideen, die ihnen eigentlich fremd seien, künstlich aufgepropft.[797] Gleichwohl kann die Tatsache nicht übersehen werden, daß Intellektuelle im deutschen und auch europäischen Sozialismus ein (zumindest verbal-) radikalisierendes Element gewesen sind.

Ein weiterer Faktor, der mit dem schon diskutierten Feudalismusproblem unmittelbar zusammenhängt und bei einem Vergleich der deutschen und amerikanischen Arbeiterbewegung besonders ins Gewicht fällt, soll in die Überlegung einbezogen werden.

Spätestens seit der Jacksonion Democracy in den dreißiger Jahren des vorigen Jahrhunderts ist in den Vereinigten Staaten das *Bürgertum politisch voll emanzipiert* gewesen. Das bedeutet auch, daß die Arbeiter in den Genuß der Bürgerrechte kamen, daß die (weißen männlichen) Arbeiter das aktive und passive, das gleiche und geheime Wahlrecht in Anspruch nehmen konnten. Sie wurden als Klasse von Staats wegen politisch nicht unterdrückt, sondern waren als Bürger anerkannt, d. h. politisch nicht isoliert, vielmehr integriert. In Deutschland hingegen ist die politische Emanzipation des Bürgertums erst nach 1945 vollendet worden. Trotz ökonomischer Emanzipation hatte hier das Bürgertum in der Revolution von 1848 und im preußischen Verfassungskonflikt politisch kapituliert, sich den autokratischen Strukturen im politischen System angepaßt. Im Scheitern der bürgerlichen Revolution liegt der wesentliche Unterschied der deutschen Geschichte im 19. Jahrhundert im Vergleich zu der anderer Nationen Westeuropas, vor allem auch der Vereinigten Staaten. Diese „deutsche Abweichung" hatte unmittelbare Auswirkungen für die organisierte Arbeiterbewegung, indem diese gegen feudale Relikte in Staat und Gesellschaft, für bürgerlich-demokratische Rechte kämpfen und der politischen Unterdrückung durch ein autoritär-monarchisches System, das sich an feudalistischen und militaristischen (der Reserveoffizier als gesellschaftliches Leitbild!) Traditionen strukturierte, widerstehen mußte. All dies hat die deutsche Arbeiterschaft und ihre Organisationen solidarisiert, eine kohärente Opposition gegen den semifeudalen Staat und das kapitalistische System geschaffen. Das politische System der Vereinigten Staaten war dagegen für die Partizipation der Arbeiter offener, ein wie in Deutschland aus prinzipieller Opposition gegen den bestehenden Staat resultierender Solidarisierungseffekt fehlte.[798]

Nicht nur aus historischen, sondern auch aus immanenten Gründen hat *das politische System* der Vereinigten Staaten der Bildung einer – evtl. auf Gewerkschaften basierenden – Arbeiterpartei entgegengestanden. So benachteiligt das Mehrheitswahlrecht Dritte Parteien: Es ist im Kapitel über die American Labor Party gezeigt worden, daß allein die Modifikation des reinen Mehrheitswahlrechts und die vorübergehende Praktizierung der Verhältniswahl für den Stadtrat den Erfolg der ALP in New York City möglich gemacht hatte. Das amerikanische Zwei-Parteien-System ist äußerst flexibel, die Parteien sind als „Allerwelts"-, „Omnibus"- oder „Volks"parteien beweglich genug, jede Herausforderung ihrer Machtposition anzunehmen. Traditionell haben die beiden etablierten Parteien politische Forderungen und zuweilen auch die Funktionäre (so von den Sozialisten in den dreißiger Jahren) Dritter Parteien dann übernommen und manchmal wie ein Schwamm aufgesaugt, wenn sie ihnen gefährlich wurden. Das präsidentielle System mit der quasi-plebizitären Wahl des Chefs der Exekutive, also gleichsam die Anwendung der Mehrheitswahl in der Weise, daß die Vereinigten Staaten einen Wahlkreis bilden, läßt die Präsidentschaftskandidatur von Vertretern Dritter Parteien als sinnlos erscheinen – wie der Roosevelt-Sog 1932 und 1936, der auf Kosten der Sozialisten ging, zeigte. Ferner laufen die beiden großen Parteien und namentlich ihre regionalen und städtischen Organisationen auf dem Schmieröl des "spoils"-System, mit Patronage können auch Oppositionelle eingekauft werden. Werner Sombart hat die Bedeutung des amerikanischen Parteiensystems für das Scheitern des Sozialismus in den USA besonders betont: Der Arbeiter wähle nicht nur gesetzgebende Körperschaften, sondern in vielen Bundesstaaten auch die höheren Verwaltungsbeamten und die Richter. In diesen häufigen Wahlen hätten sich politische Maschinen herausgebildet, die – mit Geldmitteln und Personal bestens ausgestattet – seit Jahren im Besitz der alteingesessenen Parteien seien. Dies mache die Bildung einer Dritten Partei äußerst schwierig. Derartige Parteiorganisationen, zu denen etwa die oben erwähnte Tammany Hall in der Demokratischen Partei von New York City zu zählen ist, seien nur zum Zweck der gemeinsamen Ämterjagd errichtet. Beim besten Willen könne man in ihnen keine Klassenfärbung entdecken, sie wurzelten in der Masse des Volkes und verhinderten so die Herausbildung einer proletarischen Klassenpartei.[799] Es gilt also festzuhalten, daß diese theorielosen, dezentralisierten amerikanischen Parteien jederzeit flexibel genug waren, sich auf politische Herausforderungen einzustellen, durch Geben und Nehmen inhaltliche wie personelle Kompromisse zu schließen, zu denen sie als Organisationen oder Wahlverbände gezwungen waren, die auf allen Ebenen des Regierungssystems politische Verantwortung übernehmen. Im Gegensatz dazu sind die deutschen Parteien bis in die Weimarer Republik hinein „unverantwortliche" Parteien gewesen, die – weil sie an der Exekutive weder personell noch inhaltlich an der Formulierung der Regierungspolitik beteiligt waren – nicht dazu gezwungen wurden, Kompromisse zu schließen, sondern die im Parlament und in der Agitation ihre Ideologie rein und ihre ökonomischen und sozialen Interessen unbefleckt vertreten konnten. Patronage, die zum personellen Kuhhandel und zur Flexibilität gezwungen hätte, gab es nicht, die Regierung basierte auf dem Zementblock einer Beamten-Bürokratie. Anders formuliert: Das deutsche politische System begünstigte ideologische Parteien und verstärkte die aus anderen Gründen bereits vorhandene Isolierung der Sozialdemokratie. In den Vereinigten Staaten hingegen gehört das Zwei-Parteien-System zur "political culture", Dritte Parteien erscheinen als dysfunktional – was die Chancen jeder Arbeiterpartei von vornherein minderte.[800] Das politische System der Vereinigten Staaten ist also geradezu prädestiniert, seine Grenzen selbstadaptiv so zu verschieben, daß potentielle und auch konkrete Herausforderungen durch oppositionelle Gruppen oder Organisationen mit deren Integration überwunden werden.

Schließlich sei im Anschluß an die Diskussion des politischen Systems und im mittelbaren Zusammenhang damit auf einen weiteren Faktor hingewiesen, der einem amerikanischen Sozialismus entgegenwirkte: *Dezentralisation* war und ist ein Strukturelement des amerikanischen politischen und gesellschaftlichen Systems, Dezentralisation ist ein Prinzip im System der Arbeitsbeziehungen und im Aufbau vieler Gewerkschaften. Diese föderalistische Struktur hat, wie oben entwickelt worden ist, das im CIO durchaus vorhandene politische Potential fragmentiert und in den Gemeinden und Einzelstaaten absorbiert. Dadurch wurde von vornherein die Etablierung einer Dritten Partei, die u. U. auf den Gewerkschaften des CIO hätte basieren können, verhindert. Nur lokal oder regional konnten nicht-etablierte Parteien wie die Sozialisten in Milwaukee oder die Farmer-Labor-Party in Minnesota erfolgreich sein. Hieraus erklärt sich auch, daß der CIO mit seinen politischen Organen national immer nur als pressure group aufgetreten ist. Im Vergleich zu den Vereinigten Staaten sind die zentralistischen Komponenten in Deutschland im politischen und gesellschaftlichen Bereich und im Tarifsystem[801] ausgeprägter. Eine nationale Arbeiterpartei hätte in den Vereinigten Staaten die Hürden des Regionalismus und Sektionalismus[802], des Föderalismus und der Vitalität der Kommunalpolitik, nach der Ausformung des organisierten Kapitalismus im New Deal auch den Syndikalismus des Systems der Arbeitsbeziehungen zu überwinden gehabt.

Eine der – bis heute tradierten – Hauptthesen der historischen und sozialwissenschaftlichen Literatur zum Fehlen einer sozialistischen Bewegung in den Vereinigten Staaten ist die, daß die *Frontier*, die nach Westen und Südwesten zu unbesiedeltem Land hin offene Grenze, als Sicherheitsventil der amerikanischen Gesellschaft gewirkt habe. Diese These ist am schärfsten von Frederick Jackson Turner in seinem bekannten Aufsatz über die Bedeutung der Frontier für die amerikanische Geschichte formuliert worden[803]: Überzählige oder ausgebeutete Arbeitskräfte hätten jederzeit dem sozialen Elend im Osten entrinnen und nach Westen ziehen können. Dadurch sei zugleich erreicht worden, daß den Arbeitern, die im Osten zurückgeblieben wären, höhere Löhne gezahlt werden mußten.[804] Solidarisches Handeln und Klassenbewußtsein des Proletariats, so lautete die Argumentation, könne solange nicht entstehen, wie in kritischen Augenblicken sich das Sicherheitsventil öffne und sozialen und politischen Überdruck nach Westen ablasse. Entsprechend der These Turners hat John R. Commons in seiner bekannten Geschichte der amerikanischen Arbeiterbewegung argumentiert, daß erst nachdem die Frontier und damit das Sicherheitsventil geschlossen war, Gewerkschaften im eigentlichen Sinn in den USA entstanden seien.[805] Commons hat mehrfach wiederholt, daß der schnelle und überraschende Aufstieg der Knights of Labor und die Gründung der AFL unmittelbar mit dem Ende der Frontier zusammenhingen. Turner hatte in seiner 1893 verfaßten Abhandlung aber nur das akzentuiert, was seit mehreren Jahrzehnten zum Problembewußtsein zumindest der akademischen Welt in Europa und Amerika gehörte. Auch Marx und Engels haben geglaubt, daß die Frontier die Herausbildung einer sozialistischen Arbeiterbewegung in Amerika zumindest verzögere.[806] Im Anhang zur amerikanischen Ausgabe seiner „Lage der arbeitenden Klasse in England" nahm Engels 1886 jene Formulierung wörtlich voraus, die Turner wenige Jahre später popularisierte: Die Frontier sei „das große Sicherheitsventil gegen die Bildung einer proletarischen Klasse".[807] Die These von der Frontier als dem sozialen Sicherheitsventil in der amerikanischen Geschichte ist – nicht zufällig in der Zeit der Großen Depression, als die Arbeitslosenrate noch extrem hoch war, von Historikern empirisch überprüft und widerlegt worden.[808] Es hat sich gezeigt, daß die Zahl der Arbeiter, die nach Westen gezogen waren, sehr gering gewesen ist, daß hingegen die Farmer des Ostens an der Frontier siedelten. Selbst wenn Industriearbeiter nach Westen hätten ziehen können, so wären sie als Landwirte viel zu unerfahren gewesen, um dort Land zu kultivieren. Auch die erfahrenen Farmer des Ostens, die an der Frontier siedelten, hatten derartige Schwierigkeiten, sich in der neuen Umgebung zurecht zu finden, daß in den Jahren vor 1890 nur etwa ein Drittel von ihnen lange genug blieb, um schließlich eine Homstead für sich beanspruchen zu können.[809] Wenn überhaupt Lohnempfänger die Industriezentren des Ostens verließen, dann gerade nicht in Zeiten wirtschaftlicher und sozialer Krise, wie Turner und seine Schüler nahegelegt hatten, sondern nur in Phasen ökonomischen Aufschwungs. Die Arbeiter erhielten einen viel zu geringen Lohn, als daß sie das notwendige Kapital, um die Reise in den Westen, Ausrüstung, Waffen und Landkauf zu finanzieren, hätten aufbringen können.[810] Auch die These eines indirekt wirkenden Sicherheitsventils, daß nämlich potentielle Arbeitskräfte im Osten wie die Söhne von Farmern nicht in die Industrie und Städte ihrer Heimatstaaten, sondern an die Frontier gezogen sind, hat einer empirischen Untersuchung nicht standgehalten: In der Zeit zwischen 1860 und 1900 sind für jeden Industriearbeiter, der auf das Land zog, mindestens zwanzig Farmer in die Städte gegangen. Das Ventil hat also genau umgekehrt gearbeitet als Turner und mit ihm andere angenommen hatten: Durch die Industrialisierung ist die Landbevölkerung des Ostens in den Städten, nicht an der Frontier seßhaft geworden.[811]

Was nach kritischer Prüfung der These Turners erhalten bleibt, ist nicht die wirtschaftliche Bedeutung der Frontier für die amerikanischen Arbeiter, sondern ihre psychologische Wirkung, ist der Frontier-Mythos. Dieser Frontier-Mythos konnte nicht allein deswegen bis in unsere Gegenwart fortwirken, weil er sich als Ideologie verselbständigt hat, sondern auch deswegen, weil nach dem statistischen Schließen der Frontier 1890 der Westen weiter besiedelt worden ist. So wurden in den ersten drei Jahrzehnten unseres Jahrhunderts mehr Homesteads westlich des Mississippi vergeben als vor der Jahrhundertwende.[812] Die Auswirkungen der Frontier-Ideologie für die Arbeiterbewegung und die amerikanische Geschichte überhaupt kann kaum überschätzt werden. Der „amerikanische Traum" vom Land der unbegrenzten Möglichkeiten ist von Sozialwissenschaftlern – allen voran Turner – Schriftstellern und Politikern an der Frontier gleichsam rationalisiert worden: Die Vereinigten Staaten seien als Nation an der Frontier geboren worden, hier seien der spezifisch amerikanische Individualismus und Liberalismus, sei die amerikanische Demokratie entstanden, hier habe der Schmelztiegel funktioniert und Europäer und selbst Afrikaner verschiedener Nationalität zu Amerikanern umgegossen – Sozialismus sei als europäischer Import an der Frontier immer fremd geblieben. Zum „amerikanischen Traum", zur Frontier-Ideologie gehört auch jenes Argument von der verglichen mit Europa größeren *sozialen Mobilität* in den Vereinigten Staaten: Der amerikanische Arbeiter wäre nicht nur geographisch flexibler gewesen, sondern hätte sozial und wirtschaftlich einfacher und schneller aufsteigen können als sein europäischer Kollege. Er habe damit aus objektiven gesellschaftlichen Gründen nicht zum Bewußtsein seiner Klassenlage gelangen und mithin auch nicht die Notwendigkeit zur Gründung oder zum Eintritt in eine sozialistische Partei sehen können. Der Tellerwäscher, der zum Millionär aufsteigt, wurde zum festen Bestandteil der amerikanischen Folklore. Dieser Volksglaube ist von den wundersamen Geschichten über den unaufhaltsamen Aufstieg einiger Unternehmer in der Periode rapider Industrialisierung bestärkt worden. Vergleichende Untersuchungen über die soziale Mobilität in Europa und den Vereinigten Staaten haben diese Mobilitätsthese jedoch zumindest infrage gestellt. Nach Lipset und Bendix ist soziale Mobilität charakteristisch für jede Industriegesellschaft, ist der Urbanisierung, Industrialisierung und Bürokratisierung immanent.[813] Vieles spricht für die These, daß auf beiden Kontinenten soziale Mobilität nicht quantitativ-empirisch, wohl aber bewußtseinsmäßig (Perzeption von sozialer Mobilität) differierte. Diese Tatsache wiederum verweist nur umso stärker auf den ideologischen Faktor, der vom Frontier-Mythos ausgehend die Möglichkeiten zur Bildung einer amerikanischen Sozialdemokratie von vornherein limitiert hat.

Mit dem 1890 offiziell vom Statistischen Bundesamt verkündeten Schließen der

Frontier schienen amerikanische Demokratie, Individualismus, Liberalismus und Freiheit unmittelbar bedroht. Diese Furcht, in einen neuen Abschnitt amerikanischer Geschichte, der europäische Enge und Kollektivismus bringen werde, einzutreten, schwang in allen Arbeiten Turners mit. Zwar verselbständigte sich der „amerikanische Traum" als Ideologie und wirkte auch in den nächsten Jahrzehnten fort. Gleichwohl ließ diese Sehnsucht nach der Vergangenheit, nach Bewahrung der Frontier-Ideale ein ideologisches Vakuum entstehen, das – so wird vorläufig und thesenhaft formuliert – durch *Antisozialismus und Antikommunismus* z. T. wieder aufgefüllt wurde. Die großen Sozialisten- und später Kommunistenverfolgungen setzten erst in dem Augenblick ein, als sich in der amerikanischen Öffentlichkeit das Bewußtsein vom Ende der Frontier allgemein durchgesetzt hatte. Sozialistische Kollektivität und Solidarität widersprachen genau jenem Frontierindividualismus und -liberalismus, die gleichsam nach Art einer „Heilslehre" in der amerikanischen Verfassung als Prinzip gesehen wurden. Sozialismus und Kommunismus wurden so zum negativen Fixpunkt der nach der Jahrhundertwende konservativ erstarrten Frontierideologie. Im Kapitel über die Kommunisten im CIO wurde gezeigt, daß der Antikommunismus einer der Faktoren gewesen ist, der die Integration des CIO in den organisierten Kapitalismus beschleunigt hat. Hätte der CIO den Versuch unternommen, eine autonome Arbeiterpartei aufzubauen, so wäre sie mit dem Stigma des Kommunismus behaftet worden: Antikommunismus limitierte den Spielraum einer jeden Organisation, die die Veränderung des kapitalistischen Systems anstrebte.[814]

In diesem Zusammenhang erweist sich auch die Argumentation Daniel Bells, der Marxismus sei in den Vereinigten Staaten an seiner eigenen *Sektiererei* gescheitert, als zu einseitig. Wenn Bell schreibt, ideologische Scheuklappen hätten Sozialisten und Kommunisten behindert, die Gesellschaft zu verstehen, in der sie lebten, die Sozialisten seien in, aber nicht von dieser Welt, die von ihnen konzipierten Reformen seien zwar in der amerikanischen Gesellschaft entwickelt worden, sie seien aber nicht von dieser Gesellschaft gewesen[815], so unterschlägt er den sozialen und ideologischen Kontext, in dem Marxisten in den USA standen. Vielmehr könnte man genau umgekehrt formulieren: Marxisten sind von außen ideologisch mit den Bauelementen des „amerikanischen Traums" eingemauert worden. Dies hat zuweilen dazu geführt, daß amerikanische Sozialisten sich unreflektiert dem gesellschaftlichen und politischen status quo anpaßten. In einer Untersuchung über Radikalismus an der gewerkschaftlichen Basis ist kürzlich gezeigt worden[816], daß Sozialisten aus der Gewerkschaftsbewegung in der Tagespolitik sehr wohl realistisch und pragmatisch gehandelt haben und die Spielregeln des amerikanischen politischen Systems genau beherrschten. Auch das Beispiel der erfolgreichen sozialistischen Kommunalpolitik in Milwaukee zeigt, wie sehr Sozialisten sich auf die amerikanischen Bedingungen in der Tagespolitik einzustellen vermochten. Gleichwohl enthält Bells These einen richtigen Kern. Neben zuweilen erfolgreicher politischer Kleinarbeit fochten amerikanische Sozialisten (bis in den New Deal, in dem die Partei endgültig zerbrach) nicht andere ideologische Kämpfe – einschließlich des Revisionismusstreits und der Massenstreikdebatte – aus, als ihre Genossen in Europa. Insofern war die Ideologie amerikanischer Sozialisten für sich und abstrakt gesehen nicht sektiererischer als die der deutschen Sozialisten. Die amerikanischen Sozialisten wurden erst dadurch zur Sekte, als sie nicht die in den USA von Europa verschiedenen sozialen, wirtschaftlichen, politischen und ideologischen Bedingungen berücksichtigten, sie Marxismus mechanisch in die Neue Welt übertrugen und nicht zum Anlaß nahmen, den amerikanischen Kapitalismus mit seinen spezifischen Strukturen und Ausformungen zu analysieren und daraus eine systemüberwindende Strategie zu entwickeln.

Das Scheitern der amerikanischen Sozialisten und Kommunisten, die Fehlschläge von radikalen Gewerkschaftsbewegungen (wie der Knights of Labor und der Industrial Workers of the World) und Gewerkschaftsoppositionen, die jenseits der „Brot- und-Butter"interessen der Arbeiter mit politischen Mitteln die Veränderungen des kapitalistischen Systems anstrebten, hat sich als Tradition verselbständigt. Diese *Negativ-Tradition* ist gleichsam zum Fetisch geworden, der die self-fullfilling prophecy des Scheiterns Dritter Parteien auch für die Arbeiterbewegung in der konkreten historischen Situation jeweils einlöst. Sie war bereits in den dreißiger Jahren zu einem die Möglichkeiten für eine autonome Arbeiterpartei einschränkenden Faktor geworden, hat die Integration des CIO gefördert. Während in Deutschland bis heute der Anspruch auf Gesellschaftsveränderung gerade aus der Tradition radikaler Arbeiterbewegung geschöpft wird, hat die amerikanische Negativ-Tradition nicht unwesentlich zur Resignation gesellschaftspolitischer Protestbewegungen, zur Flucht vor der Gesellschaft zu Hasch, Hermann Hesse, Jesus und in das Spießbürgertum beigetragen.

Ziehen wir die Summe aller langfristig wirkenden Faktoren, so ist festzustellen, daß es in der amerikanischen Arbeiterschaft nie ein ausgeprägtes, auch politisch motiviertes *Klassenbewußtsein* gegeben hat. Selbst in der Großen Depression entwickelte sich trotz der Tiefe der sozialen, wirtschaftlichen und politischen Krise kein kohärentes proletarisches Klassenbewußtsein, obwohl damals im Vergleich zu anderen Perioden der amerikanischen Geschichte Politisierung, sozialer Protest und Militanz der Arbeiterschaft nie einen höheren Grad erreichten. Dieser spontane, wenig artikulierte und kaum organisierte Protest wurde schließlich u. a. im CIO aufgefangen und kanalisiert. Auch Versuche einiger zeitgenössischer Autoren, proletarisches Klassenbewußtsein in den Vereinigten Staaten aufzuzeigen, sind offenkundig fehlgeschlagen: Sie verwechseln ein Arbeiterbewußtsein, in dem sich die Entfremdung im Produktionsprozeß als Frustration niederschlägt[817], mit einem Klassenbewußtsein, in dem die Widersprüche der kapitalistischen Gesellschaft nicht nur erkannt, sondern auch solidarisch und politisch in einem antikapitalistischen (Strategie)Ansatz vermittelt sein müßten. Von Tocqueville über Sombart bis in unsere Gegenwart ist von Beobachtern der amerikanischen Szene immer wieder bemerkt worden, daß die Arbeiter in Amerika vom Glauben an die Gleichheit aller Bürger, von der „Heiligkeit" ihrer Verfassung bestimmt seien. Auch hierin zeigt sich die Bedeutung der ideologischen Komponente in der Geschichte der amerikanischen Arbeiterbewegung. In den Gewerkschaften konkretisierte sich diese individualistische und formale Egalitätsfixierung in der Forderung der Mitglieder nach höheren Löhnen und besseren Arbeitsbedingungen, die gleichsam plebizitär aufgrund der Dezentralisation der Arbeiterorganisationen, der relativen Autonomie der locals und der syndikalistischen Struktur des Systems der Arbeitsbeziehungen durchgesetzt werden kann. Wie gering entwickelt das Klassenbewußtsein des amerikanischen Arbeiters ist, zeigte sich in der hier genauer untersuchten Periode des New Deal und Zweiten Weltkrieges gerade darin, daß kommunistische Gewerkschaftsfunktionäre dann und so lange akzeptiert wurden, wie sie Brot und Butter auf den Tisch des Hauses servierten – die gesellschaftspolitische Konzeption oder Position der Kommunisten war dabei für den Arbeiter im Betrieb völlig irrelevant.

*

Erst die lang- und kurzfristig wirkenden Faktoren zusammengenommen erklären, warum in der Großen Depression und im New Deal alle Versuche fehlschlugen, eine autonome politische Arbeiterpartei zu gründen, warum Sozialisten und Kommunisten scheiterten und warum die CIO-Gewerkschaften in den organisierten Kapitalismus nahtlos integriert worden sind. Die langfristig angelegten Faktoren haben die Politik des CIO im New Deal und Zweiten Weltkrieg prädisponiert. Es ist methodologisch unmöglich, die Bedeutung der einzelnen Faktoren, die zur Integration der amerikanischen Industriegewerkschaftsbewegung in den organisierten Kapitalismus und zum Scheitern aller Ansätze zu einer autonomen Arbeiterpartei führten, zu gewichten oder auch nur gegeneinander abzugrenzen. Vielmehr sind sie aufeinander bezogen und voneinander abhängig, sie lassen sich nicht als quantifizierbare Variabeln benennen. Der Hinweis auf die einzelnen Faktoren und der Versuch, den Bedingungskontext für die Geschichte des CIO zu analysieren, muß daher genügen. Jedes andere methodologische Vorgehen – etwa die Quantifizierung von „Variabeln" oder die Auflistung einer Rangordnung der genannten Faktoren nach ihrer Relevanz – würde eine Rationalität vortäuschen, die in Wirklichkeit nicht vorhanden ist.

Die Wiedervereinigung von AFL und CIO im Jahr 1955 ist kein Zufall gewesen, sondern lag in der Logik des Kapitalismus der Großkorporationen. Nicht nur waren beide Verbände beim Abschluß von Tarifverträgen durch die gleichen Integrationsmechanismen des Systems der Arbeitsbeziehungen betroffen, sondern sie näherten sich auch organisatorisch an. Es wurde schon mehrfach darauf hingewiesen, daß die AFL-Gewerkschaften zum Ende der dreißiger Jahre zunehmend dem industriellen Organisationsprinzip folgten. Umgekehrt waren die CIO-Industriegewerkschaften gezwungen, mehr und mehr auf die Interessen und Bedürfnisse der von ihnen repräsentierten Facharbeiter Rücksicht zu nehmen, was sich etwa in der Einrichtung von Fachabteilungen für bestimmte Facharbeitergruppen bei den nationalen und regionalen Gewerkschaftsvorständen, zuweilen sogar in den locals niederschlug. Auch im politischen Bereich waren die Differenzen zwischen AFL und CIO geschwunden, nachdem unmittelbar nach Verabschiedung des die Gewerkschaftsrechte einschränkenden Taft-Hartley Acts von 1947 die AFL auf diese Staatsintervention institutionell mit der Gründung der Labor's League for Political Action geantwortet hatte – der Schwesterorganisation zum PAC des CIO.[818] Nach der Vereinigung von AFL und CIO wurden die Labor's League for Political Action und das PAC im bis heute als politisches Organ des Gewerkschaftsbundes bestehenden Committee on Political Education COPE zusammengelegt.

New Deal und Zweiter Weltkrieg sind in der Geschichte der amerikanischen Arbeiterbewegung eine Periode des Umbruchs gewesen. CIO und Industriearbeiterschaft wurden in den organisierten Kapitalismus integriert, die Gewerkschaften ragten schließlich als eine konservative Säule der amerikanischen Gesellschaft heraus. Eine Strategie systemverändernder oder systemüberwindender Reformen könnte heute in den Vereinigten Staaten ihre soziale Basis allein bei jenen gesellschaftlichen Randgruppen suchen, die wie rassische und ethnische Minoritäten, Arbeitslose und Landarbeiter, arme Weiße in den Südstaaten und bestimmte Gruppen von Intellektuellen außerhalb des Systems der Arbeitsbeziehungen stehen und auf der Seite menschlicher Kosten im organisierten Kapitalismus zu Buch schlagen. Ihr Protest gegen den sozialen status quo ist spontan, eruptiv, nicht organisiert. Würden diese Gruppen organisiert, durch die Ausdehnung des NLRA und die Verbesserung der Sozialgesetzgebung erfaßt, so wäre es durchaus möglich, daß die Integrationsmechanismen des organisierten Kapitalismus auch bei ihnen faßten. Auch sie würden dann integriert, so wie schon heute Gesellschaftsveränderung von den amerikanischen Gewerkschaften nicht zu erwarten ist.

# Anmerkungen

1 Die Literatur über die „Große Depression" ist unübersehbar geworden. Eine sehr knappe und gedrängte Übersicht ist zu finden in Harold Underwood Faulkner, American Economic History. 8. Auflage, New York 1960, S. 645 ff. Immer noch unentbehrlich ist die Arbeit von Broadus Mitchell, Depression Decade. From New Era through New Deal, 1929–1941. New York 1969 (zuerst New York 1947 erschienen). Vgl. ferner die Gesamtdarstellungen der Wirtschaftskrise in den USA von Murray N. Rothbard, America's Great Depression. Toronto, New York, London 1963, und Harris Gaylord Warren, Herbert Hoover and the Great Depression. New York 1967.

2 Vgl. Faulkner,a. a. O., S. 645. Der auf der Basis von 30 Industrie-Aktien errechnete Dow-Jones-Index fiel vom September 1929 bis Januar 1933 von 349,9 auf 62,7.

3 Vgl. Rothbard, a. a. O., S. 290.

4 Vgl. Faulkner, a. a. O., S. 646.

5 Vgl. Rothbard, a. a. O., S. 290, und W. S. Woytinsky u. a., Employment and Wages in the United States. New York 1953, S. 38, 578.

6 Zitiert nach Erich Angermann, Die Vereinigten Staaten von Amerika. München 1966 (= dtv-Weltgeschichte des 20. Jahrhunderts, Bd. 7), S. 110.

7 Das Problem, die Arbeitslosenzahlen für die Zeit vor 1940 zu berechnen, besteht nicht nur darin, daß nur wenige und dann oft ungenaue Daten vorliegen, sondern vor allem darin, daß die Erhebungen von vielfältigen Definitionen des „Arbeitslosen" ausgingen. Seit 1940 wird als arbeitslos gezählt, wer in einer Woche nicht gearbeitet, aber aktiv nach Arbeit gesucht hat; oder wer nicht gearbeitet und nicht nach Arbeit gesucht hat, weil er a) für unbestimmte Zeit, aber mit Aussicht auf Rückkehr an seinen Arbeitsplatz vorübergehend entlassen ist oder b) krank gewesen ist. Bis 1940 ist die Zahl der Arbeitslosen dadurch geschätzt worden, daß die Zahl der tatsächlich Beschäftigten ("gainfully employed", ein Begriff, der vielen Interpretationen offen stand) von der Zahl aller Arbeitskräfte abgezogen wurde. Viele Berechnungen der Arbeitslosenzahl in der Großen Depression waren deswegen zu niedrig, weil Frauen, die wegen der Arbeitslosigkeit ihres Mannes Arbeit suchten, oder Jugendliche, die zum ersten Mal den Arbeitsmarkt betraten, nicht gezählt oder ihre Zahl zu niedrig veranschlagt wurden. Vgl. hierzu den Aufsatz von Russell A. Nixon und Paul A. Samuelson, Estimates of Unemployment in the United States. In: The Review of Economic Statistics XXII (August 1940), S. 101 ff. Vgl. ferner Woytinsky, a. a. O., S. 393; ders., Controversial Aspects of Economic Statistics, in: The Review of Economic Statistics XXIII (Mai 1941), S. 68 ff.; Mitchell, a. a. O., S. 91 ff.; Gordon F. Bloom and Herbert R. Northrup, Economics of Labor and Industrial Relations. Philadelphia und Toronto 1950, S. 57 ff.; Stanley Lebergott, Manpower in Economic Growth: the American Record Since 1800. New York, San Francisco, Toronto und London 1964, S. 407 ff. Alle Untersuchungen und Erhebungen stimmen gleichwohl in der Bestimmung des zeitlichen Verlaufs und des Trends der Arbeitslosigkeit während der Weltwirtschaftskrise überein.

8 Vgl. Woytinsky, Employment and Wages, a. a. O., S. 716.

9 Vgl. Lebergott, a. a. O., S. 512. Die Dauer der Arbeitslosigkeit ist ein weiterer Indikator für die menschlichen Kosten und die Auswirkungen der Wirtschaftskrise: Im März 1940 waren nach dem Ergebnis der Volkszählung 17,3 % aller Arbeitslosen seit zwei Jahren oder länger ohne Arbeit; ein Drittel der Arbeitslosen war seit mindestens einem Jahr ohne Arbeit. Der Anteil der Arbeitslosen, die seit zwei oder mehr Jahren keine Arbeit mehr gehabt hatte, war u. a. im Bergbau und in der Automobilindustrie mit über 25 % zu dieser Zeit noch besonders hoch. Vgl. Woytinsky, a. a. O., S. 415.

10 Vgl. Woytinsky, a. a. O., S. 407 ff.; Mitchell, a. a. O., S. 97 ff.; Rothbard, a. a. O., S. 290; Irving Bernstein, The Lean Years. A History of the American Worker 1920–1933. Boston 1966, S. 254 ff.; 506 ff.; David Brody, The Rise and Decline in Welfare Capitalism, in: John

Braeman, Robert H. Brenner and David Brody, Change and Continuity in Twentieth Century America: the 1920s. Ohio State University Press 1968, S. 172 ff.

11 Vgl. Woytinsky, a. a. O., S. 413 ff.; Bernstein, a. a. O., S. 256 f.; Mitchell, a. a. O., S. 97 f.

12 Vgl. Woytinsky, a. a. O., S. 404 ff. und Mitchell, a. a. O., S. 98. Anders als in der Gegenwart gab es in der Großen Depression zwischen Männern und Frauen kaum eine Differenz in der Arbeitslosenquote.

13 Vgl. Woytinsky, a. a. O., S. 406 f.; Stanley Lebergott (Hrsg.), Men Without Work. The Economics of Unemployment. Engelwood Cliffs, N. J., 1964, S. 12 ff.; Mitchell, a. a. O., S. 99; Bernstein, a. a. O., S. 317 f.

14 Vgl. Lebergott, Manpower, a. a. O., S. 185 f.; Rothbard, a. a. O., S. 292 ff.; Bernstein, a. a. O., S. 318, 360 f.

15 Vgl. Lebergott, a. a. O., S. 523 f.; Rothbard, a. a. O., S. 290 ff.; ders., The Hoover Myth, in: For a New America. Essays in History and Politics from "Studies on the Left", 1959–1967. Hrsg. von James Weinstein und David E. Eakins. New York 1970, S. 170; Ada Beney, Wages, Hours and Employment in the United States, 1914–1936. New York 1936 (= National Industrial Conference Board Studies 229); Bernstein, a. a. O., S. 258 ff.; Woytinsky, a. a. O., S. 584 ff.

16 Obwohl 1943 9,0 Millionen und 1944/45 11,4 Millionen Amerikaner unter Waffen standen, sank die Zahl der zivilen Arbeitskräfte nicht: Frauen und bis zu diesem Zeitpunkt Unterbeschäftigte arbeiteten jetzt voll mit. Vgl. Lebergott, a. a. O., S. 512.

17 Vgl. Woytinsky, a. a. O., S. 38 f. und Mitchell, a. a. O., S. XVI, 32 f., 50 ff., 95 f., 368 ff., 392 ff.

18 Die Literatur der Zeit ist voll von der Schilderung des sozialen Elends, ebenso die inzwischen erschienenen Darstellungen über die Große Depression. Eine gute Zusammenfassung gibt Bernstein, a. a. O., S. 294 ff., 330 ff. Einer der lebendigsten und zugleich ausgewogensten Berichte findet sich in Louis Adamic, My America 1928–1938. New York und London 1938, S. 279 ff. Selbst ein Autor wie Arthur M. Schlesinger, der seine Schilderung der Wirtschaftskrise und des New Deal fast ausschließlich auf die großen Männer in Politik, Wirtschaft und Wissenschaft beschränkt, beschreibt die überall spürbare Unruhe. Vgl. Arthur M. Schlesinger, The Age of Roosevelt. The Crisis of the Old Order. Boston 1957, S. 248 ff.

19 Vgl. Michael Wallace, The Uses of Violence in American History, in: The American Scholar 40 (Winter 1970/71), S. 90.

20 Vgl. Bernstein, a. a. O., S. 297 f., 326; William E. Leuchtenburg, Franklin D. Roosevelt and the New Deal, 1932–1940. New York 1963, S. 2 f.; ders. (Hrsg.), The New Deal. A Documentary History. New York 1968, S. 10 f.

21 Vgl. Bernstein, a. a. O., S. 323 ff.

22 A. a. O., S. 296 f., und Mitchell, a. a. O., S. 103 ff.

23 Vgl. Bernstein, a. a. O., S. 329 f., und Louis Adamic, Dynamite. The Story of Class Violence in America. 2. Auflage New York und London 1934, S. 422.

24 Vgl. Bernstein, a. a. O., S. 327 f., und Adamic, My America, a. a. O., S. 283 ff.

25 Vgl. Bernstein, a. a. O., S. 328; Leuchtenburg, F. D. Roosevelt, a. a. O., S. 29 f.; Woytinsky, a. a. O., S. 567.

26 Vgl. Bernstein, a. a. O., S. 332. Adamic schreibt, daß die Zeitungen in den größeren Städten des Landes täglich fünf bis zehn Selbstmorde von Arbeitslosen berichteten. Vgl. Adamic, a. a. O., S. 422.

27 Vgl. Bernstein, a. a. O., S. 323, und Mitchell, a. a. O., S. 67, 107 f.

28 Vgl. Warren, a. a. O., S. 224 ff.; Mitchell, a. a. O., S. 108 ff.; Leuchtenburg, a. a. O., S. 13 ff.; Bernstein, a. a. O., S. 437 ff.

29 Vgl. hierzu besonders Bernstein, a. a. O., S. 362, 422 ff., und Adamic, My America, a. a. O., S. 316 ff. Die Bergwerksgesellschaften blieben gegenüber dem illegalen Abbau von Kohle machtlos, da zu viele Bergleute daran beteiligt waren und die öffentliche Meinung diese voll unterstützte. Auch Priester und Polizeioffiziere sahen im "coal bootlegging" eine selbstverständliche Nothilfe von Arbeitslosen. Hinzu kam, daß die „schwarz" abgebaute Kohle unmittelbar an der Oberfläche lag und diese Kohlenvorkommen zu klein waren, um von den Bergwerkgesellschaften gefördert zu werden. Es wird geschätzt, daß 1934 immerhin ca. 4,5 Millionen Tonnen Kohle im Wert von ca. 40 Millionen Dollar auf diese Weise abgebaut worden sind. Vgl. Adamic, a. a. O., S. 319.

30 Vgl. Leuchtenburg, a. a. O., S. 27 f.

31 A. a. O., S. 30, und M. S. Venkataramani, Some Aspects of Life and Politics in the United States of America in 1932, in: International Review of Social History 3 (1958), S. 363 f.

32 Vgl. Leuchtenburg, a. a. O., S. 19 ff., Zitat S. 22; Venkataramani, a. a. O., S. 366; Adamic, Dynamite, a. a. O., S. 406 ff.; Schlesinger, a. a. O., S. 181 ff.

33 Vgl. Bernstein, a. a. O., S. 416 ff., 426 ff.; Irving Howe und Lewis Coser, The American Communist Party. A Critical History. Boston 1957, S. 192 ff.; Schlesinger, a. a. O., S. 166 ff.

34 Vgl. Leuchtenburg, a. a. O., S. 28.

35 Vgl. Venkataramani, a. a. O., S. 364 f. Zitat bei Schlesinger, a. a. O., S. 176.

36 Donald Richberg, Depression Causes and Remedies. Aussage vor dem Senate Committee on Finance. U. S. Senate, Committee on Finance, Investigation of Economic Problems. 72nd Congress 2nd Session, 1933, S. 643–652, zitiert nach: Ronald Radosh, The New Deal. Unveröff. MS 1970, S. 22. Das Manuskript wurde mir vom Verfasser freundlicherweise zur Verfügung gestellt.

37 Leon Trotzky, On the Labor Party Question in America. Manuskript vom 19. 5. 1932 (Trotzky Papers. Houghton Library, Harvard University, T 3429).

38 Die zeitgenössische Publizistik zeugt von der allgemeinen und ungerichteten Radikalisierung, die oft in der Forderung nach einer politischen, revolutionären und industriell organisierenden Gewerkschaftsbewegung konkretisiert wurde. Neben vielen anderen Stellen vgl. Louis Adamic, a. a. O., S. 426 ff.

39 Über den Niedergang der amerikanischen Gewerkschaftsbewegung in den zwanziger Jahren vgl. die konzentrierte und ausgewogene Analyse von Mark Perlman, Labor in Eclipse, in: John Braeman, Robert H. Bremner und David Brody (Hrsg.), Change and Continuity in Twentieth Century America: the 1920 s. Ohio 1968, S. 103 ff.
In der AFL dominierten die Fachgewerkschaften der Bauindustrie. Von ihnen kam auch der stärkste Widerstand gegen das Industriegewerkschaftsprinzip.

40 Zitiert nach Walter Galenson, The CIO Challenge to the AFL. A History of the American Labor Movement 1935–1941. Cambridge, Mass., 1960, S. 5.
Die Literatur zur Geschichte des CIO ist in den letzten Jahren stark angeschwollen. Einen informativen Überblick über die Geschichte der amerikanischen Arbeiterbewegung gibt Joseph G. Rayback, A History of American Labor. 2. Auflage New York und London 1966. Äußerst materialreich ist das kürzlich erschienene Buch von Irving Bernstein, Turbulent Years. A History of the American Worker 1933–1941. Boston 1970. Unter der Memoirenliteratur ragt heraus Len De Caux, Labor Radical. From the Wobblies to CIO. A Personal History. Boston 1970.

41 In der Literatur herrscht heute Einmütigkeit darüber, daß John L. Lewis 1935 bewußt die Spaltung der AFL anstrebte und daß er – anders als Hillman, Dubinsky u. a. – sich den Widervereinigungsversuchen widersetzte. Franklin D. Roosevelt intervenierte mehrmals und bot sich als Schlichter an: Der Präsident befürchtete, daß eine zerstrittene und gespaltene Gewerkschaftsbewegung sich negativ auf die Wahlen auswirken und sowohl seine Wiederwahl als auch die Wahl von New-Deal-Kandidaten in den Kongreß dadurch gefährdet werden könnte. Vgl. Galenson, a. a. O., S. 26, 47 ff., 66 f., und Bernstein, a. a. O., S. 784 f.
Die ILGWU unter Dubinsky und die United Hatters, Cap and Millinery Workers International Union unter Max Zaritsky waren diejenigen im CIO, die am stärksten die Überwindung der Spaltung in der Gewerkschaftsbewegung anstrebten. Dies lag u. a. offensichtlich daran, daß in diesen beiden Textilgewerkschaften aus Osteuropa eingewanderte Juden organisiert waren, die befürchteten, als oppositionelle Gewerkschafter mit dem Stigma des „Un-Amerikanismus" behaftet zu werden.

42 Vgl. Galenson, a. a. O., S. 587. Am Ende des Weltkrieges waren im CIO ca. 6 Millionen Arbeiter organisiert. Das Mitgliederwachstum der amerikanischen Gewerkschaften im New Deal und Zweiten Weltkrieg wird näher diskutiert bei Bernstein, a. a. O., S. 769 ff.; ders., Forces Affecting the Growth of the American Labor Movement, in: William Haber (Hrsg.), Labor in a Changing America. New York und London 1966; Milton Derber, Growth and Expansion, in: Milton Derber und Edwin Young (Hrsg.), Labor and the New Deal. Madison 1957.

43 Für das Jahr 1938 gab der CIO offiziell einen Mitgliederstand von 4.037.877 an. Vgl. CIO Convention 1938, S. 36 f.

44 1937 fanden die großen Sit-Down-Streiks bei General Motors statt. 1941 erreichte die Streikwelle mit der Organisierung von Ford einen zweiten Höhepunkt. 1937 wurden 4.720 Streiks bei einer Beteiligung von 1.860.000 Arbeitern = 7,2 % aller Arbeitskräfte (1941: 4.288 Streiks mit 2.360.000 Beteiligten = 8,4 % der Arbeitskräfte) durchgeführt. Vgl. J. B. S. Hardman und Maurice F. Neufeld (Hrsg.), The House of Labor. Internal Operation of American Unions. New York 1951, S. 532 f.

45 Vgl. Bernstein, a. a. O., S. 772 ff.; Derber, a. a. O., S. 14 ff. Mills gibt an, daß 1940 nur noch neun Prozent aller Gewerkschaftsmitglieder in reinen Fachgewerkschaften zusammengeschlossen waren, der Rest in "Amalgamated Craft Unions", Gewerkschaften, die mehrere Berufe ver-

traten, oder in Industriegewerkschaften. Vgl. C. Wright Mills, The New Men of Power. Amemerica's Labor Leaders. New York 1948, S. 59 f.

46 Diese organisatorische Differenz zwischen AFL und CIO wurde im Ansatz bereits zu Ende der dreißiger Jahre und während des Zweiten Weltkrieges, ganz deutlich dann nach 1945 dadurch eingeebnet, daß die Fachgewerkschaften der AFL begannen, auf industrieller Basis zu organisieren und die CIO-Gewerkschaften durch die Einrichtung von Berufsabteilungen in ihren Verwaltungen die Interessen der bei ihnen organisierten Facharbeiter besonders berücksichtigten. Der Wiedervereinigung von AFL und CIO im Jahr 1955 war also – neben anderen Angleichungen – auch die Einebnung des Gegensatzes von Industrie- und Berufsgewerkschaftsprinzip vorhergegangen.

47 Zum „Voluntarismus" der AFL vgl. Sanford Cohen, Labor in the United States. Columbus, Ohio, 2. Auflage 1966 (besonders Kapitel 4); George Gilmary Higgins, Voluntarism in Organized Labor in the United States 1930–1940. Washington D. C. 1944; David J. Saposs, Voluntarism in the American Labor Movement, in: Monthly Labor Review (September 1954); Michael Rogin, The Political Functions of an Antipolitical Doctrine, in: Industrial and Labor Relations Review 15 (1961/62).

48 Vgl. Selig Perlman, A Theory of the Labor Movement. Zitiert nach dem unveränderten Nachdruck der Ausgabe von 1928, New York 1949, S. 6 f., 237 ff.

49 A. a. O., S. 162 ff. Perlman glaubte, daß die in seiner Gegenwart erreichte „Reife" der amerikanischen Arbeiterbewegung nur noch durch den Wohlfahrtskapitalismus gefährdet werden könne, weil dieser dem Arbeiter eine Illusion, nämlich eine Überfülle an Arbeitsmöglichkeiten vorgaukele. A. a. O., S. 214.

50 A. a. O., S. 5, 176 ff., 280 ff., 299 ff.

51 Vgl. dazu die statistischen Angaben aus einer Umfrage bei Louis Stanley, A Cross-Section of American Labor Leadership, in: J. B. S. Hardman, American Labor Dynamics in the Light of Post-War Developments. New York 1928.

52 Der Hinweis auf eine partielle Affinität zwischen Perlman und Lenin scheint uns wichtig zu sein: Beide argumentieren, daß der Arbeiter aus sich heraus nur "job consciousness" bzw. ein "trade-unionistisches, ökonomistisches" Bewußtsein entwickele. Beide ziehen daraus für ihre Theorie entgegengesetzte Schlußfolgerungen, doch beide diskutieren in diesem Zusammenhang die Rolle der Intellektuellen bzw. Berufsrevolutionäre für die Herausbildung eines proletarischen Klassenbewußtseins. Wir können diese – zunächst überraschende – Affinität hier nicht weiter untersuchen, doch stellt sich die Frage, ob sie nicht mehr als ein bloßer Zufall ist.

53 Zitiert nach Higgins, a. a. O., S. 36 f.

54 Hierzu a. a. O., S. 62 ff.; Mark Starr, Labour Politics in USA. London 1949, S. 12 ff.; Delbert Donald Arnold, The CIO's Role in American Politics, 1936–1948. Dissertation University of Maryland 1952, S. 8 ff.; Schlesinger, a. a. O., S. 184 f.

55 Section 8, Article III der AFL-Satzung lautete: "Party politics, whether they be Democratic, Republican, Socialist, populist, prohibition or any other, should have no place in the convention of the American Federation of Labor."

56 Zum Abschnitt über die "non-partisan policy" der AFL vgl. Philip Taft, The AF of L. From the Death of Gompers to the Merger. New York 1959, S. 303 ff.; ders., Organized Labor in American History, New York, Evanston und London 1964, S. 230 ff.; J. David Greenstone, Labor in American Politics. New York 1970, S. 29 ff.; Henry David, One Hundred Years of Labor in Politics, in: J. B. S. Hardman und Maurice F. Neufeld (Hrsg.), The House of Labor. New York 1951, S. 99 ff.; Vaughn Davis Bornet, Labor Politics in a Democratic Republic. Moderation, Division and Disruption in the Presidential Election of 1928. Washington D. C. und London 1964, S. 47 ff., 221 ff.; Daniel Bell, The Next American Labor Movement, in: Fortune, April 1953; Arnold, a. a. O., S. 12 ff.; Joel J. Seidman, A. Labor Party for America? New York 1936, S. 5 ff. Wir haben die "non-partisan"-Tradition der AFL nur ganz knapp skizziert. Sie ist im Gewerkschaftsverband zeitweise sehr umstritten gewesen, so etwa als 1912 die Sozialisten auf dem Höhepunkt ihres Einflusses in der Gewerkschaftsbewegung standen und fast ein Drittel der Delegierten zum AFL-Kongreß stellten.

57 Vgl. Bernhard Karsh und Philip L. Garman, The Impact of the Political Left, in: Derber/Young (Hrsg.), Labor and the New Deal, a. a. O., S. 83 f.

58 Vgl. Lyle W. Cooper, The American Labor Movement in Prosperity and Depression, in: American Economic Review 22 (1932), S. 641 ff.

59 Zu den verschiedenen als „links" etikettierten Bewegungen vgl. Schlesinger, The Politics of Upheaval. Boston 1966, S. 147–180, 184 ff.; Leuchtenburg, a. a. O., S. 95–117; Sidney Lens, Left, Right and Center. Conflicting Forces in American Labor. Hinsdale, Ill., 1949, S. 251 ff.

60 Vgl. Greenstone, a. a. O., S. 42.

61 Zitiert nach Sidney Lens, The Crisis of American Labor. New York 1961, S. 181.

62 Vgl. Len De Caux, Labor Radical. From the Wobblies to CIO. A Personal History. Boston 1970, S. 228.

63 A. a. O., S. 231.

64 Vgl. Seidman, A Labor Party, a. a. O., S. 8 ff.

65 Vgl. Karsh und Garman in Derber/Young (Hrsg.), Labor and the New Deal, a. a. O., S. 96 ff.

66 Vgl. Mills, a. a. O., S. 71 ff.

67 Auf einer Europa-Reise unterstützten Walter und Victor Reuther 1933 die eben gegründete Widerstandsgruppe „Neu-Beginnen", für die sie als Kuriere arbeiteten. Vgl. Frank Cormier und William J. Eaton, Reuther. Englewood Cliffs, N. J., 1970, S. 23 ff.

68 Wurde John L. Lewis auf die Radikalen, die in seinem Stab arbeiteten, angesprochen, so pflegte er darauf zu antworten: "If they are good enough for industry to hire, they are good enough for us to organize" und auf die Kommunisten hinweisend: "Who get's the bird, the hunter or the dog?".

69 Dabei muß beachtet werden, daß zur Zeit der Befragung die "American Labor Party" als Versuch, eine dritte Kraft wenigstens im Staat New York zu werden, eben erst endgültig gescheitert war. Gleichwohl gehörten 24 % der CIO-Funktionäre, aber nur 7 % der AFL-Funktionäre einer Dritten Partei an. Vgl. Mills, a. a. O., S. 155 ff., 173, 211 f.

70 Vgl. Karsh und Garman in Derber/Young (Hrsg.), Labor and the New Deal, a. a. O., S. 181 ff. Vgl. ferner zu politischen Gruppen im CIO Daniel Guérin, Die amerikanische Arbeiterbewegung 1867–1967. Frankfurt a. M. 1970, S. 69 ff.; De Caux, a. a. O., S. 255 f.; Lens, The Crisis, a. a. O., S. 181 ff.; Cormier und Eaton, a. a. O., S. 48 ff.; Benjamin Stolberg, The Story of the CIO. New York 1938, S. 123 ff.

71 Vgl. John L. Lewis, What Labor is Thinking, in: Public Opinion Quarterly 1 (1937), S. 24 ff.

72 Vgl. hierzu auch die Beobachtungen zur Organisationsstruktur der Industriegewerkschaften von Paul Porter, Factions and Unity in the CIO, in: American Scholar 8 (1939), S. 133 f.

73 Vgl. J. Raymond Walsh, CIO: Industrial Unionism in Action. New York 1937, S. 60, und De Caux, a. a. O., S. 418, 526.

74 Vgl. William Appleman Williams, The Contours of American History, Chikago 1966.

75 Zur Definition des Begriffs „organisierter Kapitalismus" vgl. Rudolf Hilferding, Die Aufgaben der Sozialdemokratie in der Republik, in: Sozialdemokratischer Parteitag Kiel 1927 (Protokoll), Berlin 1927, S. 165 ff.; H.-U. Wehler, Probleme der modernen deutschen Wirtschaftsgeschichte, in: ders., Krisenherde des Kaiserreichs 1871–1918, Göttingen 1970, S. 291 ff.; Jürgen Kocka, Unternehmensverwaltung und Angestelltenschaft am Beispiel Siemens 1847–1914, Stuttgart 1969, S. 315 ff.; Heinrich August Winkler, Pluralismus oder Protektionismus? Verfassungspolitische Probleme des Verbandswesens im deutschen Kaiserreich. Wiesbaden 1972, S. 33 f.; ders. (Hrsg.), Organisierter Kapitalismus. Voraussetzungen und Anfänge. Göttingen 1974 (hier besonders der Beitrag von Jürgen Kocka).

76 Diese „Syndikalisierung" ist auch – u. a. von Rudolf Hilferding und Theodore J. Lowi – als Neo-Merkantilismus, Neo-Feudalismus und Wohlfahrts-Feudalismus bezeichnet worden.

77 Vgl. hierzu Ronald Radosh, The Development of the Corporate Ideology of American Labor Leaders, 1914–1933. Dissertation University of Wisconsin 1967, S. 155 ff.

78 Vgl. hierzu Gabriel Kolko, The Triumph of Conservatism. A Reinterpretation of American History, 1900–1916. Chikago 1967, S. 3.

79 Zur Begriffsbestimmung des "corporate capitalism" vgl. neben Williams, Kolko und Radosh auch William Appleman Williams, The Great Evasion. An Essay on the Contemporary Relevance of Karl Marx and on the Wisdom of Admitting the Heretic into the Dialogue about America's Future. Chikago 1964, S. 150 ff.; James Weinstein, The Corporate Ideal in the Liberal State: 1900–1918. Boston 1968; sehr anregend Paul K. Crosser, State Capitalism in the Economy of the United States. New York 1960. Zu ähnlichen Gedankengängen wie Williams ist – wenn auch mit anderen Schlußthesen – Daniel Bell gekommen, The Capitalism of the Proletariat: A Theory of American Trade Unionism, in: ders., The End of Ideology. On the Exhaustion of Political Ideas in the Fifties. New York 1967. Theodore J. Lowis Pluralismuskritik setzt ebenfalls ähnlich an. Vgl. Theodore J. Lowi, The End of Liberalism. Ideology, Policy, and the Crisis of Public Authority. New York 1969, besonders S. 101 ff. Außerdem verdanke ich wichtige Anregungen bei dem Versuch, Kapitalismus der Großkorporationen zu definieren, der mir im Manuskript vorliegenden Einleitung eines Readers über „Spätkapitalismus", hrsg. von Wolf-Dieter Narr und Claus Offe.

80 Protokoll SPD-Parteitag 1927, S. 168 f. Hervorhebungen im Protokoll.

81 Das gleiche träfe – abgesehen von anderen Einwänden – zu, wenn wir mit dem aus dem Marxismus-Leninismus kommenden Begriff des „Staatsmonopolkapitalismus" für die Periode des New Deal operieren würden.

82 Vgl. John Kenneth Galbraith, American Capitalism. The Concept of Countervailing Power. Boston 1952, besonders Kapitel IX und X, S. 115 ff.

83 Vgl. Ellis W. Hawley, The New Deal and the Problem of Monopoly. A Study in Economic Ambivalence. Princeton, N. J., 1966, S. 187 ff.

84 Vgl. Gabriel Kolko, The Triumph of Conservatism. A Reinterpretation of American History, 1900–1916. Chikago 1967, und James Weinstein, The Corporate Ideal and the Liberal State: 1900–1918. Boston 1968. Vgl. auch den zusammenfassenden Bericht über die Historiker der „Neuen Linken" von einem Autorenkollektiv, "New Left Historians" of the 1960s, in: Radical America. Special Issue on Radical Historiography, Vol. 4 (November 1970), S. 81 ff.

85 So Milton Derber, The American Idea of Industrial Democracy, 1865–1965. Urbana, Chikago und London 1970.

86 Während des Ersten Weltkrieges wurden die Eisenbahnen staatlich kontrolliert. In den zwanziger Jahren ließ sich die gesamtgesellschaftliche Bedeutung des Eisenbahnwesens dann an der Zahl der verschiedenen zu seiner Regulierung vorgelegten Pläne und der verabschiedeten Gesetze (Transportation Act von 1920, Railway Labor Act von 1926) ablesen.

87 Vgl. Kolko, a. a. O., S. 5.

88 Vgl. Weinstein, a. a. O., S. XIV.

89 Die Großkorporationen waren nicht in der National Association of Manufacturers organisiert, sondern vertraten ihre Interessen selbständig.

90 Zur National Civic Federation vgl. Weinstein, a. a. O., S. 3 ff.; Williams, Contours, a. a. O., S. 306 f.; Radosh, a. a. O., S. 9 ff., 96 f.; James Weinstein, Gompers and the New Liberalism, 1900–1909, in: For a New America, a. a. O., S. 103 ff.; Derber, a. a. O., S. 116 f., 132 ff.; Werner Sombart, Warum gibt es in den Vereinigten Staaten keinen Sozialismus? Nachdruck der Auflage von 1906, Darmstadt 1969, S. 34 f.; Stephen Scheinberg, The Development of Corporation Labor Policy, 1900–1940. Dissertation University of Wisconsin 1966.

91 Der (in der amerikanischen Geschichte erste dieser Art) Abschluß eines Tarifvertrages zwischen der Bundesregierung und einer Gewerkschaft am 10. 6. 1917 war Ausdruck für diese Politik. Vgl. Radosh, a. a. O., S. 62 f.

92 Für die Entwicklung während des Weltkrieges vgl. u. a. Radosh, a. a. O., S. 41 ff., 57 ff., 66 ff.; Derber, a. a. O., S. 122 ff.; Weinstein, a. a. O., S. 214 ff.; Ronald Radosh, The Corporate Ideology of American Labor Leaders from Gompers to Hillman, in: New America, a. a. O., S. 126 ff.

93 Zitiert nach Neil W. Chamberlain, Collective Bargaining. New York, Toronto und London 1951, S. 39.

94 Syndikalistische Praxis, also Kooperation von Unternehmern und Gewerkschaften unter Beteiligung des Staates, blieb nur im Eisenbahnwesen weitgehend erhalten, nachdem 1920 die Eisenbahnen reprivatisiert worden waren. Der Railway Labor Act von 1926 sah vor, daß Arbeitskämpfe durch Vermittlung und freiwillige Schlichtung beigelegt würden. Außerdem wurde in diesem Gesetz das Recht der Beschäftigten auf Tarifverhandlungen anerkannt.

95 In einer Grundsatzerklärung des AFL-Vorstandes von 1923 (Industry's Manifest Duty) hieß es, daß man keine Gruppeninteressen verfolge, sondern "the conscious organization of one of the most vital functional elements for enlightened participation in a democracy of industry". Zitiert nach Ronald Radosh (Hrsg.), Corporatism, Liberal and Fascist as Seen by Samuel Gompers, in: Studies on the Left 3, Heft 3 (1963), S. 67.

96 Zitiert nach Ronald Radosh, The Corporate Ideology of American Labor Leaders from Gompers to Hillman, in: New America, a. a. O., S. 133. Vgl. auch Derber, a. a. O., S. 231 f.

97 A. a. O., S. 133, und Radosh, The Development of the Corporate Ideology, a. a. O., S. 145 ff.

98 A. a. O., S. 170 ff.; Radosh, The Corporate Ideology of American Labor Leaders from Gompers to Hillman, in: New America, a. a. O., S. 133; ders., Corporatism . . . , S. 69 ff. Uns scheint, daß Radosh die von ihm angeführten Dokumente überinterpretiert und den italienischen Faschismus nicht ausreichend analysiert. Zwar ist eine unterschwellige Sympathie des AFL-Präsidenten für korporative Strukturen unverkennbar, doch lehnte Gompers Mussolinis Regime als Diktatur ab. Übrigens waren Sympathien für Mussolini in Amerika in dieser Zeit durchaus nicht untypisch. Vgl. John P. Diggins, Flirtation with Fascism: American Pragmatic Liberals and Mussolini's Italy, in: American Historical Review 71 (Januar 1966), S. 487 ff. Ein methodologischer Einwand gegen die Position von Radosh kommt hinzu: Wird der Begriff „Faschismus" auf jede Version des organisierten Kapitalismus (als Ausdruck für die Kontinuität bürgerlicher Gesellschaft) angewandt, so wird er inhaltlich entleert und wissenschaftlich unbrauchbar.

99 Vgl. Radosh, The Corporate Ideology of American Labor Leaders from Gompers to Hillman, in: New America, a. a. O., S. 143.

100 Vgl. hierzu Williams, a. a. O., S. 431, und Radosh, The Corporate Ideology of American Labor Leaders from Gompers to Hillman, in: New America, a. a. O., S. 134 ff.

101 Swope hat seinen Plan in einer Rede vor der National Electrical Manufacturers Association entwickelt. Der Vortrag ist veröffentlicht in Charles A. Beard (Hrsg.), America Faces the Future. Boston und New York 1932, S. 160 ff. Vgl. zum Swope-Plan außerdem Murray N. Rothbard, America's Great Depression. Toronto, New York und London 1963, S. 245 ff.; ders., The Hoover Myth, in: New America, a. a. O., S. 176 ff.

102 Vgl. vor allem Rothbard und Williams, a. a. O., S. 425 ff. Das alte Hoover-Bild wird u. a. noch vertreten von Richard Hofstadter, The American Political Tradition, New York o. J., S. 294 ff.

103 Für den Text des Norris-La Guardia Acts vgl. Archibald Cox und Derek C. Bok, Labor Law. Statutory Supplement. Brooklyn 1966, S. 5 ff. Zur Verabschiedung des Gesetzes vgl. Howard Zinn, La Guardia in Congress. New York 1969, S. 226 ff.

104 Vgl. Leuchtenburg, Franklin D. Roosevelt, a. a. O., S. 35.

105 A. a. O., S. 37.

106 Vgl. Hawley, a. a. O., S. 386 ff.

107 A. a. O., S. 35 ff.

108 Vgl. Leuchtenburg, a. a. O., S. 56; Matthew Josephson, Sidney Hillman. Statesman of Labor. Garden City, N. Y., 1952, S. 346 ff.; De Caux, Labor Radical, a. a. O., S. 335 f.; Radosh, The Development of the Corporate Ideology, a. a. O., S. 343 ff.

109 Neben der Einführung von Codes enthielt der NIRA auch Bestimmungen über "public works", also die staatlich geförderte Einrichtung von Arbeitsplätzen. Durch die National Recovery Administration (NRA) wurden insgesamt zwei Millionen Arbeitsplätze geschaffen.
Es zeigt wiederum die Bedeutung der Kriegsverwaltungswirtschaft des Weltkrieges für den New Deal, daß auch bei der NRA eine personelle und inhaltliche Kontinuität bestand. So wurde General Hugh Johnson, enger Mitarbeiter von Bernard Baruch, dem Vorsitzenden des War Industries Board, von Roosevelt-Berater Raymond Moley dafür gewonnen, den Gesetzentwurf, aus dem der NIRA hervorging, zu formulieren. Johnson wurde Chef der NRA. Gerad Swope von General Electric, der (wie wir gesehen haben) einen der Pläne vorgelegt hatte, die den NIRA angeregt hatten, war ebenfalls in der Kriegsverwaltungswirtschaft tätig gewesen. Donald Richberg, zweiter Mann in der NRA nach Johnson, hatte seine Erfahrungen in Eisenbahnwesen gesammelt: Er hatte den Railway Labor Act von 1926 entworfen und später am Norris-La Guardia Act mitgearbeitet. Vgl. Leuchtenburg, a. a. O., S. 57, und Ronald Radosh, Manuskript über den New Deal (im Besitz des Vf.s; im weiteren zitiert als Radosh, Paper), S. 18 ff.

110 Lewis ließ dabei bewußt offen, ob er mit „Präsident" Franklin D. Roosevelt oder sich – als Vorsitzenden der UMW – meinte.

111 Daten bei Radosh, The Development of the Corporate Ideology, a. a. O., S. 298.

112 Radosh, Paper, a. a. O., S. 21 f.

113 Zum letzten Abschnitt vgl. Radosh, The Development of the Corporate Ideology, a. a. O., S. 302 ff., 353 ff.; Mitchell, Depression Decade, a. a. O., S. 268 ff.; Derber, a. a. O., S. 342 f.

114 Neben der bereits genannten Literatur vgl. zum NIRA und zur NRA Mitchell, a. a. O., S. 228 ff.; Derber, a. a. O., S. 204 ff.; Schlesinger, Coming of the New Deal, a. a. O., S. 87 ff.; Bruno Fritsch, Geschichte und Theorie der amerikanischen Stabilisierungspolitik 1933/39–1946/53. Zürich 1959, S. 217 ff.; Arthur M. Schlesinger, Jr., The Broad Accomplishments of the New Deal, in: Seymour E. Harris (Hrsg.), Saving American Capitalism. A Liberal Economic Program. New York 1948, S. 73 ff.; C. K. McFarland, Roosevelt, Lewis, and the New Deal, 1933–1940. Fort Worth 1970, S. 16 ff.; Bernstein, a. a. O., S. 172 ff.

115 Vgl. Hawley, S. 323.

116 Zur Braunkohlenindustrie im New Deal vgl. a. a. O., S. 205 ff.; McFarland, a. a. O., S. 33 f.; Harry A. Millis, How Collective Bargaining Works. A Survey of Experience in Leading American Industries. New York 1942, S. 276 ff.; Leuchtenburg, a. a. O., S. 161 f.; Derber, a. a. O., S. 343. Aufgrund ihrer personalistischen Geschichtsschreibung und der nicht tief genug ansetzenden Analyse des Kapitalismus der Großkorporationen unterschlagen die Historiker der Neuen Linken diese „atypische" Entwicklung im Braunkohlenbergbau und in der Bekleidungsindustrie, da sich hier die Organisation des Kapitalismus nicht vordergründig an den Großkorporationen orientierte, sondern von Industriegewerkschaften ausging.

117 Vgl. Josephson, a. a. O., S. 361 ff.; Millis, a. a. O., S. 383 ff.

118 Unterstützung des Social Security Act bedeutete jedoch nicht, daß diese Großunternehmer auch den Wagner Act, der den Gewerkschaften größere Rechte einräumte, gebilligt hätten. In dieser Frage opponierten die Großkorporationen in der Regel gegen Gewerkschaften, Kongreß und Regierung.

119 Daß diese Gruppe allerdings nicht geschlossen auftrat, zeigte die Befürwortung des Social Security Act durch den ehemaligen Präsidenten des US Chamber of Commerce, Henry I. Harriman.

120 Zum Social Security Act vgl. Edwin E. Witte, Organized Labor and Social Security, in: Derber und Young, New Deal, a. a. O., S. 250 ff.; Derber, Industrial Democracy, a. a. O., S. 355 ff.; G. William Domhoff, The Higher Circles. The Governing Class in America. New York 1970, S. 207 ff.; Radosh, Paper, a. a. O., S. 12 ff.

121 Vgl. Derber, a. a. O., S. 104 ff.

122 Zitiert nach der Übersetzung von Kurt H. Biedenkopf, Unternehmer und Gewerkschaft im Recht der Vereinigten Staaten von Amerika. Eine arbeitsrechtliche Studie. Heidelberg 1961, S. 51.

123 1933 gab es in 147 der 233 größten amerikanischen Eisenbahngesellschaften derartige "company unions".

124 Zur Eisenbahngesetzgebung vgl. Irving Bernstein, The New Deal Collective Bargaining Policy. Berkeley und Los Angeles 1950, S. 20 ff.; ders., Turbulent Years. A History of the American Worker 1933–1941. Boston 1970, S. 205 ff.; Derber, a. a. O., S. 104 ff.

125 Der National Labor Board NLB war eine vom Präsidenten eingesetzte, aber unabhängige Instanz, der die Verwirklichung des Artikels 7a des NIRA durchsetzen sollte, wegen mangelnder Exekutivgewalt aber schließlich an seiner Aufgabe scheiterte: Seine Entscheidungen hatten nur den Charakter von Ratschlägen an die Beteiligten. Auch die Ablösung des NLB durch einen National Labor Relations Board NLRB (aufgrund von Public Resolution No. 44) und weitere Boards in verschiedenen Industrien (u. a. in der Automobil- und Stahlindustrie) änderte daran nichts. Der Fehlschlag des NLB und des NLRB bewirkte aber, daß im Wagner Gesetz dem darin geschaffenen Board eine größere Exekutivgewalt zugewiesen wurde. Vgl. Bernstein, Turbulent Years, a. a. O., S. 173 ff., 200 ff.

126 Zur Entstehungsgeschichte des NLRA vgl. a. a. O., S. 186 ff., 322 ff., 790 f.; Richard C. Wilcock, Industrial Management's Policies Toward Unionism, in: Derber/Young (Hrsg.), Labor and the New Deal, a. a. O., S. 290 ff.; Biedenkopf, a. a. O., S. 64.

127 Vgl. Bernstein, New Deal Collective Bargaining, a. a. O., S. 18.

128 Zu den Vorgängern des NLRB gehörten der National War Labor Board, der Railroad Labor Board, der Board of Mediation und National Mediation Board in der Eisenbahnindustrie und die verschiedenen NRA Boards. Vgl. Walter Galenson, Rival Unionism in the United States. New York 1966, S. 202 ff.

129 Art. 1, Sect. 8, No. 3, der Verfassung räumt dem Bund die Zuständigkeit ein, "to regulate commerce with foreign nations, and among the several states". Der Wagner Act gilt mithin – wie andere vom Kongreß verabschiedete Wirtschaftsgesetze – nur für jene Arbeitgeber und Arbeitnehmer, deren wirtschaftliche Tätigkeit über die Grenzen eines Einzelstaates hinausreicht: Sie sind dann von der in der "interstate commerce clause" angelegten Bundeskompetenz betroffen. Die allgemeine Formulierung der "interstate commerce clause" ist – u. a. in der Auseinandersetzung um den Wagner Act – vom amerikanischen Bundesverfassungsgericht definiert und konkretisiert worden.

130 Vgl. R. W. Fleming, The Significance of the Wagner Act, in: Derber/Young (Hrsg.), Labor and the New Deal, a. a. O., S. 131.

131 Auch nachdem der NLRA Gesetz des Landes geworden war, weigerten sich viele Unternehmer, seinen Bestimmungen zu folgen, weil sie annahmen, daß das Gesetz für verfassungswidrig erklärt werden würde. Erst nach Bestätigung des Wagner Acts durch den Supreme Court wurde das Gesetz respektiert: Daraufhin ging die Zahl der "company unions" erheblich zurück.

132 Zum Jones and Laughlin Case vgl. Richard C. Cortner, The Jones and Laughlin Case. New York 1970. Die wesentlichen Passagen aus der Entscheidung des Gerichts sind leicht zugänglich in William E. Leuchtenburg, The New Deal. A Documentary History. New York, Evanston und London 1968, S. 106 ff.

133 Zum NLRA vgl. Bernstein, a. a. O., S. 88 ff.; ders., Turbulent Years, a. a. O., S. 186 ff., 322; Derber, Industrial Democracy, a. a. O., S. 302 ff., 323 ff.; in dem Sammelband von Derber/Young (Hrsg.), Labor and the New Deal, die folgenden Beiträge: R. W. Fleming, The Signi-

ficance of the Wagner Act – Murray Edelman, New Deal Sensivity to Labor Interests – Elisabeth Brandeis, Organized Labor and Protective Labor Legislation; Gordon F. Bloom und Herbert R. Northrup, Economics of Labor and Industrial Relations. Philadelphia und Toronto 1950, S. 657 ff.; Harry A. Millis und Emily Clark Brown, From the Wagner Act to Taft-Hartley. A Study of National Labor Policy and Labor Relations. Chikago und London 1965; Schlesinger, Coming of the New Deal, a. a. O., S. 397 ff.; Leuchtenburg, Franklin D. Roosevelt, a. a. O., S. 150 ff.

134 Dieser Artikel lautet im Original: "Representatives designated or selected for the purposes of collective bargaining by the majority of the employees in a unit appropriate for such purposes, shall be the exclusive representatives of all the employees in such unit for the purposes of collective bargaining in respect to rates of pay, wages, hours of employment, or other conditions of employment."

135 Vgl. Biedenkopf, a. a. O., S. 127.

136 In verschiedenen, unter dem NIRA eingesetzten Boards gab es allerdings auch eine Tendenz zu „proportionaler Repräsentation", also dazu, daß verschiedene Gewerkschaften entsprechend ihrer Stärke in einer Tarifeinheit die Arbeitnehmer bei Tarifverhandlungen in einer Art Gewerkschaftskoalition vertraten. Dies war jedoch unpraktikabel und wurde bei Beratung des Wagner Acts nie ernsthaft als Möglichkeit erwogen. Vgl. Galenson, Rival Unionism, a. a. O., S. 120 ff.

137 Daten bei Millis und Brown, a. a. O., S. 89 f.

138 A. a. O., S. 77.

139 Vgl. R. W. Fleming, The Significance of the Wagner Act, in: Derber/Young (Hrsg.), Labor and the New Deal, a. a. O., S. 131.

140 Ein Stimmzettel bei einer derartigen Wahl konnte im Extremfall (berücksichtigt man, daß eine Gewerkschaft, um an der Wahl teilnehmen zu können, die Unterschriften von 30 % der Beschäftigten braucht) vier Möglichkeiten enthalten: Gewerkschaft A, Gewerkschaft B, Gewerkschaft C und "no union" (in der Regel die Unternehmerposition).

141 In den letzten Jahren hat sich in den Vereinigten Staaten die Tendenz zur Dezentralisation bei Tarifverhandlungen wiederum verstärkt.

142 Vgl. Doris E. Pullman und L. Reed Tripp, Collective Bargaining Developments, in: Derber/Young (Hrsg.), Labor and the New Deal, a. a. O., S. 320 ff. In der Untersuchung wurden die Tarifverträge nicht danach differenziert, welchem Gewerkschaftsbund – AFL oder CIO – die vertragschließende Gewerkschaft angehörte.

143 Zur majority rule und den damit zusammenhängenden Problemen vgl. aus der reichhaltigen Literatur u. a. Biedenkopf, a. a. O., S. 124 ff.; der Aufsatz von Pullman und Tripp bei Derber/Young (Hrsg.), Labor and the New Deal, a. a. O., S. 325 ff.; Derber, Industrial Democracy, a. a. O., S. 177 f., 323 ff., 402 ff.; Millis und Brown, a. a. O., S. 89 ff., 133 ff.; Galenson, Rival Unionism, a. a. O., S. 177 ff., 246 ff.; ders., The CIO Challenge to the AFL. A History of the American Labor Movement, 1935–1941. Cambridge, Mass., 1960, S. 611 ff.; Philip Taft, The Structure and Government of Labor Unions. Cambridge, Mass., 1962, S. 213 ff.; Arnold R. Weber (Hrsg.), The Structure of Collective Bargaining. Problems and Perspectives. Chikago 1961, S. 34 ff.; Bloom und Northrup, a. a. O., S. 667 ff.; Chamberlain, a. a. O., S. 159 ff., und besonders für aktuelle Entwicklungen Derek C. Bok und John T. Dunlop, Labor and the American Community. New York 1970, S. 208 ff.

144 Vgl. hierzu Galenson, Challenge, a. a. O., S. 611 ff., und Derber, Industrial Democracy, a. a. O., S. 326, 405 ff.

145 Vgl. Biedenkopf, a. a. O., S. 79.

146 Zum closed shop vgl. u. a. a. a. O., S. 79 ff.; Galenson, Rival Unionism, a. a. O., S. 191 ff.; Albert Rees, The Economics of Trade Unions. Chikago 1967, S. 124 ff.

147 Vgl. hierzu die offiziöse, bei der Catholic University of America erschienene Arbeit von Jerome L. Toner, The Closed Shop. Washington, D. C., 1942.

148 Die union hiring hall wurde trotz des Verbots des closed shop im Taft-Hartley Act nicht untersagt. Sie besteht heute noch als ein Mittel der union security vor allem in der Bauindustrie. Vgl. Rees, a. a. O., S. 124 ff., und Biedenkopf, a. a. O., S. 85, 94 ff.

149 Vgl. a. a. O., S. 79, und Rees, a. a. O., S. 129 f. Es gab und gibt mehrere Variationen des union shops. Dazu gehören der union shop mit bevorzugter Anstellung, in dem der Unternehmer Gewerkschaftsmitglieder einstellen muß, aber auch Nichtmitglieder nach einer bestimmten Zeit einstellen kann, wenn ihm die Gewerkschaft keine Mitglieder nachweist; der agency shop, in dem alle Beschäftigten einer Tarifeinheit zwar Beiträge an die Gewerkschaft abführen, ohne damit aber automatisch – und juristisch – Gewerkschaftsmitglied zu wer-

den: "free riders", „Trittbrettfahrer", wie wir sie aus Deutschland kennen, sollen dadurch eliminiert werden, also Arbeiter einer Tarifeinheit, die in den Genuß des Tarifvertrages kommen, ohne dafür Beiträge zu zahlen.

150 Vgl. hierzu u. a. Pullman und Tripp, Collective Bargaining Developments, in: Derber/Young (Hrsg.), Labor and the New Deal, a. a. O., S. 340, 352.
Es erübrigt sich, ausführlicher darauf hinzuweisen, daß in der Bundesrepublik die Stellung der Gewerkschaften im Betrieb gesetzlich (Betriebsverfassungsgesetz, Personalvertretungsgesetz) geregelt ist. Der Unterschied zwischen dem deutschen und amerikanischen Arbeitsrecht wird hier besonders deutlich: Es ist der Unterschied zwischen positivistischer Gesetzeskodifizierung und Gewohnheitsrecht.
Zu den Maßnahmen der union security könnte auch das union label gerechnet werden: Durch Etikett oder Aufdruck des Namens der Gewerkschaft auf ein Produkt wird dem Konsumenten angezeigt, daß die Ware in einem gewerkschaftlich organisierten Betrieb hergestellt wurde. Der Absatz dieses Produkts soll dadurch gefördert, der Verkauf der in nichtorganisierten Unternehmen (oder im Ausland) hergestellten Erzeugnisse boykottiert werden. Die Anbringung eines union labels lag oft im gemeinsamen Interesse von Gewerkschaft und Unternehmer. Namentlich in der Bekleidungsindustrie richtete es sich gegen ausländische Erzeugnisse.

151 In Abstimmungen über Beibehaltung oder Streichung der union shop Klauseln in Tarifverträgen, die nach dem Taft-Hartley Gesetz notwendig wurden, stellte es sich zur Überraschung der amerikanischen Öffentlichkeit heraus, daß 97,1 % der Arbeitnehmer für diese Bestimmungen votierten. Vgl. Biedenkopf, a. a. O., S. 93.

152 Um räumliche und soziale Mobilität besser zu gewährleisten, haben in den letzten Jahren einige größere Industriegewerkschaften wie die UAW durchgesetzt, daß beim Arbeitsplatzwechsel innerhalb eines Unternehmens oder innerhalb einer Industrie erworbene Seniorität nicht verlorengeht.

153 Zur seniority rule vgl. u. a. Pullman und Tripp, Collective Bargaining Developments, in: Derber/Young (Hrsg.), Labor and the New Deal, a. a. O., S. 339 f.; Bernstein, Turbulent Years, a. a. O., S. 775; Rees, a. a. O., S. 151 ff.

154 In Tarifverträge wurden auch bald Bestimmungen aufgenommen, daß ein Beschwerdefall auf einer bestimmten Stufe innerhalb einer bestimmten Zeit (meist nicht mehr als dreißig Tage) behandelt werden mußte.

155 Zur grievance procedure vgl. u. a. Pullman und Tripp, Collective Bargaining Developments, in: Derber/Young (Hrsg.), Labor and the New Deal, a. a. O., S. 350 ff.; Derber, Industrial Democracy, a. a. O., S. 411 ff.; Bernstein, a. a. O., S. 775 f.; Chamberlain, a. a. O., S. 96 ff.; Rees, a. a. O., S. 159 ff.

156 Vgl. UAW-CIO Medical Research Institute, Putting Health into the Contract, in: Ammunition vom Oktober 1943, S. 30 f.

157 Irving Bernstein widmet dieser Anekdote mehrere Seiten. Vgl. Bernstein, a. a. O., S. 748 ff.

158 Zitiert nach Galenson, Challenge, a. a. O., S. 184. Zur Organisierung der Fordwerke durch die UAW vgl. Galenson, a. a. O., S. 178 ff.; Bernstein, a. a. O., S. 734 ff.; Frank Cormier and William J. Eaton, Reuther. Englewood Cliffs, N. J., 1970, S. 162 ff.

159 Zur GM-UAW-Tarifgeschichte vgl. Wage Contract Section of the UAW Research Department, Chronology of Collective Bargaining Gains by Selected Contract Provisions. UAW – General Motors 1937–1967. Detroit 1969.

160 Vgl. UE News vom 21. 9. 1946 und UE Convention 1942, S. 24 ff.

161 Vgl. Mitchell, Depression Decade, a. a. O., S. 388 f., 397; Joseph G. Rayback, A History of American Labor. New York und London 1966, S. 371, 375.

162 Der National Defense and Mediation Board ist im März 1941 von Präsident Roosevelt berufen worden. Er setzte sich aus einer gleichen Anzahl von Unternehmer-, Gewerkschafts- und Regierungsvertretern zusammen. In den acht Monaten seines Bestehens behandelte er nur 118 Fälle von denen 86 abgeschlossen wurden. Seine politische Bedeutung bestand darin, daß die kooperative Zusammenarbeit von Regierung, Gewerkschaften und Großunternehmen bereits vor Kriegsbeginn institutionalisiert wurde.

163 Tatsächlich hat der Kongreß nach einem – von AFL und CIO mißbilligten – Streik der Bergarbeitergewerkschaft im Sommer 1943 ein Gesetz, den Labor Disputes Act (bekannt als Smith-Connally Act), verabschiedet, durch das das Streikrecht der Gewerkschaften gesetzlich eingeschränkt wurde. So schrieb dieses Gesetz vor, daß vor jedem Streik eine Urabstimmung aller Gewerkschaftsmitglieder stattfinden müsse. Vgl. Joel Seidman, American Labor from Defense to Reconversion. Chikago 1953, S. 188 ff., 279.

164 Vgl. Milton Derber, Labor-Management in World War II, in: Current History 48 (Juni 1965), S. 342.

165 Zum NWLB vgl. Derber, a. a. O., S. 321 ff.; ders., Industrial Democracy, a. a. O., S. 383 ff.; Seidman, a. a. O., S. 81 ff.

166 Zur War Manpower Commission vgl. Derber, Labor-Management, a. a. O., S. 343; Bruno Stein, Labor's Role in Government Agencies during World War II, in: Journal of Economic History XVII (1957), S. 402 ff.; Matthew Josephson, Sidney Hillman. Statesman of Labor. Garden City, N. Y., 1952, S. 566 ff.

167 Der War Production Board wurde am 16. 1. 1942 gebildet. Sein unmittelbarer Vorgänger war die Office of Production Management, die wiederum aus der im Mai 1940 gegründeten Advisory Commission of the Council of National Defense hervorgegangen war.

168 Zum War Production Board vgl. Derber, a. a. O., S. 344; ders., Industrial Democracy, a. a. O., S. 388 f.; Stein, a. a. O., S. 389 ff.; Josephson, a. a. O., S. 503 ff., 529 ff.

169 Folgende CIO-Gewerkschaften waren in den Labor-Management Committees am stärksten beteiligt: United Steelworkers (traditionelle "bread and butter" Gewerkschaft) in 497 Ausschüssen; UE (kommunistisch) 352; UAW (starke kommunistische und sozialistische Fraktionen) 326; Mine, Mill and Smelter Workers (kommunistisch) 139. Vgl. Dorothea De Schweinitz, Labor and Management in a Common Enterprise. Cambridge, Mass., 1949, S. 24.

170 Politiker, Unternehmer und Gewerkschafter versuchten, selbst öffentliche Hearings des Fair Employment Practices Committee zu verhindern, da sie gleichermaßen die Offenlegung von Fällen, in denen Farbige allein wegen ihrer Hautfarbe diskriminiert worden waren, befürchteten. Vgl. Derber, Labor-Management, a. a. O., S. 344.

171 Vgl. Stein, a. a. O., S. 404 ff.

172 A. a. O., S. 390.

173 Wir sind auf die Rolle Hillmans in der Kriegsverwaltungswirtschaft eingegangen, weil er der politisch einflußreichste Gewerkschaftsführer im Zweiten Weltkrieg gewesen ist und zeitweilig zu den engsten Beratern Präsident Roosevelts gehörte. Vgl. Josephson, a. a. O., S. 529 ff.; Stein, a. a. O., S. 398 ff., 407. Auch Galenson, Challenge, a. a. O., S. 619, bestätigt den verglichen mit den Vertretern der Großkorporationen geringen Einfluß Hillmans in der OPM.

174 1940 war John L. Lewis als Präsident des CIO zurückgetreten, da der Gewerkschaftsbund ihn in seiner Wahlkampagne für den Präsidentschaftskandidaten der Republikaner, Wendell Wilkie, nicht unterstützt hatte. Bald darauf verließ Lewis mit den UMW den CIO und blieb – nachdem ein Aufnahmeantrag in die AFL zurückgewiesen worden war – außerhalb der Gewerkschaftsföderationen.

175 Im Vorschlag Murray schwingen bestimmte korporative Elemente mit, die der katholischen Soziallehre entlehnt sind. Murray gehörte übrigens zu den wenigen amerikanischen Gewerkschaftsführern, die das Mitbestimmungsmodell der deutschen Gewerkschaften nach dem Kriege guthießen und unterstützten. Es wäre reizvoll, Konzepte von Wirtschaftsräten, wie sie während des Zweiten Weltkrieges in den USA entwickelt worden sind (u. a. eben der Murray-Plan), mit bestimmten Rätekonzepten der Novemberrevolution, die wie die von Cohen-Reuß, Kaliski und auch Sinzheimer korporative Vorstellungen enthielten, zu vergleichen. Zum Industry Council Plan vgl. CIO Convention 1941, S. 55 ff.; Philip Murray, For Full Production, in: Philip Murray, John Brophy, James Carey und I. F. Stone, The CIO and National Defense. Washington 1941, S. 6 f.; Derber, Industrial Democracy, a. a. O., S. 371 ff.; Stein, a. a. O., S. 398.

176 Zum Reuter-Plan vgl. Cormier und Eaton, a. a. O., S. 185 ff.

177 Die Einführung der maintenance of membership Klausel trug auch mit dazu bei, daß seit 1942 die Zahl der Streiks zurückging. Zu maintenance of membership vgl. Derber, Labor-Management, a. a. O., S. 342; ders., Industrial Democracy, a. a. O., S. 384; Seidman, American Labor, a. a. O., S. 91 ff.; Radosh, The Development of the Corporate Ideology, a. a. O., S. 382 ff.

178 Zur grievance procedure im Weltkrieg vgl. Derber, Industrial Democracy, a. a. O., S. 385 f.

179 Zwischen dem 1. 1. 1941 und dem 1. 5. 1942 waren die Lebenshaltungskosten um 15 % gestiegen.

180 Der Lebenshaltungskostenindex stieg während des Weltkrieges um ein Drittel. In den Massengüterindustrien wurden von 1941 bis 1945 die Stundenlöhne um durchschnittlich 24 % erhöht, das durchschnittliche Wocheneinkommen stieg jedoch durch Überstunden und Akkord um 70 %. Ungleich schneller stiegen von 1940 bis 1944 die Unternehmerprofite: Von 9,3 auf 24,3 Milliarden Dollar vor Abzug der Steuern und von 6,4 auf 10,4 Milliarden Dollar nach Abzug der Steuern. Auch das durchschnittliche Einkommen aus landwirtschaftlicher Arbeit stieg entsprechend. Vgl. Seidman, a. a. O., S. 128 f.

Zu den Entscheidungen des NWLB in Lohnfragen vgl. Derber, Labor-Management, a. a. O., S. 342 ff.; ders., Industrial Democracy, a. a. O., S. 387 f.; Seidman, a. a. O., S. 109 ff.

181 Zitiert nach Derber a. a. O., S. 368, und Thomas R. Brooks, Toil and Trouble. A History of American Labor. New York 1964, S. 194.

182 Die CIO-Gewerkschaften führten in ihrer Presse während des Krieges eine permanente "Win-The-War: Produce!"-Kampagne. John L. Lewis wurde scharf verurteilt, weil er mit seinen Lohnforderungen für Bergleute, durch den UMW-Streik von 1943 und mit seinem Taktieren zwischen AFL und CIO sowohl den Arbeits- wie den Gewerkschaftsfrieden verletzte. Insgesamt wurde die no-strike pledge durch den CIO eingehalten. Eine Häufung von Streiks im Jahr 1943 war auf local issues, lokale Probleme in den einzelnen Betrieben oder direkt am Arbeitsplatz, zurückzuführen.
Die einzige Bedingung, die der CIO für die Kooperation mit den Unternehmern stellte, war, daß auch während des Krieges der NLRA voll in Kraft blieb.

183 Vgl. Derber, Industrial Democracy, a. a. O., S. 392 ff.

184 Typisch hierfür Arthur M. Ross, Trade Union Wage Policy. Berkeley und Los Angeles 1948.

185 Soule macht die folgenden Angaben über durchschnittliche Stundenlöhne in gewerkschaftlich organisierten und nichtorganisierten Regionen in der Herrenoberbekleidungsindustrie für das Jahr 1932:

| *gewerkschaftlich organisiert* | |
|---|---|
| Boston | 70 Cents |
| Chikago | 90 Cents |
| New York | 80 Cents |
| Rochester | 71 Cents |

| *nicht gewerkschaftlich organisiert* | |
|---|---|
| Baltimore | 45 Cents |
| Cleveland | 58 Cents |
| Östliches Pennsylvania | 33 Cents |
| St. Louis | 50 Cents |

Vgl. George Soule, Sidney Hillman. Labor Statesman. New York 1939, S. 230. Die durchschnittlichen Nominallöhne gewerkschaftlich organisierter Arbeiter sanken 1929–1932 nur um 6–12 %, während die der Nichtorganisierten um 14–36 % fielen. Vgl. Murray N. Rothbard, America's Great Depression. Toronto, New York, London 1963, S. 293.

186 In der Großen Depression hatte sich die Scherenöffnung dadurch verringert, daß die Profite stark gefallen waren, nicht aber dadurch, daß die Löhne gestiegen wären.

187 Zum Abschnitt über Löhne und Gewerkschaften vgl. George H. Hildebrand, The Economic Effects of Unionism, in: Neil W. Chamberlain (Hrsg.), A Decade of Industrial Relations Research 1946–1956. New York 1958; Douglas C. North, Growth and Welfare in the American Past. A New Economic History. Englewood Cliffs, N. J., 1966, S. 174 ff.; Rees, a. a. O., S. 69 ff.
Nur in wenigen Ausnahmefällen gelang es einer Gewerkschaft, den Reallohn ihrer Mitglieder im Vergleich zu den Nichtorganisierten über einen längeren Zeitraum zu erhöhen: Dies waren dann einzelne Betriebsgewerkschaftsorganisationen (locals) von Facharbeitern, die – fast autonom – nur sehr locker mit einer nationalen Gewerkschaft verbunden waren, ihre Tarifverhandlungen selbständig führten und dabei ihre strategische Position im Produktionsprozeß (Austauschbarkeit dieser hochspezialisierten Facharbeiter nur mit extrem hohen Kosten, die dem Unternehmer entstanden) voll ausnutzen konnten.

188 Vgl. Galenson, a. a. O., S. 631 ff.

189 Typisch hierfür war eine Äußerung F. D. Roosevelts von 1937: Tarifverhandlungen könnten in der öffentlichen Verwaltung deswegen nicht stattfinden, weil niemand als Arbeitgeber auftreten könne; das ganze Volk sei Arbeitgeber. Vgl. Samuel Rosenbaum (Hrsg.), The Public Papers and Addresses of Franklin D. Roosevelt. 13 Bde. New York 1938–1950, Bd. 6, S. 325 f.

190 Erst in unserer Gegenwart gelingt es den amerikanischen Gewerkschaften, sowohl Farmarbeiter als auch öffentlich Bedienstete und Angestellte der Privatindustrie zu organisieren. Es gibt Anzeichen dafür, daß die Gewerkschaften hierbei erfolgreich sind (evtl. auch unterstützt durch eine – von der AFL/CIO geforderte – Ausdehnung des NLRA auf die bisher nicht

Betroffenen) und wir in den nächsten Jahren eine Organisationswelle erleben werden, die mit der des CIO in den dreißiger Jahren vergleichbar ist.

191 Vgl. Galenson, a. a. O., S. 594.

192 Vgl. CIO Convention 1938, S. 169 f.

193 Vgl. Galenson, a. a. O., S. 594. Zur regionalen Verteilung der Gewerkschaftsmitglieder vgl. auch Leo Troy, Distribution of Union Membership Among the States, 1939 and 1953. Washington 1957. Zur Situation der Gewerkschaften im Süden vgl. F. Ray Marshall, Labor in the South. Cambridge, Mass., 1967.

194 Vgl. Galenson, a. a. O., S. 590 f., und Leo Wolman, Concentration of Union Membership, in: Industrial Relations Research Association, Proceedings 1952, S. 214 ff.

195 Vgl. Hawley, New Deal and Monopoly, a. a. O., S. 199 f., 275, 483.

196 Um diese diskriminierende Wirkung der seniority rule auszuschließen, hat der UAW-Präsident Walter Reuther noch kurz vor seinem Tod vorgeschlagen, daß neu eingestellte Schwarze in der Automobilindustrie sofort eine hohe Seniorität erhalten sollten, um sie so vor Entlassungen zu sichern. Der Nachfolger Reuthers, Woodcock, hat diesen Vorschlag in den Tarifverhandlungen mit General Motors 1970 nicht mehr aufgenommen, weil er offensichtlich befürchtete, seine noch nicht gesicherte Position innergewerkschaftlich dadurch bei den jüngeren weißen Gewerkschaftsmitgliedern (die ebenfalls am Fuße der Senioritätsleiter stehen) zu gefährden.

197 Roosevelt erließ die entsprechende Executive Order 8802 im Juni 1941, nachdem unter Führung des schwarzen Gewerkschaftsvorsitzenden der Schlafwagenschaffner, A. Philip Randolph, Druck auf ihn ausgeübt worden war. Vgl. Galenson, a. a. O., S. 629.

198 Zum letzten Abschnitt vgl. Marc Karson und Ronald Radosh, The American Federation of Labor and the Negro Worker, 1894–1949, und Summer M. Rosen, The CIO Era, 1935–1955, beide Aufsätze in: Julius Jacobson (Hrsg.), The Negro and the American Labor Movement. Garden City, N. Y., 1968; Herbert R. Northrup, Organized Labor and Negro Workers, in: Bernard Sternsher (Hrsg.), The Negro in Depression and War. Prelude to Revolution, 1930–1945. Chikago 1969, S. 139 ff.; Galenson, a. a. O., S. 625 ff. Schwarze wurden in den CIO-Gewerkschaften auch in Funktionen gewählt und zu hauptamtlichen Funktionären ernannt. Frauen gehörten ebenfalls zu denen, die selbst während des Zweiten Weltkrieges mit weißen männlichen Arbeitnehmern nicht völlig gleichgestellt wurden. Auch im CIO gelangten Frauen nur in Ausnahmefällen – und dann in kleinen Gewerkschaften – in führende Positionen: So etwa wurde Eleanor Nelson 1944 zur Vorsitzenden der CIO United Federal Workers of America gewählt. Der Versuch von John L. Lewis, seine Tochter zum Generalsekretär des CIO zu machen, diente mehr der Stabilisierung seiner Hausmacht, als daß die Emanzipation der Frau in den CIO-Gewerkschaften intendiert gewesen wäre.

199 Das frappanteste Beispiel für eine Gewerkschaftsdiktatur im New Deal und Zweiten Weltkrieg boten die UMW. Die Gewerkschaft sicherte sich in ihren Tarifverträgen einen union shop und dues-check-off. Im Gegensatz zu den meisten anderen Organisationen wurden die Mitgliedsbeiträge jedoch nicht an die lokale Betriebsgewerkschaftsorganisation (local), sondern vom Unternehmer direkt an den Bundesvorstand abgeführt. Damit erhielt der UMW-Präsident John L. Lewis die völlige finanzielle Kontrolle über seine Organisation. Bildete sich gleichwohl eine Gewerkschaftsopposition, so konnte er deren Mitglieder durch Ausschluß aus der Gewerkschaft zugleich ihres Arbeitsplatzes berauben.

200 Die Keynsche Wirtschaftspolitik wurde von Präsident Roosevelt nur zögernd angewandt: Nur im Wahljahr 1936 und nach der „Roosevelt"-Depression von 1937/38 kann man von bewußtem und gezieltem deficit spending sprechen. In den anderen Jahren des New Deal waren die staatlichen Haushalte auf kommunaler, einzel- und bundesstaatlicher Ebene annähernd ausgeglichen. Vgl. North, Growth and Welfare, a. a. O., S. 175.

201 Auch die Unterstützung von LaFollette, der 1924 als Kandidat einer Dritten Partei sich um die Präsidentschaft bewarb, war weitgehend deklamatorisch geblieben: Nachdem die beiden etablierten Parteien die Forderungen der AFL völlig mißachtet hatten, beschloß der Vorstand des Gewerkschaftsbundes, für die "League for Progressive Political Action" und ihren Kandidaten Robert M. LaFollette einzutreten. Trotz dieses Beschlusses investierten AFL-Gewerkschaften nur geringe Geldbeträge in den Wahlkampf, und wenige hauptamtliche Funktionäre arbeiteten für LaFollette.

202 Vgl. Delbert Donald Arnold, The CIO's Role in American Politics, 1936–1948. Dissertation, University of Maryland 1952, S. 13.

203 Vgl. AFL Convention 1935, S. 774 f.

204 Vgl. Donald R. McCoy, Angry Voices. Left-of-Center Politics in the New Deal Era. Lawrence, Kansas 1958, S. 105 ff.

205 Vgl. W. M. Kiplinger, The Political Role of Labor, in: Annals of The American Academy of Political and Social Science 184 (März 1936), S. 126, 129; New Republic 89 vom 25. 11. 1936, S. 97 ff.; Joel Seidman, A Labor Party for America? New York 1936, S. 33 ff. Vgl. hierzu auch ders., Organized Labor in Political Campaigns, in: Public Opinion Quarterly 3 (1939), S. 659, und C. K. McFarland, Roosevelt, Lewis and the New Deal, 1933–1940. Fort Worth 1970, S. 93.

206 Vgl. Arnold, a. a. O., S. 21 ff.; Robert R. R. Brooks, When Labor Organizes. New Haven 1937, S. 301 ff.; Cecil Carnes, John L. Lewis. Leader of Labor. New York 1937, S. 303, 306 ff.; Harry Braverman, Labor and Politics, in: Bert Cochran (Hrsg.), American Labor in Midpassage. New York 1959, S. 102 ff.; Sidney Lens, Left, Right and Center. Conflicting Forces in American Labor. Hinsdale, Ill., 1949, S. 316 f.; Arthur E. Suffern, Brewing a Labor Party. Something to Watch During the Next Four Years and Probably Years Thereafter, in: Current History 44 (September 1936), S. 33 ff.
Wir gehen in diesem Kapitel relativ ausführlich auf Organisation und Arbeitsweise der LNPL ein, da die Liga exemplarisch für die anderen politischen Organe des CIO – PAC und ALP – gewesen ist.

207 Vgl. Labor's Non-Partisan League, LNPL. Its Origin and Growth. Washington o. J. (1939), S. 3, und Matthew Josephson, Sidney Hillman. Statesman of Labor. New York 1952, S. 393 ff.

208 Farley ist – wenn wir seine Parteifunktion mit europäischen Parteien vergleichen – Organisationssekretär der Demokratischen Partei und als solcher Wahlkampfmanager von Roosevelt gewesen. Der eigentliche politische Vorsitzende einer amerikanischen Partei ist der jeweilige Präsident bzw. Präsidentschaftskandidat.

209 Memorandum F. D. Roosevelts an Mac (Intyre) vom 14. 1. 1936 (FDR-OF).

210 Berry an Roosevelt am 7. 2. 1935 (FDR-OF); Berry an Hillman am 26. 9. 1936 (Hillman Papers).

211 Vgl. Josephson, a. a. O., S. 394. Josephson bezieht sich hier auf das Protokoll einer Vorstandssitzung der ACWA. Der Gewerkschaftsvorstand ist zahlenmäßig so groß gewesen, daß eine Ankündigung der Gründung der LNPL (vor Bekanntgabe der offiziellen Gründung) einer Veröffentlichung in der Gewerkschaftspresse gleichgekommen wäre.

212 Vgl. Josephson, a. a. O., S. 394.

213 Vgl. UMW Convention 1936, S. 208 ff.

214 Rede Hillmans vor dem Vorstand der ACWA am 19. 4. 1936 (Hillman Papers). Danktelegramm Farleys an Hillman für hervorragende Hilfe im Wahlkampf vom 11. 11. 1936 (Hillman Papers). Vgl. auch Josephson, a. a. O., S. 394.

215 Hinzu kommt, daß Tobin auch schon 1928 und 1932 Vorsitzender des Democratic Labor Committee gewesen war, seine Ernennung 1936 in die gleiche Funktion also der Tradition der Demokraten entsprach.

216 Berry an Hillman und Lewis am 6. 4. 1936; Berry an Hillman am 8. 4. 1936; Berry an Hillman und Lewis am 30. 4. 1936; Berry an Hillman und Lewis am 15. 9. 1936 (Hillman Papers).

217 Vgl. ACWA Convention 1936, S. 395.

218 Berry an Lewis und Hillman am 30. 4. 1936 und Telegramm Berry an Hillman am 8. 5. 1936 (Hillman Papers).

219 Berry an Adolph Germer am 15. 6. 1936; Germer an Berry am 23. 6. 1936; John Fitzpatrick, Präsident der Chicago Federation of Labor, an Germer am 25. 6. 1936; Ray Edmunson, Sekretär der LNPL von Illinois, an Germer am 15. 7. 1936; Press Release der LNPL von Illinois vom 24. 7. 1936 (Germer Papers). Adolph Germer, 1881 in Deutschland geboren und 1888 mit seinen Eltern in die USA ausgewandert, war Funktionär des Bergarbeiterverbandes und der Sozialistischen Partei der USA. Als er von Berry zum Mitglied des Illinois State Committee der LNPL ernannt wurde, war er Organisationssekretär des CIO im Mittelwesten und spielte in den Streiks der Automobil- und Gummiindustrie eine größere Rolle.

220 Vgl. LNPL Convention 1936, Protokoll, S. 5 f. (LNPL Papers); UMW Journal vom 15. 10. 1936; Berry an Homer Martin, den Vorsitzenden der UAW, am 31. 7. 1936 (Martin Papers); Berry an John Brophy am 18. 6. 1936 (CUA-LNPL Papers).
Ein Archiv der LNPL gibt es nicht, die Aktenbestände der Liga sind offensichtlich verschollen. Der in der Catholic University of America unter "LNPL Papers" aufgeführte Aktenbestand ist falsch betitelt: Es handelt sich nicht um Korrespondenz und Materialien der LNPL, sondern um Sprengstücke aus der allgemeinen Korrespondenz des CIO-Zentralbüros; nur ein Teil betrifft die LNPL. Das gleiche trifft auf die "LNPL Papers" in der State Historical

Society of Wisconsin zu: Hier handelt es sich um die Akten der LNPL für die Zeit nach 1941, als John L. Lewis vom Vorsitz des CIO zurückgetreten war, die LNPL allmählich in den Bergarbeiterverband zurückgenommen wurde und nicht mehr als politisches Organ des CIO fungierte. Die umfangreichste Sammlung von LNPL Archivalien für die Jahre 1936–1939 befindet sich in den Hillman Papers im Archiv der ACWA.

221 An den Präsidenten und seine Mitarbeiter wurden regelmäßige Berichte der LNPL über ihre Arbeit geliefert. Einige Berichte einzelstaatlicher LNPL gelangten ebenfalls in das persönliche Büro des Präsidenten oder an das Democratic National Committee.

222 Vgl. LNPL Convention 1936, S. 2, 33 ff.

223 Vgl. LNPL Convention 1936, S. 3, 9.

224 Zum Kongreß der LNPL im August 1936 vgl. Origin and Growth, a. a. O., S. 3 ff.; Carnes, a. a. O., S. 282 f.; Bryant Putney, Labor in Politics. Washington 1940, S. 14 f.; Advance vom September 1936.

225 Dies waren John L. Lewis als Vorsitzender, M. S. Warfield als Sekretär und Sidney Hillman als Schatzmeister; ferner David Dubinsky, Mrs. Elinore Herrick, Patrick Gorman, Clarence E. Swich, Rose Schneidermann, Woodruff Randolph und George L. Berry. Berry an Hillman und Lewis am 15. 9. 1936 (Hillman Papers).

226 Berry an Hillman und Lewis am 15. 9. 1936 (Hillman Papers).

227 Press Release LNPL am 19. 10. 1936 (FDR-OF).

228 Vgl. Arnold, a. a. O., S. 36 f.

229 Berry an Roosevelt am 5. 1. 1936 (FDR-PPF) und UMW Journal vom 15. 11. 1936.

230 Vgl. Carnes, a. a. O., S. 290 f.

231 Berry and Lewis und Hillman am 30. 4. 1936 (Hillman Papers).

232 Berry an Roosevelt am 11. 11. 1936 (FDR-OF); Roosevelt an Berry am 16. 11. 1936; McIntyre an Berry am 17. 11. 1936; Berry an Lewis und Hillman am 8. 12. 1936 (alle in Hillman Papers).

233 Memorandum von Berry an Hillman am 10. 9. 1936 (Hillman Papers).

234 E. L. Oliver an Berry am 25. 1. 1937 (Hillman Papers). Oliver war zu dieser Zeit gerade in die Dienste der LNPL getreten und seine erste Aufgabe bestand darin, eine Bestandsaufnahme der bisherigen Arbeit der Liga anzufertigen.

235 Berry an Lewis und Hillman am 20. 2. 1937 (Hillman Papers).

236 Erklärung von John L. Lewis am 28. 12. 1938, Press Release (SHSW-Milwaukee).

237 Entsprechend gab die LNPL in Washington mehrere Broschüren über die Organisation der Wards heraus. Vgl. LNPL, How to Organize a Unit of Labor's Non-Partisan League. Washington o. J.; Harold Taub, An LNPL Club in Action. How an LNPL Ward Club Became the Social Center of the Community. Washington o. J.; LNPL, How to Organize Ward Clubs. Labor's Non-Partisan League Handbook. Washington o. J.

238 Ähnliches trifft zu für die Rolle der ACWA und der ILGWU im Staat New York: Beide beherrschten den dortigen Zweig der LNPL, die American Labor Party.
Zu den Unterorganisationen der LNPL auf einzelstaatlicher und lokaler Ebene vgl. neben den einschlägigen Quellen William H. Riker, The CIO in Politics. Dissertation Harvard University 1948, S. 149.

239 A. a. O., S. 151 ff.

240 Alton Lawrence, Memorandum on Finances of National Office (with Regard to the Southern States) during the Past Years, von 1940; Alton Lawrence, Report on the South-Confidential, vom 16. 7. 1940 (beides in SHSW-LNPL).

241 Constitution and By-Laws of the Labor's Non-Partisan League of Maryland, Indiana und Missouri, von 1938/39 (SHSW-LNPL).

242 By-Laws of Labor's Non-Partisan League of – X – County, von 1938 (SHSW-LNPL).

243 Vgl. CIO News vom 26. 3. 1938.

244 Hauptfunktion der State Conventions war neben der Wahl eines Vorstandes dann auch die Beschlußfassung darüber, welche Kandidaten von der Liga offiziell unterstützt werden sollten.

245 Zur Veränderung der sozialen Zusammensetzung der Wähler der Demokratischen Partei vgl. Samuel Lubell, The Future of American Politics. 2. Aufl. New York 1956, S. 29 ff.

246 Vgl. Riker, a. a. O., S. 175 ff.

247 Vgl. Origin and Growth, a. a. O., S. 20 ff., und Arnold, a. a. O., S. 35.

248 Dieses Bemühen ist um so verständlicher, als die Registrierungsbüros nur an Werktagen geöffnet hatten. Ebenso finden die Wahlen in den USA nicht an einem Sonntag, sondern an einem Werktag statt. Einige Gewerkschaften haben deswegen auch versucht, in ihre Tarif-

verträge Klauseln aufnehmen zu lassen, daß ihre Mitglieder während der Arbeitszeit sich registrieren lassen und wählen gehen konnten.

249 Berry an Lewis und Hillman am 3. 3. 1937 (Hillman Papers).

250 Zu den Ausnahmen gehörte, daß die LNPL Roosevelt 1938 darin unterstützte, konservative und gegen den New Deal arbeitende Politiker aus der Demokratischen Partei durch Beeinflussung der Vorwahlen in einigen Wahlkreisen zu drängen. Das PAC hat später öfter als die LNPL in die Vorwahlen eingegriffen.

251 John Brophy wurde jetzt zum Leiter des CIO Department of Industrial Union Councils ernannt: Seine Aufgabe war es, in den Einzelstaaten und Städten CIO-Gewerkschaftskartelle (State Industrial Union Councils und City Industrial Union Councils) durch Zusammenfassung der lokalen und regionalen Gewerkschaften, die dem CIO angehörten, einzurichten.

252 Vgl. Riker, a. a. O., S. 233 ff.

253 Oliver an Lewis und Hillman am 12. 5. 1939 (Hillman Papers).

254 Vgl. Origin and Growth, a. a. O., S. 20; Arnold, a. a. O., S. 42; Riker, a. a. O., S. 264 ff. Die LNPL gab Broschüren und Flugblätter heraus, die sich besonders an die Farmer wandten. In Minnesota arbeitete die LNPL eng mit der dortigen Farmer-Labor Party zusammen.

255 Zur Rolle der Neger in der AFL und im CIO vgl. Marc Karson und Ronald Radosh, The American Federation of Labor and the Negro Worker, 1894–1949, und Sumner M. Rosen, The CIO Era, 1935–1955, beide in: Julius Jacobson (Hrsg.), The Negro and the American Labor Movement. Garden City, N. Y., 1968; Herbert R. Northrup, Organized Labor and Negro Workers, in: Bernard Sternsher (Hrsg.), The Negro in Depression and War. Prelude to Revolution 1930–1945. Chikago 1969.

256 Vgl. Riker, a. a. O., S. 259 ff.

257 Berry an Frank Martel, Chairman LNPL Michigan, am 25. 9. 1936 (Wayne County AFL-CIO Collection).

258 Joseph Cadden, American Youth Congress, an Ralph Hetzel, CIO, am 18. 5. 1940 und Cadden an Lewis am 18. 5. 1940 (CUA-LNPL).

259 John T. Jones an Cadden am 31. 1. 1941 (SHSW-LNPL).

260 Berry an Hillman am 25. 9. 1936 (Hillman Papers).

261 Holtz an Hillman am 19. 8. 1936; Hillman an seine Tochter Philoline am 3. 12. 1936 (Hillman Papers).

262 Neben den hauptamtlichen Mitarbeitern im Washingtoner Büro waren in folgenden regionalen und lokalen LNPLs in den Jahren 1937–1939 hauptamtliche Funktionäre eingestellt: Connecticut, New Jersey, Philadelphia, Pennsylvania, Ohio, Detroit, Chikago, Kalifornien, Oregon. Vgl. Riker, a. a. O., S. 153.

263 So stellte z. B. die ACWA während des Wahlkampfes 1936 drei ihrer hauptamtlichen Funktionäre der LNPL Illinois zur Verfügung. Ray Edmunson, Chairman LNPL Illinois, an Hillman am 10. 10. 1936 (Hillman Papers).

264 Diese Angaben bei Creel, a. a. O., S. 300. Zu ganz ähnlichen Ergebnissen kommt Walter Galenson, The CIO Challenge to the AFL. A History of the American Labor Movement, 1935–1941. Cambridge, Mass. 1960, S. 598 ff.

265 Berry an Steve Early, White House, am 9. 9. 1936 (FDR-OF); Berry an Lewis und Hillman am 15. 9. 1936 und Berry an Lewis und Hillman am 15. 3. 1937 (Hillman Papers).

266 Report of the Secretary-Treasurer LNPL Ohio vom 5. 1. 1939 (CUA-LNPL).

267 Berry an Lewis und Hillman am 15. 9. 1936 (Hillman Papers) und Oliver an Brophy am 13. 3. 1937 (CUA-LNPL). Der LNPL-Kongreß von 1937 hatte entschieden, daß der Liga angeschlossene Organisationen mit weniger als 450 Mitgliedern pro Kopf und Jahr 25 Cent Beitrag zahlten sollten, Organisationen mit mehr als 450 Mitgliedern 10 Cent.

268 Berry an Lewis und Hillman am 15. 3. 1937 (Hillman Papers).

269 Die Ursachen für das Scheitern aller Versuche, die LNPL zu einer Mitgliederorganisation mit feststehenden Mitgliedsbeiträgen zu machen, sind wohl vor allem darin zu suchen, daß zum einen in den lokalen, regionalen und z. T. sogar in den nationalen Gewerkschaftsorganisationen die Notwendigkeit der LNPL nicht eingesehen wurde (hier schwang durchaus die „voluntaristische", partei- und politikungebundene Tradition amerikanischer Gewerkschaften mit) und daß zum anderen gerade die lokalen und regionalen Gewerkschaftsorgane auf ihre Autonomie bedacht waren und sich nicht in die Abhängigkeit irgendeiner übergeordneten Institution – außer dem CIO selbst – begeben wollten (hier schwang der traditionelle Autonomieanspruch der lokalen Betriebsgewerkschaftsorganisationen mit).

270 Riker schätzt, daß in den Jahren 1937–1939 nicht mehr als 500.000 Dollar von der LNPL und ihren Unterorganisationen ausgegeben worden sind. Vgl. Riker, a. a. O., S. 129 f.

271 Vgl. Louise Overacker, Labor's Political Contributions, in: Political Science Quarterly 54 (1939), S. 57.

272 Im Wahljahr 1928 kam der Hauptanteil der Einkünfte der Demokraten und Republikaner von Unternehmern und Bankiers. 1932 hatten Bankiers noch 25 % der Wahlkampfkosten der Demokraten getragen, 1936 nur noch 3 %. Vgl. Overacker, a. a. O., S. 60 f.; dies., Campaign Funds in the Presidential Election of 1936, in: American Political Science Review 31 (1937), S. 473; Lubell, a. a. O., S. 48 f.

273 Die Angaben zur Wahlkampffinanzierung 1936 basieren auf 75th Congress, Senate, Investigation of Campaign Expenditures in 1936. Report of the Special Committee to Investigate Campaign Expenditures of Presidential, Vice Presidential, and Senatorial Candidates in 1936. Report No. 151, Daten über gewerkschaftliche Wahlkampfbeiträge, S. 127 ff. Vgl. außerdem neben den schon genannten Arbeiten von Overacker: dies., Presidential Campaign Funds. Boston 1946; Riker, a. a. O., S. 127 ff.; Arnold, a. a. O., S. 34 f.; Josephson, a. a. O., S. 400.

274 Vgl. Overacker, a. a. O., S. 15.

275 Vgl. Riker, a. a. O., S. 128.

276 Vgl. Overacker, Campaign Funds in the Presidential Election of 1936, a. a. O., S. 490.

277 Dieser Mythos gewann dadurch Nahrung, daß F. D. Roosevelt angeblich – als John L. Lewis für die UMW einen Scheck von 250.000 Dollar überreichen wollte – gesagt haben soll: "No, John. I don't want your check, much as I appreciate the thought. Just keep it, and I'll call on you if and when any small need arises." Roosevelt und die Demokraten hätten Lewis damit übers Ohr gehauen und mehr als die zunächst angebotenen 250.000 Dollar aus den UMW herausgeholt. Vgl. Creel, a. a. O., S. 300 f. Zum Mythos über den großen finanziellen und politischen Einfluß der Gewerkschaftsbewegung vgl. auch Terry Catchpole, How to Cope with COPE. The Political Operations of Organized Labor. New York 1968, S. 53, der alle Anekdoten unkritisch übernimmt.

278 Daniel Tobin, International Brotherhood of Teamsters, an Roosevelt am 25. 4. 1939 (FDR-OF).

279 Vgl. Louise Overacker, Campaign Finance in the Presidential Election of 1940, in: American Political Science Review 35 (1941), S. 715, 722 f.

280 Vgl. Origin and Growth, a. a. O., S. 12 f.

281 Vgl. Len DeCaux, Labor Radical. From the Wobblies to CIO. A Personal History. Boston 1970, S. 356, und Arnold, a. a. O., S. 45.

282 Vgl. CIO News vom 20. 8. 1938, 29. 8. 1938 und 24. 9. 1938.

283 Im Senat hatten die Demokraten gegenüber den Republikanern eine Mehrheit von 69 : 27, im Repräsentantenhaus von 261 : 170. Vgl. McFarland, a. a. O., S. 86.

284 Die LNPL unterstützte in verschiedenen Staaten Reformkräfte, die gegen lang etablierte Patronagemaschinen der beiden großen Parteien rebellierten. Hier lag einer der Gründe für Erfolge der Liga in mehreren Städten. H. E. Caroll, President Kansas City Industrial Union Council, an Lewis am 26. 3. 1938 (CUA-LNPL).

285 Vgl. Advance vom Dezember 1938 und United Automobile Worker vom 19. 11. 1938.

286 Vgl. Arnold, a. a. O., S. 43 f.; DeCaux, a. a. O., S. 293 ff.; Josephson, a. a. O., S. 468 ff.; John Brophy, A Miner's Life. Madison und Milwaukee 1964, S. 278.

287 Es überrascht daher nicht, daß es Hillman war, der als erster prominenter Gewerkschaftsführer öffentlich für eine erneute Kandidatur Roosevelts im Januar 1940 eintrat. Press Release ACWA vom 28. 1. 1940 (Hillman Papers).
Nicht nur war Roosevelt geschickt darin, Hillman an sich zu binden, sondern umgekehrt war Hillman ein versierter politischer Taktiker. So unterhielt Hillman immer enge Kontakte zu Wendell Willkie, dem Republikanischen Präsidentschaftskandidaten von 1940, obwohl er ihm im Wahlkampf hart zugesetzt hatte. Willkie an Hillman am 26. 5. 1943 (Hillman Papers).

288 Vgl. CIO News vom 29. 1. 1940, 11. 3. 1940, 8. 4. 1940; Arnold, a. a. O., S. 51.

289 Vgl. UMW Convention 1940, S. 103 ff.

290 Harold Ickes schickte als Innenminister dem Präsidenten im Frühjahr 1940 einen Bericht, in dem er auf die Lage des Kohlebergbaus und die Angriffe der UMW auf Roosevelt warnend hinwies. Ickes an Roosevelt am 10. 3. 1940 (FDR-OF). Vgl. auch Arnold, a. a. O., S. 53.

291 Vgl. Arnold, a. a. O., S. 83 f.

292 Im Gegensatz zu Hillman wurde Lewis von Roosevelt in der Regel nicht zum gemeinsamen Essen ins Weiße Haus eingeladen. So etwa Memorandum Roosevelt für McIntyre am 27. 12. 1938 (FDR-OF).

293 Vgl. DeCaux, a. a. O., S. 357, und Brophy, a. a. O., S. 283.

294 Vgl. DeCaux, a. a. O., S. 356 ff., 384 f.

295 Auch McFarland, der sich mit dieser Frage intensiv beschäftigt hat, konnte kein neues Licht auf diese Frage werfen. Vgl. auch Brophy, a. a. O., S. 278, der enger Vertrauter von Lewis war und bekennt, er habe nicht gewußt, welche politischen Pläne Lewis für seine Person gehabt habe.

296 Vgl. Carnes, a. a. O., S. 290 f., 303.

297 Zu dieser Frage wurden von mir interviewt Jacob Clayman, Joseph Keenan, Bessie Hillman, Michael F. Widman, Jay Lovestone, David Dubinsky. Mit Ausnahme von Widman bestätigten alle Gesprächspartner, daß Lewis ernsthaft an der Vizepräsidentschaft der USA hätte interessiert sein können. Dubinsky gab an, daß Roosevelt ihm "off-record" von Lewis' Anfrage erzählt habe. Widman hingegen betonte, daß es schon seit 1928 Gerüchte um Lewis' politische Ambitionen gegeben habe, worüber dieser sich nur amüsiert hätte, ohne ernsthaft ein Staatsamt anzustreben.
Diese Aussagen lassen sich quellenkritisch nicht nachprüfen, da schriftliche Belege zu derartigen Überlegungen von Lewis (ein Nachlaß existiert angeblich nicht) oder über sein angebliches Gespräch mit Roosevelt sich nicht finden. An diesem Fall wird bestenfalls exemplarisch deutlich, auf welchen methodisch unsicheren Füßen eine Untersuchung stehen würde, die sich hauptsächlich auf Interviews stützen müßte.

298 Vgl. Irving Bernstein, John L. Lewis and the Voting Behavior of the CIO, in: Public Opinion Quarterly 5 (1941), S. 248.

299 Lewis war damit neben dem AFL-Führer und Vorsitzenden der Zimmerleute-Gewerkschaft, William Hutcheson (seinem schärfsten Gegner bei der Gründung des CIO, mit dem er während des AFL-Kongresses 1935 in einen Faustkampf verwickelt war), der einzige bekannte Gewerkschafter, der für Willkie eintrat. Vgl. Morton H. Leeds, The American Federation of Labor in National Politics, 1939–1948. Dissertation New School of Social Research o. J., S. 105.

300 Minutes International Executive Board UAW vom 13. 9. 1940, S. 71 (Thomas Papers).

301 Vgl. Riker, a. a. O., S. 82 ff. Auch von lokalen und regionalen Gewerkschaftsorganisationen – auch Gruppen der UMW – kam einhellige Opposition gegen die Lewis-Rede. Im Weißen Haus gingen am 26. Oktober mehrere hundert Telegramme ein, in denen Roosevelt die Unterstützung von Betriebsgewerkschaftsorganisationen (locals) zugesagt wurde. List of Telegrams on Lewis Speach vom 26. 10. 1940 (FDR-OF).

302 Vgl. Riker, a. a. O., S. 184.

303 Vgl. Arnold, a. a. O., S. 62 f.; Riker, a. a. O., S. 186 f.

304 Vgl. UMW Journal vom 15. 8. 1940 und John L. Lewis to all Local and State Officers of LNPL am 25. 7. 1940, Flugblatt.

305 Vgl. United Automobile Worker vom 8. 11. 1939.

306 Vgl. LNPL National Bulletin vom 3. 7. 1940; Arnold, a. a. O., S. 57 ff. Die Annahme von Brophy, a. a. O., S. 279, daß Oliver von Lewis aus der LNPL rausgeschmissen worden sei, ist falsch. Oliver ist vielmehr freiwillig zurückgetreten und hat damit eine politische Demonstration für Roosevelt verbunden. Seine Rücktrittserklärung wurde in mehreren Zeitungen veröffentlicht.

307 Garner Jackson an Lewis am 27. 10. 1940 (Germer Papers).

308 Dies geht eindeutig aus den Akten der LNPL für die Jahre 1941/42 hervor (SHSW-LNPL). Im LNPL National Bulletin vom 15. 11. 1940 war der Wahlsieg Roosevelts – und damit die Niederlage von Lewis – nicht erwähnt: Schon hier zeigte sich, wer Herr im Hause der nationalen LNPL war.

309 Memorandum von A. A. Hartwell an John T. Jones vom 27. 11. 1940 (SHSW-LNPL).

310 Russ Nixon, National Representative LNPL, an Kathryn Lewis, Secretary District 50 – UMW, am 12. 11. 1941 (SHSW-LNPL).

311 In der Akte „CIO Convention 1940" der Hillman Papers finden sich Telegramme und Briefe kommunistischer Betriebsgewerkschaftsorganisationen an Hillman mit der Aufforderung, daß dieser dafür sorgen möge, daß Lewis als Vorsitzender des CIO erneut kandidiere.

312 Murray und Roosevelt hatten ein gutes persönliches Verhältnis. Kurz nach der Wahl Murrays zum CIO-Vorsitzenden lud der Präsident ihn zum Essen ins Weiße Haus. Memorandum Roosevelt an Staff am 18. 12. 1940.

313 Vgl. Declaration of Purpose of Labor's Non-Partisan League National Convention, Washington, March 8, 1937. Washington 1937.

314 Vgl. Josephson, a. a. O., S. 397, 404.
315 Vgl. Advance vom September 1936.
316 Die Zahl der Mitglieder des Supreme Court ist durch die Verfassung nicht vorgeschrieben. Ursprünglich waren es sechs, seit den dreißiger Jahren sind es neun. Der Kongreß hat das Recht, die Zahl der Richter festzulegen.
317 Proceedings of the Second Convention of LNPL, March 8, 1937, S. 25 f., 29 ff. (SHSW-LNPL); E. L. Oliver an McIntyre, Assistant Secretary to the President, am 8. 3. 1937 (FDR-OF).
318 Berry an Hillman am 10. 2. 1937 (Hillman Papers); Oliver an Frank Martel, State Chairman LNPL Michigan, am 10. 2. 1937 (Wayne County AFL/CIO Collection).
319 Inwieweit der u. a. von CIO und LNPL ausgeübte politische Druck zu dieser Umkehrung der Gerichtsmehrheit beitrug, läßt sich nicht sagen. Eine genaue Untersuchung des Rooseveltschen Court Packing Plans liegt bisher nicht vor. Vgl. zum Plan des Präsidenten Richard C. Cortner, The Jones and Laughlin Case. New York 1970, S. 97 ff., und McFarland, a. a. O., S. 75 ff.
320 Vgl. Origin und Growth, a. a. O., S. 7 f.
321 Dies trug zur Verschärfung des oben schon behandelten Konflikts zwischen Roosevelt und Lewis bei.
322 So genannt nach einer seiner Entscheidungen vom August 1937.
323 Vgl. J. Raymond Walsh, CIO. Industrial Unionism in Action. New York 1937, S. 257 und Riker, a. a. O., S. 105 ff.
324 Lee Pressman, General Counsel CIO, an Eli Oliver, Len DeCaux, Gardner Jackson, John Brophy am 11. 8. 1938 (CUA CIO Papers) mit einer Festlegung des taktischen Verhaltens des CIO, eine Änderung des NLRA zu verhindern.
325 Die Festlegung des Wahlverfahrens auch für Ämter auf Bundesebene (Wahlen zu beiden Häusern des Kongresses, Präsidentschaftswahlen) gehört zur Gesetzgebungskompetenz der Einzelstaaten. Dadurch gab es und gibt es in den USA nicht nur unterschiedliche Wahlmodi, sondern war es möglich, in einigen Staaten eine besondere Wahlsteuer zu erheben.
326 National Poll of Popular Sentiment. Conducted by National Emergency Conference for Democratic Rights. New York o. J. (Milwaukee Industrial Union Council Papers).
327 Hillman und die anderen Führer der ACWA waren deswegen an der Verabschiedung des Gesetzentwurfes so interessiert, weil in der Oberbekleidungsindustrie – namentlich in den Südstaaten – die niedrigsten Löhne gezahlt wurden, Frauen- und Kinderarbeit üblich und die Arbeitsbedingungen in den Betrieben unerträglich waren (der "sweat shop" war in dieser Industrie in der Weltwirtschaftskrise sprichwörtlich). Vgl. DeCaux, a. a. O., S. 333 ff.
328 Dieser Ausschuß legt die Tagesordnung für die Sitzungen des Repräsentantenhauses fest.
329 Zum ersten Mal in der Geschichte des Kongresses wurde bei der Wage and Hour Bill die Blockade eines Gesetzentwurfes durch das House Rules Committee vom Plenum zweimal durchbrochen.
330 Vgl. Riker, a. a. O., S. 97.
331 Im April 1938 setzte der Vorstand des CIO ein Legislative Committee ein, dem folgende Personen angehörten: Hillman als Vorsitzender; Homer Martin, Präsident der UAW; Philip Murray; Lee Pressman; Michael Quill, Präsident der Transport Workers Union. John Brophy an alle CIO Regional Directors, Industrial Union Councils and Local Industrial Unions am 20. 4. 1938 (Milwaukee Industrial Union Council Papers). Obwohl zwischen diesem Ausschuß und der LNPL z. T. eine personelle Identität bestand, kam es zu Schwierigkeiten bei der Koordinierung der gemeinsamen Arbeit in der Washingtoner Lobby. Lewis an Oliver am 23. 7. 1938, Oliver an Hillman am 29. 7. 1938 (Hillman Papers); Lewis an Brophy am 23. 7. 1938 (CUA-LNPL). Schließlich einigte man sich darauf, daß die LNPL routinemäßig die Kontakte zu den Mitgliedern des Kongresses und der Administration wahrnehmen sollte und daß das CIO Legislative Committee die Richtlinien der gesetzgeberischen Arbeit des CIO und der Liga festlegen, aber nur in besonderen Fällen als Lobby mitauftreten sollte. Lewis an Pressman am 10. 7. 1940 (CUA-LNPL).
332 C. W. Erwin, LNPL Washington, an Hillman am 8. 11. 1936 (Hillman Papers).
333 Vgl. CIO News vom 2. 7. 1938.
334 Vgl. ACWA Convention 1940, S. 52 ff.; Walsh, a. a. O., S. 256; Riker, a. a. O., S. 104.
335 Vgl. CIO News vom 26. 12. 1938 und Origin and Growth, a. a. O., S. 11, 14, 19 f.
336 Vgl. UE Convention 1938, S. 13 f.; UE Convention 1940, S. 21. Auch die LNPL unterstützte diese Forderung. Vgl. Origin and Growth, a. a. O., S. 18.

337 Vgl. Riker, a. a. O., S. 103.
338 Memorandum Russ Nixon an John T. Jones vom 28. 3. 1941 (CUA CIO Papers); Memorandum Hartwell, LNPL, an Carey, Hetzel und DeCaux vom 7. 4. 1941 (Carey Papers).
339 Vgl. hierzu auch Catchpole, a. a. O., S. 53, und McCoy, a. a. O., S. 107. Dies wurde mir auch in Interviews mit Bessie Hillman und Jay Lovestone bestätigt.
340 Vgl. Philip Taft, Labor's Changing Political Line, in: The Journal of Political Economy 45 (1937), S. 650.
341 Rede Hillmans vor dem Local 4 der ACWA in New York am 9. 4. 1936 – Manuskript (Hillman Papers). Ganz ähnlich argumentierte Hillman auch in einer Rede vor dem Executive Board seiner Gewerkschaft am 19. 4. 1936 und in einer Rede vor Gewerkschaftsfunktionären im Tamiment-Institut am 28. 6. 1936 (Hillman Papers).
342 Berry an Germer am 15. 6. 1936 (Germer Papers), mit allgemeinen Andeutungen, daß aus der LNPL eine Dritte Partei werden könne. Germer war ein ehemaliger Sozialist.
343 Berry an Hillman und Lewis am 15. 9. 1936 (Hillman Papers).
344 Memorandum der LNPL an den Präsidenten vom 22. 6. 1936 (FDR-PPF). Daß das Memorandum im Personal File abgelegt wurde, kann als Hinweis darauf gelten, daß es privat an Roosevelt – wahrscheinlich durch Berry – gesandt und geheim behandelt wurde.
345 Proceedings. Meeting of State Committee Delegates LNPL, August 10, 1936, Washington, S. 43 (SHSW-LNPL).
346 S. Loewe, Illinois Labor Party, an Hillman am 26. 1. 1937 und Sekretärin Hillmans an Loewe am 29. 1. 1937; Travers Clement, National Secretary Socialist Party of America, an Hillman am 14. 3. 1940 und Sekretärin Hillmans an Travers am 18. 3. 1940; Alfred Bingham, American Commonwealth Political Federation, an Hillman am 20. 5. 1936 und Sekretärin Hillmans an Bingham am 21. 5. 1936.
347 Hillman an State Committee, Minnesota Farmer-Labor Association, am 12. 5. 1936 mit einer Absage, an der Gründungskonferenz teilzunehmen.
348 Vgl. Josephson, a. a. O., S. 400.
349 Vgl. hierzu J. B. S. Hardman, John L. Lewis. Labor Leader and Man: An Interpretation, in: Labor History 2 (1961), S. 19 f.
350 Diese Scharnierfunktion darf in ihrer Bedeutung auch nicht überbewertet werden. Vielmehr wurde die LNPL Teil einer Wähler-Koalition, die sich schon vor der Weltwirtschaftskrise abzuzeichnen begonnen hatte.
351 Vgl. Lubell, a. a. O., S. 45 f., 50.
352 Roosevelt und die Liberalen in der Demokratischen Partei versuchten den CIO auch dadurch zu binden, daß einige seiner Funktionäre insbesondere während des 2. Weltkrieges in den Regierungsdienst übernommen wurden. Vgl. Riker, a. a. O., S. 30 f. Gleichwohl funktionierte dieses Scharnier nie durch das Schmieröl der Patronage, sondern allein durch das gewerkschaftliche Interesse an Arbeits- und Sozialgesetzgebung.
353 Die Abgeordneten dieser Parteien gehörten zu den sichersten Stützen des New Deal. Vgl. hierzu Cortez A. M. Ewing, Congressional Elections 1896–1944. The Sectional Basis of Political Democracy in the House of Representatives. Oklahoma 1947, S. 69, 71.
354 Vgl. Riker, a. a. O., S. 23 f.
355 Vgl. David Brody, The Emergence of Mass-Production Unionism, in: John Braeman, Robert H. Bremner, Everett Walters (Hrsg.), Change and Continuity in Twentieth Century America Bd. 1. Ohio 1964, S. 228 ff., 237, 262. Brody hat diese These in einem Vortrag vor dem Kongreß der American Historical Association im Dezember 1970 wiederholt. Vgl. ders., Labor and the Great Depression: The Interpretative Prospects, in: Labor History 13 (Frühjahr 1972), S. 231 ff.
356 David L. Lawrence, Democratic National Committee, an McIntyre, Secretary to the President, am 17. 9. 1942 und McIntyre an Roosevelt am 19. 9. 1942 (FDR-PPF). Vgl. auch Delbert D. Arnold, The CIO's Role in American Politics, 1936–1948. Dissertation University of Maryland 1952, S. 91.
357 Dies war einer der Gründe dafür, daß das PAC sich 1944 aktiv – und viel stärker als die LNPL – an den Vorwahlen beteiligte.
358 Vgl. Arnold, a. a. O., S. 92; Joseph Gaer, The First Round. The Story of the CIO Political Action Committee. New York 1944, S. 56; Sidney Hillman, The Truth about the PAC, in: New Republic 3 (August 1944), S. 209; Vivian Vale, Labour in American Politics. London 1971, S. 89 f.
359 Zum Smith-Connally Act vgl. CIO Convention 1943, S. 68 f.; William H. Riker, The CIO in Politics 1936–1946. Dissertation Harvard University 1948, S. 40 ff., 109 ff.; Irving

Schwartzbach, The History of the CIO Political Action Committee, M. A. Thesis Columbia University 1956, S. 7.

360 Die Unternehmer hatten dafür erklärt, daß sie dafür auf Aussperrungen verzichten würden.

361 Murray und Roosevelt am 15. 6. 1943; William Green an Roosevelt am 14. 6. 1943 und Roosevelt an Green am 19. 6. 1943; Green an Roosevelt am 26. 6. 1943; Murray an Roosevelt am 26. 6. 1943 und Roosevelt an Murray am 30. 6. 1943; Memorandum Submitted to the President of the US by the AFL and the CIO in Support of Request that Smith-Connally Bill be Vetoed vom 16. 6. 1943 (FDR-OF). Hillman hatte den Präsidenten mehrfach darauf hingewiesen, daß bei Annahme eines Anti-Streik-Gesetzes die Verbitterung in der organisierten Arbeiterschaft sehr groß sein würde, weil man freiwillig auf das Mittel des Streiks verzichtet hatte und ein derartiges Gesetz als Mißtrauensvotum ausgelegt werden würde. Memorandum Hillman an Roosevelt am 12. 12. 1941 (FDR-OF).

362 Vgl. Gaer, a. a. O., S. 61, 67, 158 f. Hillman war derjenige, der sich am eindeutigsten gegen die Gründung einer Arbeiterpartei aussprach. Press Release, Rede Hillmans vom 17. 7. 1943 (Hillman Papers). Matthew Josephson, Sidney Hillman. Statesman of American Labor. New York 1952, S. 596.

363 Minutes of the Regular Meeting UAW Executive Board am 7. 2. 1944, S. 107 (Thomas Papers).

364 Während des Weltkrieges galt nach dem deutschen Einmarsch in die Sowjetunion für die amerikanischen Kommunisten der militärische Sieg als oberste Priorität. Die Gründung einer Dritten Partei hätte nach Meinung der Kommunisten nur zu politischer, die Kriegsanstrengungen gefährdender Unsicherheit führen können. Vgl. UE News vom 31. 7. 1943 und 12. 2. 1944; UE Convention 1943, S. 331; UE Convention 1944, S. 92.

365 Vgl. Josephson, a. a. O., S. 594 f.; dies wurde mir auch in einem Interview von Jack Kroll bestätigt, der betonte, Murray habe sich als Vorsitzender des CIO politisch nicht exponieren wollen, deswegen nicht den Vorsitz des PAC übernommen und Hillman vorgeschoben.

366 Memorandum an Murray von Nathan E. Cowan, Legislative Representative, John Brophy, Director of Industrial Union Councils und J. Raymond Walsh, Director of Education and Research, am 30. 12. 1942 (Wayne County AFL-CIO Collection).

367 Hillman hatte in verschiedenen Ämtern der Kriegsverwaltungswirtschaft gearbeitet. Als er durch eine Reorganisation der Verwaltung erheblich an Einfluß verlieren sollte, schied er aus dem öffentlichen Dienst aus. Der gute Kontakt zum Präsidenten blieb aber auch jetzt erhalten. Während seiner Dienstzeit war Hillman zum engsten Berater Roosevelts in Fragen des Arbeitsrechts und der Gewerkschaften geworden.

368 Vgl. Tom Downs, The CIO Girds Itself for '44. In: The Antioch Review 3 (1943), S. 453 f.

369 Vgl. Gaer, a. a. O., S. 64, 162 ff.

370 Bei den Planungen war von vornherein vorgesehen, daß das Schwergewicht der Arbeit des PAC in den lokalen und regionalen Organisationsgliederungen liegen sollte. Hillman an Murray am 25. 9. 1943 "Report on Organization for Political Action" (Murray Papers). Vgl. auch Homer Leroy Owen, The Role of the CIO-PAC in the 1944 Elections. M. A. Thesis Cornell University 1952, S. 42 ff., 50.

371 Der Aufbau des PAC in Chicago ist beschrieben in Directive No. 1. Issued by Raymond S. McKeough, Regional Director PAC for Illinois, Indiana and Wisconsin am 6. 4. 1944 (Milwaukee Industrial Union Council Collection).

372 Die – im Vergleich zu den Regionalbüros – große Zahl der hauptamtlichen PAC-Mitarbeiter in New York steht nicht im Widerspruch zu der weitgehenden Autonomie der lokalen und regionalen Komitees. In New York wurde lediglich zentral das Wahlkampfmaterial hergestellt: Die meisten Angestellten waren mit technischen (Schreib- und Druck)-Arbeiten beschäftigt und nahmen keine politischen Funktionen wahr.

373 Vgl. hierzu Arnold, a. a. O., S. 99; Schwartzbach, a. a. O., S. 13; Josephson, a. a. O., S. 607 f. Die Angaben über die hauptamtlichen PAC-Beschäftigten differieren in den von mir benutzten Quellen und in der Literatur um etwa 50 Personen, sie liegen zwischen 125 und 175.

374 Vgl. Robert J. Watt, Labor and Politics, in: American Federationist 51 (September 1944), S. 5 ff.; Arnold, a. a. O., S. 96.

375 Zur Zusammenarbeit von AFL-Gewerkschaften mit dem PAC vgl. Gaer, a. a. O., S. 254 ff.; CIO Convention 1943, S. 249; Arnold, a. a. O., S. 97; Riker, a. a. O., S. 245 ff.; Owen, a. a. O., S. 36 ff., 73 f.
Hillman bat Roosevelt, den Versuch des PAC zu unterstützen, die AFL für eine Mitarbeit zu gewinnen. Doch hielt sich der Präsident zunächst auffällig zurück. Hillman an Roosevelt am 27. 7. 1943 (Hillman Papers).

376 Vgl. CIO News vom 18. 9. 1944; Gaer, a. a. O., S. 258; Owen, a. a. O., S. 40 ff.; Riker, a. a. O., S. 258 f., 273 ff. Anders als bei der LNPL gelang es, auch einige Unternehmer für die Mitarbeit im PAC zu gewinnen.

377 Zum NC-PAC vgl. Gaer, a. a. O., S. 213 ff.; Arnold, a. a. O., S. 148 f.; Josephson, a. a. O., S. 626 f.; Norbert W. Steele, Political Actions of the CIO: An Historical Evaluation of Their PAC from July 1943 to July 1953. M. A. Thesis Loyola University o. J., S. 47 ff. Vgl. außerdem CIO News vom 26. 6. 1944.

378 Darunter je 100.000 Dollar von den ACWA, UAW, UE, den Stahlarbeitern und vom Vorstand des CIO.

379 Der Hatch Act von 1940 regulierte die Wahlkampffinanzierung. Danach durften Einzelpersonen nicht mehr als 5.000 Dollar Spenden geben, Politische Komitees nicht mehr als 3 Millionen Dollar. Praktisch blieb das Gesetz ohne Wirkung. Soweit Gewerkschaften betroffen waren, wurde der Hatch Act durch den schon erwähnten Smith-Connally Act ergänzt. Vgl. Louise Overacker, Presidential Campaign Funds. Boston 1946, S. 27 ff.

380 Der CIO-Vorstand gab an seine Untergliederungen die Anweisung, sich bei Wahlspenden strikt an die bestehenden Gesetze zu halten. Brophy, Director Industrial Union Councils, to all Industrial Union Councils am 14. 9. 1944 (Milwaukee Industrial Union Council Collection).

381 Über das NC-PAC wurden weit weniger Spenden eingenommen, als man erhofft hatte. Hillman hatte sich ursprünglich zum Ziel gesetzt, über dieses Komitee 1,5 Millionen Dollar zu sammeln; bis zum September 1944 waren jedoch nur 63.000 Dollar eingegangen.

382 Die Wahlkampfbeiträge des PAC lösten große öffentliche Diskussionen aus. Dem CIO wurde u. a. vorgeworfen, er kaufe die Demokratische Partei auf. Das PAC ist sowohl von Ausschüssen beider Häuser des Kongresses als auch vom FBI auf finanzielle Unregelmäßigkeiten genauestens überprüft worden. Vgl. Report of the Special Committee to Investigate Presidential, Vice Presidental, and Senatorial Campaign Expenditures in 1944. US Senate, 79th Congress, Report No. 101; Report of the Special Committee to Investigate Campaign Expenditures for the House of Representatives, 1944. 78th Congress, Report No. 2093; NC-PAC, Financial Statement vom 15. 9. 1944 (Amlie Papers); Press Release PAC vom 2. 6. 1944 "Financial Statement" (Murray Papers). Vgl. ferner Gaer, a. a. O., S. 176 ff.; Arnold, a. a. O., S. 98, 225 ff.; Riker, a. a. O., S. 130 ff.; Overacker, a. a. O., S. 58 ff.; dies., Presidential Campaign Funds, 1944, in: American Political Science Review 39 (1945), S. 919 ff.
Die Höhe des gewerkschaftlichen Beitrages für den Wahlkampf der Demokratischen Partei läßt sich nicht genau ermitteln, da die Gelder, die von den lokalen Gewerkschaftsorganisationen ausgegeben worden sind, nicht in den Statistiken enthalten sind, die von den Ausschüssen des Kongresses herausgegeben wurden.

383 Vgl. Bernard Berelson und Paul F. Lazarsfeld, Women: A Major Problem for the PAC. In: Public Opinion Quarterly 9 (1945), S. 79 ff.

384 So in der Broschüre "Every Worker a Voter", abgedruckt bei Gaer, a. a. O., S. 112 ff. Vgl. auch Back Bullets with Ballots. = CIO Publication 89. Washington 1943.

385 Vgl. über die politische Arbeit in einer Betriebsgewerkschaftsorganisation Finn Theodore Malm, Local 201, UE-CIO: A Case Study of Local Industrial Union. Dissertation Massachusetts Institute of Technology 1946, S. 199 ff.

386 Memorandum Cowan, Brophy und Walsh an Murray am 30. 12. 1942 (Wayne County AFL-CIO Collection).

387 Vgl. Steele, a. a. O., S. 21.

388 Vgl. UE Convention 1943, S. 112.

389 Vgl. Gaer, a. a. O., S. 266. Das bedeutete, daß das PAC auch Republikanische Kandidaten, wenn sie den Auswahlkriterien entsprachen, unterstützte.

390 Vgl. Arnold, a. a. O., S. 150 f.; Steele, a. a. O., S. 32; Josephson, a. a. O., S. 611 f.

391 Vgl. Arnold, a. a. O., S. 152 f.

392 A. a. O., S. 155 ff.

393 Vgl. Jack Barbash, Unions, Government and Politics. In: Industrial and Labor Relations Review 1 (1947), S. 73.

394 Vgl. Arnold, a. a. O., S. 156 ff.

395 Germer an Wallace am 26. 7. 1944 (Germer Papers).

396 Vgl. ACWA Convention 1944, S. 73.

397 Vgl. Arnold, a. a. O., S. 158 ff.

398 Außer den bereits genannten Stellen vgl. zur Nominierung Trumans zum Vizepräsidenten

CIO News vom 19. 6. 1944; Gaer, a. a. O., S. 225 f., 226; David J. McDonald, Union Man. New York 1969, S. 170 f.; Arnold, a. a. O., S. 160; Owen, a. a. O., S. 17 ff.; Steele, a. a. O., S. 36 ff.; DeCaux, a. a. O., S. 442 ff.; Josephson, a. a. O., S. 613 ff. Auch die kommunistischen CIO-Gewerkschaften, die fest auf Wallace eingeschworen waren, schwenkten sehr schnell zu Truman über. Vgl. UE News vom 29. 7. 1944.

399 Vgl. Gaer, a. a. O., S. 305 ff.

400 Vgl. Owen, a. a. O., S. 67, 78.

401 Vgl. Gaer, a. a. O., S. 267.

402 Zur Wahlanalyse und Rolle des PAC vgl. Arnold, a. a. O., S. 193 ff., und Owen, a. a. O., S. 3, 80 ff. Thomas R. Amlie, ehemaliges Mitglied des Repräsentantenhauses und 1944 Mitarbeiter in der New Yorker PAC-Zentrale, fertigte eine Wahlanalyse für Hillman an, deren Ergebnisse mit denen von Arnold und Owen übereinstimmen. Memorandum Amlie an Hillman am 8. 11. 1944 (Amlie Papers).

403 Telegramm Roosevelt an Hillman am 8. 11. 1944 und Brief Roosevelt an Hillman am 25. 11. 1944 (FDR-PPF).

404 So ausdrücklich Gaer, a. a. O., S. 69 ff., 93.

405 A. a. O., S. 74.

406 Full Employment. Proceedings of the Conference on Full Employment – CIO Political Action Committee. New York City, January 14/15, 1944, S. 2.

407 Vgl. Jobs for All after the War. New York 1943, abgedruckt bei Gaer, a. a. O., S. 77 ff.

408 Für die Forderungen des PAC lassen sich aus seinen Broschüren und Flugschriften sowie aus der Gewerkschaftspresse viele Belege finden.

409 Murray war als Vorsitzender des CIO mehrfach in diesem Sinn bei Roosevelt u. a. vorstellig geworden. Statement of Philip Murray, President CIO, Before the Resolutions Sub Committee of the Democratic National Convention am 18. 7. 1944 (Carey Papers); Murray an Roosevelt am 6. 12. 1944 (FDR-OF).

410 Vgl. Gaer, a. a. O., S. 203.

411 Vgl. Selig Perlman, A Theory of the Labor Movement. New York 1928.

412 Vgl. Full Employment Conference, a. a. O., S. 50.

413 Zitiert bei Gaer, a. a. O., S. 73.

414 Vgl. hierzu Gaer, a. a. O., S. 94, 96, 200 ff.; Philipp Murray, Labor's Political Aims = CIO Publication 102, Washington 1944.

415 Vgl. Full Employment Conference, a. a. O., S. 16 f.

416 A. a. O., S. 20 f. Addes forderte außerdem, daß in der Flugzeugindustrie nach dem Kriege die 30-Stunden-Woche eingeführt und für jeden Arbeiter ein Mindestjahreseinkommen garantiert werde.

417 Eine Zielgruppe in der Arbeit des PAC waren – wie schon bei der LNPL – die Neger. Hierbei spielten auch die materiellen Interessen der Gewerkschaften mit, da während des Krieges im Verhältnis mehr Neger in die Rüstungsbetriebe eingestellt wurden als in den dreißiger Jahren in die Unternehmen der Massengüterindustrien. Da die Neger an der untersten Stufe der Senioritätsleiter standen, war anzunehmen, daß viele von ihnen nach dem Kriege arbeitslos werden und damit als Konkurrenten auf dem Arbeitsmarkt auftauchen würden. Vgl. Gaer, a. a. O., S. 389 ff., 449 ff., und Arnold, 114 ff.
Ganz ähnlich gelagert war das für die Gewerkschaften in der Nachkriegszeit zu bewältigende Problem, das dadurch entstand, daß während des Krieges viele Frauen in den Rüstungsfabriken arbeiteten. Vgl. Arnold, a. a. O., S. 116 f.

418 Der CIO unterstützte auch finanziell das National Committee to Abolish the Poll Tax, eine Organisation, zu der neben Gewerkschaftsführern, Vorsitzenden von Negerorganisationen und liberalen Intellektuellen auch Eleanor Roosevelt als Förderer zählte. Dieses Komitee hatte einen jährlichen Finanzbedarf von ca. 3.500 Dollar, davon zahlte der CIO-Bundesvorstand 1942 500 Dollar, 1943 3.000 Dollar. Memorandum National Committee to Abolish the Poll Tax an den Executive Board of the CIO am 25. 3. 1942; Virginia F. Durr im Namen des National Committee an Murray am 30. 11. 1942; Katherine Shryver an Carey am 2. 8. 1943 (Carey Papers).
In die Betriebe der Automobilindustrie wurden während des Krieges viele Neger eingestellt, die aus den Südstaaten nach Detroit gekommen waren. Einige Zulieferfabriken der Industrie waren auch in den Südstaaten errichtet worden. Die UAW hatten ein Interesse daran, daß ihre Mitglieder auch in der Praxis das Wahlrecht wahrnehmen konnten und beteiligten sich deswegen mit besonderem Nachdruck an der Kampagne gegen die Wahlsteuer. So nahm ein Vertreter des Anti-Poll Tax Committee mehrmals an den Vorstandssitzungen der UAW teil.

Der UAW-Gewerkschaftsvorstand bewilligte für den Feldzug gegen die Wahlsteuer im Oktober 1943 500 Dollar, im Februar 1944 5.000 Dollar und im Oktober 1944 – also auf dem Höhepunkt des Wahlkampfes – 10.000 Dollar. Proceedings UAW Executive Board vom 22. 10. 1943, 27. 2. 1944 und 2. 10. 1944 (Thomas Papers).

419 Der Versuch, das Wahlalter auf 18 Jahre zu senken (in der Hoffnung, daß jüngere Wähler eher für liberale Kandidaten stimmen würden), scheiterte schon im Ansatz. Vgl. UE Convention 1944, S. 203 f.

420 Vgl. CIO Convention 1944, S. 35 ff.

421 Vgl. Gaer, a. a. O., S. 125.

422 Zum Wahlverhalten gewerkschaftlich organisierter (und nichtorganisierter) Arbeiter vgl. Fay Calkins, The CIO and the Democratic Party. Chikago 1952 (mit einer regionalen Untersuchung über das Verhältnis von PAC und Demokratischer Partei); Nicolas A. Masters, The Organized Labor Bureaucracy as a Base of Support for the Democratic Party, in: Law and Contemporary Problems 27 (1962), S. 252 ff.; Richard H. Rovere, Labor's Political Machine. The CIO Goes After the Votes, in: Harpers Magazine 190 (1945), S. 592 ff.; Harry M. Scoble, Organized Labor in Electroral Politics: Some Questions for the Discipline, in: Western Political Quarterly 16 (1963), S. 666 ff. Alle diese Untersuchungen haben ergeben, daß die Gewerkschaftsmitglieder nur zum Teil der Wahlempfehlung ihrer Gewerkschaftsvorstände bzw. des PAC oder seiner Nachfolgeorganisation in der AFL/CIO, dem Committee on Political Education COPE, folgen.

423 Ein Jahr später hoben die Eisenbahnergewerkschaften die Railway Labor's League als politisches (Lobby-)Organ aus der Taufe.

424 Labor's Non-Partisan League. New York State Committee. Proceedings, 16. 7. 1936, S. 2 f. (Hillman Papers), maschschr. Ms. des Protokolls des Gründungskongresses. Im folgenden zitiert als Proceedings.

425 Zur Gründung der ALP vgl. William James Stewart, A Political History of the American Labor Party 1936–1944. M. A. Thesis The American University, Washington, S. 7 ff. und Matthew Josephson, Sidney Hillman. Statesman of Labor. Garden City, New York, 1952, S. 400.

426 Vgl. Delbert Donald Arnold, The CIO's Role in American Politics, 1936–1948. Dissertation University of Maryland 1952, S. 122.

427 Proceedings, a. a. O., S. 13.

428 Der Kongreß beauftragte den gerade gewählten Vorstand, die LNPL in New York als unabhängige Partei zu organisieren, Kandidatenlisten für Wahlen nach 1936 aufzustellen und eine Parteisatzung auszuarbeiten.

429 Dies wurde mir in Gesprächen mit David Dubinsky und Bessie Hillman bestätigt.

430 Vgl. Robert Frederick Carter, Pressure form the Left: The American Labor Party 1936–1954. Dissertation Syracuse University 1965, S. 103 ff. Bis zu einem gewissen Umfang war die ALP allerdings während des Krieges um Patronage bemüht. So etwa baute Marcantonio, Mitglied des Repräsentantenhauses für Harlem, eine Wahlkampfmaschine mit Hilfe von öffentlichen Ämtern auf, die er durch den New Yorker Bürgermeister LaGuardia mit Leuten seiner Wahl – ALP-Mitgliedern – besetzen ließ. Zu dieser Zeit war LaGuardia auf die Unterstützung der ALP angewiesen, um wiedergewählt zu werden.

431 Interview mit Jacob Potovsky. James Oneal an Elinore Herrick, State Campaign Director of ALP, am 8. 9. 1936 (Hillman Papers). Vgl. auch Advance vom August 1936.

432 Die Demokratischen Parteiführer befürchteten, daß sich die ALP eines Tages gegen sie wenden könnte. Nachdem Roosevelt sie überspielt hatte, hofften sie, daß die ALP sich nach den Wahlen 1936 wieder auflösen würde. Vgl. James McGregor Burns, Roosevelt: The Lion and the Fox. New York 1956, S. 377 f., und Carter, a. a. O., S. 1 ff.

433 Interview mit David Dubinsky und mit Ben Davidson. Vgl. außerdem Carter, a. a. O., S. 13 f., 27 und David J. Saposs, Communism in American Politics. Washington 1960, S. 70.

434 Interview mit Dubinsky am 24. 11. 1970.

435 Vgl. Stewart, a. a. O., S. 8.

436 ALP – Basic Campaign Facts, Bulletin No. 7 (Hillman Papers).

437 Vgl. Carter, a. a. O., S. 37 ff.

438 Interview mit Ben Davidson.

439 Vgl. Sidney Lens, Left, Right and Center. Conflicting Forces in American Labor. Hinsdale, Ill., 1949, S. 318 f.

440 Vgl. Carter, a. a. O., S. 18 f.

441 ALP – Basic Campaign Facts, Bulletin No. 14 (Hillman Papers).

442 Antonini an den ACWA Executive Board am 25. 2. 1937 (Potovsky Papers).
443 A. a. O.
444 Vgl. CIO News vom 22. 12. 1937.
445 Zur stellvertretenden Vorsitzenden der ALP wurde Rose Schneidermann (ACWA), zum Sekretär Alex Rose von den Putzmachern, zum Schatzmeister Andrew R. Armstrong (Präsident der Printing Pressmen's Union in New York, AFL) gewählt. Proceedings, a. a. O., S. 25 ff.
446 Zur organisatorischen Gliederung der ALP vgl. Carter, a. a. O., S. 29 ff., und Stewart, a. a. O., S. 19 f.
447 Bericht von Alex Rose an das State Committee der ALP am 19. 6. 1937 (Potovsky Papers).
448 Eugene Lyons, Director of Publicity ALP, an das Wahlkampfbüro der ALP, undatiert – 1936 (Potovsky Papers).
449 Antonini an den Executive Board der ACWA am 25. 2. 1937 (Potovsky Papers).
450 Proceedings, a. a. O., S. 59.
451 Memorandum Potovsky in Vorbereitung der Vorstandssitzung der ALP vom 20. 7. 1936 (Potovsky Papers).
452 Antonini an den Executive Board der ACWA am 25. 2. 1937 (Potovsky Papers).
453 ALP – Basic Campaign Facts, Bulletin No. 14 (Hillman Papers).
454 Am 17. 10. 1936 hatte die ALP 85.337 Dollar eingenommen, 86.400 Dollar ausgegeben und unbezahlte Rechnungen in Höhe von 20.770 Dollar. Auf dem Höhepunkt des Wahlkampfes 1936 gab die Partei wöchentlich ca. 18.000 Dollar aus. Elinore Herrick an Hillman am 20. 10. 1936 (Hillman Papers).
455 Evelyn Preston, Chairman Citizen's Finance Committee, an Hillman am 24. 10. 1938 (Hillman Papers).
456 Vgl. Carter, a. a. O., S. 194. Es ist anzunehmen, daß je 500.000 Dollar – also die ILGWU-Summe – von den ACWA, den anderen assoziierten Gewerkschaften und den Einzelmitgliedern im gleichen Zeitraum aufgebraucht wurden, so daß die ALP über mindestens 2 Millionen Dollar Wahlkampfgelder (Leistungen von hauptamtlichen Gewerkschaftsfunktionären für die ALP als Mittel verdeckter Parteifinanzierung nicht mitgerechnet) verfügte.
457 An den Vorstand der ALP schickte Roosevelt einen offenen Brief, in dem er die Partei offiziell billigte und unterstützte. Roosevelt an Luigi Antonini am 16. 9. 1936 (FDR-PPF).
458 Vgl. Stewart, a. a. O., S. 11.
459 Elinore Herrick an Hillman am 5. 8. 1936 (Hillman Papers). Der letztgenannte ist der heutige Vorsitzende der AFL-CIO.
460 Vgl. Carter, a. a. O., S. 23 f.
461 Vgl. William H. Riker, The CIO in Politics 1936–1946. Dissertation Harvard University 1948, S. 187.
462 Durch Referendum wurde 1936 eine Neueinteilung der Wahlkreise bestimmt und das Proportionalwahlrecht eingeführt.
463 Vgl. George McCaffrey, Proportional Representation in New York City, in: American Political Science Review 33 (1939); Carter, a. a. O., S. 70 ff.; Stewart, a. a. O., S. 36 ff. Am gleichen Tag fanden die Wahlen zum New Yorker Staatsparlament statt. Hier errang in New York City die Demokratische Partei 49,6 % der Stimmen, aber 80 % der zu vergebenden Sitze in der State Assembley.
464 Als das Mehrheitswahlsystem wieder eingeführt wurde, errang die Demokratische Partei 24 oder 25 Sitze im New Yorker Stadtparlament.
465 Vgl. Carter, a. a. O., S. 45.
466 Vgl. Len DeCaux, Labor Radical, From the Wobblies to CIO. A Personal History, Boston 1970, S. 426.
467 Von den 1,5 Millionen für LaGuardia abgegebenen Stimmen entfielen auf die Liste der ALP 35 %. Dabei erreichte die „Arbeiterpartei" in Bronx einen Anteil von 50 %, in Brooklyn von 40 % und auf Manhattan von 30 %. Vgl. Advance vom Dezember 1937; Carter, a. a. O., S. 61 ff.; Stewart, a. a. O., S. 18 ff.; Vivian Vale, Labour in American Politics. London 1971, S. 67.
468 Vgl. Advance vom 1. 11. 1941 und 15. 11. 1941; Carter, a. a. O., S. 69; Saposs, a. a. O., S. 71.
469 Die ALP erhielt 1938 auch deswegen weniger Stimmen, weil in einem Jahr, in dem nicht der Präsident zur Wahl stand, die Wahlbeteiligung sank.
470 Vgl. Arnold, a. a. O., S. 47; Carter, a. a. O., S. 98 ff.; Stewart, a. a. O., S. 46 ff.; Saposs, a. a. O., S. 72 ff.; Josephson, a. a. O., S. 454 f.

471 Lehmann erhielt als Demokrat 1.971.307, als ALP-Kandidat 419.979 Stimmen, sein Gegenkandidat Dewey auf der Republikanischen Liste 2.302.505 und auf der Liste einer unabhängigen Wählergemeinschaft 24.387 Stimmen. Vgl. Carter, a. a. O., S. 105 ff., und Saposs, a. a. O., S. 71.

472 1938 erhielt Marcantonio durch die ALP und als Kandidat der Republikanischen Partei gleich viele Stimmen. 1940, 1942 und 1944 wurde er als Kandidat der Republikaner, der Demokraten und der ALP – die ihn alle in den Vorwahlen nominiert hatten – gewählt. Vgl. Vito Marcantonio, I Vote my Conscience. Debates, Speeches and Writings of Vito Marcantonio 1935–1950. Hrsg. von Annette T. Rubinstein, New York 1956, S. 4 ff. Zur Biographie Marcantonios vgl. Alan Schaffer, Vito Marcantonio. Radical in Congress. Syracuse, New York 1966.

473 Abraham Hershkowitz, Campaign Manager ACWA Committee for Schlossberg, an Hillman am 13. 10. 1938; Benjamin Shainblum an Hillman am 17. 10. 1938; Hillman an alle ACWA-Mitglieder im Staat New York (Hillman Papers).

474 Zu den Fraktionskämpfen in der ALP vgl. Carter, a. a. O., S. 110 ff.; Stewart, a. a. O., S. 61 ff., 71 ff.; Josephson, a. a. O., S' 473, 485 ff.

475 Als Kandidat der Demokraten erhielt Roosevelt 2.834.500, als der der ALP 417.000 Stimmen. Sein Republikanischer Gegenkandidat Willkie erhielt 3.027.478 Stimmen.

476 Vgl. Carter, a. a. O., S. 80 ff.

477 Vgl. DeCaux, a. a. O., S. 343.

478 Hillman bot an, die in der Öffentlichkeit bekanntesten Kommunisten von der Kandidatenliste zu nehmen. Als Rose verlangte, daß kein Kommunist aufgestellt werden dürfe, zog Hillman seinen Vorschlag zurück. Rose und George S. Counts an Hillman am 25. 1. 1944 und Hillman an Rose und Counts am 9. 2. 1944 (Blumberg Papers).

479 Erklärung von LaGuardia vom 22. 3. 1944 (Blumberg Papers).

480 Die Unity-Fraktion erhielt in den Primaries 57.671 Stimmen, die Fraktion der Progressiven 38.685 Stimmen.

481 Vgl. Carter, a. a. O., S. 191.

482 Interview mit Ben Davidson.

483 Zur Auseinandersetzung zwischen beiden Fraktionen und zur Spaltung der ALP vgl. Riker, a. a. O., S. 92 f., 187 ff., 298 f.; Carter, a. a. O., S. 165 ff.; Stewart, a. a. O., S. 85 ff.; De Caux, a. a. O., S. 441 f.; Josephson, a. a. O., S. 601 ff.; Saposs, a. a. O., S. 75 ff.; Arnold, a. a. O., S. 122 ff.; Joseph Gaer, The First Round. The Story of the CIO Political Action Committee. New York 1944, S. 224.

484 News Bulletin ALP vom 13. 12. 1944 (Blumberg Papers).

485 Auch die ALP unterstützte im Frühjahr 1937 wie die LNPL den "court packing"-Plan Roosevelts. Vgl. Stewart, a. a. O., S. 20.

486 Proceedings, a. a. O., S. 2 f., 11.

487 Alex Rose an Roosevelt am 13. 12. 1937 und Roosevelt an Rose am 7. 1. 1938 (FDR-PPF).

488 Vgl. Advance vom April 1938.

489 Zu den einzelnen Programmpunkten der ALP gehörten 1944:

1. Der Staat New York müsse die Nachkriegswirtschaft umgehend planen.
2. Die Miet- und Preiskontrolle müsse von den New Yorker Behörden besser durchgesetzt werden.
3. Zurückkehrenden Kriegsteilnehmern solle durch staatliche Arbeitsvermittlung bei der Beschaffung von Arbeitsplätzen geholfen werden.
4. Die Sozialleistungen des Staates New York müßten verbessert werden.
5. Verlängerung der Pflichtschulzeit in New York.
6. Bessere Vertretung der Gewerkschaften in den kommunlane und einzelstaatlichen Behörden, die sich mit Wirtschaftsproblemen befaßten.
7. Förderung von Farmergenossenschaften.
8. Förderung des öffentlichen Wohnungsbaus.

1944 State Program of the ALP, von der Partei an Roosevelt am 18. 8. 1944 übersandt (FDR-PPF).

490 Die ALP kann vereinfacht als die Anti-Tammany-Fraktion in der Demokratischen Partei angesehen werden. Zwar unterstützte sie auch einige Republikaner, doch blieb dies auf Personen wie LaGuardia, Marcantonio sowie wenige andere Reform-Republikaner beschränkt. Nach 1942 unterstützte die „Arbeiterpartei" mit Ausnahme von Marcantonio 1944 keinen Republikaner mehr.

491 So wörtlich Philip Taft, David Dubinsky and the Labor Movement, in: Labor History 9, Special Supplement (1968), S. 35.

492 Interview mit David Dubinsky.

493 Vgl. hierzu Jerold S. Auerbach, Labor and Liberty: The LaFollette Committee and the New Deal. New York 1966, und William H. Riker, The CIO in Politics 1936–1946. Dissertation Harvard University 1948, S. 18 f.

494 Vgl. Philip Taft, Labor Politics American Style: The California State Federation of Labor. Cambridge, Mass., 1968.

495 Neuere Untersuchungen zur Politik der amerikanischen Gewerkschaften gehen von einzelnen Gemeinden oder Regionen aus und versuchen dann zu typologisieren. So hat J. David Greenstone, Labor in American Politics. New York 1969, die Gewerkschaftspolitik in Chikago, Detroit und Los Angeles dargestellt und dann abstrahiert. Ähnlich verfuhr Fay Calkins, The CIO and the Democratic Party. Chikago 1952, mit einer Untersuchung der Wahlen von 1950, indem sie Ohio, Steubenville (Pen.), Chikago, Rockford (Ill.) und Michigan als Beispiele nahm. In dieser Methode spiegelt sich die erwähnte politische Dezentralisation und gewerkschaftliche Fragmentierung.

496 Vgl. Riker, a. a. O., S. 20.

497 A. a. O., S. 337.

498 Vgl. UMW Journal vom 1. 2. 1935 und C. K. McFarland, Roosevelt, Lewis, and the New Deal, 1933–1940. Fort Worth, Texas 1970, S. 29 f.

499 Vgl. hierzu auch Walter Galenson, The CIO Challenge to the AFL. A History of the American Labor Movement 1935–1941. Cambridge, Mass., 1960, S. 606.

500 David Lawrence, Chairman Democratic State Committee Pennsylvania, an James Farley am 17. 7. 1936; William Hynes, President District 4 UMW (Pen.), an James Farley am 8. 9. 1936; P. T. Fagan, President District 5 UMW (Pen.), an James Farley am 16. 9. 1936 (alle in DNC).

501 Vgl. CIO News vom 2. 4. 1938.

502 Kennedy erhielt 517.913 Stimmen, Jones 584.425, Mariotti 180.915. Kennedy gewann 37 der 67 Kreise (counties) von Pennsylvania.

503 Leon Sacks, Democratic State Committee Pennsylvania, an James Farley am 2. 12. 1938 (FDR-OF).

504 Vgl. UMW Journal vom 15. 10. 1940.

505 P. T. Fagan an John T. Jones, LNPL Washington, am 10. 1. 1941 und Jones an Fagan am 13. 1. 1941 (SHSW-LNPL).

506 Sam Neff, ein lokaler Funktionär der United Steel Workers of America, verlor in einem Wahlkreis, in dem 13 % der Bevölkerung Mitglied einer CIO-Gewerkschaft waren. Dies zeigte, wie schwer der CIO sich dabei tat, alle seine Mitglieder in der Wahl zu mobilisieren. Vgl. Riker, a. a. O., S. 194.

507 Vgl. hierzu Galenson, a. a. O., S. 123 ff.

508 In dieser Hinsicht bildeten die UAW das Gegenbeispiel zu den UMW, die zentralistisch gelenkt der Diktatur John L. Lewis' unterworfen waren.

509 Vgl. Stephen B. und Vera H. Sarasohn, Political Party Patterns in Michigan. Detroit 1957, S. 50 f.

510 Ford hatte 1901 ein eigenes Unternehmen gegründet. Waren 1908 bei ihm 450 Arbeiter beschäftigt, so stieg diese Zahl 1913 auf 14.000, 1916 auf 36.000. Vgl. Sidney Glazer, Detroit. A Study in Urban Development. New York 1965, S. 79 ff.

511 John Lesinski, Member of Congress, an James Farley am 21. 8. 1936 (DNC).

512 Vgl. Keith Sward, The Legend of Henry Ford. 2. Auflage, New York 1968, S. 389.

513 Vgl. CIO News vom 29. 12. 1937 und Sward, a. a. O., S. 397 f.

514 Dabei wurde ein politisches Bündnis mit der konservativen Organisation "Knights of Dearborn", dem Veteranenverband "American Legion" und einem Vorläufer des faschistischen "German-American Bund" unter Fritz Kuhn (der auf der Lohnliste Fords stand, obwohl er nicht in seinem Betrieb arbeitete) geschlossen. Vgl. Sward, a. a. O., S. 372 ff.

515 Auf die Gründe für das Nachgeben Fords wurde schon oben eingegangen. Es ging Ford vor allem darum, Rüstungsaufträge zu erhalten. Zudem befürchtete er eine Untersuchung durch den NLRB, die die menschenunwürdigen Zustände in seinen Werken in ganz Amerika bekannt gemacht hätten.

516 A. a. O., S. 423 f. Der Versuch Bennetts, UAW-Funktionäre zu bestechen, für Ford einzukaufen und unerkannt als Bürgermeister und Gemeinderäte kandidieren zu lassen, schlug fehl.

517 Alan Strachan, Campaign Director PAC Detroit, A History of the Work of the Political

Action Committee in the Detroit Municipal Elections 1937. Maschschr. MS (Germer Papers). Im folgenden zitiert als Strachan MS.

518 John Panzer, CIO Detroit, an John Brophy am 29. 1. 1936 (CUA-CIO Papers).

519 Vgl. Glazer, a. a. O., S. 103, und Greenstone, a. a. O., S. 121.

520 Nicht zu verwechseln mit dem 1943 gegründeten nationalen PAC.

521 Die Sozialistische Partei in Detroit war 1937 in einem Zwiespalt, ob sie die CIO-Kandidaten – einschließlich ihres Genossen Reuther – unterstützen oder eine eigene Liste aufstellen sollte. Schließlich einigte man sich auf den Kompromiß, die CIO-Bewerber zu wählen und Reuther zu bitten, in seinem Wahlkampf zu betonen, daß er Sozialist sei. Die Ohnmacht der Sozialistischen Partei konnte sich nicht offener zeigen. National Action Committee, Socialist Party, Protokoll der Sitzung vom 13. 8. 1937 (Socialist Party, National Office Papers 1937).

522 Vgl. United Automobile Worker vom 4. 9. 1937.

523 Vgl. United Automobile Worker vom 15. 3. 1941.

524 Vgl. Riker, a. a. O., S. 154 f.; 163, 195. Die politische Maschine der UAW wurde fast ausschließlich von hauptamtlichen Gewerkschaftsfunktionären betrieben, da dem PAC von Wayne County – dem Kreis, zu dem Detroit gehörte – für den Wahlkampf nicht mehr als 7.600 Dollar zur Verfügung standen. PAC News. CIO PAC of Wayne County vom 10. 11. 1944 (Wayne County AFL-CIO Collection).

525 Vgl. Riker, a. a. O., S. 150 f.

526 Vgl. Glazer, a. a. O., S. 99; James K. Pollock und Samuel J. Eldersveld, Michigan Politics in Transition. Ann Arbor 1942, S. 41; Harry Braverman, Labor and Politics, in: Bert Cochran (Hrsg.), American Labor in Midpassage. New York 1959, S. 109.

527 Don W. Canfield, Executive Secretary Democratic State Committee Michigan, an James Farley am 17. 7. 1936 (DNC).

528 Vom November 1936 (also noch vor dem Amtsantritt Murphys) bis Juli 1937 fanden allein in Detroit 147 Sit-Down Streiks statt.

529 Zur Rolle Murphys beim Sit-Down Streik in den General Motors Werken von Flint vgl. J. Woodford Howard, Jr., Frank Murphy and the Sit-Down Strikes of 1937, in: Labor History 1 (1960), S. 103 ff.

530 Harry H. Mead, Wayne County Democratic Committee, an James Farley am 24. 12. 1938 (FDR-OF). Vgl. auch Daniel Bell, Marxian Socialism in the United States. Princeton, N. J., 1967, S. 178 f., und Samuel T. McSeveney, The Michigan Gubernatorial Campaign of 1938, in: Michigan History 45 (1961), S. 117 ff.

531 Die AFL hatte Murphy schon 1937 während des General Motors Sit-Down Streiks angegriffen, weil er den CIO begünstige. Telegramm William Green an Murphy am 6. 2. 1937 (FDR-OF).

532 Vgl. United Automobile Worker vom 15. 10. 1938 und 8. 10. 1938; McSeveney, a. a. O., S. 108 f.

533 In den folgenden zwei Jahren kämpfte der CIO in der Lobby des Parlaments von Michigan gegen ein Arbeitsgesetz, das eine dreißigtägige Abkühlungsperiode vor einem Streik vorsah. Dieses Gesetz scheiterte nur an dem Veto von Gouverneur Van Wagoner, in beiden Häusern des Parlaments hingegen hatte es eine Mehrheit erhalten.

534 John Brophy an Ernest H. Bennett, Secretary-Treasurer Wayne County LNPL, am 13. 4. 1943 mit einer dringenden Warnung, keine Dritte Partei zu gründen (Wayne County AFL-CIO Collection).

535 CIO Political Action Agreement zwischen dem PAC und der Progressive Labor League, undatiert, ca. Juli 1944 (Wayne County AFL-CIO Collection).

536 Die Stimmen, die für eine Dritte Partei in Michigan abgegeben worden wären, wären nach dem geltenden Wahlrecht in der Praxis unter den Tisch gefallen. Daher forderte die Gruppe, die eine Liberale Partei anstrebte, daß die Wahlgesetze nach New Yorker Vorbild so geändert werden sollten, daß ein Bewerber auch für zwei Parteien kandidieren könne und die Stimmen auf beiden Listen dann addiert würden. Vgl. Wage Earner vom 16. 4. 1943.

537 August Scholle, Regional Director PAC, an die Vorsitzenden aller Betriebsgewerkschaftsorganisationen in Michigan am 23. 3. 1944 (Wayne County AFL-CIO Collection) und CIO PAC Wayne County, Protokoll der Sitzung vom 20. 6. 1944 (PAC Wayne County Collection).

538 Vgl. hierzu die Untersuchungen von Calkins, a. a. O., S. 112 ff.; Braverman, a. a. O., S. 110; Arthur Kornhauser, Harold L. Sheppard und Albert J. Mayer, When Labor Votes. A Study of Auto Workers. New York 1956; Nicholas A. Masters, The Politics of Union Endorsement of Candidates in the Detroit Area, in: Midwest Journal of Political Science 1 (1957), S. 136 ff.;

Harold L. Sheppard und Nicholas A. Masters, The Political Attitudes and Preferences of Union Members: The Case of the Detroit Auto Workers, in: American Political Science Review 53 (1959), S. 437 ff.

539 Vgl. United Automobile Worker vom 15. 4. 1942 und 15. 8. 1943; Wage Earner vom 30. 4. 1943. Es gab Überlegungen, den Namen zu ändern, um nicht mit der LNPL der UMW verwechselt zu werden, die aber bald wieder fallengelassen worden sind. Ernest Bennett an Murray am 8. 6. 1942; Carey an Bennett am 17. 6. 1942; Bennett an Carey am 19. 6. 1942 (Carey Papers).

540 Vgl. United Automobiele Worker vom 1. 11. 1943.

541 Regular Business Meeting, Dodge Local 3, Protokoll der Sitzung vom 13. 10. 1940 (Zaremba Papers).

542 Das UAW Dodge Local hatte seit seiner Gründung ein eigenes "Political Action Committee". Regular Business Meeting, Dodge Local 3, Protokoll der Sitzung vom 16. 1. 1938 und Sitzung vom 9. 10. 1941 (Zaremba Papers).

543 Regular Business Meeting, Dodge Local 3, Protokoll der Sitzung vom 28. 10. 1937 (Zaremba Papers) mit einem Beschluß, in den letzten Tagen des Kommunalwahlkampfes alle Angestellten des "locals" dafür freizustellen.

544 Report of the Secretary-Treasurer LNPL Ohio vom 5. 1. 1939 (CUA-LNPL).

545 Vgl. CIO News vom 26. 3. 1938.

546 Vgl. UMW Journal vom 15. 8. 1938 und Riker, a. a. O., S. 20.

547 Report of the Secretary Treasurer LNPL Ohio vom 5. 1. 1939 (CUA-LNPL).

548 Vgl. CIO News vom 18. 3. 1940.

549 Interview mit Jack Kroll.

550 Vgl. Riker, a. a. O., S. 313.

551 Vgl. Calkins, a. a. O., S. 12 ff.

552 Die Stärke der lokalen politischen Gewerkschaftsaktivitäten zeigte sich auch darin, daß in den CIO-Hochburgen die Grundorganisationen der LNPL nach dem Zusammenbruch der nationalen LNPL manchmal erhalten geblieben sind.

553 Wir gehen damit auch nicht auf die in den letzten Jahren durch Veröffentlichungen vor allem James Weinsteins in Gang gebrachte Diskussion über den Niedergang der politischen Linken in den Vereinigten Staaten ein. Entgegen der landläufigen Meinung hat Weinstein die These aufgestellt und zu untermauern versucht, daß die Sozialistische Partei Amerikas nicht schon während des 1. Weltkrieges, sondern erst Mitte der zwanziger Jahre ihre Massenbasis verloren habe. Vgl. James Weinstein, The Decline of Socialism in America, 1912–1925. New York 1967. Vgl. außerdem in diesem Zusammenhang John Laslett, Labor and the Left. A Study of Socialist and Radical Influences in the American Labor Movement, 1881–1924. New York und London 1970, der die Forschungsergebnisse Weinsteins mit einer Untersuchung radikaler Fraktionen in mehreren Gewerkschaften bestätigt, und Christopher Lasch, The Agony of the American Left. New York 1969, S. 35 ff.

554 In dieser Interpretation finde ich mich in Übereinstimmung mit Murray Seidler, The Socialist Party and American Unionism, in: Midwest Journal of Political Science 5 (1961), S. 231 ff., und William H. Riker, The CIO in Politics 1936–1946. Dissertation Harvard University 1948, S. 77.

555 Dazu muß einschränkend ergänzt werden, daß das Wachsen der Mitgliederzahl der Partei in Relation zu den voraufgegangenen Jahren gesehen werden muß. Insgesamt stieg die Zahl der eingeschriebenen Sozialisten kaum über 20.000.

556 Vgl. David A. Shannon, The Socialist Party of America. A History. Chicago 1967, S. 207 ff., 224.

557 Clarence Senior an Hannah M. Biemiller am 28. 6. 1932 (SP-NC).

558 Rundbrief von Rheinhold Niebuhr vom 7. 7. 1932 (SP-NC).

559 Die amerikanischen Universitäten wurden zum Zweck der systematischen Werbung unter Studenten in 17 Regionen eingeteilt. An der Spitze jeder Region stand ein Koordinator. Der für den Mittelwesten verantwortliche Funktionär war Walter Reuther, der zu dieser Zeit am City College in Detroit, der späteren Wayne State University, studierte. Walter P. Reuther an Paul Ritterskamp am 7. 10. 1932 (SP-NC).

560 Am City College in Detroit gab es z. B. das folgende Ergebnis: Von den Studenten stimmten 483 für Hoover, 360 für Thomas, 346 für Roosevelt und 43 für den Kommunisten Foster; bei den Fakultätsmitgliedern erhielt Hoover 37 Stimmen, Thomas 21 und Roosevelt 9. Walter P. Reuther an Paul Ritterskamp am 20. 10. 1932 (SP-NC). Bis zum 28. 10. 1932, also eine Woche vor dem Wahltag, sah das Ergebnis der Probewahlen an den Universitäten

wie folgt aus: Hoover 14.716 Stimmen, Thomas 8.221 Stimmen, Roosevelt 7.886 Stimmen und Foster 493 Stimmen. Labor and Socialist Press Service vom 28. 10. 1932 (SP-NC).

561 Zum Wahlkampf der Sozialistischen Partei im Jahre 1932 vgl. A Plan for America. Official 1932 Campaign Handbook of the Socialist Party. Chikago 1932; Shannon, a. a. O., S. 219 ff.; Harry Fleischman, Norman Thomas. A Biography. New York 1964, S. 131 ff.

562 Thomas hatte gehofft, wenigstens 3 Millionen Stimmen auf sich vereinigen zu können.

563 Vgl. Norman Thomas, A Socialist's Faith. New York 1951, S. 98, und ders., The Thirties in America as a Socialist Recalls Them, in: Rita James Simon, As We Saw the Thirties. Essays on Social and Political Movements of a Decade. Urbana, Chikago und London 1967, S. 119.

564 Labor and Socialist Press Service vom 14. 9. 1934 (SP-NOP).

565 Memorandum des National Executive Committee der Socialist Party vom 22. 3. 1935 (Hoan Papers).

566 Vgl. Thomas in Simon, a. a. O., S. 111, 118.

567 Zitiert bei Shannon, a. a. O., S. 235.

568 Zur Sogwirkung des New Deal vgl. Shannon, a. a. O., S. 228 ff.; Arthur A. Ekirch, Jr., Ideologies and Utopias. The Impact of the New Deal on American Thought. Chikago 1969, S. 102 ff.; Murray B. Seidler, Norman Thomas. Respectable Rebel. Syracuse, New York 1961, S. 188 ff.; Daniel Bell, Marxian Socialism in the United States. Princeton, N. J., 1967, S. 161.

569 Vgl. Norman Thomas, The New Deal. A Socialist Analysis. Chikago 1933, S. 9 ff.

570 Vgl. Norman Thomas, The Campaign of 1934, in: American Socialist Quarterly 3 (Herbst 1934), S. 3 ff.; Shannon, a. a. O., S. 229 ff.; Ekirch, a. a. O., S. 183 f.

571 Vgl. Norman Thomas, After the New Deal, What? New York 1936, S. 16 ff., 48 ff.; ders., Is the New Deal Socialism? An Answer to Al Smith and the American Liberty League. Chikago 1936, S. 4 ff.; ders., Human Exploitation in the United States. New York und London 1938, S. 286 ff.; ders., The New Deal, a. a. O., S. 3 ff.

572 Vgl. Norman Thomas, After the New Deal, a. a. O., S. 22, und ders., Socialism on the Defensive, a. a. O., S. 270 ff. Thomas und die meisten amerikanischen Sozialisten sind nie so weit gegangen, daß sie – wie zeitweilig die Kommunisten – New Deal und Faschismus gleichgesetzt haben. Sie unterstrichen vielmehr, daß durch den New Deal der Kapitalismus reorganisiert und dadurch gerettet werde. Gelinge diese Reorganisation des Kapitalismus nicht, dann könne die faschistische Gefahr konkret werden.

573 Zu den Fraktionskämpfen in der Sozialistischen Partei Amerikas vgl. Shannon, a. a. O., S. 211 ff., 235 ff.; Fleischman, a. a. O., S. 128 ff., 163 ff.; Bell, a. a. O., S. 157 ff.

574 Clarence Senior an alle Local Labor Secretaries am 28. 7. 1936 (SP-NC).

575 Vgl. hierzu Norman Thomas, The Election of 1936 and the Prospects of a Labor-Farmer Party, in: American Socialist Monthly 5 (Dezember 1936), S. 8 ff.

576 Die Sozialistische Partei sprach sich mehrfach dafür aus, daß sie sich im Prinzip an einer Farmer-Labor Party beteiligen würde, wenn folgende Bedingungen erfüllt seien: 1. Die Partei müsse eine auf Gewerkschaften basierende Klassenpartei sein. 2. Die Partei müsse relativ zentralistisch organisiert und damit politisch diszipliniert sein. 3. Die Partei müsse antikapitalistische Ziele verfolgen. 4. Um von großen Geldgebern unabhängig zu sein, müsse eine solche Partei die individuelle Parteimitgliedschaft mit regelmäßigen Parteibeiträgen einführen. Vgl. Andrew J. und Hanna Biemiller, Third Party Movements, in: American Socialist Quarterly 4 (November 1935), S. 55 ff.; David P. Berenberg, A. Labor Party, in: American Socialist Monthly 5 (Mai 1936), S. 2 ff.; Norman Thomas an Maynard C. Krueger am 4. 5. 1936 (SP-NC).

577 Socialist Party, Report to the Special National Convention, Chikago im März 1937, S. 18 (SP-NOP).

578 Die „Militanten" rückten so auf den rechten Flügel. Ende 1937 wurden die Trotzkisten aus der Partei ausgeschlossen.

579 Vgl. Murray Seidler, The Socialist Party and American Unionism, in: Midwest Journal of Political Science 5 (1961), S. 211 ff.

580 Vgl. Murray B. Seidler, Norman Thomas. Respectable Rebel. Syracuse, New York 1961, S. 198 f.

581 Vgl. Editorial, in: The American Socialist Quarterly 1 (Januar 1932), S. 4.

582 Vgl. u. a. Haim Kantorovitch, The New Capitalism and After, in: American Socialist Quarterly 1 (Januar 1932), S. 22, 29.

583 1935 wurde ein "National Labor Committee" eingesetzt, das den Kontakt – u. a. auch durch lokale Komitees – zu Gewerkschaften pflegen und intensivieren und das Industriegewerkschaftsprinzip propagieren sollte. Proceedings of the National Labor Conference, Philadelphia, Pa., am 20. 10. 1935 (SP-NOP).

584 Vgl. Jack Rubinstein, Aspects of Industrial Unionism, in: American Socialist Monthly 5 (April 1936), S. 13 ff.

585 Als ein Beispiel für viele vgl. Norman Thomas, Socialism on the Defensive. New York und London 1938, S. 274 ff.

586 Mit der Aufforderung, in den CIO zu gehen, war immer die Kritik am CIO verbunden, daß er Roosevelt unterstütze. Vgl. Maurice Spetor, The CIO and the Socialists, in: American Socialist Monthly 5 (Oktober 1936), S. 24 ff.

587 Vgl. Socialist Handbook 1937. Chikago 1937, S. 42 ff.; Norman Thomas, Shall Labor Support Roosevelt? Chikago und New York o. J., S. 2; Frederick I. Olson, The Milwaukee Socialists, 1897–1941. Dissertation Harvard University 1952, S. 546 ff.

588 Norman Thomas an Clarence Senior am 29. 7. 1936; Daniel Hoan an Norman Thomas am 5. 8. 1936; Norman Thomas, Labor Day Message am 1. 9. 1936; Norman Thomas an Maynard C. Krueger am 1. 11. 1936 (alle in SP-NC).

589 Vgl. Seidler, a. a. O., S. 201 ff.

590 Vgl. Note on Current Events The Wrong Kind of Political Action, in: American Socialist Review 7 (Juli/August 1938), S. 19 f.; Minutes, National Action Committee of the Socialist Party, 29. 1. 1938 (SPAM).

591 Vgl. Norman Thomas, Shall Labor Support Roosevelt? Chikago und New York o. J., S. 4 ff.; John L. Lewis, Why Labor Should Support Roosevelt und Norman Thomas, Why Labor Should Support the Socialist Party, in: American Socialist Monthly 5 (Juli 1936), S. 2 ff.; The Socialist Party and the Labor's Non-Partisan League, Statement of the New York State Executive Committee von 1936 (SP-NOP).

592 Bulletin 5, National Labor Committee of the Socialist Party vom 9. 11. 1938 und Report of the National Labor Secretary to the National Executive Committee to the Socialist Party, undatiert [1938], (SPAM).

593 Ich stütze mich hier u. a. auf ein Interview mit Frank Rosenblum, einem Vizepräsidenten der ACWA seit den dreißiger Jahren.

594 Emil Rieve an Clarence Senior am 28. 4. 1936 (SP-NC).

595 Press Release Socialist Party am 21. 2. 1936 (SP-NOP).

596 Vgl. Shannon, a. a. O., S. 245 f., und Seidler, Norman Thomas, a. a. O., S. 192.

597 Im Wahlkampf 1936 traten von den bekannteren Führern der ILGWU nur noch Julius Hochman und von den ACWA Joseph Schlossberg für Norman Thomas ein.

598 Executive Chairman, Socialist Party of Illinois, an Sam Levin, Chicago Joint Board ACWA, am 26. 3. 1936 (SP-NC).

599 Norman Thomas an Maynard Krueger am 4. 5. 1936 und Daniel Hoan an Norman Thomas am 5. 8. 1936 (SP-NC).

600 Für eine detaillierte Schilderung der Flügelkämpfe in der Automobilarbeitergewerkschaft vgl. Walter Galenson, The CIO Challenge to the AFL. A History of the American Labor Movement 1935–1941. Cambridge, Mass. 1960, S. 130 ff.; Irving Howe und B. J. Widick, The UAW and Walter Reuther. New York 1949, S. 72 ff.; Paul Porter, Factions and Unity in the CIO, in: American Scholar 8 (Frühjahr 1939), S. 131 ff.; James R. Pricket, Communism and Factionalism in the United Automobile Workers, 1939–1947, in: Science and Society 32 (1968), S. 257 ff.; Jack Skeels, The Background of UAW Factionalism, in: Labor History 2 (1961), S. 158 ff.

601 Lovestone war in den zwanziger Jahren Generalsekretär der Kommunistischen Partei Amerikas gewesen, auf Betreiben Stalins ausgeschlossen worden und versuchte, in den UAW eine neue politische Basis zu finden.

602 Vgl. Seidler, Norman Thomas, a. a. O., S. 196.

603 Minutes, National Action Committee of the Socialist Party vom 13. 8. 1937 (SPAM).

604 Arthur McDowell, National Labor Secretary, an die Mitglieder des National Labor Committee am 20. 12. 1938 (SPAM).

605 Ben Fisher, Auto Report No. 9 an die National Office, Socialist Party, am 21. 12. 1938 (SPAM).

606 Diese Organisation war gebildet worden, um von Parteiseite aus die Sozialisten in den UAW zu unterstützen. Ihr gehörten an: Der National Labor Secretary der Partei; fünf Delegierte aus Detroit, je drei aus Flint und Wisconsin und je einer aus den anderen Zentren der Auto-

mobilindustrie. Arthur McDowell, National Labor Secretary, an die Sozialisten in der UAW am 28. 7. 1938 (Zeidler Papers).

607 Vgl. hierzu Frederick I. Olson, The Socialist Party and the Union in Milwaukee, 1900–1912, in: Wisconsin Magazine of History 44 (1960/61), S. 110 ff., und ders., The Milwaukee Socialists, 1897–1941. Dissertation Harvard University 1952, S. 1 ff.

608 Vgl. Olson, a. a. O., S. 481 ff. und 502 ff.

609 A. a. O., S. 566 ff.

610 Platform of the Socialist Party of Wisconsin 1934 (SPAM).

611 Außer in Milwaukee gab es im Nordosten der Vereinigten Staaten einige kommunalpolitische Hochburgen der Sozialistischen Partei. Dazu gehörten die Städte Reading, Pa., und Bridgeport, Conn., in denen in den dreißiger Jahren sozialistische Bürgermeister amtierten.

612 Vgl. Bell, a. a. O., S. IX ff.

613 Vgl. hierzu als typisch für diese Art Literatur The Communist Party of the United States of America. What It Is, How It Works. A Handbook for Americans. Hrsg. vom Subcommittee to Investigate the Administration of the Internal Security Act and Other Internal Security Laws of the Committee of the Judiciary, United States Senate. 84th Congress 2nd Session, Washington o. J., S. 39.

614 Die "Foreign Language Federations" waren Vereine ungarischer, litauischer, lettischer, russischer, polnischer u. a. Einwanderer, die lose mit der Sozialistischen Partei föderiert, im übrigen aber fast autonom waren. In den slawischen "Federations" hatte sich etwa ein Fünftel der Mitglieder der Sozialistischen Partei organisiert.

615 Vgl. Nathan Glazer, The Social Basis of American Communism. New York 1961, S. 90 ff.

616 Zur Gründungsgeschichte der CP vgl. neben vielen anderen Veröffentlichungen Irving Howe und Lewis Coser, The American Communist Party. A Critical History. New York 1962, S. 27 ff., 41 ff., 70 ff.

617 Zu den ersten drei Phasen kommunistischer Gewerkschaftspolitik vgl. Theodore Draper, American Communism and Soviet Russia. The Formative Period. New York 1963, S. 215 ff.

618 Vgl. Howe und Coser, a. a. O., S. 44 f., 73 ff., 236 ff.; Max Kampelman, The Communist Party Versus the CIO. A Study in Power Politics. New York 1957, S. 7 ff.

619 Opposition gegen diese Anweisung der III. Internationale wurde schnell unterdrückt. William Foster, prominentester kommunistischer Gewerkschafter und bis 1928 und auch später prinzipieller Gegner des dual unionism, ging jetzt daran, Gegengewerkschaften zu gründen.

620 Vgl. J. Ballam, The Cleveland Convention – Building a New Trade Union Center, in: The Communist (April 1929), S. 163 ff.; William Z. Foster, The Party Trade Union Work During Ten Years, in: The Communist (September 1929), S. 490 f.; Earl Browder, The October Plenum of the Central Committee, CPUSA, in: The Communist (November 1929), S. 581 ff.; Howe und Coser, a. a. O., S. 253 ff.

621 Vgl. Howe und Coser, a. a. O., S. 191 ff.

622 Vgl. Robert Willard Ozanne, The Effects of Communist Leadership on American Trade Unions. Dissertation University of Wisconsin 1954, S. 37, 39 f.

623 So Howe und Coser, a. a. O., S. 331. Dieser die Volksfrontpolitik der CP charakterisierende Satz mag übertrieben sein, gleichwohl wirft er ein Schlaglicht auf die Taktik der Partei.

624 Zur Volksfrontpolitik vgl. Howe und Coser, a. a. O., S. 325 ff., und Daniel Bell, Marxian Socialism in the United States. Princeton, N. J., 1967, S. 146 ff.

625 Zu den „Front"organisationen vgl. Earl Browder, The American Communist Party in the Thirties, in: Rita James Simon (Hrsg.), As We Saw the Thirties. Urbana, Chicago und London 1967, S. 218 ff.

626 Vgl. hierzu Earl Browder, Why An Open Letter to Our Party Membership. Report for the Political Bureau to the Extraordinary Party Conference, in: The Communist (August 1933), S. 710 ff.

627 So Browder in Simon, a. a. O., S. 236, formuliert in Anlehnung an den Ausspruch von Norman Thomas.

628 Zur Rolle der Intellektuellen in der Kommunistischen Partei vgl. Howe und Coser, a. a. O., S. 273 ff.; Bell, a. a. O., S. 150 ff.; Daniel Aaron, Writers on the Left. New York 1961.

629 Vgl. Howe und Coser, a. a. O., S. 361.

630 Zur kommunistischen Taktik in der ALP in Verbindung mit der Volksfrontpolitik vgl. I. Amter, Significance of the Coming Municipal Elections in New York, in: The Communist (July 1937), S. 657 ff.; ders., The Democratic Front Moves Ahead In New York, in: The Communist (Oktober 1938), S. 912 ff.; Robert Frederick Carter, Pressure From the Left: The American Labor Party 1936–1954. Dissertation Syracuse University 1965, S. 86 ff., 169 ff.

631 Angeblich bis auf 125.000 Mitglieder. Vgl. Howe und Coser, a. a. O., S. 268 f.

632 Vgl. J. Stachel, Recent Developments in the Trade Union Movement, in: The Communist (Dezember 1933), S. 1165.

633 Vgl. Directives on Work Within the AFofL and Independent Trade Unions, in: The Communist (Januar 1934), S. 113 ff.

634 Vgl. UMW Journal vom 15. 11. 1934.

635 Vgl. Jack Stachel, A New Page for American Labor, in: The Communist 14 (November 1935), S. 1015 ff.

636 Vgl. For a Powerful United AFofL. Statement of the Central Committee of the CPUSA, in: The Communist 15 (März 1936), S. 281 ff.

637 Es ist bis heute umstritten, ob Bridges und Quill Mitglieder der CP gewesen sind; auf jeden Fall folgten sie während der dreißiger Jahre und des Zweiten Weltkrieges konsequent allen Windungen der Parteilinie.

638 Vgl. zur Anstellung der Kommunisten als Organisationssekretäre im CIO Browder in Simon, a. a. O., S. 230 f.; Len DeCaux, Labor Radical. From the Wobblies to CIO. A Personal History. Boston 1970, S. 233 f., 245 ff., 256; Bell, a. a. O., S. 145; Glazer, a. a. O., S. 113; Ozanne, a. a. O., S. 42 ff.; David J. Saposs, Communism in American Unions, New York 1959, S. 130 ff.

639 Vgl. Saul Alinsky, John L. Lewis. An Unauthorized Biography. New York 1949, S. 154.

640 Noch 1936 lehnte der Gewerkschaftskongreß des Bergarbeiterverbandes einen Antrag ab, der es statutarisch ermöglicht hätte, daß auch Kommunisten Mitglieder der UMW werden konnten. Vgl. UMW Convention 1936, S. 310 f.

641 Zu dieser Fehleinschätzung trug auch bei, daß jeder – nicht strikt konservative – Gewerkschafter zu irgendeiner Zeit einmal als Kommunist denunziert worden war.

642 Vgl. Kampelman, a. a. O., S. 4.

643 Gleichwohl darf die zahlenmäßige Stärke der Kommunisten im CIO nicht überschätzt werden. So gehörten 1938 von den etwa 400.000 Mitgliedern der UAW nur 1.500 der CP an – diese allerdings zählten zu den aktivsten Gewerkschaftern. Vgl. Glazer, a. a. O., S. 112.

644 Vgl. DeCaux, a. a. O., S. 279 ff.

645 Dies bestätigt auch DeCaux, a. a. O., S. 298 f.

646 Vgl. Sumner M. Rosen, The CIO Era, 1935–1955, in: Julius Jacobson (Hrsg.), The Negro and the American Labor Movement. New York 1968, S. 194 ff.

647 Typisch für diese Koalition war die 1940 gegründete Organisation "American Peace Mobilization", der so prominente und gegensätzliche Persönlichkeiten wie das Mitglied des Repräsentantenhauses Vito Marcantonio, der CIO-Vizepräsident Joe Curran und der Dichter Carl Sandburg angehörten.

648 Zu diesen wenigen Gewerkschaftsführern gehörte A. Philip Randolph, Vorsitzender einer schwarzen Gewerkschaft und Vorstandsmitglied des National Negro Congress.

649 Zur Kursschwenkung der CP nach Abschluß des Hitler-Stalin-Paktes vgl. Keep America Out of the Imperialist War! Declaration of the National Committee, CPUSA, in: The Communist 18 (Oktober 1939), S. 899 ff.; Letter of the National Committee to the President and Congress of the USA, in: The Communist 18 (Oktober 1939), S. 923 ff.; William Z. Foster, The Trade Unions and the War, in: The Communist 19 (Oktober 1940), S. 901 ff.; Defeat Roosevelt's War-Powers Bill! Get Out and Stay Out of the War! Statement by the National Committee, CPUSA, in: The Communist 20 (Februar 1941), S. 115 ff.; Howe und Coser, a. a. O., S. 387 ff.; Joel Seidman, The Policy of the Communist Party During World War II, in: Industrial and Labor Relations Review 4 (Oktober 1950), S. 56 f.

650 Vgl. hierzu Howe und Coser, a. a. O., S. 395 f., und Ozanne, a. a. O., S. 54, 57 f.

651 Robert Jackson, Attorney General, an Roosevelt am 7. 6. 1941 und Memorandum von Robert P. Patterson, Under Secretary of War, an Roosevelt am 12. 6. 1941 (FDR-OF). Frankensteen war im UAW-Vorstand als Direktor der Aircraft Division für die Flugzeugindustrie zuständig.

652 Zum Streik bei Allis-Chalmers und North American Aviation vgl. Howe und Coser, a. a. O., S. 397 f.; Seidman, a. a. O., S. 57 ff.; Kampelman, a. a. O., S. 25 f.; Ozanne, a. a. O., S. 54 ff.; Frank Cormier und William J. Eaton, Reuther, Englewood Cliffs, N. J., 1970, S. 171 ff.

653 Lewis wollte seine gewerkschaftlichen Interessen, Forderungen und Maßnahmen nicht durch ein gewerkschaftliches Stillhalteabkommen oder gesetzliche Regelungen, die eine möglichst schnelle Aufrüstung gewährleisten sollten, einengen lassen. Dem Isolationismus der UMW und der CP lagen also unterschiedliche Motive zugrunde. In den Jahren 1939–1941 arbeite-

ten Lewis und seine Gewerkschaft eng mit einigen kommunistischen „Front"organisationen wie dem American Youth Congress zusammen.

654 Vgl. William Z. Foster, The Trade Unions and the War, in: The Communist 19 (Oktober 1940), S. 902; Ozanne, a. a. O., S. 44; James A. Wechsler, Labor Baron: A Portrait of John L. Lewis. New York 1944, S. 122, 125 ff.

655 Die einzige nennenswerte und zahlenmäßig zu Buche schlagende Ausnahme waren jüdisch-kommunistische Mitglieder der ILGWU in New York, die 1939 ihre Partei verließen. Vgl. Howe und Coser, a. a. O., S. 398 ff.

656 Vgl. Support the USSR in its Fight Against Nazi War! Statement of the CPUSA, in: The Communist 20 (Juli 1941), S. 579 f.

657 Die "picket line" hat bei amerikanischen Gewerkschaften einen großen Symbolwert: Kein Gewerkschaftsmitglied wird, wenn es nicht dazu mit Gewalt gezwungen wird, durch eine Streikpostenkette gehen.

658 Vgl. Howe und Coser, a. a. O., S. 408 ff., und Seidman, a. a. O., S. 60 ff.

659 Vgl. hierzu Howe und Coser, a. a. O., S. 458; Ozanne, a. a. O., S. 62 f.; Cormier und Eaton, a. a. O., S. 208 f. Die Unzufriedenheit der Gewerkschaftsmitglieder in den Betrieben mit den kommunistischen Antreibermethoden während des Weltkrieges machte sich 1946 Walter Reuther zunutze, als er zum Präsidenten der UAW gewählt wurde.

660 Vgl. Rosen in Jacobson, a. a. O., S. 196 f., und Howe und Coser, a. a. O., S. 414 ff.

661 Vgl. Seidman, a. a. O., S. 65 f.

662 Vgl. William Z. Foster, John L. Lewis and the War, in: The Communist 21 (July 1942), S. 497 ff.; ders., The Coal Miners Strike, in: The Communist 22 (Juni 1943), S. 531 ff.; UE News vom 8. 5. 1943; Foster, American Trade Unions, a. a. O., S. 307 f.

663 Vgl. William Z. Foster, Trade Unions in the War Emergency, in: The Communist 21 (Januar 1942), S. 57 ff.

664 So Earl Browder in einer öffentlichen Erklärung 1942. Vgl. zu dieser Taktik auch die kommunistische Broschüre Joseph North, Labor Faces '44's Challenge. New York 1944.
1944 schrieb Browder, daß er das amerikanische Zweiparteien-System endgültig akzeptiert habe.

665 Vgl. Howe und Coser, a. a. O., S. 424 ff.; Seidman, a. a. O., S. 65 f.; Carter, a. a. O., S. 199 ff.

666 Zum letzten Absatz vgl. Ozanne, a. a. O., S. 58 ff., 64.
Wir brechen an dieser Stelle mit der Schilderung der Geschichte der Kommunistischen Partei und ihrer Gewerkschaftspolitik ab. Gleichwohl soll die Entwicklung in den ersten Nachkriegsjahren zur Information des deutschen Lesers wenigstens kurz angedeutet werden.
Im Frühsommer 1945 wurde Earl Browder als Vorsitzender der CP auf Weisung Stalins durch William Z. Foster ersetzt: Browder wurde Klassenkollaboration während des Krieges vorgeworfen. Direkt nach dem Kriege gehörten etwa ein Viertel aller CIO-Mitglieder kommunistisch kontrollierten Gewerkschaften an. Mit der Verschärfung des Kalten Krieges begann 1946 Philip Murray, der bis dahin mit den Kommunisten zusammengearbeitet hatte, sich öffentlich gegen diese zu wenden. In den nächsten drei Jahren verlor die CP im CIO zunehmend an Einfluß, 1950 wurden alle kommunistischen Gewerkschaften aus dem CIO ausgeschlossen. Mit Ausnahme der UE büßten die meisten von ihnen ihre Position als exklusiver Tarifverhandlungsrepräsentant ein. Die Kommunistische Partei ging in dieser Zeit in den Untergrund und existiert seitdem in der Halbillegalität.
Zur Nachkriegsgeschichte der CP im CIO vgl. Kampelman, a. a. O., S. 45 ff., 102 ff.; Howe und Coser, a. a. O., S. 437 ff., 457 ff.; Ozanne, a. a. O., S. 66 ff.

667 Zur UE vgl. Kampelman, a. a. O., S. 121 ff.; Walter Galenson, The CIO Challenge to the AFL. A History of the American Labor Movement 1935–1941. Cambridge, Mass. 1960, S. 243 f., 154 ff.; Irving Bernstein, Turbulent Years. A History of the American Worker 1933–1941. Boston 1970, S. 606 f.

668 Beim UE-Kongreß 1939 hatte sich die neue kommunistische Parteilinie – obwohl der Kongreß nach Abschluß des Hitler-Stalin-Paktes tagte – noch nicht durchgesetzt: Der Kongreß sprach sich für eine dritte Amtsperiode Roosevelts als Präsident der USA aus. Vgl. UE Convention 1939, S. 45 f.

669 75 Prozent der UE-Mitglieder arbeiteten während des Krieges in der Rüstungsindustrie.

670 Zu dieser Zeit hatte die UE bereits 250.000 Mitglieder. Ihre Zahl stieg während des Krieges durch die Ausdehnung der Rüstungsindustrie rapide an.
Die Niederlage Careys war u. a. dadurch möglich geworden, daß dieser 1938 zum Generalsekretär des CIO gewählt und dadurch zeitlich so absorbiert worden war, daß ihm seine Gewerkschaft aus den Händen geglitten war. Vgl. DeCaux, a. a. O., S. 322 ff.

671 Vgl. C. Wright Mills, The New Men of Power. New York 1948, S. 194.

672 Vgl. UE Convention 1943, S. 181, 333.

673 Vgl. Ozanne, a. a. O., S. 61 f.

674 Vgl. UE Convention 1944, S. 237 ff.

675 Vgl. Ozanne, a. a. O., S. 63 f.

676 Auch die bereits oben genannten Ursachen für den Erfolg der Kommunisten im CIO gelten für die UE. Sie werden hier nicht noch einmal gesondert aufgeführt.

677 Dies traf etwa zu auf die Betriebsgewerkschaftsorganisation der UE in den General Electric Werken in Lynn, Mass.: Hier hatte sich eine kommunistische Gewerkschaftsführung etabliert und wurde wegen ihrer Erfolge in Tarifverhandlungen (die der Taktik des UE-Bundesvorstandes während des Zweiten Weltkrieges z. T. zuwiderliefen) immer wiedergewählt. Vgl. Finn Theodore Malm, Local 201, UE-CIO: A Case Study of a Local Industrial Union. Dissertation Massachussetts Institute of Technology 1946.

678 Vgl. DeCaux, a. a. O., S. 495 f. In jenen Distrikten und lokalen Betriebsgewerkschaftsorganisationen, in denen die kommunistischen Gewerkschaftsfunktionäre auch während des Weltkrieges und entgegen der CP-Linie militant auftraten, bildete sich keine innergewerkschaftliche Opposition gegen sie.

679 Vgl. Ozanne, a. a. O., S. 87 ff.

680 Vgl. Ronald Radosh, The Corporate Ideology of American Labor Leaders from Gompers to Hillman, in: James Weinstein und David W. Eakins (Hrsg.), For a New America. Essays in History and Politics form "Studies on the Left", 1959–1967. New York 1970, S. 135.

681 Zum UAW Local 248 vgl. Ozanne, a. a. O., S. 185 ff.

682 Unter Antikommunismus verstehen wir im folgenden nicht die rationale theoretische und politische Auseinandersetzung mit den Konzeptionen und der Praxis der Kommunistischen Partei. Vielmehr meint Antikommunismus jenes – mit dem Antisemitismus strukturell eng verwandte – gesellschaftliche Vorurteil, mit dessen Hilfe Emotionen mobilisiert und gegen jedes Mitglied und jede Gruppe in der Gesellschaft zum Zweck der Diskreditierung gerichtet werden können, ohne daß der Denunziation ein konkreter Sachverhalt – etwa Mitgliedschaft in der CP oder Befolgung der kommunistischen Parteilinie – zugrunde liegen müßte. Antikommunismus in diesem Sinn ist intolerant, basiert auf autoritärer Persönlichkeitsstruktur und äußert sich in entsprechendem undemokratischen Verhalten. Antikommunismus handelt vom Gerücht über den Kommunisten, setzt sich mit dem Kommunismus selbst inhaltlich aber nicht auseinander. Vgl. zur Problematik autoritärer Persönlichkeitsstruktur und zur gesellschaftlichen Funktion von Vorurteilen T. W. Adorno, Else Frenkel-Brunswik, Daniel J. Levinson und R. Nevitt Sanford, The Authoritarian Personality. New York 1950.

683 Auch die vorübergehenden Erfolge in der Volksfrontperiode und im CIO können über diese Tatsache nicht hinwegtäuschen. Der CP gelang es überhaupt nur dann, ihren Einfluß zu vergrößern und Mitglieder zu gewinnen, wenn sie sich patriotischer als selbst die „vaterländischen" Vereine gebärdete und ihre politische Zielsetzung hintanstellte oder völlig verdeckte: Auch dies ist nur ein Beleg für die Schwäche des amerikanischen Kommunismus.

684 So konnte Victor Berger, der von seinem Wahlkreis in Milwaukee rechtmäßig in das Repräsentantenhaus gewählt worden war, auf Beschluß des Kongresses sein Mandat nicht wahrnehmen.

685 Zum "Red Scare" vgl. Howe und Coser, a. a. O., S. 49 ff., und Robert K. Murray, Red Scare. A Study of National Hysteria, 1919–1920. New York, Toronto und London 1964.

686 Vgl. William E. Leuchtenburg, Franklin D. Roosevelt and the New Deal. New York 1963, S. 280.

687 Vgl. CIO News vom 15. 12. 1937.

688 Vgl. Joseph P. Kamp, The Hell of Herrin Rages Again. A Story of Lawlessness, Violence and Death under the Reign of John L. Lewis. New Heaven, Conn., 1937. Der Verfasser dieser Propagandabroschüre warf Lewis vor, er habe alle Schüler der Revolution um sich versammelt und folge den Anweisungen von Marx, Bebel, Lenin und Stalin. Zum gegen Lewis gerichteten Antikommunismus vgl. auch DeCaux, a. a. O., S. 306 ff.

689 Vgl. D. A. Saunders, The Dies Committee: First Phase. In: Public Opinion Quarterly 3 (1939), S. 223 ff.

690 Vgl. Leuchtenburg, a. a. O., S. 280.

691 Vgl. Saunders, a. a. O., S. 228 ff., und Walter Goodman, The Committee. The Extraordinary Career of the House Committee on Un-American Activities. Baltimore, Maryland 1969, S. 28 ff.

692 Freys Zeugenaussage vor dem HUAC wurde an alle führenden AFL-Funktionäre versandt.

Frey an die National and International Unions der AFL am 9. 11. 1938. Frey belieferte auch in den nächsten Jahren den Vorsitzenden des HUAC ständig mit Material über die Kommunistische Partei und die Aktivität der Kommunisten im CIO. Frey an Dies am 1. 3. 1939, 22. 5. 1939 und 11. 2. 1943. Frey verfügte offensichtlich über interne Informationen aus dem CP-Vorstand. In seinem Nachlaß finden sich entsprechende Hinweise und Berichte. Central Committee of the Communist Party, Directive on the AFL vom 16. 11. 1935, Abschrift (alle genannten Schriftstücke in den Frey Papers).

693 Brophy an Dies am 11. 9. 1939 und Robert E. Stripling, Sekretär des HUAC, an Brophy am 18. 9. 1939 (Brophy Papers).

694 Vgl. Saunders, a. a. O., S. 233; Goodman, a. a. O., S. 49 f.; Leuchtenburg, a. a. O., S. 281.

695 Vgl. Investigation of the Un-American Propaganda and Activities in the United States. Report of the Special Committee on Un-American Activities, House of Representatives, 78th Congress, 2nd Session vom 29. 3. 1944, S. 4.

696 Vgl. Joseph Gaer, The First Round. The Story of the CIO Political Action Committee. New York 1944, S. 91. Das HUAC behauptete ferner, das PAC unterstütze Stalin und wolle ein Sowjet-Amerika aufbauen. A. a. O., S. 150.

697 Vgl. Goodman, a. a. O., S. 158 ff.; August Raymond Ogden, The Dies Committee. A Study of the Special House Committee for the Investigation of Un-American Activities, 1938–1944. Washington D. C. 1945, S. 289 ff.; Matthew Josephson, Sidney Hillman. Statesman of Labor. New York 1952, S. 603 f., 608 ff.

698 Vgl. Investigation, a. a. O., S. 5, 79. Das HUAC behauptete ferner, das PAC sei von der Kommunistischen Partei konzipiert worden. A. a. O., S. 8. Das National Citizens-PAC wurde als kommunistische Frontorganisation denunziert. Vgl. Gaer, a. a. O., S. 218.

699 Dies war Clare Boothe Luce, Frau von Henry Luce, dem Herausgeber der Zeitschriften "Life", "Time" und "Fortune".

700 Vgl. Gaer, a. a. O., S. 66, 148 ff., 169 ff.

701 Vgl. Harold L. Wattel, The Association of Catholic Trade Unionists. M. A. Thesis Columbia University 1947, S. 31, und William H. Riker, The CIO in Politics 1936–1946. Dissertation Harvard University 1948, S. 59 f. Die im Vergleich zu ihrem Bevölkerungsanteil vorhandene Überrepräsentation von Katholiken in Gewerkschaften zeigte sich u. a. darin, daß nach den Erhebungen von Riker (auf Grundlage des Who's Who in Labor von 1942) der Anteil der Katholiken an den Gewerkschaftsführern 24 Prozent betrug.

702 Vgl. Samuel Lubell, The Future of American Politics. 3. Auflage, New York 1965, S. 53. Dieser Sozialstruktur entsprach an der Ostküste eine politische Affinität der Oberschicht mit der Republikanischen Partei, der Unterschichten mit der Demokratischen Partei.

703 Dies geht aus dem Gründungsprotokoll der nationalen ACTU und den Berichten der lokalen Kapitel hervor. Vgl. Proceedings First National Convention of the Association of Catholic Trade Unionists. August 31, September 1 and 2, 1940 (als Manuskript vervielfältigt), S. 8 ff.

704 Nach langen Diskussionen lehnte der Gründungskongreß der nationalen ACTU es ab, ein nationales Publikationsorgan zu veröffentlichen, so daß die verschiedenen Kapitel eigene Zeitschriften herausgaben, so das New Yorker Kapitel den Labor Leader. Vgl. ACTU Convention 1940, S. 43 ff.

705 Zur Gründung des New Yorker Kapitel des ACTU vgl. Wattle, a. a. O., S. 19 ff.; David O'Brien, American Catholics and Organized Labor in the 1930's, in: The Catholic Historical Review 52 (Oktober 1966), S. 344; Richard J. Ward, The Role of the Association of Catholic Trade Unionists in the Labor Movement, in: Review of Social Economy 14 (September 1956), S. 92; Joseph Oberle, The Association of Catholic Trade Unionists. Washington D. C. 1941, S. 2 f.; Michael Harrington, Catholics in the Labor Movement: A Case History, in: Labor History 1 (Herbst 1960), S. 234 f.; ACTU Convention 1940, S. 8 ff.

706 Vgl. Oberle, a. a. O., S. 6 ff.; Ward, a. a. O., S. 92 f.; Wattel, a. a. O., S. 31 f.; Philip Taft, The Association of Catholic Trade Unionists, in: Industrial and Labor Relations Review 2 (1948/49), S. 211.

707 Vgl. Oberle, a. a. O., S. 8 f.; Wattel, a. a. O., S. 24 f.; Taft, a. a. O., S. 212. Von jedem Mitglied wurde ein Monatsbeitrag von 25 Cent erhoben. 10 Prozent der Mitgliedsbeiträge führten die lokalen Kapitel an das nationale Büro der ACTU ab.

708 Vgl. Oberle, a. a. O., S. 11 ff.

709 Zur Satzung der nationalen ACTU vgl. ACTU Convention 1940, S. 78 ff.; Wattel, a. a. O., S. 161 ff.; Oberle, a. a. O., S. 7 ff.

710 1941 unterhielten die ACTU-Kapitel 26 Arbeiterbildungsschulen. Lehrfächer waren Ethik,

Einführung in Versammlungsleitung, Öffentliches Sprechen, Arbeitsrecht, Geschichte der Arbeiterbewegung. Vgl. The ACTU. A Catholic Apostolate for Labor. New York o. J., S. 8 ff.; Wattel, a. a. O., S. 71 ff.

711 Zur Rezeption von Rerum Novarum und Quadragesimo Anno in den Vereinigten Staaten vgl. O'Brien, a. a. O., S. 326 f.; Wattel, a. a. O., S. 1 ff., 134; Marc Karson, American Labor Unions and Politics, 1900–1918. Boston 1965, S. 214 ff.

712 Vgl. Karson, a. a. O., S. 225 ff., und Philip Taft, Theories of the Labor Movement, in: George W. Brooks, Milton Derber, David A. McCabe, Philip Taft (Hrsg.), Interpreting the Labor Movement. O. O. 1952, S. 8 f.

713 Vgl. Karson, a. a. O., S. 221 ff.

714 Vgl. Wattel, a. a. O., S. 12.

715 Vgl. O'Brien, a. a. O., S. 324 ff.

716 A. a. O., S. 331.

717 A. a. O., S. 332.

718 A. a. O., S. 333, und Wattel, a. a. O., S. 143 ff.

719 Vgl. Proceedings. Second National Convention of the Association of Catholic Trade Unionists. August 30 to September 1, 1941 (als Manuskript vervielfältigt) Resolution 3 (im letzten Teil des Protokolls finden sich keine Seitenzahlen; die verabschiedeten Resolutionen sind hier abgedruckt und durchnummeriert).

720 Charles E. Coughlin, katholischer Radioprediger, seit 1935 Gegner des New Deal und scharfer Opponent des CIO, blieb eine Ausnahme im amerikanischen Katholizismus. Vgl. O'Brien, a. a. O., S. 338 ff.

721 Vgl. Labor Leader vom 1. 7. 1940, 15. 7. 1940, 29. 7. 1940.

722 Wir gehen im folgenden nur auf die Haltung der katholischen Kirche gegenüber dem CIO und auf die Rolle der ACTU im CIO ein. Auch andere Religionsgruppen in den Vereinigten Staaten standen der Gewerkschaftsbewegung und dem CIO mit gewissen Sympathien gegenüber. So betonte John L. Lewis, daß nach seiner Meinung die liberalen Flügel aller Kirchen zu den Verbündeten des CIO zählten, und man sich gemeinsam bemühte, soziale Reformen durchzusetzen. Vgl. John L. Lewis, What Labor Is Thinking, in: Public Opinion Quarterly 1 (Oktober 1937), S. 28. Der "Federal Council of Churches of Christ in America", eine Föderation der meisten protestantischen Kirchen der Vereinigten Staaten, unterstützte prinzipiell die Gewerkschaften. Der CIO war in verschiedenen Publikationen darum bemüht, sein gutes Verhältnis zu den Konfessionen zu unterstreichen.
Gleichwohl hat keine andere Kirche einen solchen Einfluß auf die Politik des CIO gehabt wie die katholische, keine Konfession eine so integreative Wirkung wie die katholische Soziallehre, keine andere Religionsgruppe ihre eigene Organisation in den Gewerkschaften gebildet.

723 Zu ihnen gehörten u. a. Bischof Sheil; George Kardinal Mundelein von Chikago; Erzbischof Mooney von Detroit; Erzbischof Robert Lucey von San Antonio, Texas.

724 Vgl. Wattel, a. a. O., S. 43.

725 Speech of Rev. Charles O. Rice, Assistant at St. Agnes Catholic Church, Pittsburgh, Pennsylvania 1937 (Brophy Papers).

726 Diese Formulierung ist in Satzungen mehrerer ACTU-Kapitel offensichtlich bewußt in Anlehnung an die Bestimmungen des NLRA gewählt worden.

727 Dieser Grundsatz widersprach der Praxis in vielen AFL-Gewerkschaften, die Schwarze nicht aufnahmen oder ihnen nur eine Mitgliedschaft minderen Ranges verliehen. Auch wegen dieser diskriminatorischen Praxis favorisierten Katholiken und die ACTU die CIO-Gewerkschaften, in denen Rassengleichheit weitgehend verwirklicht worden war.

728 Zu den Grundsätzen und Zielen der ACTU vgl. Catholic Apostolate, a. a. O., S. 2 ff.; Labor Leader vom 30. 4. 1938; Oberle, a. a. O., S. 10 f.; Wattel, a. a. O., S. 25 ff.; Ward, a. a. O., S. 81 ff.; Taft, a. a. O., S. 212.

729 Vgl. Labor Leader vom 30. 6. 1943.

730 Zur Betonung der Notwendigkeit gewerkschaftlicher Einheit durch die ACTU vgl. ACTU Convention 1940, S. 28 f., 74 f.; ACTU Convention 1941 Resolution 2 und 15; Labor Leader vom 1. 6. 1938; Wattel, a. a. O., S. 62 f.

731 Vgl. Wattel, a. a. O., S. 34 ff.

732 Vgl. Labor Leader vom 9. 1. 1939.

733 Vgl. Labor Leader vom 21. 4. 1941 und 30. 6. 1941.

734 Vgl. Wattel, a. a. O., S. 46 ff.

735 Vgl. Riker, a. a. O., S. 62 f.; O'Brien, a. a. O., S. 345 f.; Neil Betten, The Great Depression

and the Activities of the Catholic Worker Movement, in: Labor History 12 (Frühjahr 1971), S. 255.

736 So Len DeCaux, Labor Radical. From the Wobblies to CIO. A Personal History. Boston 1970, S. 378, dessen antikatholische Ressentiments an mehreren Stellen seiner Autobiographie durchschlagen.

737 Labor's Attitude Toward These Teachings. Adress of R. J. Thomas, President UAW, at the Anniversary Observance of the Papal Social Encyclicals am 15. 5. 1941 (Thomas Papers). In seiner Rede legte Thomas ein Bekenntnis zur katholischen Soziallehre und zu ihrer Anwendung auf den CIO ab.

738 Vgl. M. Camilla Mullay, O. P., John Brophy. Militant Labor Leader and Reformer: The CIO Years. Dissertation Catholic University of America 1966, S. 112 ff.

739 Vgl. Labor Leader vom 25. 5. 1938.

740 Vgl. Advance vom Februar 1940.

741 Vgl. ACTU Convention 1941, Resolution 1.

742 Zum Industry Council Plan vgl. Philip Murray, For Full Production, in: Philip Murray, John Brophy, James Carey und I. F. Stone, The CIO and National Defense. Washington 1941, S. 6 f., und Wattel, a. a. O., S. 146 ff.

743 Vgl. Wage Earner vom 19. 2. 1943. Der im englischen Original gebrauchte Begriff "Industrial Democracy" wurde mit Wirtschaftsdemokratie übersetzt.

744 Vgl. Wage Earner vom 7. 7. 1944, 4. 8. 1944; Labor Leader vom 29. 2. 1944, 17. 3. 1944, 30. 6. 1944; CIO News vom 26. 6. 1944.

745 J. Raymond Walsh, Director of Research PAC, an Murray am 9. 9. 1944 und Murray an Hugh C. Boyle, Bischof von Pittsburgh, am 24. 10. 1944 (Murray Papers).

746 Vgl. Labor Leader vom 18. 2. 1944 und 31. 3. 1944; Wage Earner vom 31. 3. 1944. Auch die ALP unterstützte den Murray-Plan einschließlich seiner aus der katholischen Soziallehre kommenden Elemente: Insofern war inhaltlich eine Zusammenarbeit von ACTU und ALP möglich.

747 So die Behauptung von DeCaux, a. a. O., S. 326 f.

748 So unterstützte das ACTU-Kapitel Milwaukee 1941 den Streik bei Allis-Chalmers, obwohl die dortige Betriebsgewerkschaftsorganisation der UAW von den Kommunisten dominiert wurde. Vgl. ACTU Convention 1941, S. 8.

749 Vgl. Harrington, a. a. O., S. 235, und O'Brien, a. a. O., S. 342. Brophy nahm als praktizierender Katholik Harry Bridges gegen "red baiting", gegen den Versuch, Bridges als Kommunist zu denunzieren, in Schutz. Vgl. Mullay, a. a. O., S. 114 f. Die ACTU wehrte sich außerdem gegen die propagandistische Verbindung von Antikommunismus und Antisemitismus. Vgl. Wattel, a. a. O., S. 66.

750 Speech of Rev. Charles O. Rice, Assistant at St. Agnes Catholic Church, Pittsburgh, Pennsylvania, 1937 (Brophy Papers).

751 Vgl. Labor Leader vom 12. 9. 1938 und Wattel, a. a. O., S. 26.

752 Vgl. Wage Earner vom 5. 3. 1943.

753 Vgl. Wage Earner vom 8. 1. 1943.

754 Vgl. Wattel, a. a. O., S. 85.

755 Vgl. ACTU Convention 1940, S. 73 f.

756 Vgl. Taft, a. a. O., S. 217 f.

757 Im Kampf gegen die Kommunisten taktierten die ACTU-Mitglieder zuweilen gemeinsam mit den Sozialisten, die sie aber prinzipiell wegen ihrer Kritik an der katholischen Soziallehre (implizit in der Sozialisierungsforderung enthalten) ablehnten. Vgl. Wattel, a. a. O., S. 65 f.

758 News from ACTU-Detroit vom 27. 7. 1939 (ACTU Collection Detroit).

759 Benannt nach der um Jay Lovestone, dem früheren Generalsekretär der CP, in den UAW gebildeten anti-Stalinistischen Fraktion.

760 Vgl. Riker, a. a. O., S. 74.

761 Vgl. Wage Earner vom 9. 7. 1943 und 28. 4. 1944. Die ACTU-Detroit fertigte (ständig aktualisierte) Analysen über den Einfluß kommunistischer Funktionäre in den Betriebsgewerkschaftsorganisationen der Stadt und Umgebung von Detroit an. Communist Party – Wayne County. Aktennotiz von 1944 (ACTU Collection Detroit).

762 William M. Donnelly an Paul Weber am 5. 4. 1943 (ACTU Collection Detroit). Vgl. auch Wage Earner vom 16. 4. 1943, 14. 5. 1943, 25. 6. 1943, 9. 7. 1943 und 17. 12. 1943.

763 Vgl. Labor Leader vom 17. 9. 1943.

764 Vgl. Harrington, a. a. O., S. 231 ff., 259 ff. Harrington argumentiert, daß die ACTU in den

UE hauptsächlich eine erzieherische und propagandistische Funktion für die Katholiken wahrgenommen hätte, ohne bei dem Versuch erfolgreich gewesen zu sein, kommunistische Gewerkschaftsfunktionäre abzuwählen.

765 Die ACTU versuchte in den UE eine "rank- and file" Opposition, eine Opposition an der Mitgliederbasis, gegen die Kommunisten zu mobilisieren. Vgl. Harrington, a. a. O., S. 236 f. Umgekehrt begannen die Kommunisten, antikatholische Ressentiments gegen die ACTU zu richten. A. a. O., S. 237.

766 So James Morton Freeman, No Friend of Labor. The Roman Catholic Church and the Trade Unions. New York 1948, S. 23 ff.

767 Vgl. Rev. Jerome L. Toner, The Closed Shop. Washington D. C. 1942, S. 179 ff. Toner stellt in seinem Buch zusammenfassend fest: „Institutionell ist der closed shop der Höhepunkt der Gewerkschaftsbewegung, weil durch ihn Tarifverhandlungen in höchst effektiver Weise möglich werden. Der closed shop stellt in den Arbeitsbeziehungen das Band dar, durch das Arbeiter und Meister miteinander verbunden werden, um zum beiderseitigen Wohl in Frieden und Harmonie zu arbeiten." A. a. O., S. 191.

768 Vgl. ACTU Convention 1940, S. 74.

769 Vgl. ACTU Convention 1941, S. 8, und Catholic Apostolate, a. a. O., S. 15.

770 Ein weiterer, weniger bedeutender Faktor hat diese Integration und die enge Verbindung von ACTU und CIO beschleunigt: Katholiken und im CIO organisierte Arbeiter der Massengüterindustrien nahmen in einigen Bereichen der amerikanischen Gesellschaft eine Randstellung ein, gegen sie wurde z. T. gleichermaßen diskriminiert. Diese gemeinsam ertragene (strukturell mit der Diskriminierung von Minoritäten verwandte) Rolle förderte die Solidarität zwischen beiden Gruppen.

771 Diese Fragestellung ist angedeutet und im Ansatz ausgeführt auch bei Werner Sombart, Warum gibt es in den Vereinigten Staaten keinen Sozialismus. Reprographischer Nachdruck der Ausgabe Tübingen 1906, durch die Wissenschaftliche Buchgesellschaft, Darmstadt 1969, S. 24 ff., 35 f.

772 Der australische Politikwissenschaftler Rawson hat aus einem internationalen Vergleich Großbritanniens, Schwedens, Norwegens, Australiens und Neuseelands die Voraussetzungen herausgearbeitet, die für das Entstehen einer Labor Party, d. h. einer Sozialdemokratie, in der Gewerkschaften korporativ Mitglied sind, notwendig sind. Er nennt die folgenden:

1. Allgemeines und gleiches, aktives und passives Wahlrecht für Arbeiter.
2. Eine Gewerkschaftsbewegung, die autonom und unabhängig von einer politischen Partei entstanden ist.
3. Ein gewisses Maß an Klassenbewußtsein: Arbeiter und Gewerkschaften verfolgen gemeinsam ihnen spezifische soziale Ziele mit politischen Mitteln.
4. Mehrere Parteien – mindestens zwei – konkurrieren um Arbeiterstimmen.
5. In einem großen Streik sind die Gewerkschaften unterlegen („Großer-Streik-Motiv").

Vgl. D. W. Rawson, The Life-Span of Labor Parties, in: Political Studies 17 (September 1969), S. 313–333. Die von Rawson genannten Bedingungen für das Entstehen einer Labor Party trafen – mit Einschränkungen bei der dritten und fünften Voraussetzung – auf die Situation des CIO nach 1936 zu. Gleichwohl ist keine amerikanische Arbeiterpartei aus den Industriegewerkschaften entstanden: Die von uns genannten lang- und kurzfristig wirkenden Faktoren haben sich durchgesetzt. Damit wird aber auch die von Rawson vorgeschlagene Typologisierung infrage gestellt. Sie scheint uns zu statisch, ohne ausreichende historische Dimension zu sein.

773 Diese These wird in einer neueren Untersuchung Greenstones wiederholt angedeutet, aber nicht ausgeführt. Vgl. J. David Greenstone, Labor in American Politics. New York 1969, S. XVIII, 246 ff., 360 ff.

774 Zum Problem und Kontinuität im New Deal vgl. meinen Aufsatz Revolution und Kontinuität. Zur Auseinandersetzung um den New Deal in der amerikanischen Geschichtswissenschaft, in: Aus Theorie und Praxis der Geschichtswissenschaft. Festschrift für Hans Herzfeld zum 80. Geburtstag. Im Auftrage des Friedrich-Meinecke-Instituts hrsg. von Dietrich Kurze, Berlin 1972.

775 So Paul K. Conkin, The New Deal. New York 1967, S. 74 f. Ganz ähnlich Frank Freidel, The New Deal in Historical Perspective. 2. Auflage Washington 1969, S. 11, der betont, daß Roosevelt die amerikanische Wirtschaft z. T. gegen den Widerstand der Unternehmer stabilisiert habe.

776 Die Grenzen der politischen Veränderungen in den dreißiger Jahren zeigten sich jedoch darin, daß es Roosevelt zwar gelang, die New Deal Koalition – die sich in ihrer Wählerzusammensetzung schon 1928 unter dem Präsidentschaftskandidaten der Demokraten, Al Smith, abgezeichnet hatte – zu festigen, daß er aber 1938 daran scheiterte, die Demokratische Partei von konservativen Kandidaten für den Kongreß (fast alle aus den Südstaaten) zu säubern.

777 Die „Neue Linke" unter den amerikanischen Historikern hat mit Nachdruck auf die sozialen Mißstände hingewiesen, die auch nach dem New Deal vorhanden waren. Vgl. Howard Zinn, The Politics of History, Boston 1970, S. 118 ff., und Barton J. Bernstein, The New Deal: The Conservative Achievements of Liberal Reform, in: ders., Towards a New Past. Dissenting Essays in American History, New York 1968, S. 263 ff.

778 Vgl. Charles A. Beard and Mary R. Beard, America in Midpassage. Bd. 3, New York 1939, S. 528 ff.

779 Vgl. David Brody, The Emergence of Mass-Production Unionism. In: John Braeman u. a. (Hrsg.), Change and Continuity in Twentieth Century America, Bd. I, Ohio 1964, S. 222.

780 A. a. O., S. 231.

781 Vgl. David Brody, Labor and the Great Depression: The Interpretative Prospects. In: Labor History 13 (Frühjahr 1972), S. 237.

782 Als Beispiele für zeitgenössische Autoren vgl. Walter Galenson, Why the American Labor Movement is not Socialist, in: The American Review 1 (Winter 1961), S. 31 ff.; Mark Starr, Labour Politics in USA. London 1949, S. 9 ff.; Adolf Sturmthal, Portrait der amerikanischen Gewerkschaften. Wien o. J., S. 43 ff.; David A. Shannon, Socialism and Labor, in: C. Vann Woodward (Hrsg.), The Comparative Approach to American History. New York und London 1968, S. 238 ff. Zur Beurteilung der Vereinigten Staaten durch europäische Sozialisten vgl. R. Laurence Moore, European Socialists and the American Promised Land. New York 1970.

783 An diesem und anderen Begriffen (wie im Gesamtkonzept) zeigt sich die einseitig geistesgeschichtliche Interpretation amerikanischer Geschichte durch Hartz.

784 Aus einem ähnlichen Grund, eben wegen des Fehlens feudalistischer Tradition und namentlich einer Adelsschicht, gebe es – so argumentiert Hartz – in Amerika auch keinen Konservatismus (Toryismus). Eine Gesellschaft ohne feudalistische Geschichte könne weder eine genuin revolutionäre (Sozialismus) noch reaktionäre (Konservatismus) Tradition hervorbringen. Vielmehr sei der amerikanische Liberalismus das dem Bürgertum und der gesamten Gesellschaft adäquate Bewußtsein.

785 Vgl. Louis Hartz, The Liberal Tradition in America. New York 1955, S. 3 ff., 234 ff., 252. Eine ähnliche Argumentation findet sich auch in ders., The Founding of New Societies. New York 1964, S. 7 ff., 107 ff.

786 Vgl. Friedrich Engels, Die Arbeiterbewegung in Amerika. MEW, Bd. 21, S. 337; Engels an F. A. Sorge am 16./17. 9. 1886, MEW, Bd. 36, S. 533; Engels an Sorge am 29. 11. 1889, MEW, Bd. 36, S. 579; Engels an Sorge am 31. 12. 1892, MEW, Bd. 38, S. 560; Engels an Schlüter am 30. 3. 1893, MEW, Bd. 38, S. 314.

787 Die Ursachen der strukturellen Arbeitslosigkeit in den USA, die (mit Ausnahme von Konjunkturaufschwüngen in Kriegszeiten) bis heute nicht überwunden worden ist, sind vielfältig und können in unserem Zusammenhang nicht untersucht werden. Zu ihnen gehören der technologische Innovationsvorsprung der Vereinigten Staaten vor anderen Industrienationen und eine Einwanderungspolitik, die zeitweilig bewußt darauf angelegt war, Industriearbeiterlöhne durch ein Überangebot von Arbeitskräften zu senken.

788 Die ethnische Fragmentierung hat auf der anderen Seite, wie am Beispiel der Sozialisten in Milwaukee und der ALP in New York gezeigt wurde, lokale Erfolge Dritter, auch sozialistischer Parteien ermöglicht.

789 Auch Engels hat in der nationalen Fragmentierung der Arbeiterschaft ein Hindernis für die sozialistische Bewegung in Amerika gesehen. Vgl. Engels im Anhang zur amerikanischen Ausgabe der „Lage der arbeitenden Klasse in England", MEW, Bd. 21, S. 253 f.; Engels an Schlüter am 30. 3. 1892, MEW, Bd. 38, S. 314; Engels an Sorge am 2. 12. 1893, MEW, Bd. 39, S. 172.

790 Einen knappen Überblick über die amerikanische Einwanderungspolitik geben William S. Bernard (Hrsg.), American Immigration Policy, a Reappraisal. New York 1950 und Robert A. Divine, American Immigration Policy, 1924–1952. New Haven und London 1957.

791 Große Teile der Arbeiterschaft in Deutschland sind schon vor Gründung der Arbeiterorganisationen antireligiös eingestellt gewesen.

792 Vgl. W. S. Woytinsky u. a., Employment and Wages in the United States. New York 1953, S. 51, 586.

793 Vgl. Engels an Sorge am 24. 10. 1891, MEW, Bd. 38, S. 173. Marx im „18. Brumaire", MEW, Bd. 8, S. 122 f., und im „Kapital", MEW, Bd. 23, S. 527 f.

794 Vgl. Sombart, a. a. O., S. 118.

795 A. a. O., S. 126.
So wenig Lenins These von der Arbeiteraristokratie in ihrer Undifferenziertheit auf die Geschichte des Reformismus und Radikalismus in der deutschen Arbeiterbewegung zutrifft, so scheint sie am ehesten noch die amerikanische gesellschaftliche Realität mit der Herausbildung einer privilegierten Schicht von Facharbeitern zu decken. Allerdings müßten sowohl Lenin wie Historiker und Sozialwissenschaftler, die dem hohen Lebensstandard amerikanischer Arbeiter fast monokausal das Scheitern des Sozialismus in Amerika zuschieben, in der Weise relativiert werden, als der Lebensstandard von Arbeitern verschiedener Nationen nicht abstrakt verglichen, sondern im sozialökonomischen Kontext – d. h. gemessen an ihren Bedürfnissen – einer je konkreten Gesellschaft gesehen werden muß.

796 Es sei nur an die politischen Zick-Zack-Linien erinnert, die Intellektuelle wie Franz Mehring, Georg von Vollmar, Paul Lensch, Konrad Haenisch, August Winning u. a. im Laufe ihres Lebens zwischen Linksradikalismus und rechtsreformistischen Positionen gezogen haben.

797 Vgl. Selig Perlman, A Theory of the Labor Movement. New York 1949, S. 5, 176 ff., 280 ff., 299 ff.

798 Die politische Emanzipation des Bürgertums und die dadurch möglichen größeren Rechte der Arbeiter zeigte sich auch im amerikanischen Schulsystem, das anders als das deutsche Bildungschancen nicht allein nach Klassenzugehörigkeit vergab, sondern hier konnten Arbeiterkinder – im Vergleich zu Deutschland – länger in bessere Schulen gehen.

799 Für eine plastische Schilderung der Tendenzen im amerikanischen politischen System, die der Entstehung einer Dritten – sozialistischen – Partei zuwiderlaufen vlg. Sombart, a. a. O., S. 37–80.

800 Während sich in den Vereinigten Staaten zur Durchsetzung einer bestimmten politischen Forderung jeweils mehr oder weniger spontan "single purpose movements" gebildet haben (die, wenn sie eine bestimmte numerische Größe oder politische Relevanz erreicht hatten, von einer der beiden großen Parteien aufgesaugt worden sind), wurden in vergleichbaren Situationen in Deutschland neue Parteien gegründet oder alte Parteien haben sich gespalten.

801 Ausdruck der Dezentralisation des amerikanischen Tarifsystems war – und ist auch heute noch – die betriebsnahe Tarifpolitik der CIO-Industriegewerkschaften: Arbeitsbedingungen in den Produktionsstätten werden (im Rahmen eines allgemeinen, mitunter national abgeschlossenen Tarifvertrages) zwischen lokaler Betriebsgewerkschaftsorganisation und örtlichem Management ausgehandelt; es gibt dadurch – anders als heute in der Bundesrepublik – kein Auseinanderfallen von Tarif- und Effektivlöhnen; die in Deutschland getrennten Funktionen von Betriebsrat und gewerkschaftlichen Vertrauensleuten werden in den Vereinigten Staaten von den shop stewards (also den gleichen Personen) wahrgenommen; die locals haben mehr Entscheidungsbefugnisse – namentlich in der Tarifpolitik – als vergleichbare deutsche Gewerkschaftsorgane. In den amerikanischen Gewerkschaften und im System der Arbeitsbeziehungen sind viele Elemente jener basisdemokratischen Konzepte verwirklicht, wie sie heute in der Bundesrepublik in- und außerhalb des DGB gefordert werden. In den Vereinigten Staaten hat die betriebsnahe Tarifpolitik zu größerer Partizipation der Mitglieder an den gewerkschaftlichen Entscheidungsprozessen, aber auch zu Betriebsegoismus und "trade unionismus" geführt, d. h. der ausschließlichen Fixierung der Mitglieder auf höhere Löhne und bessere Arbeitsbedingungen. Das amerikanische Beispiel hätte für deutsche basisdemokratische Konzepte namentlich insofern Bedeutung, als hier die Notwendigkeit und Relevanz zu betriebsnaher Bildungsarbeit erhellt, wenn Basisdemokratie nicht in syndikalistischem "trade unionismus" enden, sondern Möglichkeiten gesellschaftsverändernder Praxis eröffnen soll.

802 „Sektionalismus" wird hier verstanden im Sinne von Frederick Jackson Turner als verschiedene Staaten umfassende und in ihrem Charakter an der Frontier herausgebildete Regionen wie der Süden, Südwesten, Westen, Mittelwesten und Osten. Vgl. Turner, The Significance of the Section in American History. In: Ders., Frontier and Section. Selected Essays. Hrsg. von Ray Allen Billington, Englewood Cliffs, N. J., 1961, S. 115 ff.

803 Turner schrieb: "Whenever social conditions tended to crystallize in the East, whenever capital tended to press upon labor or political restraints to impede the freedom of the mass, there was this gate of escape to the free conditions of the frontier. These lands promoted individualism, economic equality, freedom to rise, democracy." Vgl. Frederick Jackson Turner, The Frontier in American History. New York 1950, S. 259.

804 A. a. O., S. 62, 303.
Nach der Volkszählung von 1890 hatte der Direktor des amerikanischen Statistischen Bundesamtes bekanntgegeben, daß das bislang freie Land im Westen inzwischen so besiedelt sei, daß man nicht mehr von einer geschlossenen Frontier, die nach Westen vorrücke, sprechen könne. Frontier ist definiert worden als ein Gebiet, das von nicht weniger als zwei und nicht mehr als sechs Menschen pro Quadratmeile ständig bewohnt worden ist.

805 Vgl. John R. Commons u. a., History of Labour in the United States. New York 1936, Bd. 1, S. 11 ff.

806 Wahrscheinlich haben beide unbesehen die Meinung von Horace Greeley übernommen, des Chefredakteurs der "New York Daily Tribune", für die Marx von 1851 bis 1862 als Londoner Korrespondent arbeitete. Wiederholt erschienen in dieser Zeitung Artikel von Greeley und anderen, die sich in dem Ausruf summieren lassen, der an den Arbeiter des Ostens gerichtet war: "Go West, young man, go West!" Vgl. Carter Goodrich und Sol Davison, The Wage-Earner in the Westward Movement I, in: Political Science Quarterly 50 (Juni 1935), S. 178 ff. Zur Tätigkeit von Marx (und Engels, der wiederholt Artikel für Marx schrieb) als Londoner Korrespondent der "Tribune" vgl. Henry M. Christman (Hrsg.), The American Journalism of Marx and Engels. A Selection from the New York Daily Tribune. New York 1966.

807 Vgl. MEW, Bd. 21, S. 254. Vgl. auch Engels Bemerkungen über die Bedeutung der Frontier in seinen Briefen an F. A. Sorge vom 6. 1. 1892, MEW, Bd. 38, S. 246; vom 31. 12. 1892, MEW, Bd. 38, S. 563; vom 16. 1. 1895, MEW, Bd. 39, S. 386. In einem Aufsatz in der „Neuen Zeit" von 1906 wiederholte auch Karl Kautsky, daß das „Vorhandensein einer unerschöpflichen Bodenreserve" kein Proletariat in Amerika aufkommen ließe und daß dadurch „Freiheit und Gleichheit nicht auf dem Papier blieb". Zitiert nach Ernst Fraenkel (Hrsg.), Amerika im Spiegel des deutschen politischen Denkens. Köln und Opladen 1959, S. 221.

808 Vgl. Goodrich und Davison, a. a. O.; dies., The Wage-Earner in the Westward Movement II, in: Political Science Quarterly 51 (März 1936), S. 61 ff.; Fred A. Shannon, The Homestead Act and the Labor Surplus, in: American Historical Review 41 (1936); ders., A Post Mortem on the Labor-Safety-Valve Theory, in: Agricultural History 19 (Januar 1945); Murray Kane, Some Considerations on the Safety Valve Doctrine, in: Mississippi Valley Historical Review 23 (1936). Für eine kurze Diskussion der „Theorie vom Sicherheitsventil" vgl. auch Roland H. Beck, Die Frontiertheorie von Frederick Jackson Turner, 1861–1932. Zürich 1955, S. 56 ff., und Lloyd Ulman, The Rise of the National Trade Union. Cambridge, Mass., 1966, S. 572 ff.

809 Vgl. Shannon, The Homestead Act, a. a. O., S. 645.

810 Ray A. Billington hat errechnet, daß in der Mitte des vorigen Jahrhunderts für den Aufbau einer Farm von 80 Acres ca. 1.500 Dollar Kapital notwendig gewesen sind, der Tageslohn eines Arbeiters im Osten aber einen Dollar kaum überstiegen hat, er also mithin nicht nach Westen auswandern konnte. Vgl. Ray Allen Billington, Westward Expansion. A History of the American Frontier. New York 1949, S. 10.

811 Vgl. Shannon, Post Mortem, a. a. O., S. 33 f.

812 Vgl. Shannon, The Homestaed Act, a. a. O., S. 644 ff.

813 Lipset und Bendix fassen das Ergebnis ihrer Untersuchung so zusammen: "Our findings support the thesis that social mobility is an integral and continuing aspect of the process of urbanization, industrialization and bureaucrazitation . . . there is . . . no evidence that the highly industrialized societies of Europe have substantially less mass social mobility – as measured by the shifts across the manual-nonmanual line – than in the United States." Vgl. Seymour Martin Lipset und Reinhard Bendix, Social Mobility in Industrial Society. Berkeley und Los Angeles 1959, S. 280, ähnlich S. 33, 72 f., 112. Die Autoren zeigen zudem, Berufs- und Sozialstatus seien in den USA und in Europa "to an important extent self-perpetuating". A. a. O., S. 198 f. Die Analyse der amerikanischen Unternehmer-Elite in den letzten zwei Jahrhunderten ergab, daß nur zehn bis zwanzig Prozent der erfolgreichen Unternehmer aus Familien gekommen sind, in denen der Vater Arbeiter, Handwerker,

Kleinunternehmer, kleiner Angestellter oder Farmer gewesen ist. Der Unternehmer-Elite ist es immer wieder gelungen, wirtschaftlichen Erfolg und Sozialstatus für ihre Kinder zu bewahren. A. a. O., S. 114 ff. In seinen Untersuchungen zur sozialen Stratifikation in den Vereinigten Staaten kommt G. William Domhoff – im Anschluß an C. Wright Mills – zu einem ähnlichen Ergebnis: In den Vereinigten Staaten der Gegenwart und Vergangenheit habe es immer eine „regierende Klasse" gegeben, die in sich relativ geschlossen und sich ihrer privilegierten sozialen Stellung durchaus bewußt gewesen sei. Vgl. G. William Domhoff, Who Rules America? New York 1967, S. 9 ff., 23 ff., 138 ff., und ders., The Higher Circles. The Governing Class in America. New York 1970, besonders S. 73, 87 ff.

814 Typisch für die Wirkung des Antisozialismus und Antikommunismus auch in der Gegenwart ist eine Äußerung Frank P. Zeidlers (Interview): Befragt über die gegenwärtige Schwäche der Sozialdemokratischen Partei in Milwaukee antwortete er, es sei heute leichter, als Anarchist im Geheimen Bomben zu legen, als sich in der Öffentlichkeit als Sozialdemokrat zu bekennen.

815 Vgl. Daniel Bell, Marxian Socialism in the United States. Princeton, N. J., 1967. Die Abhandlung erschien zuerst 1952 in Donald D. Egbert und Stow Persons (Hrsg.), Socialism and American Life. Princeton, N. J., 1952. Das erste Kapitel der Studie ist in leicht veränderter Form enthalten in: Bell, The End of Ideology. On the Exhaustion of Political Ideas in the Fifties. New York and London 1967, S. 275 ff.

816 Vgl. John Laslett, Labor and the Left. A Study of Socialist and Radical Influences in the American Labor Movement, 1881–1924. New York und London 1970, S. 294 ff.

817 Zu diesen Autoren gehört Leggett, der Klassenbewußtsein verkürzt auf gegen Gewerkschaften und Parteien gerichteten Antiinstitutionalismus der Arbeiter; Furcht vor Arbeitslosigkeit; Frustration im monotonen Arbeitsprozeß. Vgl. John C. Leggett, Class, Race, and Labor. Working-Class Consciousness in Detroit. New York 1968.

818 Auch persönliche Differenzen, die einer Wiedervereinigung von AFL und CIO im Wege standen, waren durch den kurz aufeinander folgenden Tod von William Green, dem Vorsitzenden der AFL, und Philip Murray, dem Vorsitzenden des CIO entfallen.

# Zur Literatur und über die benutzten Quellen

Die Literatur zur Geschichte des New Deal, über die amerikanische Innenpolitik während des Zweiten Weltkrieges und über die amerikanischen Gewerkschaften ist in den letzten Jahren rapide angewachsen. Sie füllt inzwischen ganze Bibliotheken, und nur der Spezialist vermag einen Überblick über Neuerscheinungen und selbst Standardwerke zu behalten. Es erscheint daher wenig sinnvoll, am Ende dieser Untersuchung in bildungsbürgerlichem Bemühen alle jene Schriften vollständig aufzuzählen, die von mir benutzt worden sind. Dies würde den Leser bestenfalls verwirren. Will er einer bestimmten Fragestellung nachgehen oder Informationen überprüfen, so kann er dies leicht mit Hilfe der Fußnoten tun, in denen Sekundärliteratur und Quellen zitiert worden sind. Dort wird er auch jene Dissertationen und Magisterarbeiten finden, die – äußerst materialreich – den Weg meiner eigenen Forschungen oft erleichterten. Mir kommt es an dieser Stelle darauf an, auf einige Titel der einführenden Literatur und auf Bibliographien hinzuweisen (viele davon sind als Taschenbücher erschienen); die Archive, Nachlässe, Sammlungen, Protokolle, Zeitungen und Zeitschriften zu nennen, die ausgewertet worden sind; und jene Personen zu erwähnen, die ich als aktive Gewerkschaftsfunktionäre der dreißiger und vierziger Jahre interviewt habe.

Die detaillierteste, oft episch ausladende Darstellung der *Geschichte des New Deal* ist das dreibändige Werk von

Arthur M. Schlesinger, Jr., The Age of Roosevelt.
Bd. 1: The Crisis of the Old Order. 1919–1933. Boston 1957.
Bd. 2: The Coming of the New Deal. Boston 1958.
Bd. 3: The Politics of Upheaval. Boston 1960.

Diese Bände lesen sich flüssig. Sie sind als Nachschlagewerke verwendbar. Der Autor hat umfangreiches Quellenmaterial ausgewertet. – Im Gegensatz dazu ist das Buch von

Paul K. Conkin, The New Deal. New York 1967

knapp, präzise und äußerst scharfsinnig geschrieben. Conkin geht mit der traditionellen Geschichtsschreibung kritisch zu Gericht, er gilt als einer der „Neuen Linken" unter den amerikanischen Historikern. Anders als bei Schlesinger finden sich hier analytische Ansätze zu einer sozialgeschichtlichen und politikwissenschaftlichen Analyse des New Deal. – Die beste Wirtschafts- und Sozialgeschichte der dreißiger Jahre ist noch immer

Broadus Mitchell, Depression Decade. From New Era trough New Deal. 1929–1941.
= Bd. IX: The Economic History of the United States. New York 1947.

Sie ist mehrfach neu aufgelegt worden und auch als Taschenbuch erschienen. Mitchell belegt im einzelnen die These, daß die Große Depression erst mit der Rüstung für den Zweiten Weltkrieg in den Vereinigten Staaten überwunden worden ist. – Die kontroversen Standpunkte in der New-Deal-Geschichtsschreibung werden in zwei Anthologien vorgestellt:

Alonzo L. Hamby (Hrsg.), The New Deal. Analysis und Interpretation. New York 1969.

Otis L. Graham (Hrsg.), The New Deal. The Critical Issues. Boston 1971.

Beide Bücher wenden sich an amerikanische Collegestudenten in ihren ersten Semestern. Sie sind ausgezeichnet als Einführungslektüre für den deutschen Leser geeignet. – Die zuweilen scharfe Diskussion zwischen den Historikern der traditionellen liberalen Schule und der „Neuen Linken" wird in einer Arbeit von mir untersucht:

Peter Lösche, Revolution und Kontinuität. Zur Auseinandersetzung um den New Deal in der amerikanischen Geschichtswissenschaft. In: Aus Theorie und Praxis der Geschichtswissenschaft. Festschrift für Hans Herzfeld zum 80. Geburtstag. Im Auftrage des Friedrich-Meinecke-Instituts, hrsg. von Dietrich Kurze. Berlin 1972.

Hier finden sich zahlreiche Angaben zu neueren Veröffentlichungen über die Geschichte des New Deal. – Die Frage nach dem Stellenwert des New Deal in der amerikanischen Geschichte und nach Wandel und Kontinuität wirft in einem umfassenden Literaturbericht auf:

Richard S. Kirkendall, The Great Depression: Another Watershed in American History? In: John Braeman, Robert H. Bremner, Everett Walters (Hrsg.), Change and Continuity in Twenthieth Century America I. Ohio 1964.

Dieser Aufsatz ist vom selben Autor in einem weiteren Bericht ergänzt und inhaltlich leicht modifiziert worden:

Richard S. Kirkendall, The New Deal As Watershed: The Recent Literature. In: The Journal of American History 54 (März 1968).

Ein unentbehrliches und vorzüglich zusammengestelltes Hilfsmittel stellt die in der Franklin D. Roosevelt Library erarbeitete Bibliographie der Zeitschriftenliteratur und Dissertationen zur Geschichte der Roosevelt-Zeit dar:

William J. Stewart (Hrsg.), The Era of Franklin D. Roosevelt. A Selected Bibliography of Periodical and Dissertation Literature, 1945–1966. Hyde Park, N. Y., 1967.

Der Herausgeber hat hier 1339 Titel zusammengetragen. – Die beste Biographie *Präsident Roosevelts* und zugleich die ausgewogenste Darstellung des New Deal ist die Arbeit von

William E. Leuchtenburg, Franklin D. Roosevelt and the New Deal. 1932–1940. New York 1963.

Dieses Buch gilt nicht nur als Standardwerk, sondern Leuchtenburg hat mit seinen Fragestellungen und Anregungen Forschungen sowohl der „Neuen Linken" wie der traditionellen Historiker veranlaßt. Er ist bei beiden Historikerschulen gleichermaßen anerkannt. – Die erste vollständige, auch die Zeit des Zweiten Weltkrieges umfassende Biographie Roosevelts liegt jetzt vor in dem zweibändigen Werk von

James MacGregor Burns, Roosevelt.
Bd. 1: Roosevelt: The Lion and the Fox. New York 1956.
Bd. 2: Roosevelt: The Soldier of Freedom. New York 1970.

Die Geschichte der amerikanischen Arbeiterbewegung und die Struktur der *Gewerkschaften* ist in hunderten von Monographien, Aufsätzen und Gesamtdarstellungen besser erforscht als im Vergleich dazu etwa die deutsche Arbeiterbewegung. Einen Überblick über die wichtigste Literatur vermittelt

Maurice F. Neufeld, A Representative Bibliography of American Labor History. Ithaca, N. Y., 1964.

Diese Bibliographie ist sowohl chronologisch wie problemorientiert und nach verschiedenen Gewerkschaftsverbänden organisiert. Neuere, nach 1963 erschienene Untersuchungen müssen allerdings aus den einschlägigen laufenden Bibliographien ergänzt werden. – Unentbehrliches Hilfsmittel zur Aufschlüsselung und Definition von Begriffen aus der amerikanischen Gewerkschaftsbewegung und dem Arbeitsrecht sowie zur Kurzinformation über die einzelnen Organisationen der Arbeiterbewegung ist

Harold S. Roberts, Roberts' Dictionary of Industrial Relations. Washington D. C. 1966.

Diese Lexikon enthält über 1.000 Stichworte. Unter jedem Stichwort finden sich zudem knappe Literaturhinweise. – Eine an den deutschen Leser gerichtete historisch-systematische Einführung in das amerikanische Arbeitsrecht einschließlich der Erläuterung und Übersetzung bestimmter Fachausdrücke bietet

Kurt H. Biedenkopf, Unternehmer und Gewerkschaft im Recht der Vereinigten Staaten von Amerika. Eine arbeitsrechtliche Studie. Heidelberg 1961.

Zur Geschichte der amerikanischen Gewerkschaften im New Deal und besonders zur Entwicklung des Industriegewerkschaftsverbandes CIO liegen mehrere Gesamtdarstellungen unterschiedlichster Qualität und eine große Zahl von Monographien über Einzelgewerkschaften sowie Biographien von Gewerkschaftsführern vor. Herausragend ist nach wie vor der von Historikern, Ökonomen, Arbeitsrechtlern und Politikwissenschaftlern gemeinsam geschriebene Sammelband

Milton Derber und Edwin Young (Hrsg.), Labor and the New Deal. Madison, Wisc., 1957.

Obwohl heute überraschend wenig zitiert ist dieses Buch doch richtungsweisend für die weitere Forschung gewesen und in seinem analytischen Ansatz bisher nicht übertroffen. – Eine detaillierte und faktenreiche Geschichte des CIO hat geschrieben

Walter Galenson, The CIO Challenge to the AFL. A History of the American Labor Movement, 1935–1941. Cambridge, Mass., 1960.

Nach einer Einleitung über die Entstehung des CIO als eines Gewerkschaftsbundes schildert der Verfasser in 16 Kapiteln die Gründung von Industriegewerkschaften in den einzelnen Wirtschaftsbereichen. In einem Abschlußkapitel systematisiert er die Ergebnisse seiner Studie. – Das kürzlich erschienene Buch von

Irving Bernstein, Turbulent Years. A History of the American Worker 1933–1941. Boston 1970

ist die Fortsetzung einer schon früher erschienenen Geschichte des amerikanischen Arbeiters in den zwanziger Jahren. Obwohl sein Buch direkt aus den Quellen erarbeitet ist, bringt Bernstein im Vergleich zu Galenson nur wenige neue Informationen. Stil und barocke Epik der Geschichtserzählung Bernsteins stehen so im Vordergrund, drohen zuweilen ins Anekdotische abzugleiten, daß der Gegenstand der Untersuchung verblaßt. So materialreich das Werk auch ist, es fehlt jeder analytische und problemgeschichtliche Ansatz. – Dies ist auch im Zusammenhang mit anderen Arbeiten zur Geschichte der Gewerkschaftsbewegung im New Deal auf dem amerikanischen Historikerkongreß im Dezember 1970 von David Brody kritisiert worden. Der Vortrag liegt jetzt gedruckt vor:

David Brody, Labor and the Great Depression: The Interpretative Prospects. In: Labor History 13 (Frühjahr 1972).

Der Verfasser hat bereits vor einigen Jahren in einem Aufsatz die Richtung für eine Analyse der amerikanischen Arbeiterbewegung in den dreißiger Jahren gewiesen:

David Brody, The Emergence of Mass-Production Unionism. In: John Braeman, Robert H. Bremner, Everett Walters (Hrsg.), Change and Continuity in Twentieth Century America I. Ohio 1964.

Brody hat dabei die Entwicklung der Industriegewerkschaften nicht als eine qualitative Veränderung der amerikanischen Arbeiterbewegung interpretiert, sondern als ihre Ausdehnung auf die Massengüterindustrien. – Eine Geschichte der demokratischen Linken in der Gewerkschaftsbewegung der dreißiger und vierziger Jahre fehlt bisher. An ihrer Stelle sollte die Autobiographie des ehemaligen Chefredakteurs der CIO News herangezogen werden:

Len DeCaux, Labor Radical. From the Wobblies to CIO. A Personal History. Boston 1970.

In vorbildlicher Weise sind hier Erlebnisbericht, Wertung und Interpretation miteinander verbunden worden. – Für die Geschichte der amerikanischen Gewerkschaften während des Zweiten Weltkrieges liegt bisher nur eine Darstellung vor, die trotz ihres frühen Erscheinungsdatums als Standardwerk gelten muß:

Joel Seidman, American Labor from Defense to Reconversion. Chicago 1953.

Zur Geschichte der amerikanischen *Sozialistischen Partei* in den dreißiger Jahren liegen mehrere Monographien sowie Biographien ihres Präsidentschaftskandidaten Norman Thomas vor, die in den Fußnoten genannt worden sind. Den besten Überblick über die Geschichte der Partei vermittelt nach wie vor:

David A. Shannon, The Socialist Party of America. A History. New York 1955.

Es ist inzwischen mehrfach wieder aufgelegt worden, und die Literaturangaben wurden auf den neuesten Stand gebracht. – Über Geschichte, Ideologie und Struktur des *amerikanischen Kommunismus* ist eine vorbildliche Bibliographie erschienen:

Communism in the United States. A Bibliography. Compiled and edited by Joel Seidman, assisted by Olive Golden and Yaffa Draznin. Ithaca und London 1969.

Als zusammenfassende Geschichte der Kommunistischen Partei Amerikas empfiehlt sich nach wie vor

Irving Howe und Lewis Coser, The American Communist Party. A Critical History. New York 1957.

Einfluß und Bedeutung der Kommunisten im CIO hat untersucht

Max Kampelman, The Communist Party vs. the CIO. A Study in Power Politics. New York 1957.

Der Autor stellt sowohl die Erfolge der Kommunisten in den Industriegewerkschaften wie ihren späteren Ausschluß aus dem CIO dar.

*

In den folgenden Archiven und Bibliotheken habe ich Nachlässe, Sammlungen und andere Materialien für meine Untersuchung ausgewertet (in Klammern ist die im Anmerkungsapparat verwandte Zitierweise angegeben):

1. Nachlässe und Sammlungen in der State Historical Society of Wisconsin:
   Thomas R. Amlie (Amlie Papers)
   Adolph Germer (Germer Papers)
   Milwaukee Industrial Union Council Collection
   Labor's Non-Partisan League Papers (SHSW-LNPL)

2. Nachlässe und Sammlungen in den Labor History Archives, Wayne State University:
   George Addes (Addres Papers)
   CIO Secretary Treasurer's Office Collection (Carey Papers)
   Leon A. Cousens (Cousens Papers)
   Richard Frankensteen (Frankensteen Papers)
   Henry Kraus (Kraus Papers)
   Homer Martin (Martin Papers)
   The Wayne County AFL-CIO Collection
   Association of Catholic Trade Unionists, Detroit and USA (ACTU Collection Detroit)
   Labor's Non-Partisan League, Wayne County 1942 (LNPL Wayne)
   Progressive Labor League, Detroit und Michigan
   Political Action Committee, Wayne County (PAC Wayne)
   Stanley Novak (Novak Papers)
   Joseph F. Pagano (Pagano Papers)

R. J. Thomas (Thomas Papers)
Herman Wolf ( Wolf Papers)
John Zaremba (Zaremba Papers)

3. Nachlässe und Sammlungen im Archiv der Amalgamated Clothing Workers of America, New York:

   Hyman Blumberg (Blumberg Papers)
   Jacob Potovsky (Potovsky Papers)
   Sidney Hillman (Hillman Papers)

4. Nachlässe und Sammlungen in der Catholic University of America, Department of Manuscripts and Archives, Washington D. C.:

   Labor's Non-Partisan League Papers (CUA-LNPL)
   Congress for Industrial Organization Collection (CIO Collection)
   Philip Murray (Murray Papers)
   John Brophy (Brophy Papers)

5. Sammlungen in der Duke University, Department of Manuscripts, Durham, N. C.:

   Southern Labor Archives
   Socialist Party of America Archives
   a) National Correspondence of the General Secretary (SP-NC)
   b) National Subject File (SP-NSF)
   c) National Office Papers (SP-NOP)

6. Sammlung in der Harvard University, Houghton Library, Cambridge, Mass.:

   Leon Trotzkys Papers

7. Sammlung in der Milwaukee Public Library, Milwaukee, Wisc.:

   Frank P. Zeidler (Zeidler Papers)

8. Nachlässe und Sammlungen im Milwaukee County Historical Museum, Milwaukee, Wisc.:

   Daniel Webster Hoan (Hoan Papers)
   Socialist Party Archives of Milwaukee (SPAM)

9. Nachlässe und Sammlungen in der Franklin D. Roosevelt Library, Hyde Park, N. Y.:

   Franklin D. Roosevelt
   a) Official File (FDR-OF)
   b) President's Personal File (FDR-PPF)
   c) Presidential Secretary's File (FDR-PSF)
   Harry Hopkins (Hopkins Papers)
   Papers of the Democratic National Committee (DNC)
   Henry Wallace (Wallace Papers)

10. Nachlaß in der Library of Congress, Washington D. C.:

   John P. Frey (Frey Papers)

11. Nachlaß in der New York Public Library, New York, N. Y.:

   Vito Marcantonio (Marcantonio Papers)

*

Die folgenden Protokolle, Zeitungen und Zeitschriften wurden von mir benutzt (im Anmerkungsapparat jeweils in Kurzform zitiert):

*I. Protokolle*

*Congress of Industrial Organization*

Proceedings of the First Constitutional Convention of the Congress of Industrial Organization. Held in the City of Pittsburgh, Pennsylvania. Nov. 14 – Nov. 18, 1938.
Daily Proceedings of the Second Constitutional Convention of the CIO, Oct. 10 – Oct. 13, 1939, San Francisco, Calif.
Daily Proceedings of the Third Constitutional Convention of the CIO, Nov. 18 – Nov. 22, 1940, Atlantic City, N. J.
Daily Proceedings of the Fourth Constitutional Convention of the CIO, Nov. 17 – Nov. 22, 1941, Detroit, Michigan.
Proceedings of the Fifth Constitutional Convention of the CIO. Nov. 9, 1942, Boston, Mass.
Final Proceedings. Sixth Constitutional Convention of the CIO. Nov. 1 – Nov. 5, 1943.
Final Proceedings. Seventh Constitutional Convention of the CIO. Chicago, Ill., Nov. 20 – Nov. 24, 1944.

*United Automobile Workers*

Proceedings of the First Constitutional Convention of the International Union, UAW of America-AFL. Detroit, Michigan, August 26 – 31, 1935.
Proceedings of the Second Annual Convention of the International Union, UAW of America. Milwaukee, Wisconsin, August 23 – 29, 1937.
Proceedings of the Special Convention of the International Union, UAW Affiliated with the CIO. Convened March 27 – April 6, 1939, Cleveland, Ohio.
Proceedings of the Fifth Annual Convention of the International Union, UAW-CIO. Convened July 29 to August 6, 1940, St. Louis, Mo.
Proceedings of the 1941 Convention of the International Union, UAW-CIO. Convened August 4 to August 16, 1941, Buffalo, N. Y.
Proceedings of the Seventh Convention 1942 of the UAW-CIO. Convened August 3 to August 9, 1942, Chicago, Ill.
Proceedings of the Eighth Convention 1943 of the UAW-CIO. Convened Oct. 4 to Oct. 10, 1943, Buffalo, N. Y.
Proceedings of the 9th Convention 1944 of the UAW-CIO. Convened Sept. 11 to Sept. 17, 1944, Grand Rapids, Michigan.

*Amalgamated Clothing Workers*

Report of the General Executive Board and Proceedings of the 10th Biennial Convention of the ACWA. May 14 – 19, 1934. Rochester, N. Y.
Report of the General Executive Board and Proceedings of the 11th Biennial Convention of the ACWA. May 25 – 30, 1936. Cleveland, Ohio.
Report of the General Executive Board and Proceedings of the 12th Biennial Convention of the ACWA. May 9 – 17, 1938. Atlantic City, N. J.
Report of the General Executive Board and Proceedings of the 13th Biennial Convention of the ACWA. May 13 – 24, 1940, New York, N. Y.
Report of the General Executive Board and Proceedings of the 14th Biennial Convention of the ACWA. May 15 – 19, 1944. Chicago, Ill.

*United Electrical Workers*

Unabridged – Unedited Minutes of the Second Annual Convention of the UEandRWA. Held in Philadelphia, Pennsylvania, on Sept. 3 – 4 – 5 – 6, 1937.
Third Annual Convention. Proceedings of the UWRandMWA. Sept. 5 – 9, 1938, St. Louis, Mo.
Proceedings of the 5th Convention of the UERandMWA. Springfield, Mass. Sept. 4 – 8, 1939.
Proceedings of the 6th National Convention of the UERandMWA. Cleveland, Ohio, Sept. 2 – 6, 1940.

Proceedings of the 7th International Convention of the UERandMWA. Camden, N. J., Sept. 1 – 5, 1941.
Proceedings of the 8th International Convention of the UERandMWA. Cleveland, Ohio. Sept. 7 – 11, 1942.
Proceedings of the 9th International Convention of the UERandMWA. New York, N. Y. Sept. 13 – 17, 1943.
Proceedings. 10th Convention UERandMWA. Sept. 25 – 29, 1944. New York, N. Y.

*United Mine Workers*

Proceedings of the 32nd Consecutive Constitutional Convention of the UMW of America held in the City of Indianapolis, Indiana, Jan. 26 – Febr. 5, 1932.
Proceedings of the 33rd Constitutional Convention of the UMW of America held in the City of Indianapolis, Jan. 23 – Jan. 31, 1934.
Proceedings of the 34th Constitutional Convention of the UMW of America held in the City of Washington D. C., Jan. 28 – Febr. 7, 1936.
Proceedings of the 35th Constitutional Convention of the UMW of America held in the City of Washington D. C., Jan. 25 – Febr. 3, 1938.
Proceedings of the 36th Constitutional Convention of the UMW of America held in the City of Columbus, Ohio. Jan. 23 – Febr. 1, 1940.
Proceedings of the 38th Constitutional Convention of the UMW of America held in the City of Cincinnati, Ohio, Sept. 12 – 20, 1944.

*Association of Catholic Trade Unionists*

Proceedings. First National Convention of the Association of Catholic Trade Unionists. Aug. 31, Sept. 1 and 2, 1940.
Proceedings. Second National Convention of the Association of Catholic Trade Unionists. Aug. 30 to Sept. 1, 1941. Pittsburgh.

*II. Zeitungen und Zeitschriften*

Advance. A Labor Monthly (vorübergehend auch wöchentliche Erscheinungsweise). Hrsg. von den ACWA. 1936–1944.
American Federationist. Monatsschrift der AFL. 1934–1944.
The American Socialist Quarterly. A Socialist Journal of Opinion. Hrsg. von der Socialist Party of America. 1932–1940. (Die Zeitschrift hat in diesem Zeitraum mehrfach ihren Titel gewechselt: American Socialist Monthly seit März 1936; Socialist Review seit September 1937.)
Ammunition. Official Publication. International Education Department UAW. Monatsschrift der UAW. 1943/44.
The CIO News. Hrsg. vom CIO. Wöchentlich. 1937–1944.
The Communist. A Theoretical Magazine for the Discussion of Revolutionary Problems. Hrsg. von der Communist Party of America. 1929 – July 1944.
The Labor Leader. Hrsg. von der Association of Catholic Trade Unionists, Kapitel New York City. Wöchentlich, vorübergehend zwei-wöchentlich. 1938–1944.
Labor's Non-Partisan League. National Bulletin. Unregelmäßige Erscheinungsweise. 1937–1940.
United Automobile Worker. Hrsg. vom Vorstand der UAW. Wöchentlich. 1937–1944.
UE News. Hrsg. vom Vorstand der UE. Wöchentlich. 1940–1944.
United Mine Workers Journal. Hrsg. vom Vorstand der UMW. Zweimal im Monat. 1934–1940.
The Wage Earner. A Paper for All who Work for a Living. Published Twice a Month in the Interest of Economic Democracy for the Association of Catholic Trade Unionists, Detroit Chapter. 1943/44.

Die im folgenden aufgeführten und von mir interviewten Personen sind in den dreißiger und vierziger Jahren aktive Funktionäre der amerikanischen Gewerkschaftsbewegung gewesen. In Unterhaltungen mit ihnen habe ich nicht nur wichtige Informationen erhalten – sie wurden jeweils am schriftlich niedergelegten Quellenmaterial überprüft – sondern vor allem auch etwas von der Atmosphäre gespürt, die die amerikanische Arbeiterbewegung in der Zeit des New Deal bestimmt hat (soweit nicht anders angegeben, bekleidete der Interviewte die genannte Funktion zur Zeit des Interviews):

Alexander Barkan, Director of Political Education beim AFL-CIO-Vorstand. 8. 6. 1970.
Jacob Clayman, Director, Industrial Union Department beim AFL-CIO-Vorstand. 16. 10. 1970.
Ben Davidson, Generalsekretär der American Liberal Party, New York. 23. 11. 1970.
David Dubinsky, ehemaliger Präsident ILGWU; Mitglied des AFL-CIO-Vorstandes; Ehrenpräsident ILGWU. 24. 11. 1970.
Bessie Hillman, Witwe von Sidney Hillman; Vizepräsident der ACWA. 19. 10. 1970.
Joseph D. Keenan, Mitglied des AFL-CIO-Vorstandes; Generalsekretär der International Brotherhood of Electric Workers. 8. 6. 1970.
Jack Kroll, ehemaliger Vorsitzender des PAC als Nachfolger von Sidney Hillman und ehemaliger Vizepräsident der ACWA. 9. 4. 1970.
Jay Lovestone, ehemaliger Generalsekretär der CP der USA; Director of International Affairs beim AFL-CIO-Vorstand. 19. 10. 1970.
Jacob Potovsky, Mitglied des AFL-CIO-Vorstandes; Präsident der ACWA. 19. 10. 1970.
Frank Rosenblum, Generalsekretär der ACWA. 25. 11. 1970.
Gus Tyler, Director of Education beim ILGWU-Vorstand. 24. 11. 1970.
Michael Widman, Director of Research beim UMW-Vorstand. 11. 6. 1970.
Frank P. Zeidler, ehemaliger Bürgermeister von Milwaukee, Wisc., und ehemaliger Sekretär der Sozialistischen Partei Amerikas. 31. 8. 1970.

# Namens- und Sachregister

(Im Register sind solche Begriffe, die durchgängig im gesamten Buch benutzt werden – CIO, New Deal, Industriegewerkschaften, organisierter Kapitalismus, USA – nicht aufgeführt. Ortsnamen sind nur dann in das Register aufgenommen worden, wenn ein längerer Abschnitt der Arbeit von der entsprechenden Lokalität oder Region handelt.)